concerto nell'uovo

da hieronymus bosch

ingredienti:

melismi di 32 pappagallini ondulati

cioccolato fondente

albume d'uovo

zucchero a velo

succo di limone

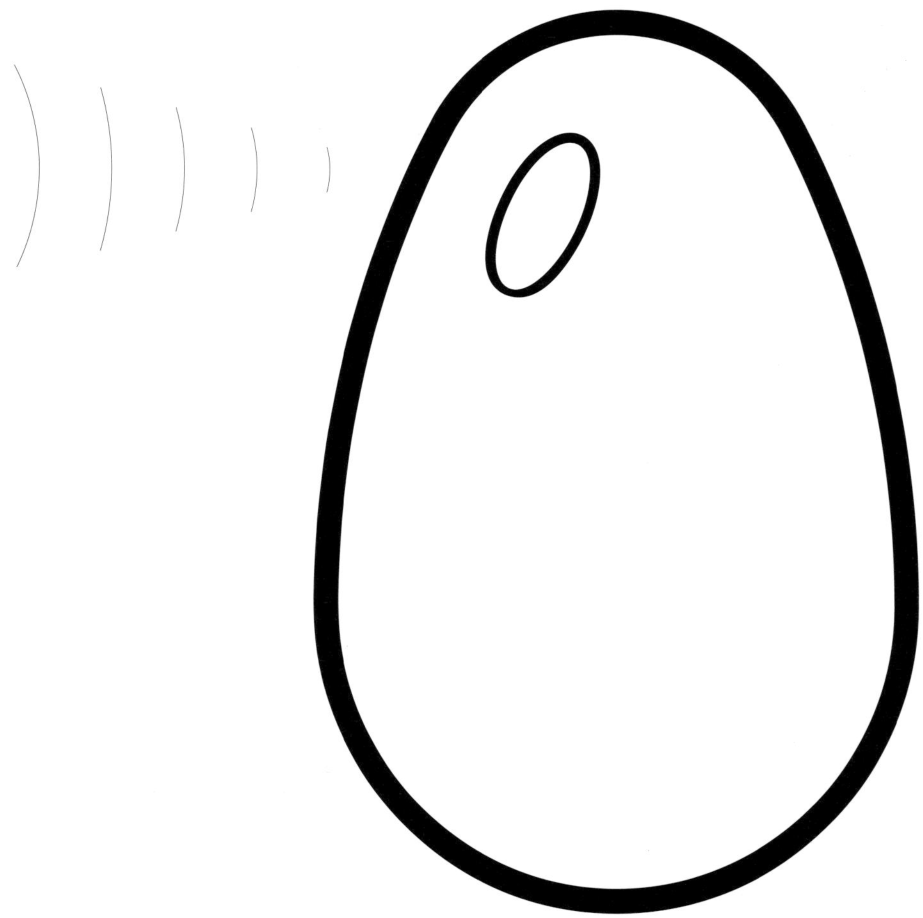

maria giuseppina grasso cannizzo

MGGC _ I _ UOVO.2011 _ 01 > /

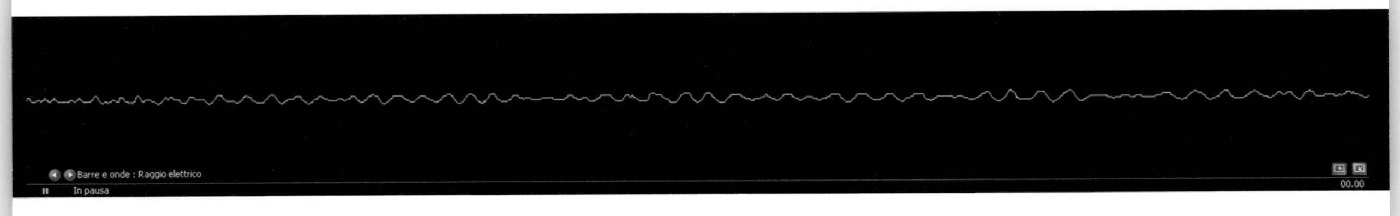

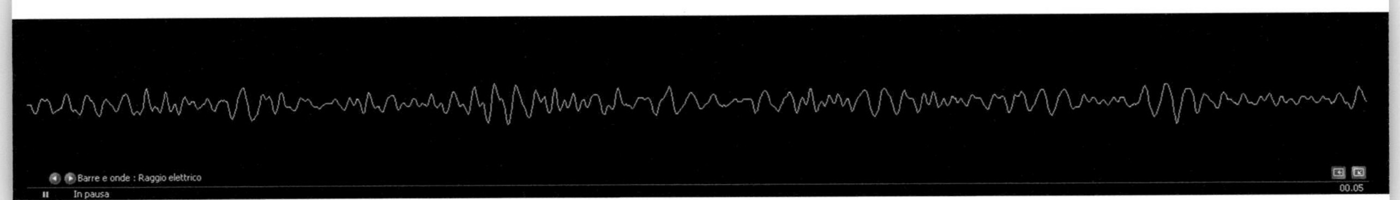

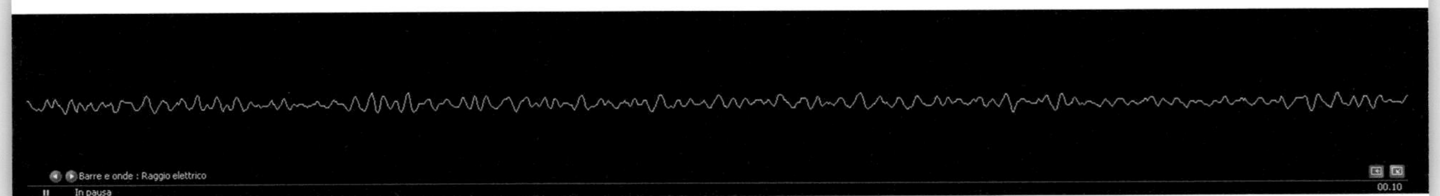

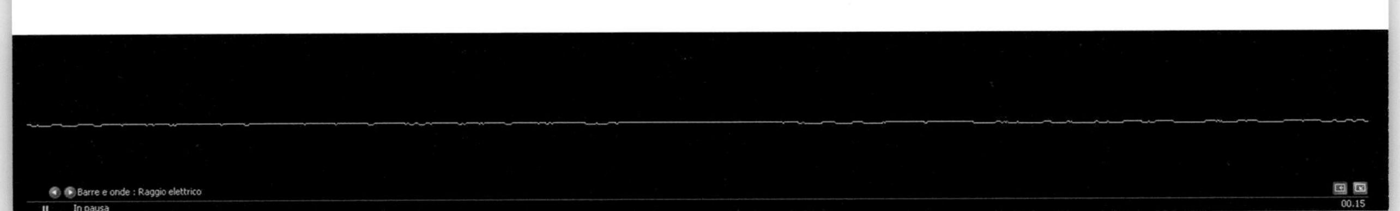

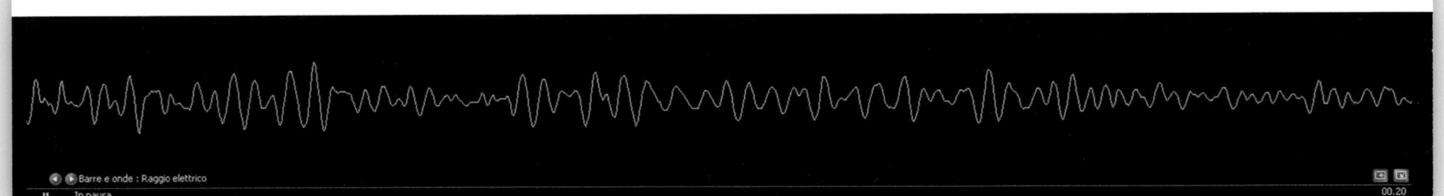

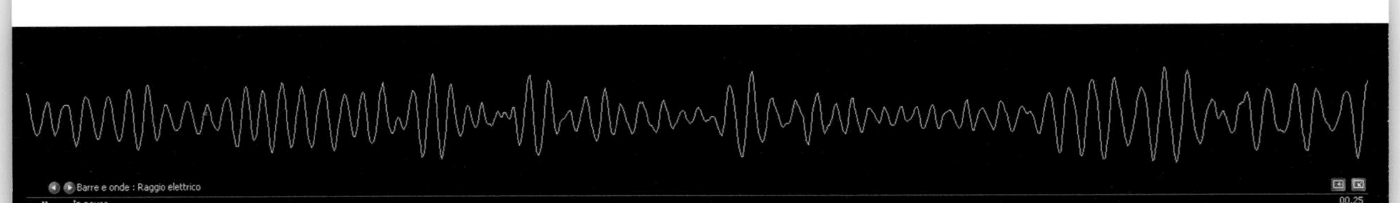

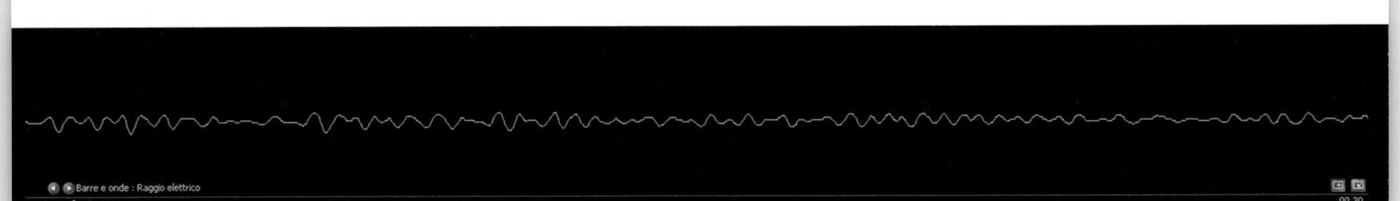

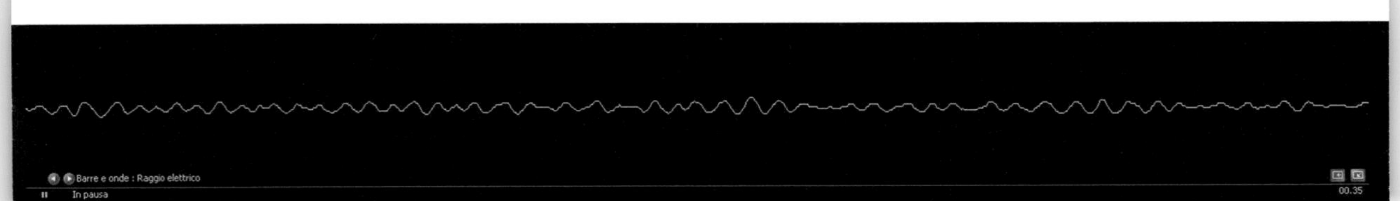

A pile of paper flying through the air, a gust of wind, and a man chasing after the loose sheets: the motif of a work by Jeff Wall and a painting by Hokusai too. This image springs to mind because it may help explain the process that is triggered when shaping a new project. Some of the sheets of paper have been written on, others are blank. As they tumble to the ground, you realize that some contain measurements, standards, notes, wishes, requests … At this point, just like a child who has been out catching insects, you need to start examining, separating, classifying, and filing all the sheets, following a procedure you devise a priori each time. You identify the differences, establish connections, and divide up the data, sorting it into folders: one folder may be just for measurements, another for wishes, while yet another may hold only blank pages. However, you may also decide to subdivide the folders into sections, bringing together a wish, the relevant dimensions, and the standard that stipulates the minimum height required to live within that wish. You have a more precise snapshot of the situation now: a folder filled with blank pages, together with carefully organized folders holding the used pages. You may decide to check through the folders with pages of text or drawings once again: eliminating, highlighting, putting some to one side for a moment, and then going on to define the goals and constraints of a project that does not yet exist.

Setting the used sheets of paper aside once and for all, you open the folder that contains the blank pages: you have to find the strategic solution that will resolve, connect, and organize the content filed away on all those pages bearing words or images. That is the point when the project takes shape: 1:100, 1:50, 1:20, 1:1; each time you delve deeper into the details, more checks and appraisals are called for. In the end, no blank pages remain, only pages describing the project design. Construction begins. Unexpected facts come to light; perhaps some of the pages containing important data have blown away, and you have to start drafting modifications. Then come more checks, changes, checks … The construction phase draws to a close with the final inspection, when the building made up of sheets of paper has taken shape and starts coping with the needs it was designed to meet. As the sheets of paper experience the passage of time, interactions with users, and other unforeseen circumstances, the pages are crumpled up, smoothed out, folded, colored, glued, ripped up, punctured, cut. The paper accepts its own fragility and, at the end of its life, reduced to fragments, comes together again as new blank pages to be used in shaping another prospective project.

Una risma di fogli di carta volati via, una folata di vento ed un uomo che li insegue: è un lavoro di Jeff Wall ed anche un dipinto di Hokusai. Mi viene in mente questa immagine, perché forse può spiegare che cos'è il processo che si innesca nel momento in cui devi dare forma ad un nuovo progetto. I fogli sono in parte già usati ed in parte bianchi, quando in cui ricadono a terra ti accorgi che alcuni contengono misure, norme, appunti, desideri, richieste… A questo punto, come facevi da bambino dopo avere catturato gli insetti, sei costretto ad esaminare, separare, classificare e registrare tutti i fogli secondo una procedura che, di volta in volta, stabilisci a priori. Individui le differenze, stabilisci relazioni, dividi i dati disponendoli nelle cartelle: una cartella può contenere solo misure, un'altra solo desideri, un'altra solo fogli bianchi; ma puoi decidere di suddividere le singole cartelle in più sezioni in cui disporre insieme un desiderio, la misura del desiderio, e la norma che determina l'altezza minima consentita per vivere nel desiderio. Adesso, hai un quadro più preciso della situazione: la cartella dei fogli bianchi e le cartelle ordinate di fogli usati. Puoi fare un'ulteriore verifica sulle cartelle dei fogli usati: elimini, metti in evidenza, metti temporaneamente da parte e poi fissi gli obiettivi ed i limiti di un progetto ancora inesistente. Metti definitivamente da parte le cartelle dei fogli usati ed apri la cartella dei fogli bianchi: è necessario individuare la soluzione strategica che risolve, mette in relazione ed organizza il contenuto delle cartelle dei fogli usati.

A questo punto prende forma il progetto: uno a cento, uno a cinquanta, uno a venti, uno a uno; ogni grado di approfondimento richiede nuove verifiche. Alla fine non ci sono più fogli bianchi, ma solo fogli di progetto. Comincia l'edificazione. Sono emersi fatti imprevisti, forse alcuni fogli usati contenenti informazioni importanti sono volati via, bisogna procedere alla stesura delle modifiche. E poi ancora verifiche, modifiche, verifiche… L'edificazione si conclude nel momento della verifica finale, quando l'edificio di fogli di carta ha preso forma e comincia ad assolvere le necessità per cui è stato pensato.

I fogli di carta sottoposti all'azione del tempo, dell'occupante e di circostanze impreviste vengono spiegazzati, stirati, piegati, colorati, incollati, squarciati, forati, tagliati. La carta accetta la propria fragilità e ridotta, alla fine della sua vita, in frammenti si ricompone in nuovi fogli bianchi da utilizzare per dare forma ad un nuovo possibile progetto.

MGGC _ I _ UOVO.2011 _ 02 < /

maria giuseppina grasso cannizzo

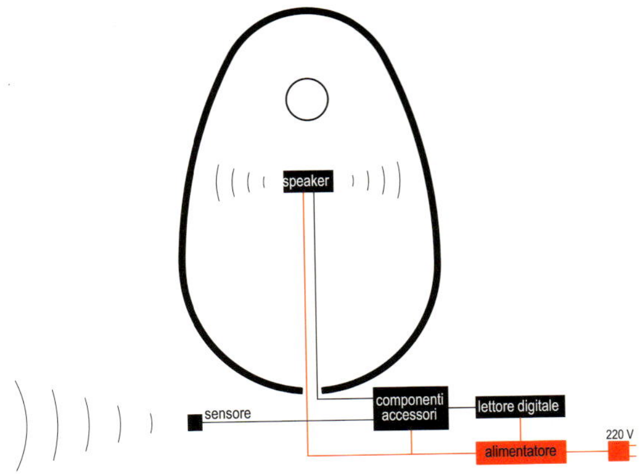

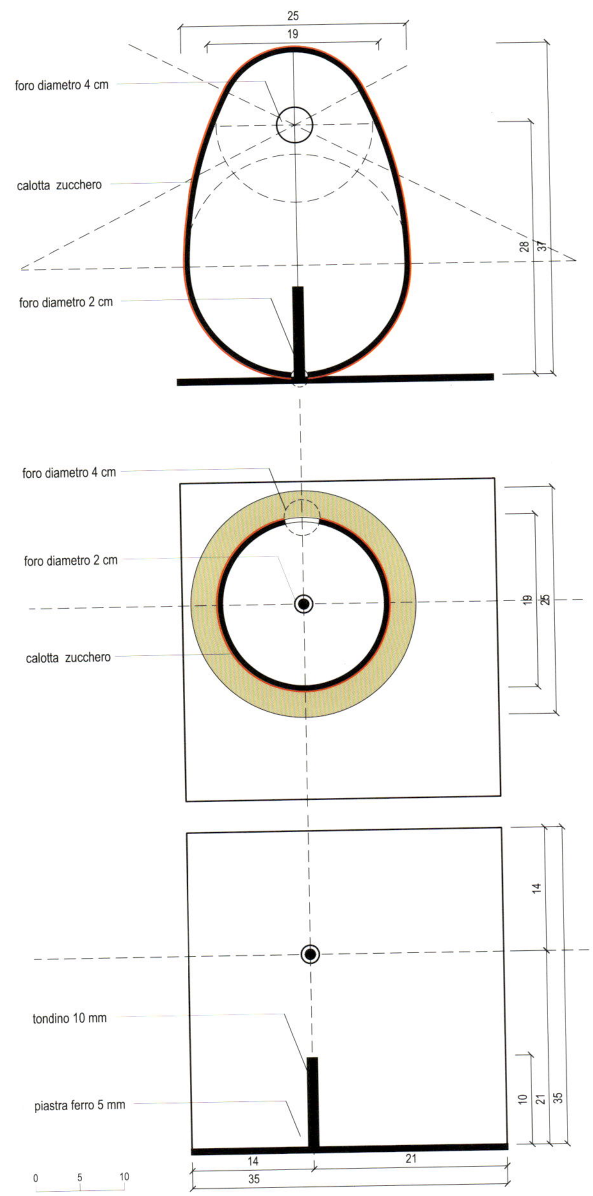

MGGC _ I _ UOVO.2011 _ 02 > /

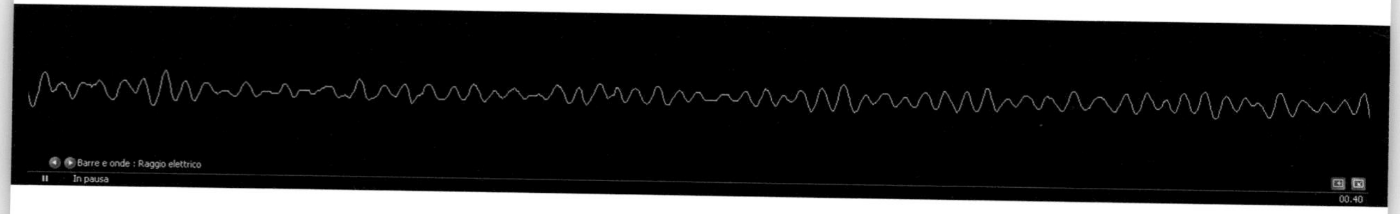

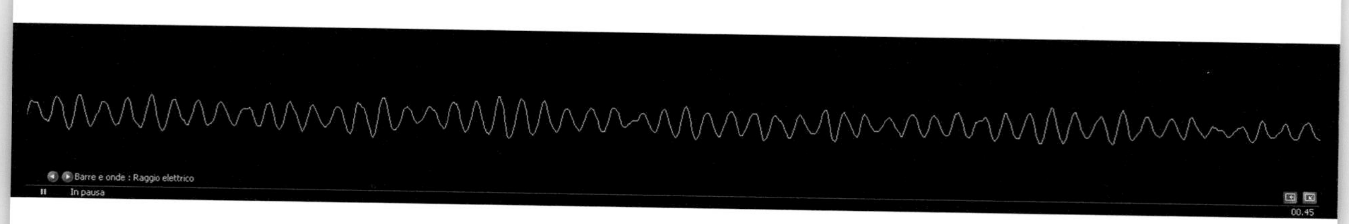

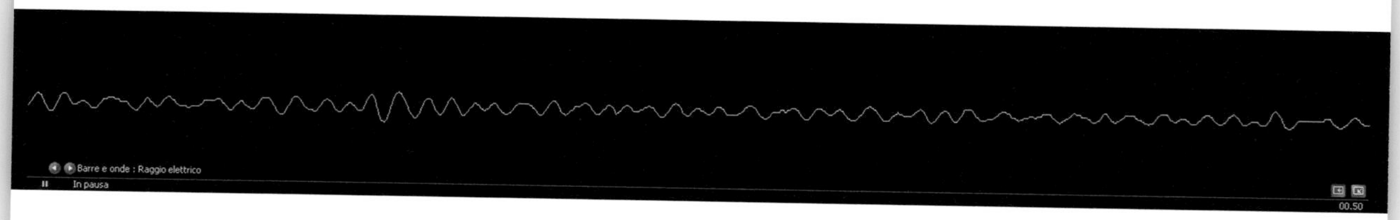

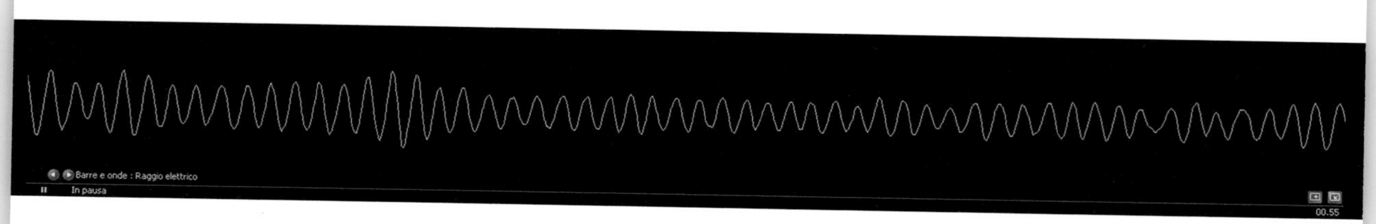

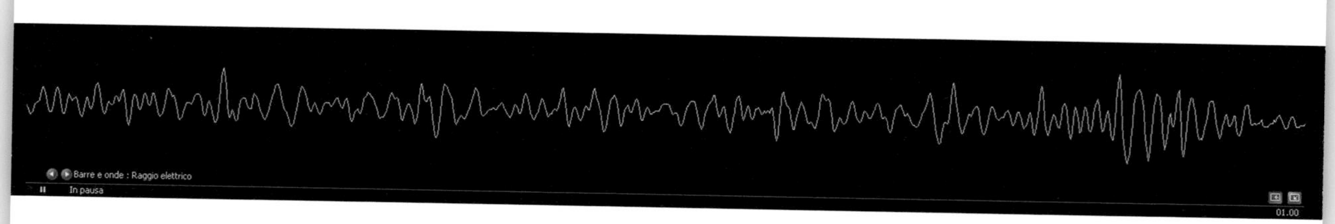

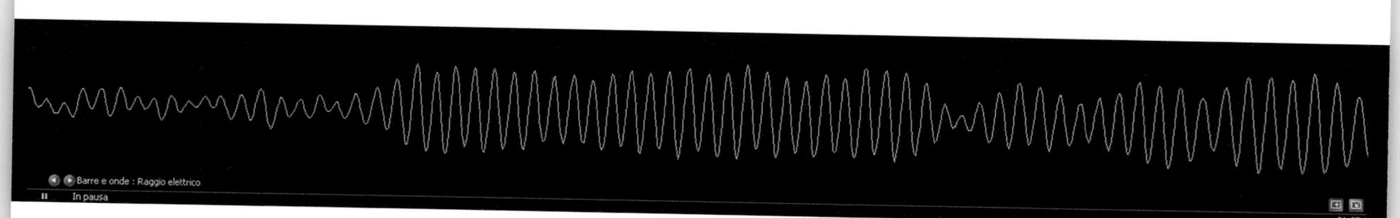

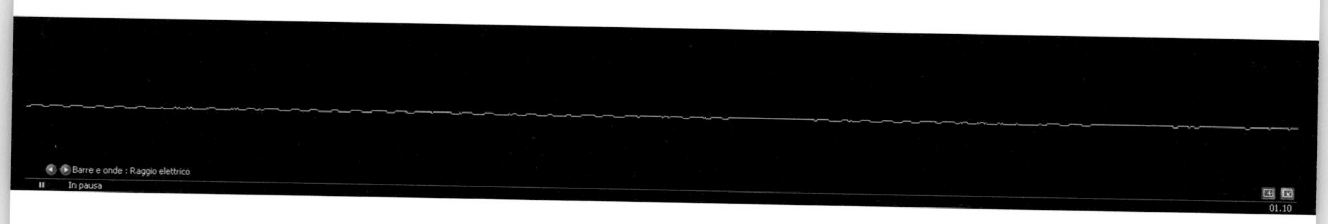

Arch Maria G. Grasso Cannizzo
Dolcesalato di Antonio Pitino
Modica

634 PIASTRELLE ROSSE	26.00 MQ
2576 PIASTRELLE GRIGIE	104.00 MQ
992 PIASTRELLE NERE	40.00 MQ
	170.00 MQ

200 PIASTRELLE A	8.00 MQ
171 PIASTRELLE B	6.84 MQ
110 PIASTRELLE C	4.40 MQ
265 PIASTRELLE D	10.6 MQ
150 PIASTRELLE E	6.00 MQ
110 PIASTRELLE F	4.40 MQ
	40.24 MQ

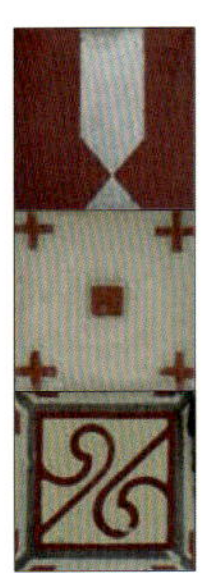

178 PIASTRELLE G	7.12 MQ
239 PIASTRELLE H	9.56 MQ
93 PIASTRELLE I	3.72 MQ
	20.40 MQ

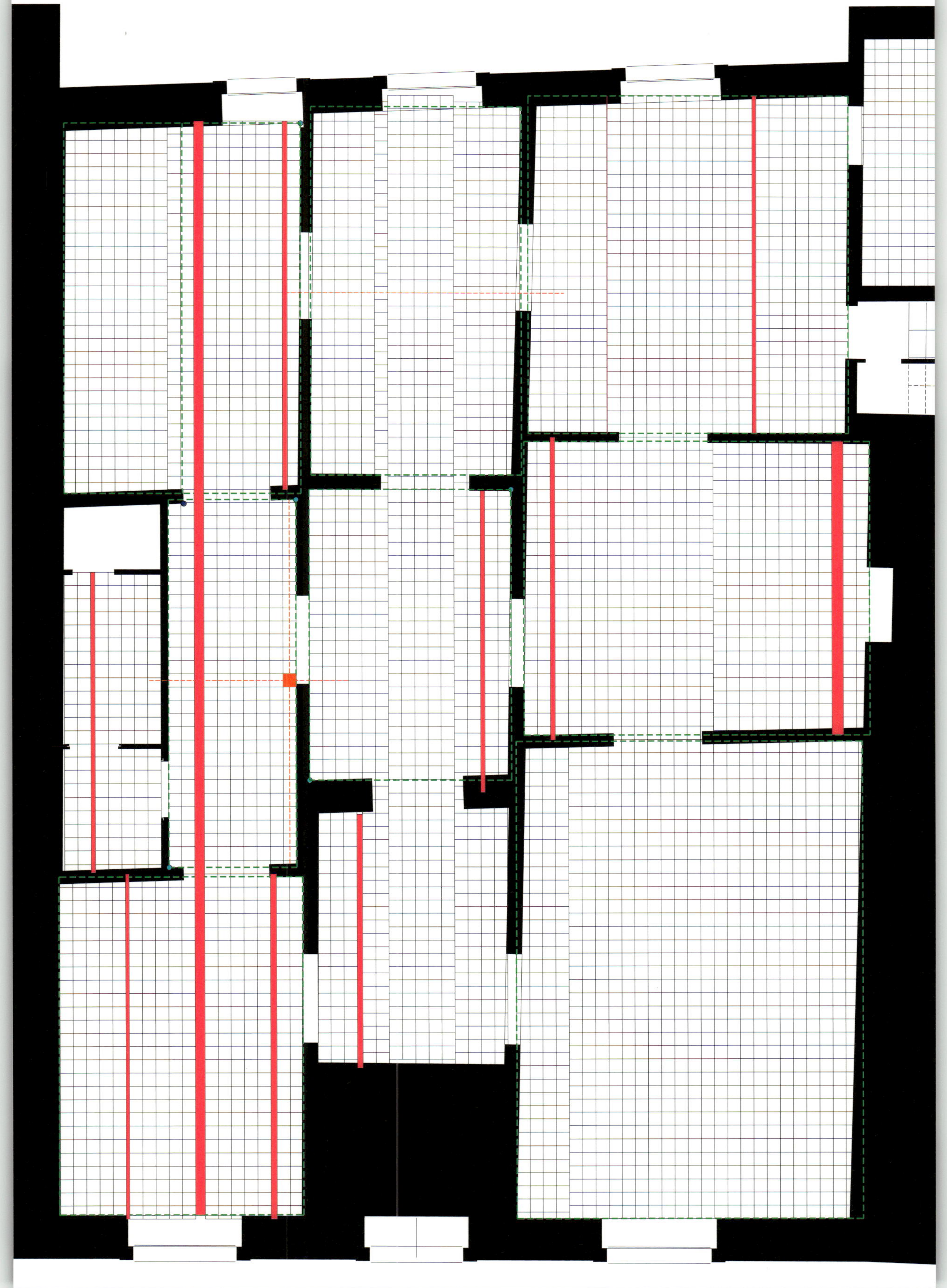

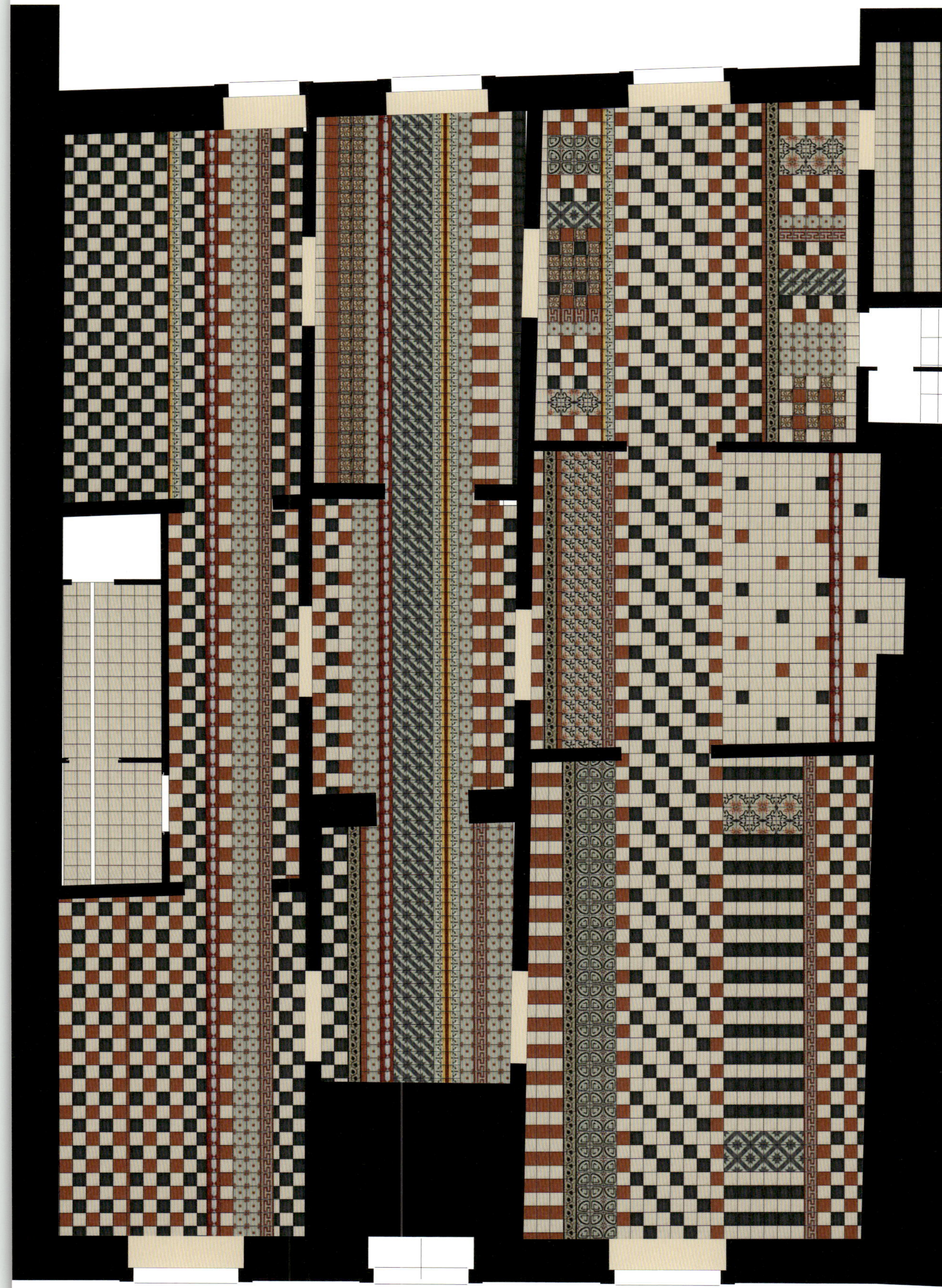

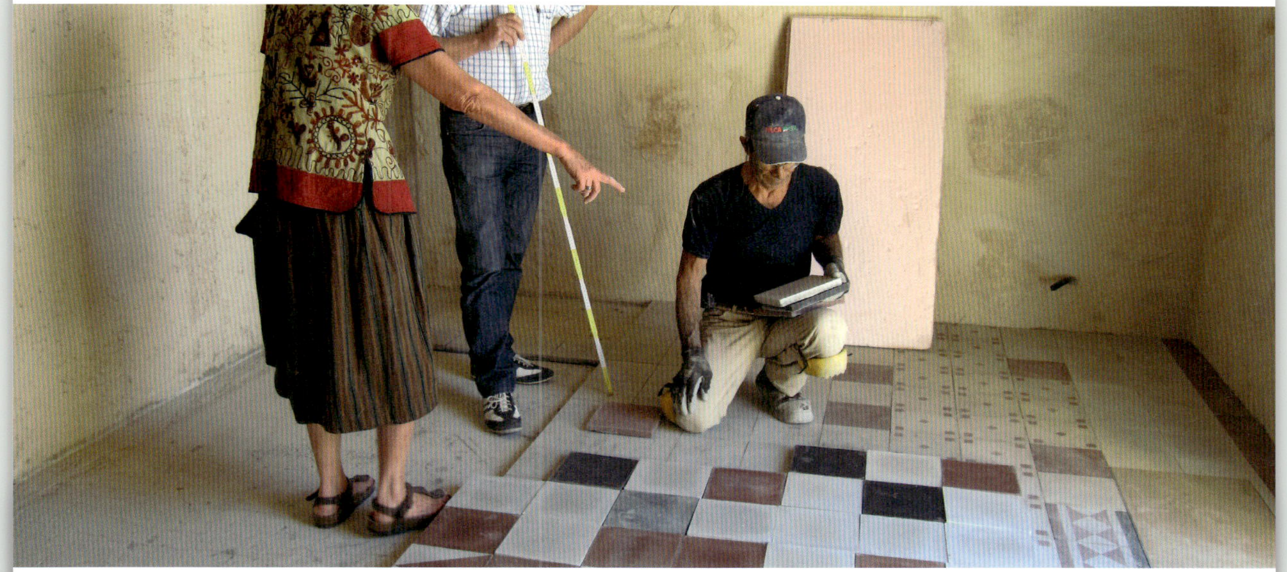

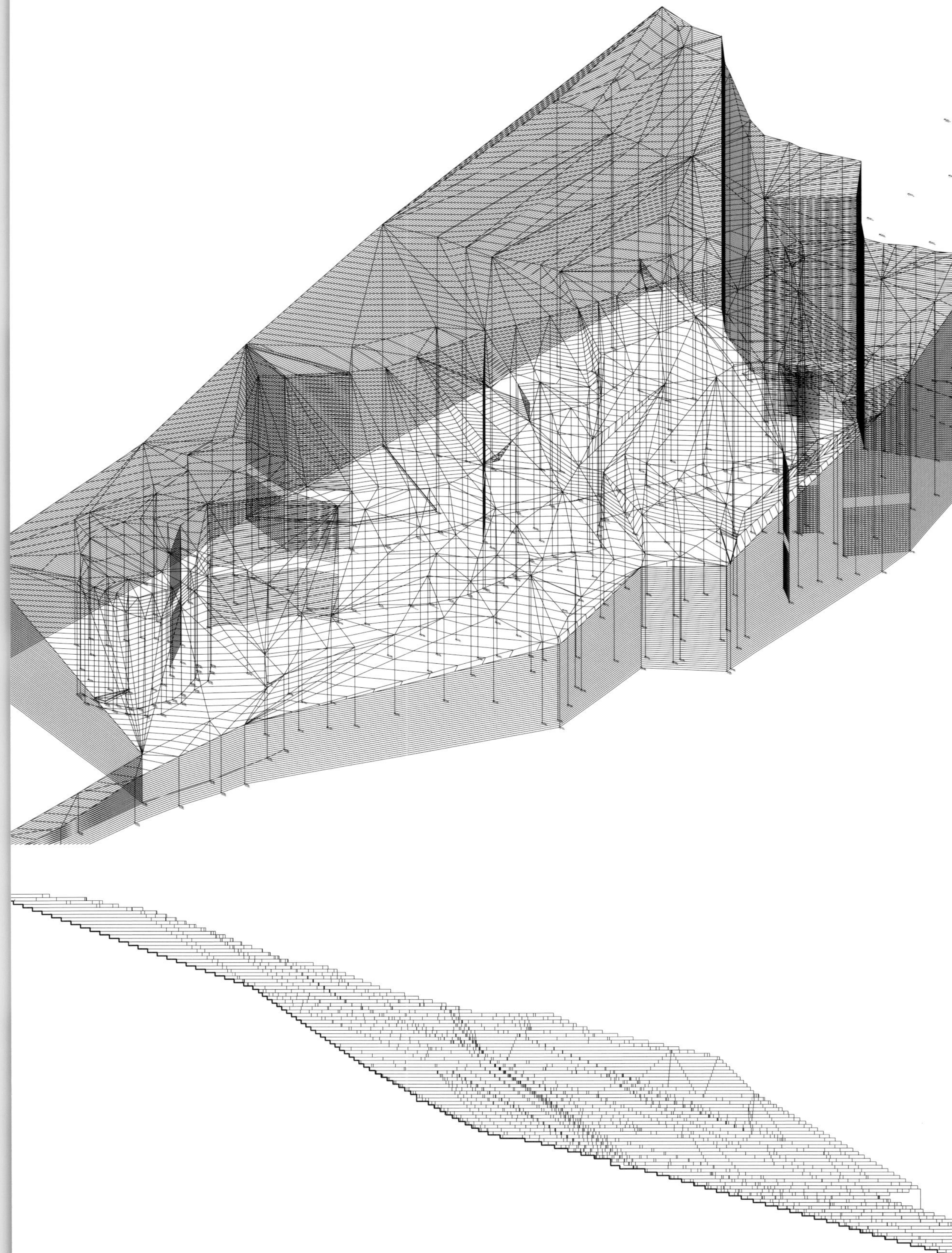

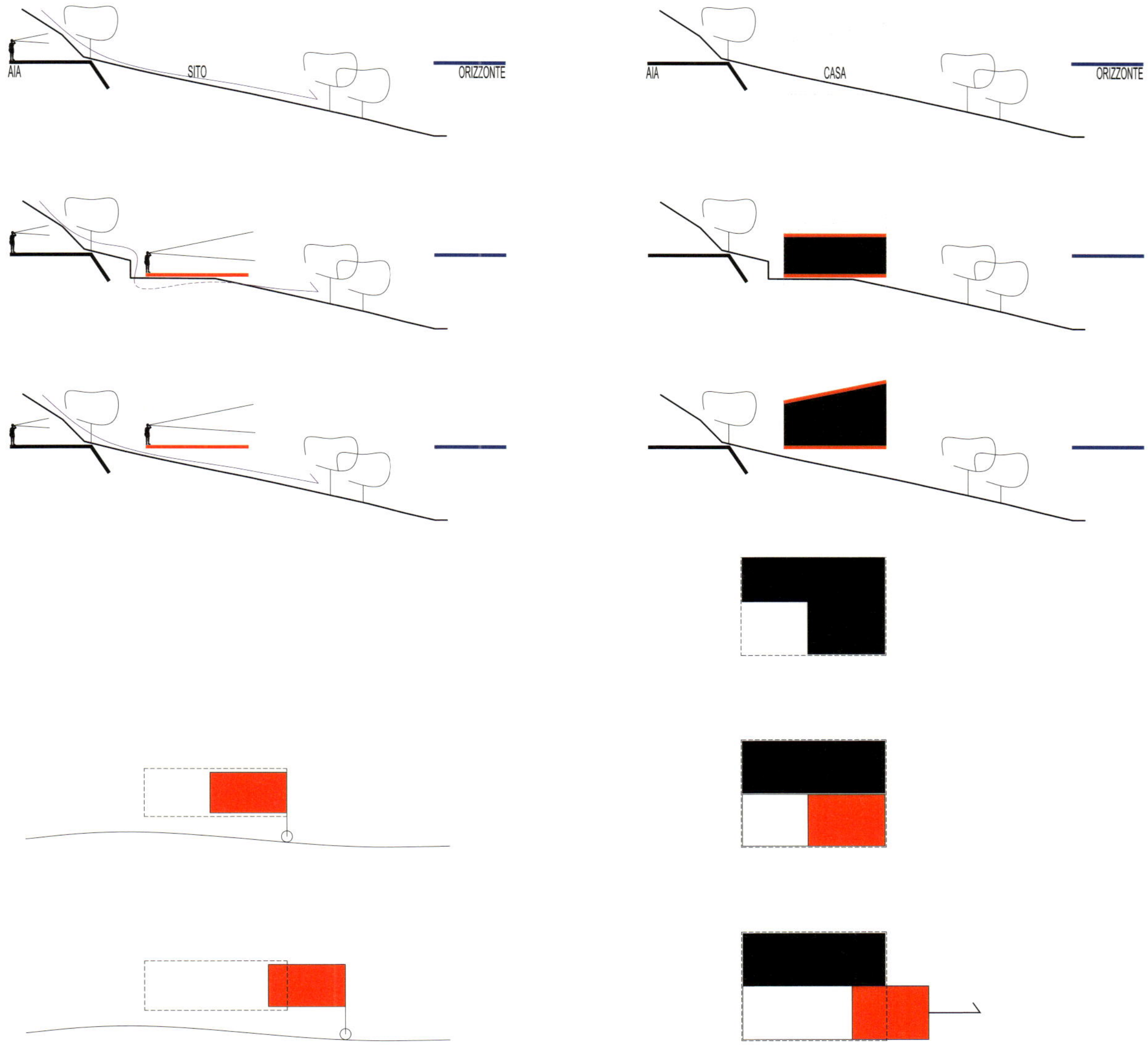
AIA
SITO
ORIZZONTE
AIA
CASA
ORIZZONTE

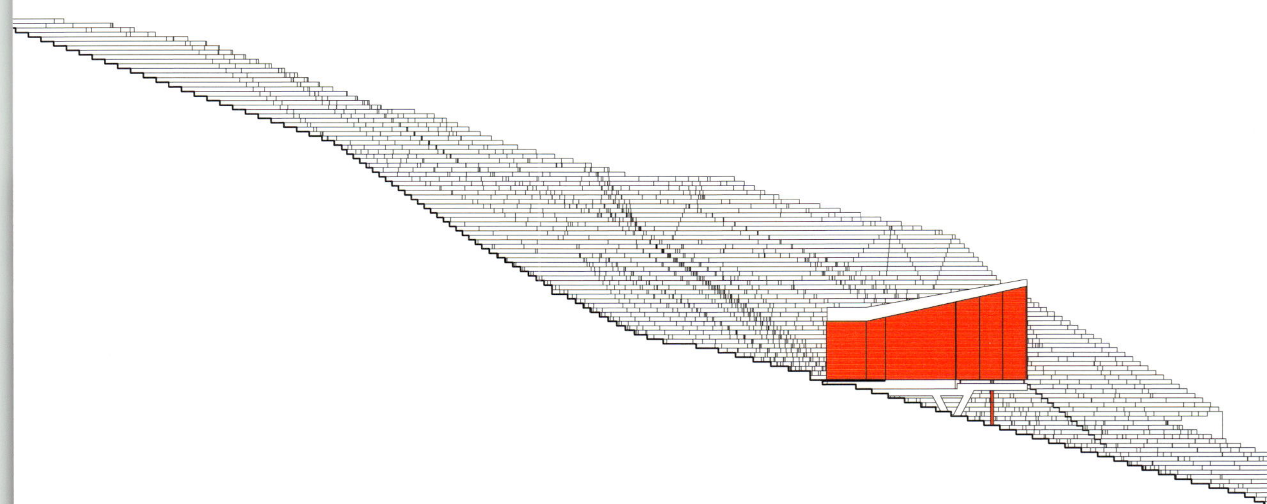

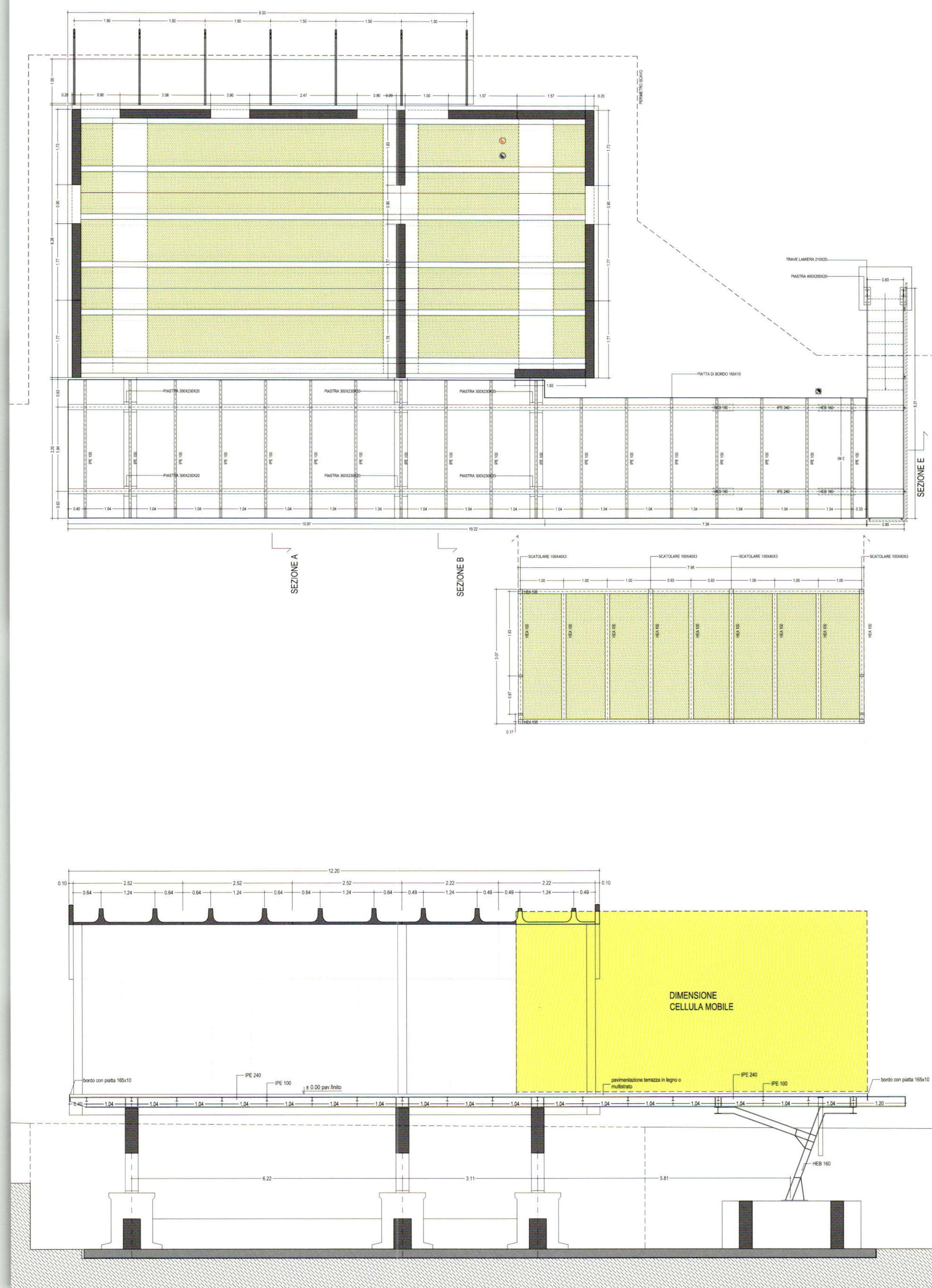
SEZIONE A
SEZIONE B
SEZIONE E
DIMENSIONE
CELLULA MOBILE
bordo con piatta 165x10
IPE 240
IPE 100
± 0.00 pav finito
HEB 160

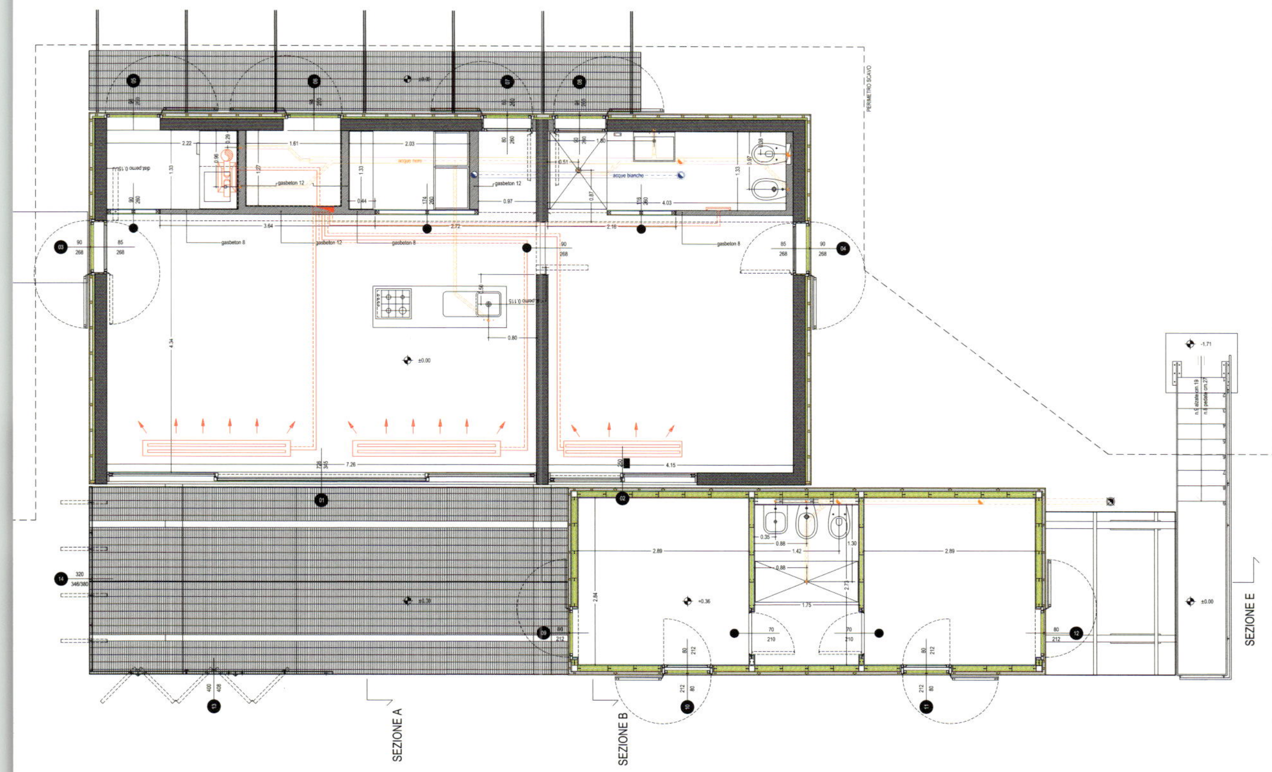
SEZIONE A
SEZIONE B
SEZIONE E

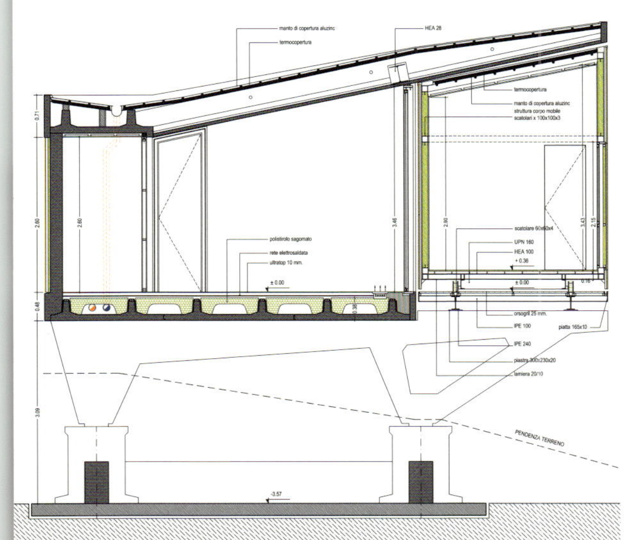

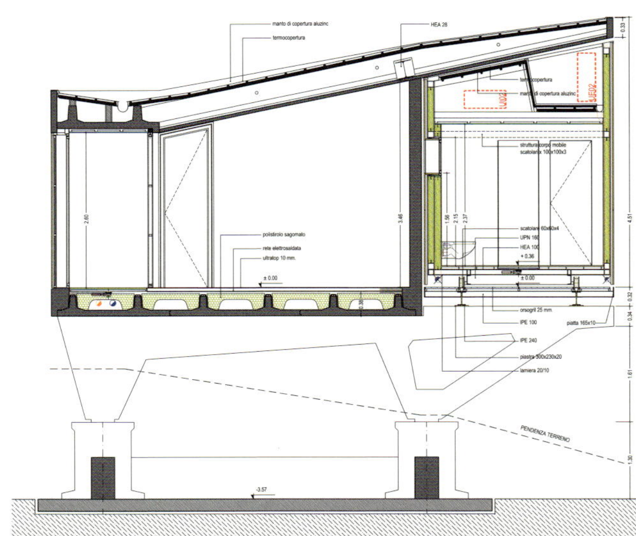

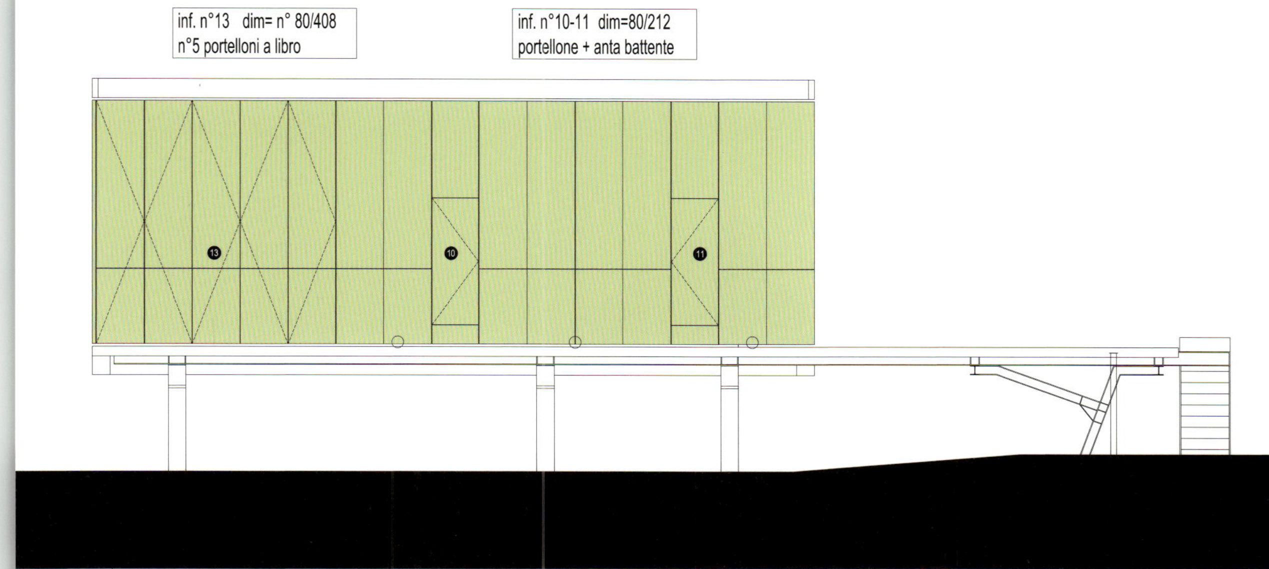
inf. n°13 dim= n° 80/408
n°5 portelloni a libro
inf. n°10-11 dim=80/212
portellone + anta battente

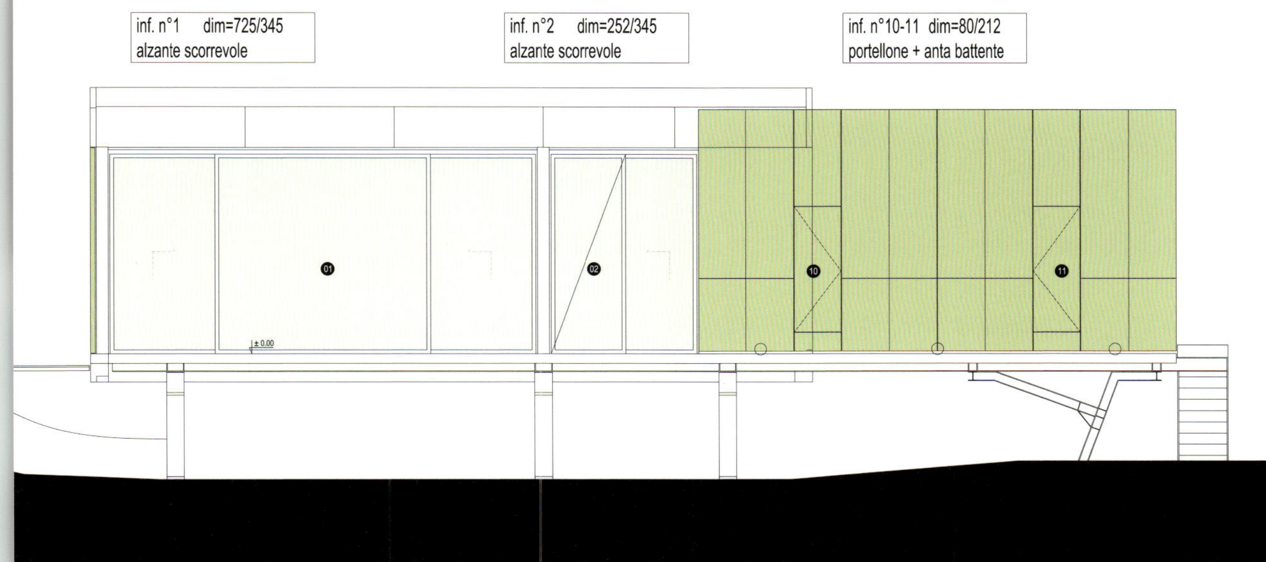
inf. n°1 dim=725/345
alzante scorrevole
inf. n°2 dim=252/345
alzante scorrevole
inf. n°10-11 dim=80/212
portellone + anta battente

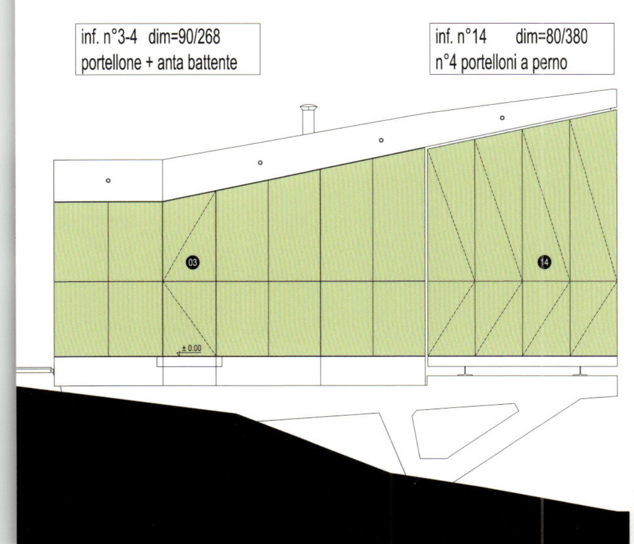
inf. n°3-4 dim=90/268
portellone + anta battente
inf. n°14 dim=80/380
n°4 portelloni a perno

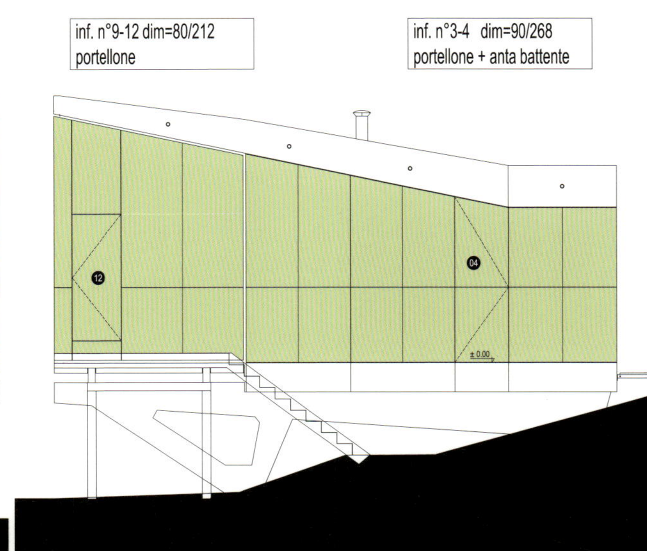
inf. n°9-12 dim=80/212
portellone
inf. n°3-4 dim=90/268
portellone + anta battente

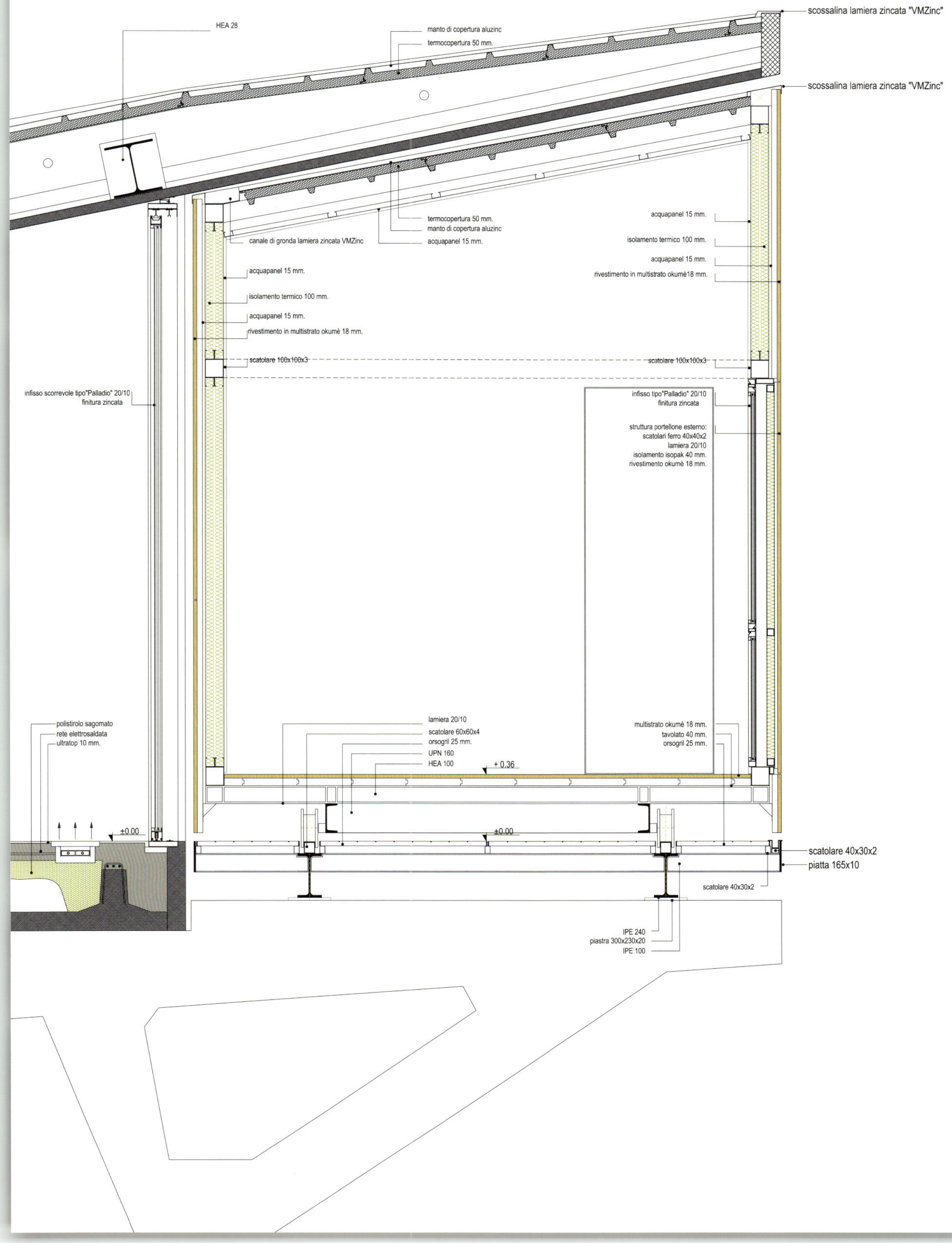

scossalina lamiera zincata "VMZinc"
scossalina lamiera zincata "VMZinc"
HEA 28
manto di copertura aluzinc
termocopertura 50 mm.
termocopertura 50 mm.
manto di copertura aluzinc
acquapanel 15 mm.
canale di gronda lamiera zincata VMZinc
acquapanel 15 mm.
isolamento termico 100 mm.
acquapanel 15 mm.
rivestimento in multistrato okumè 18 mm.
acquapanel 15 mm.
isolamento termico 100 mm.
acquapanel 15 mm.
rivestimento in multistrato okumè18 mm.
scatolare 100x100x3
scatolare 100x100x3
infisso scorrevole tipo"Palladio" 20/10
finitura zincata
infisso tipo"Palladio" 20/10
finitura zincata
struttura portellone esterno:
scatolari ferro 40x40x2
lamiera 20/10
isolamento isopak 40 mm.
rivestimento okumè 18 mm.
polistirolo sagomato
rete elettrosaldata
ultratop 10 mm.
lamiera 20/10
scatolare 60x60x4
orsogril 25 mm.
UPN 160
HEA 100
+ 0.36
multistrato okumè 18 mm.
tavolato 40 mm.
orsogril 25 mm.
±0.00
±0.00
scatolare 40x30x2
piatta 165x10
scatolare 40x30x2
IPE 240
piastra 300x230x20
IPE 100

IVECO

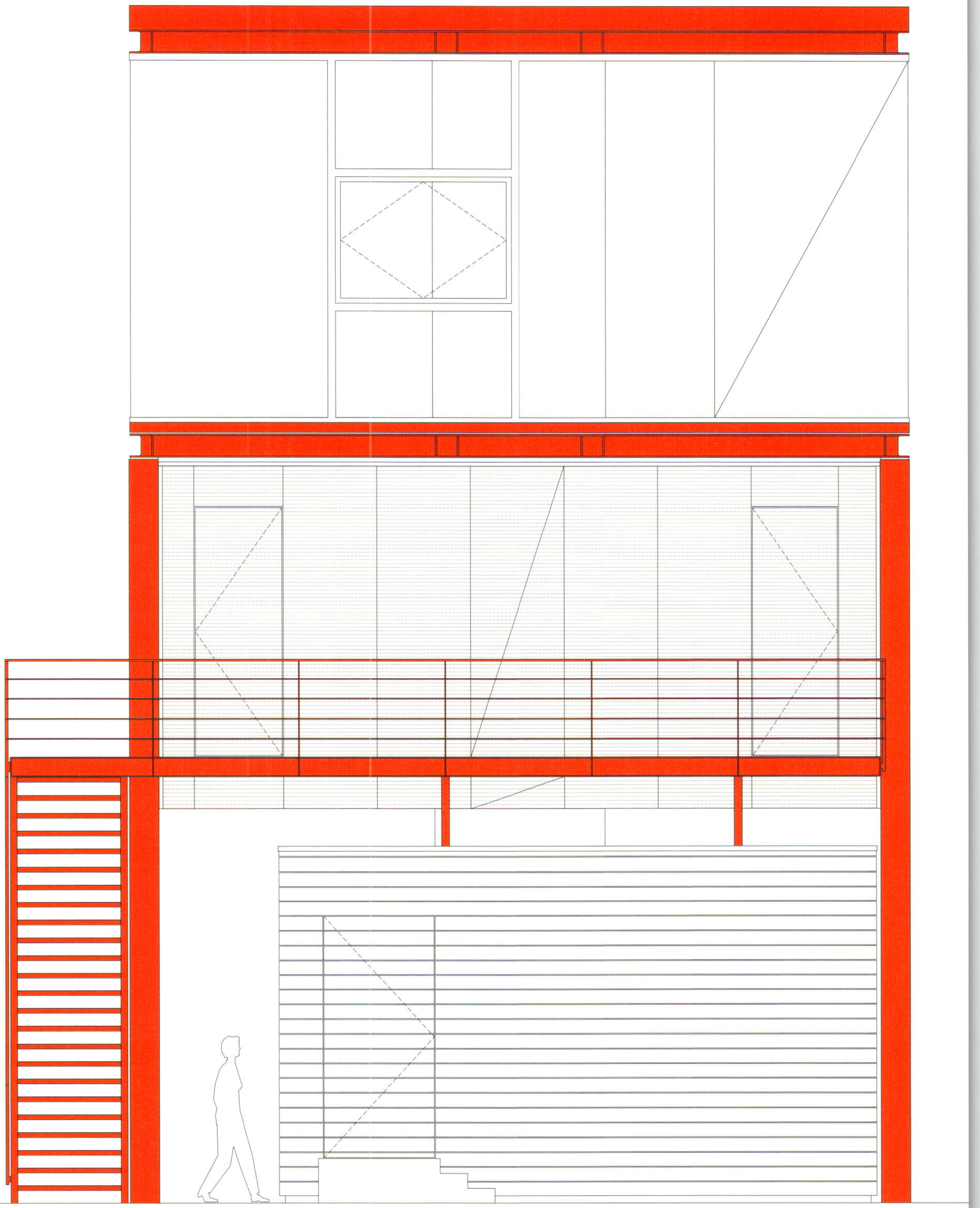

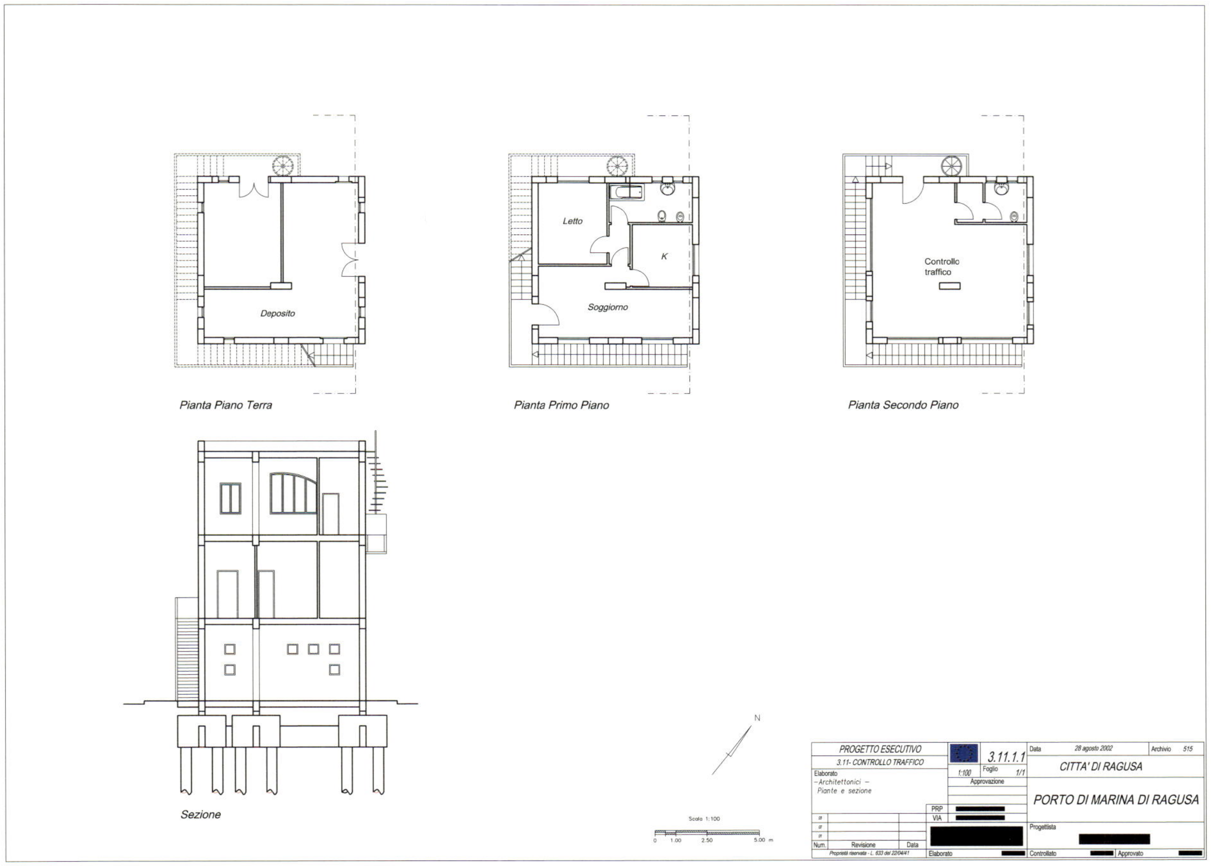
Deposito
Letto
K
Soggiorno
Controllo traffico
Pianta Piano Terra
Pianta Primo Piano
Pianta Secondo Piano
Sezione
Scala 1:100
PROGETTO ESECUTIVO
3.11- CONTROLLO TRAFFICO
Elaborato
–Architettonici –
Piante e sezione
3.11.1.1
1:100
Foglio 1/1
Approvazione
PRP
VIA
Num.
Revisione
Data
Proprietà riservata - L. 633 del 22/04/41
Data 28 agosto 2002
Archivio 515
CITTA' DI RAGUSA
PORTO DI MARINA DI RAGUSA
Progettista
Elaborato
Controllato
Approvato

Prospetto sud
Prospetto est
Prospetto nord
Prospetto ovest
Scala 1:100
PROGETTO ESECUTIVO
3.11- CONTROLLO TRAFFICO
Elaborato
Architettonici – Prospetti
3.11.1.2
1:100
Foglio 1/1
Approvazione
PRP
VIA
Num.
Revisione
Data
Proprietà riservata - L. 633 del 22/04/41
Data 28 agosto 2002
Archivio 515
CITTA' DI RAGUSA
PORTO DI MARINA DI RAGUSA
Progettista
Elaborato
Controllato
Approvato

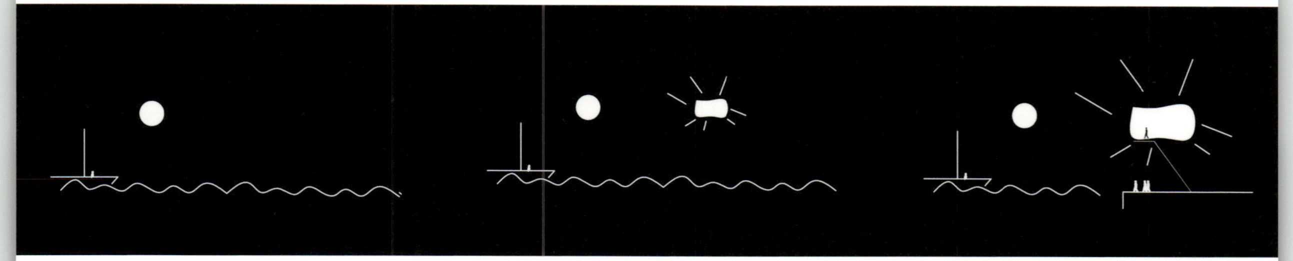

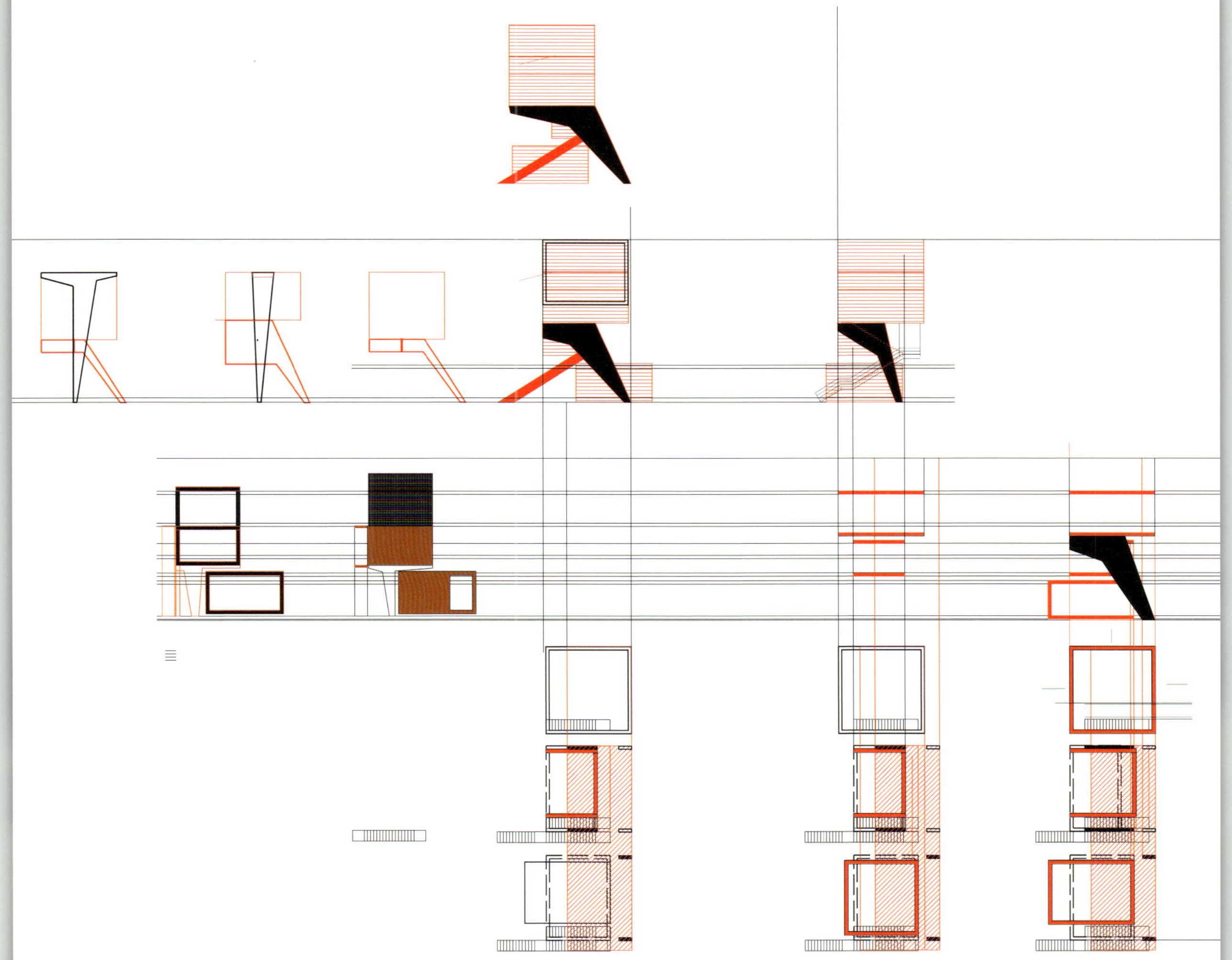

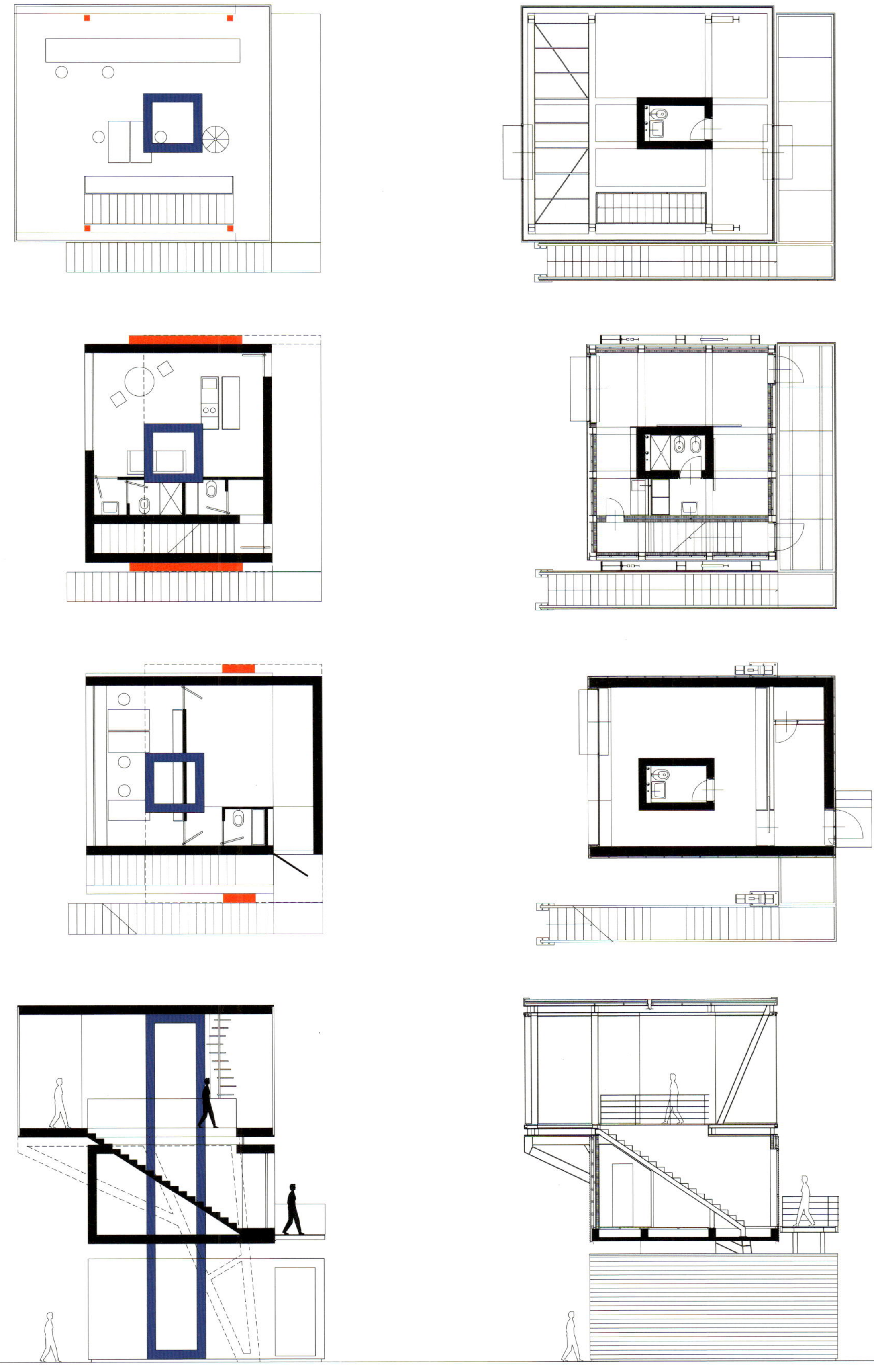

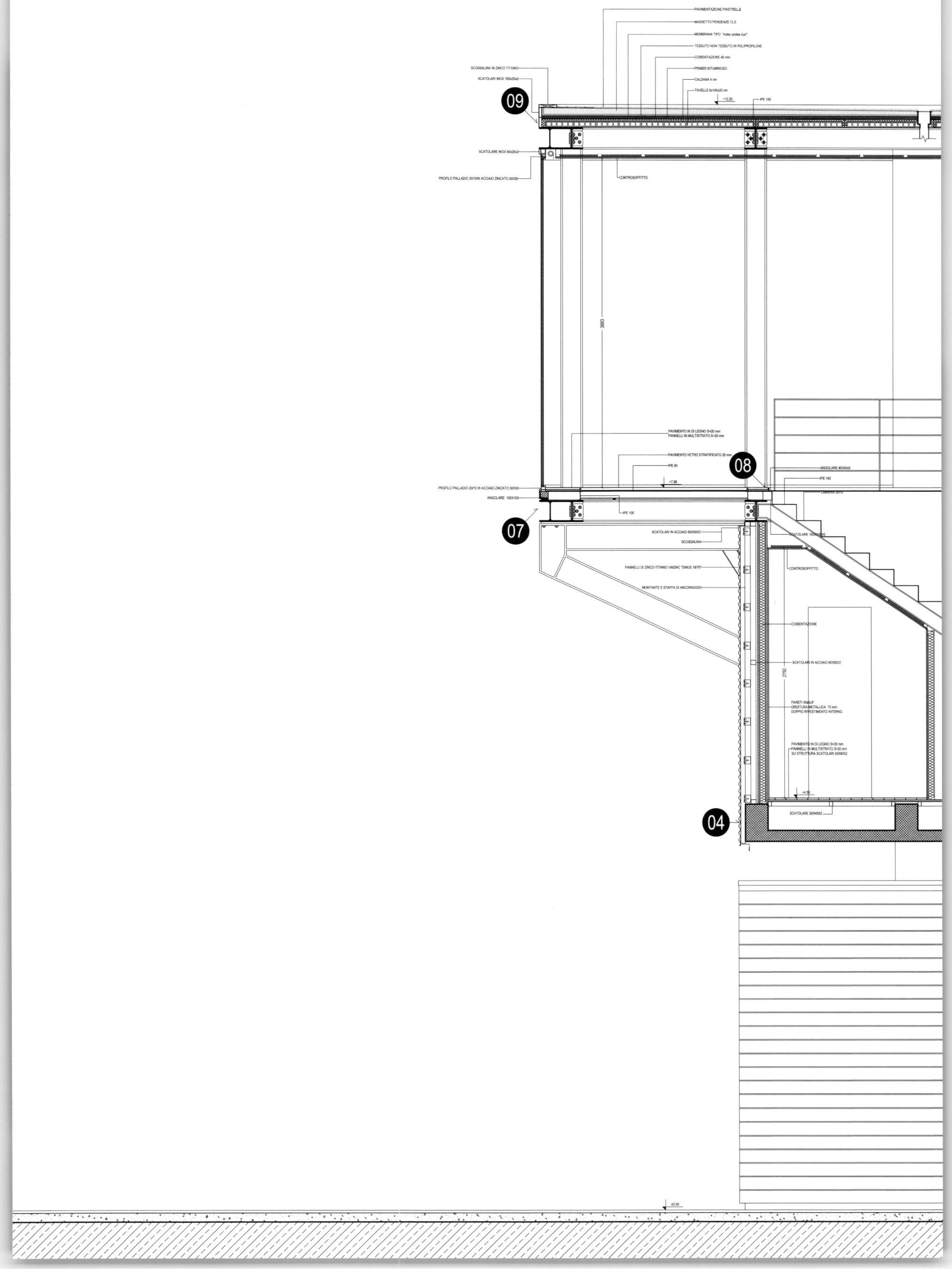
PAVIMENTAZIONE PIASTRELLE
MASSETTO PENDENZE CLS
MEMBRANA TIPO "index protea duo"
TESSUTO NON TESSUTO IN POLIPROPILENE
COIBENTAZIONE 40 mm
PRIMER BITUMINOSO
CALDANA 4 cm
TAVELLE 6x100x25 cm
SCOSSALINA IN ZINCO TITANIO
SCATOLARI INOX 100x20x2
09
+12.20
IPE 100
SCATOLARE INOX 60x20x2
PROFILO PALLADIO 20/10IN ACCIAIO ZINCATO 50X50
CONTROSOFFITTO
PAVIMENTO IN DI LEGNO S=20 mm
PANNELLI IN MULTISTRATO S=20 mm
PAVIMENTO VETRO STRATIFICATO 30 mm
IPE 80
08
ANGOLARE 40X40x5
IPE 160
+7.96
PROFILO PALLADIO 20/10 IN ACCIAIO ZINCATO 50X50
ANGOLARE 100X100
IPE 100
07
SCATOLARI IN ACCIAIO 60X50X2
SCOSSALINA
PANNELLI DI ZINCO-TITANIO VMZINC "SINUS 18/76"
MONTANTE E STAFFA DI ANCORAGGIO
CONTROSOFFITTO
COIBENTAZIONE
SCATOLARI IN ACCIAIO 60X50X2
2750
PARETI KNAUF
ORDITURA METALLICA 75 mm
DOPPIO RIVESTIMENTO INTERNO.
PAVIMENTO IN DI LEGNO S=20 mm
PANNELLI IN MULTISTRATO S=20 mm
SU STRUTTURA SCATOLARI 50X40X2
+4.58
SCATOLARE 50X40X2
04

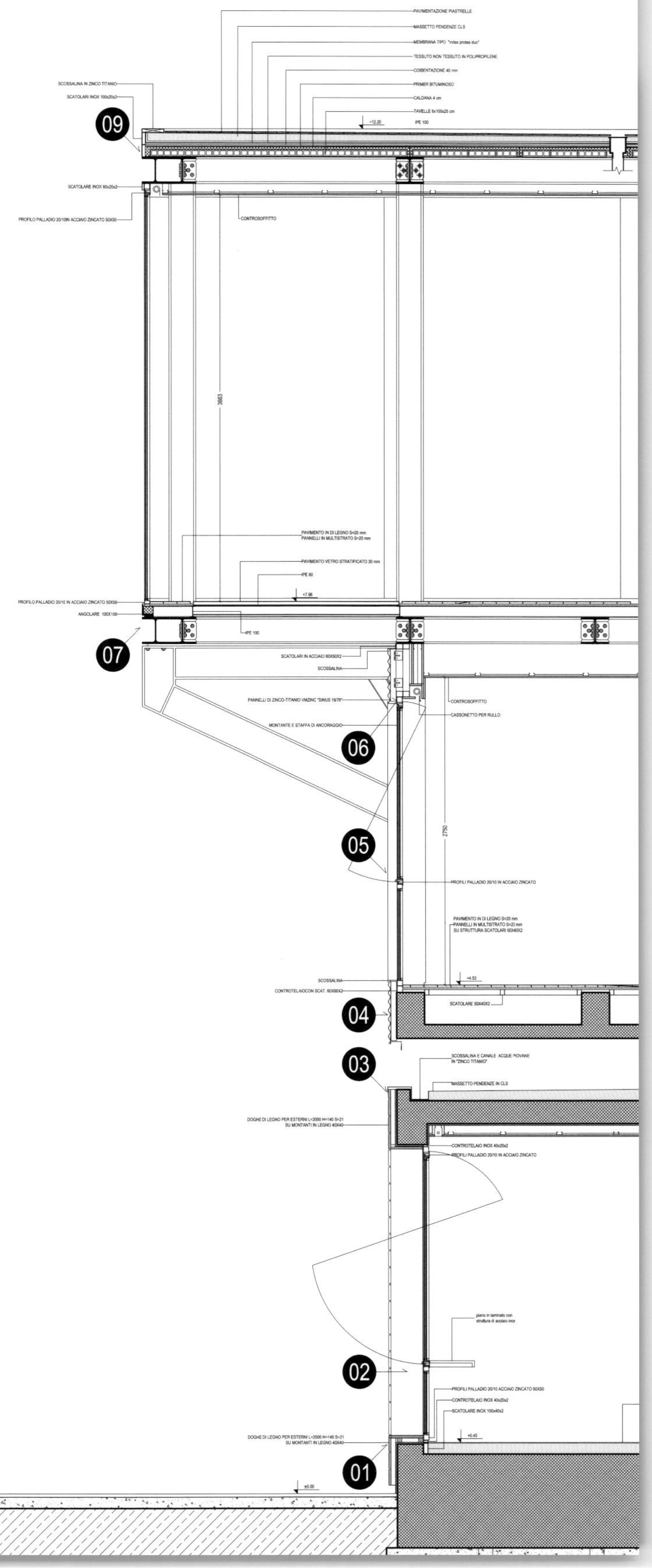
PAVIMENTAZIONE PIASTRELLE
MASSETTO PENDENZE CLS
MEMBRANA TIPO "index protea duo"
TESSUTO NON TESSUTO IN POLIPROPILENE
COIBENTAZIONE 40 mm
PRIMER BITUMINOSO
CALDANA 4 cm
TAVELLE 6x100x25 cm
IPE 100
+12.20
SCOSSALINA IN ZINCO TITANIO
SCATOLARI INOX 100x20x2
09
SCATOLARE INOX 60x20x2
PROFILO PALLADIO 20/10IN ACCIAIO ZINCATO 50X50
CONTROSOFFITTO
PAVIMENTO IN DI LEGNO S=20 mm
PANNELLI IN MULTISTRATO S=20 mm
PAVIMENTO VETRO STRATIFICATO 30 mm
IPE 80
+7.96
PROFILO PALLADIO 20/10 IN ACCIAIO ZINCATO 50X50
ANGOLARE 100X100
IPE 100
07
SCATOLARI IN ACCIAIO 60X50X2
SCOSSALINA
PANNELLI DI ZINCO-TITANIO VMZINC "SINUS 18/76"
MONTANTE E STAFFA DI ANCORAGGIO
CONTROSOFFITTO
CASSONETTO PER RULLO
06
2750
05
PROFILI PALLADIO 20/10 IN ACCIAIO ZINCATO
PAVIMENTO IN DI LEGNO S=20 mm
PANNELLI IN MULTISTRATO S=20 mm
SU STRUTTURA SCATOLARI 50X40X2
+4.53
SCOSSALINA
CONTROTELAIOCON SCAT. 60X60X2
SCATOLARE 50X40X2
04
03
SCOSSALINA E CANALE ACQUE PIOVANE
IN "ZINCO TITANIO"
MASSETTO PENDENZE IN CLS
DOGHE DI LEGNO PER ESTERNI L=2000 H=140 S=21
SU MONTANTI IN LEGNO 40X40
CONTROTELAIO INOX 40x20x2
PROFILI PALLADIO 20/10 IN ACCIAIO ZINCATO
piano in laminato con
struttura di acciaio inox
02
PROFILI PALLADIO 20/10 ACCIAIO ZINCATO 50X50
CONTROTELAIO INOX 40x20x2
SCATOLARE INOX 100x40x2
+0.45
DOGHE DI LEGNO PER ESTERNI L=2000 H=140 S=21
SU MONTANTI IN LEGNO 40X40
01
±0.00

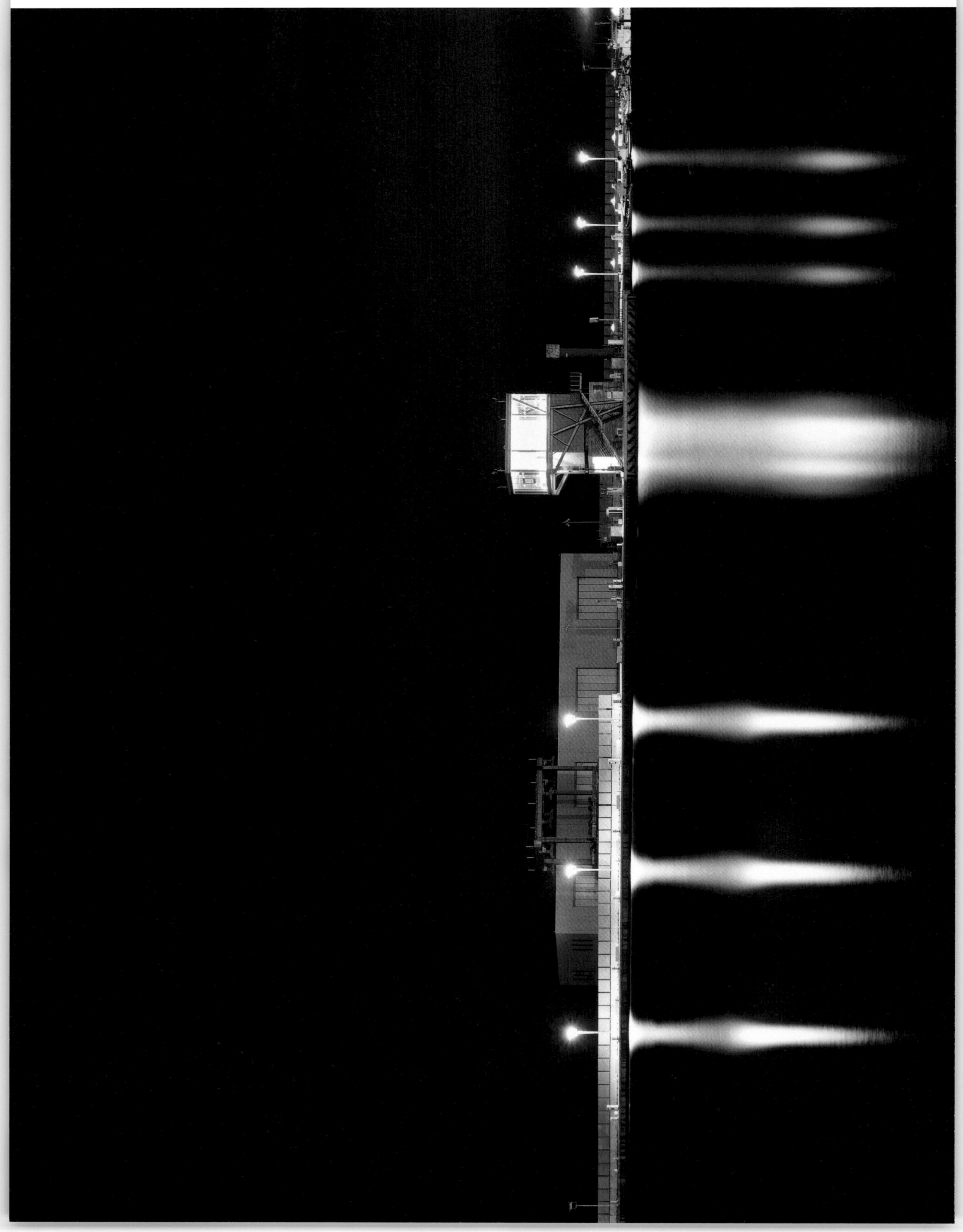

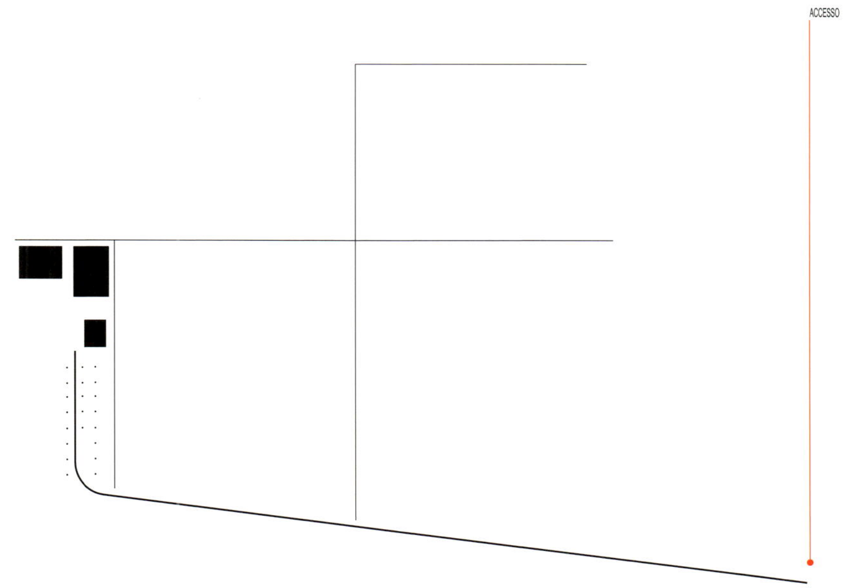
ACCESSO

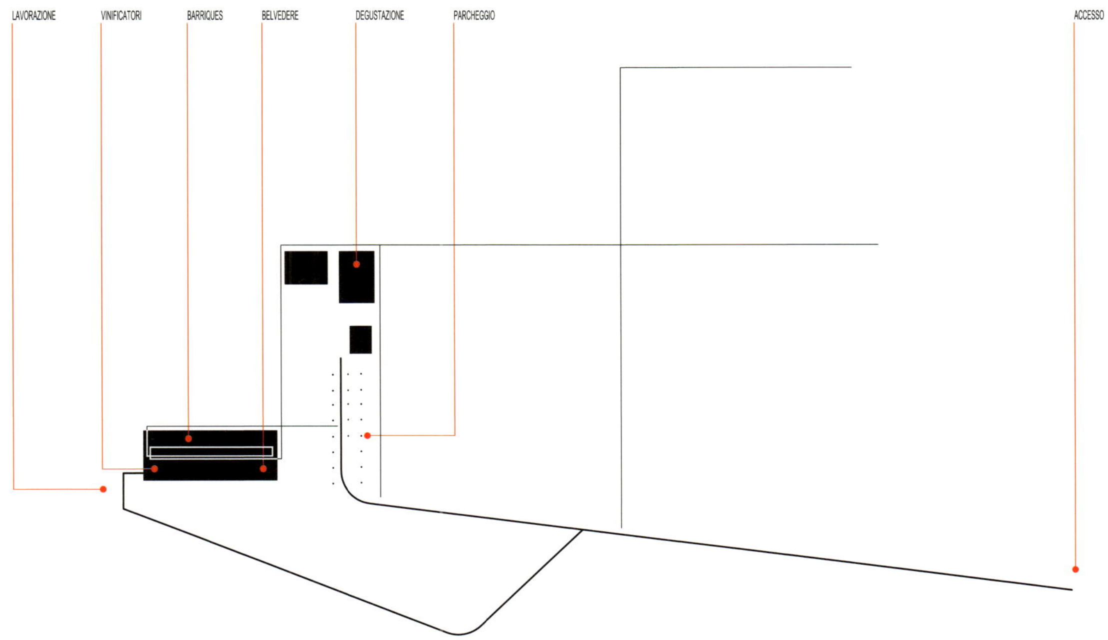
LAVORAZIONE
VINIFICATORI
BARRIQUES
BELVEDERE
DEGUSTAZIONE
PARCHEGGIO
ACCESSO

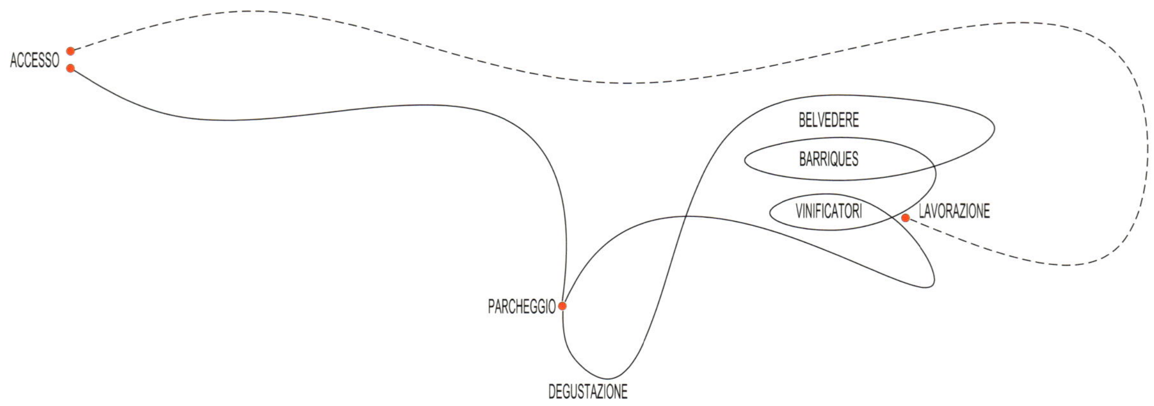
ACCESSO
BELVEDERE
BARRIQUES
VINIFICATORI
LAVORAZIONE
PARCHEGGIO
DEGUSTAZIONE

MGGC _ V _ DPE.2008 _ 02 < /

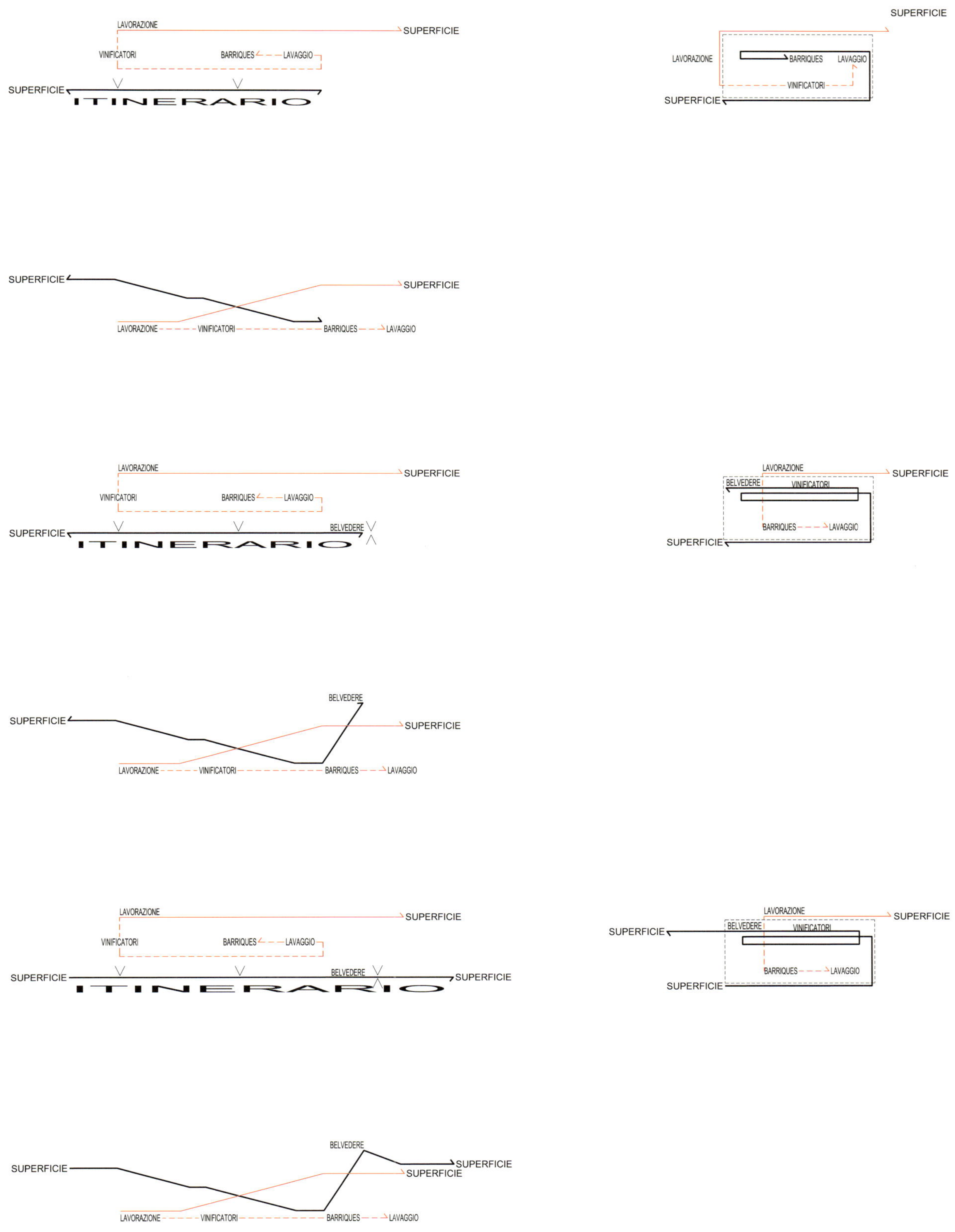

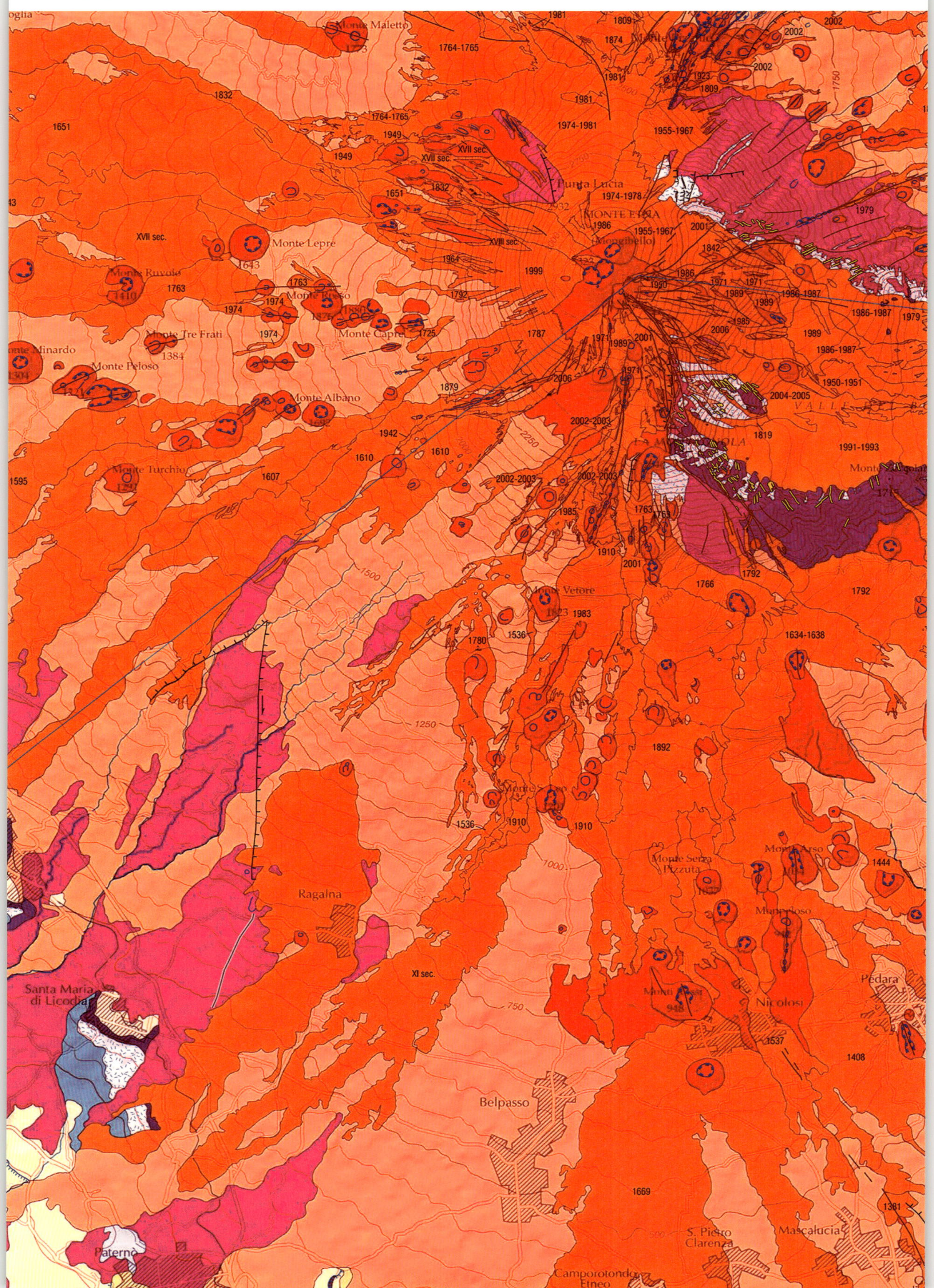
Monte Maletto
1764-1765
1832
1651
1764-1765
1949
1974-1981
1955-1967
XVII sec.
Punta Lucia
1974-1978
MONTE ETNA
(Mongibello)
1955-1967
XVII sec.
Monte Lepre
XVIII sec.
1643
1964
1999
Monte Ruvolo
1410
1763
1974
Monte Rosso
Monte Tre Frati
1384
Monte Capre
1725
1787
Monte Minardo
Monte Peloso
1879
Monte Albano
1942
1610
1610
Monte Turchio
1607
1595
2002-2003
2006
2004-2005
1950-1951
1819
1991-1993
1985
1910
2001
1792
1766
1792
Monte Vetore
1983
1536
1780
1634-1638
1250
1892
1536
1910
1910
1000
Monte Serra Pizzuta
Monte Arso
1444
Ragalna
XI sec.
Pedara
Santa Maria di Licodia
750
Nicolosi
1537
1408
Belpasso
1669
S. Pietro Clarenza
Mascalucia
1381
Paternò
Camporotondo Etneo

NEBRODI
ETNA

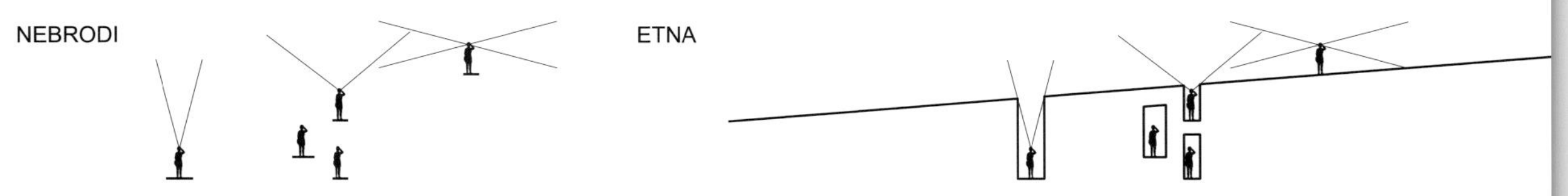
NEBRODI
ETNA

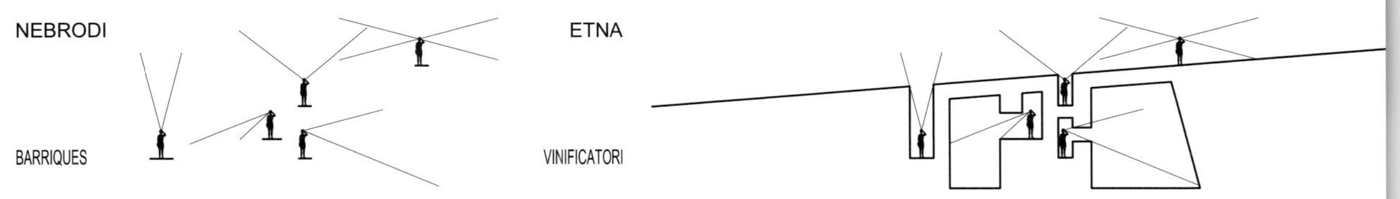
NEBRODI
BARRIQUES
ETNA
VINIFICATORI

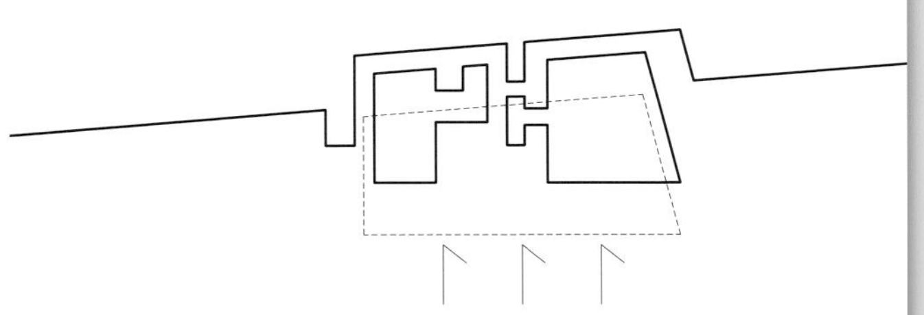

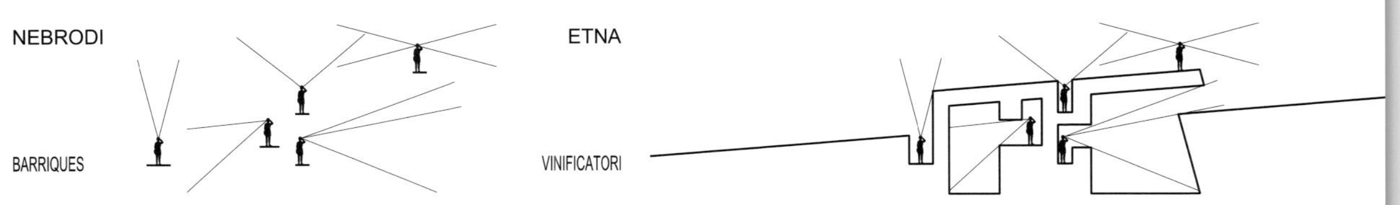
NEBRODI
BARRIQUES
ETNA
VINIFICATORI

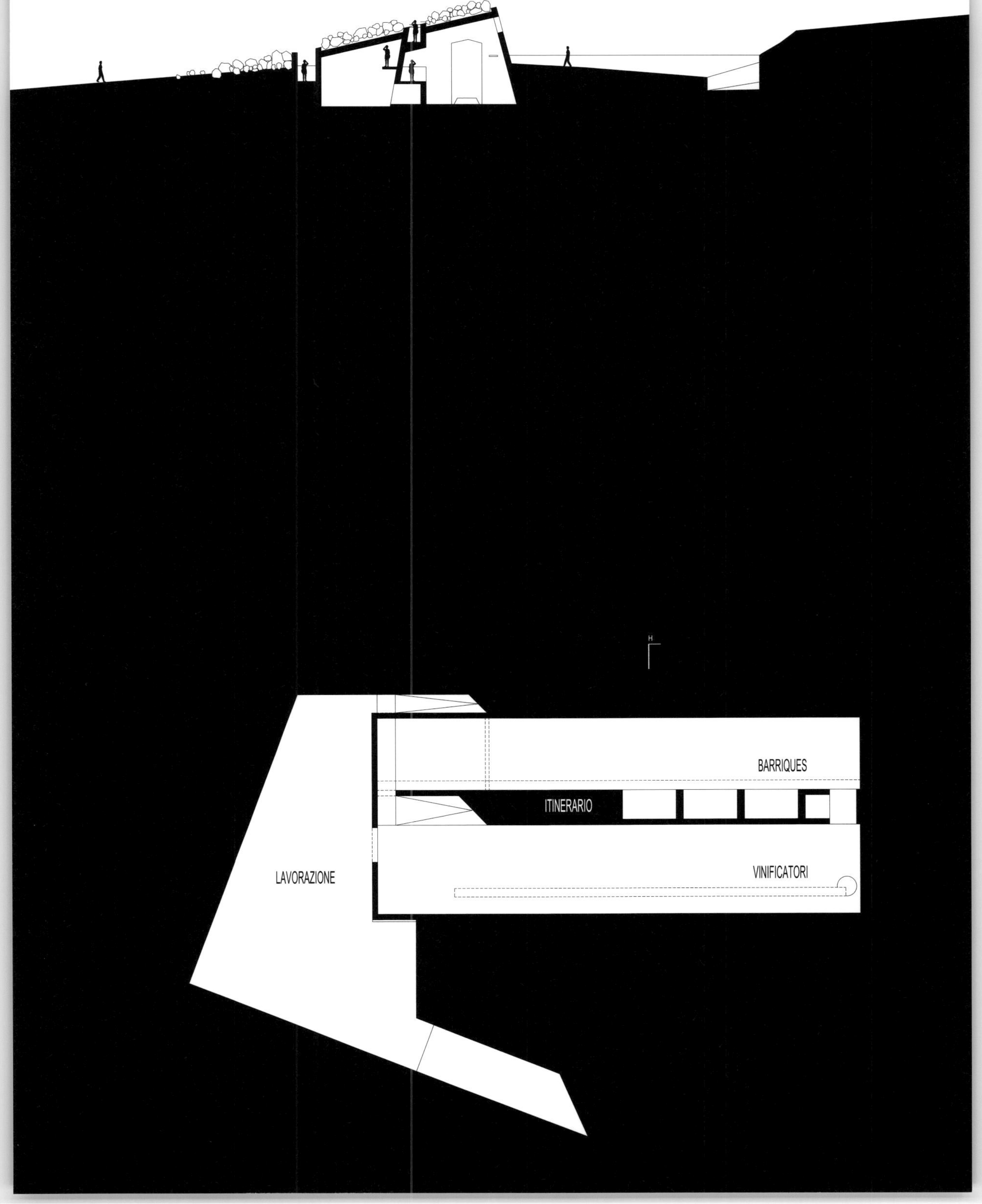
BARRIQUES
ITINERARIO
LAVORAZIONE
VINIFICATORI

ITINERARIO

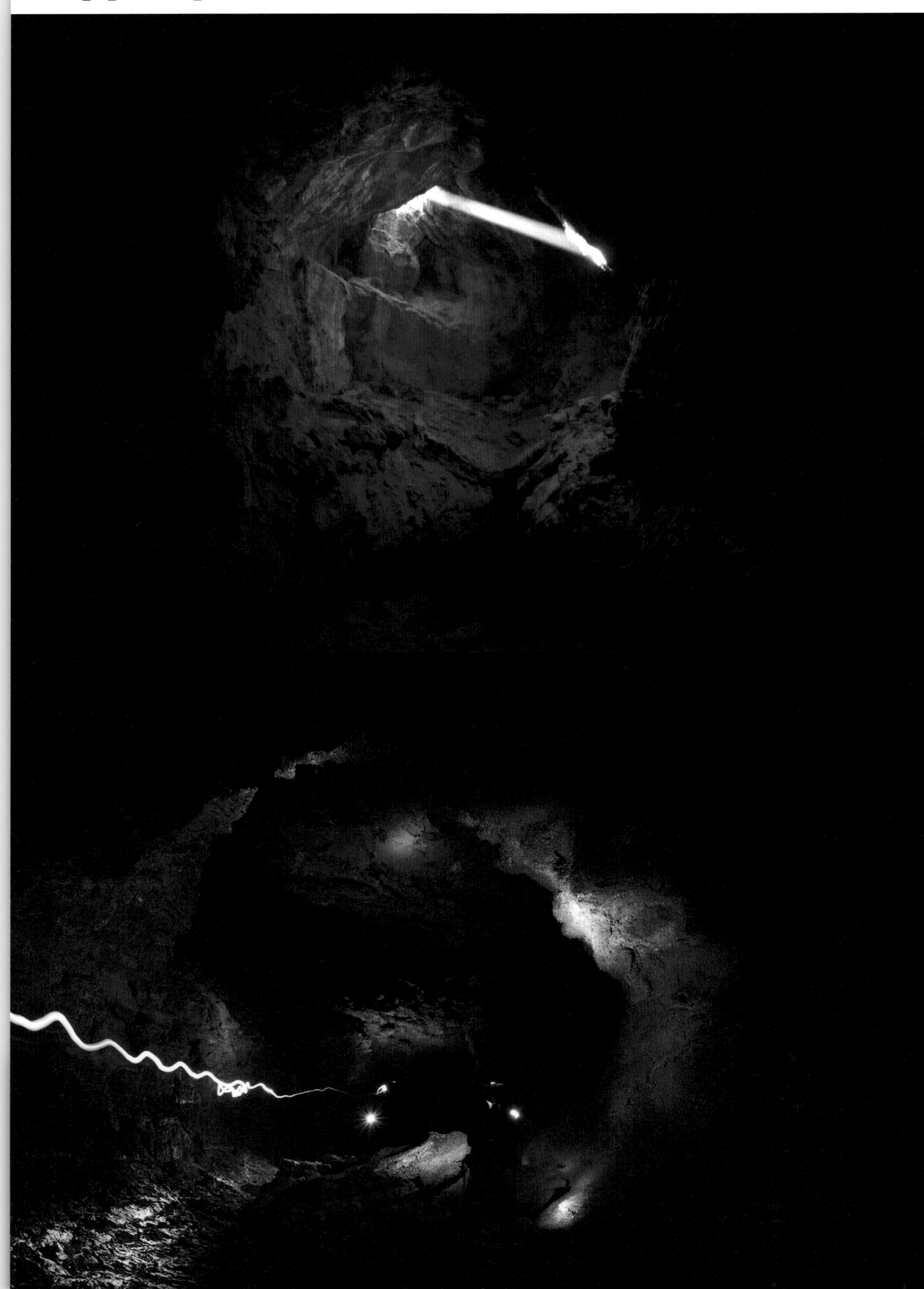

MGGC _ V _ DPE.2008 _ 06 > /

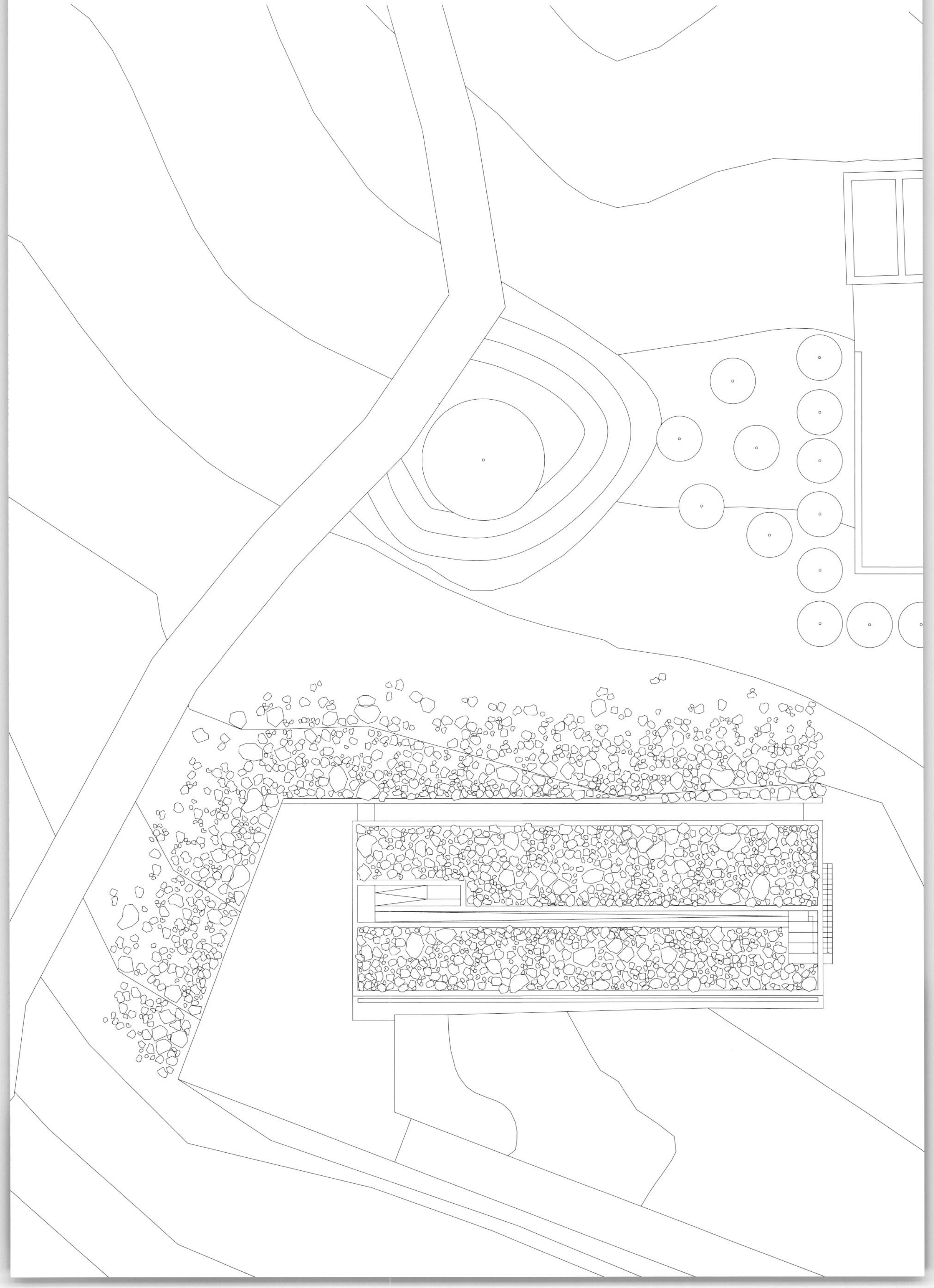

	PORTO TURISTICO MARINA DI RAGUSA							Maggio 2007
	VARIANTE EDIFICI							
		DATI METRICI						
		Superficie coperta		Altezza		Volume		NOTE
	Destinazione	Prog.Orig.	Variante	Prog.Orig.	Variante	Prog.Orig.	Variante	
		[mq]	[mq]	[m]	[m]	[mc]	[mc]	
1	Controllo traffico	64	64	12,15	12,15	778	778	Volume confermato - Spostato da parte media ad estremità
2	Club nautico	416	416	4,15	4,15	1.726	1.726	Confermato
3	Rimessaggio	1.345	1.345	6,15	6,15	8.272	8.272	Volume confermato - Spostato da ponente a levante
4	Officina	448	448	5,15	5,15	2.307	2.307	Volume confermato - Spostato da ponente a levante
5	Ristorante	223	223	4,15	4,15	925	925	Confermato
6	Ristoro	100		4,15		415		Inglobato in commerciale 16
7	Scuola nautica	200		6,15		1.230		Inglobata in polifunzionale 9-10
8	Rimessaggio windsurf e canoe	200		6,15		1.230		Inglobato in polifunzionale 9-10
9-10	Polifunzionale	1.883	1.883	3,75	3,75	7.061	7.061	Confermato (con modifiche interne)
11	Stazione marittima	800	800	4,15	4,15	3.320	3.320	Volume confermato - Spostata da levante a ponente
12	Locale tecnico		66		4,00		264	Spostato da levante a ponente
13	Edicola d'attesa	100	100	4,00	4,00	400	400	Confermata
14	Guardia Costiera C.P.		245		6,80		1.666	Spostata da levante a ponente
15	Parcheggio interrato		3.600		3,30		11.880	Piano interrato a ridosso della Via Bisani x 140 posti auto
16	Attività commerciali e complementari		9.600		3,30		31.680	Lungo il water-front

PORTO DI MARINA DI RAGUSA

VARIANTE IN CORSO D'OPERA

OPERE COMPLEMENTARI ALL'ATTIVITA' PORTUALE

LAYOUT

SCALA 1:2.000

Vers. 25.05.2007

WATER-FRONT

SEZIONE TIPO

SCALA 1:200

Legenda

1 Controllo traffico
2 Club nautico
3 Rimessaggio
4 Officina

9-10 Polifunzionale
11 Stazione marittima
12 Locale tecnico
13 Edicola d'attesa
14 Guardia Costiera C.P.
15 Parcheggi
16 Attività commerciali e complementari

MGGC _ VI _ PMR.2007 _ 01 > /

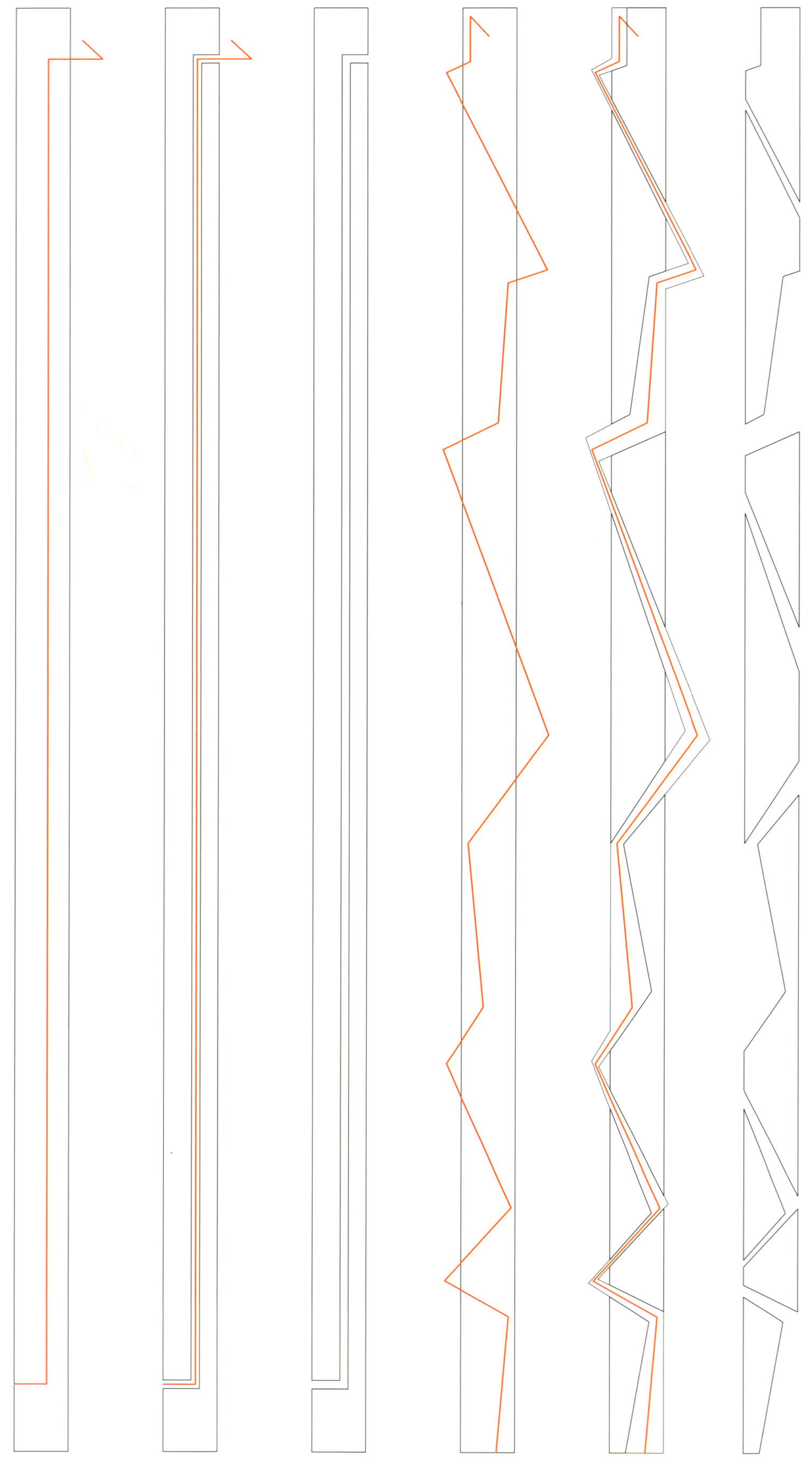

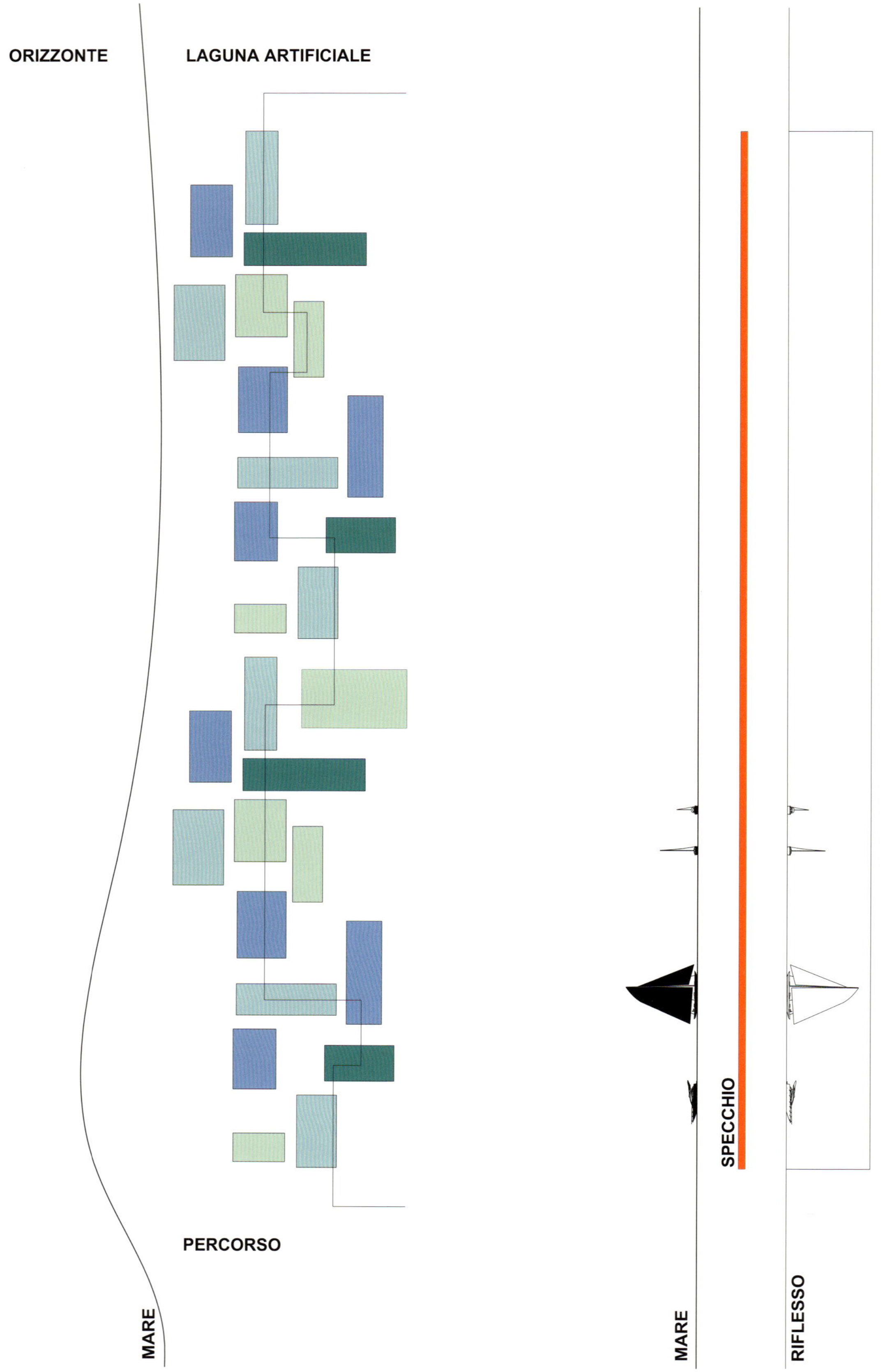
ORIZZONTE
LAGUNA ARTIFICIALE
PERCORSO
MARE
SPECCHIO
MARE
RIFLESSO

MGGC _ VI _ PMR.2007 _ 03 > /

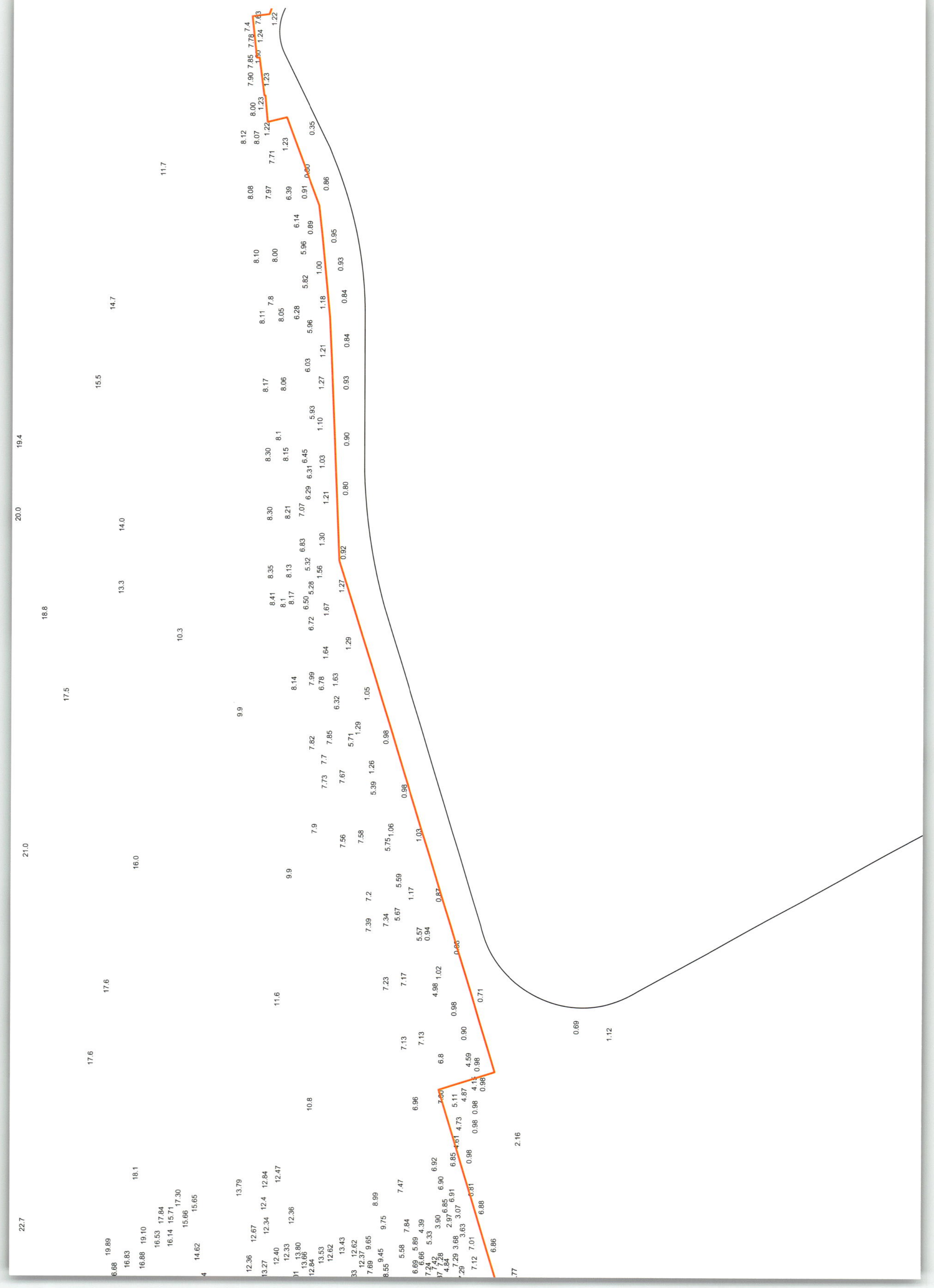

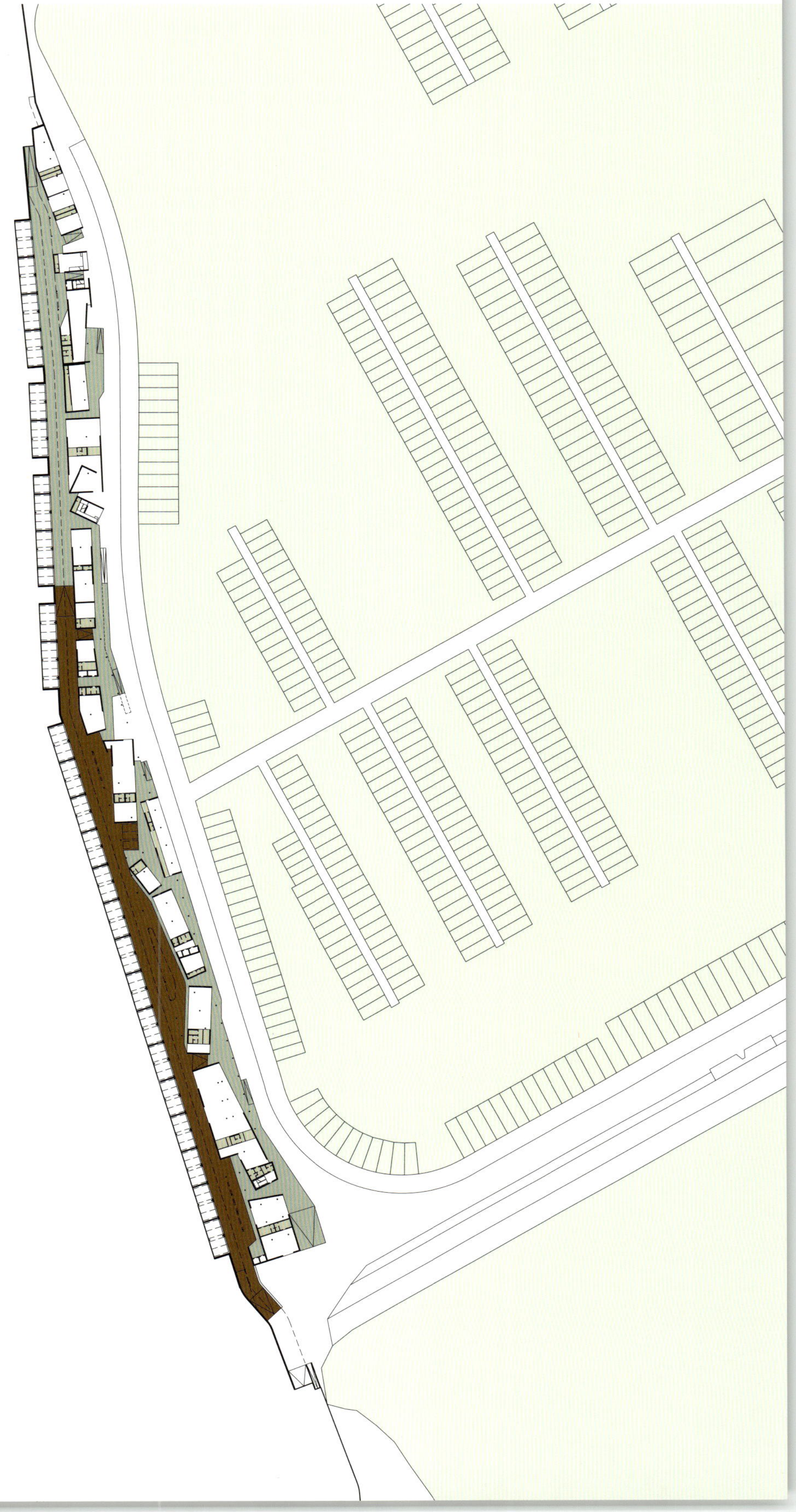

MGGC _ VI _ PMR.2007 _ 04 > /

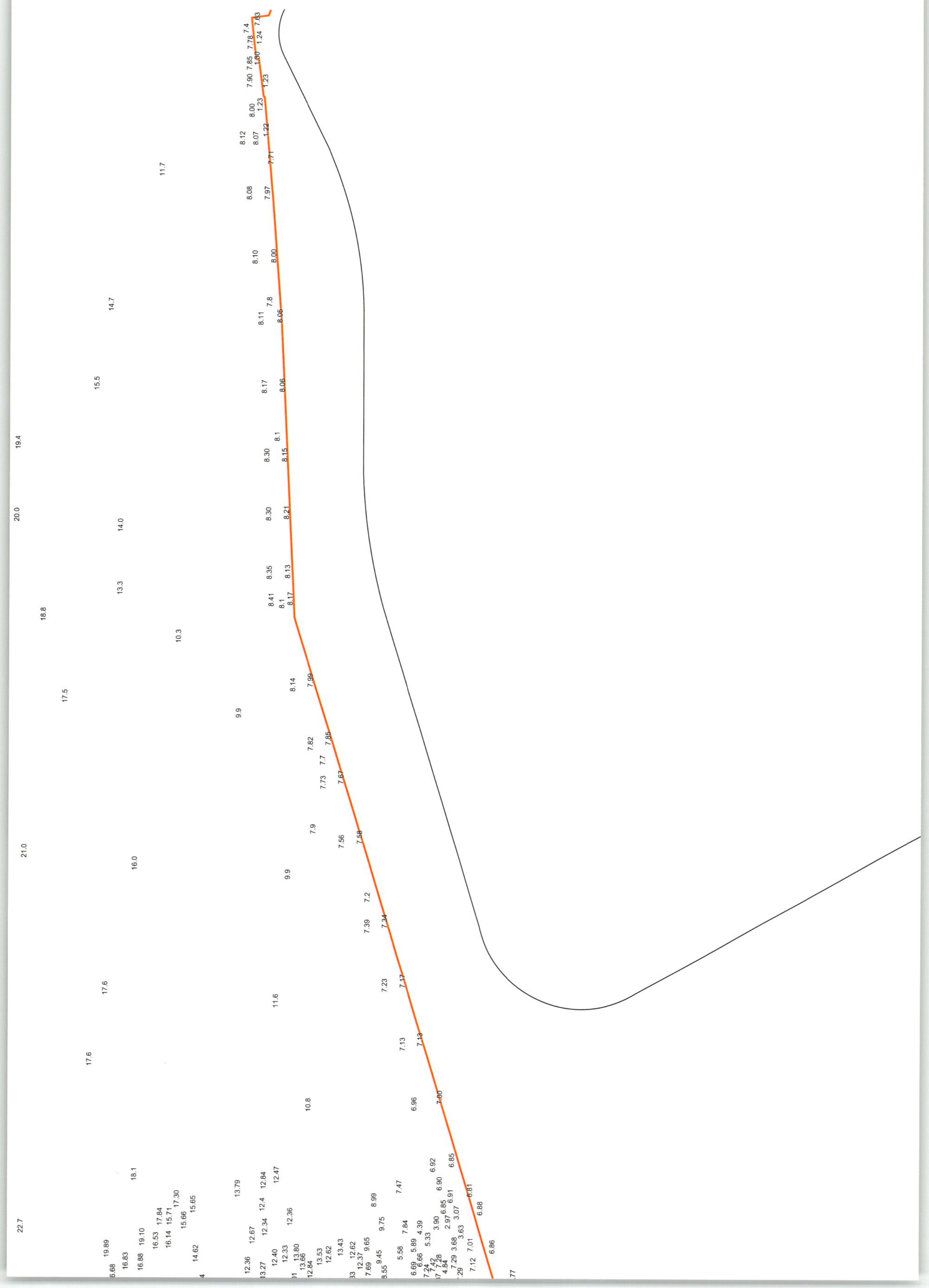

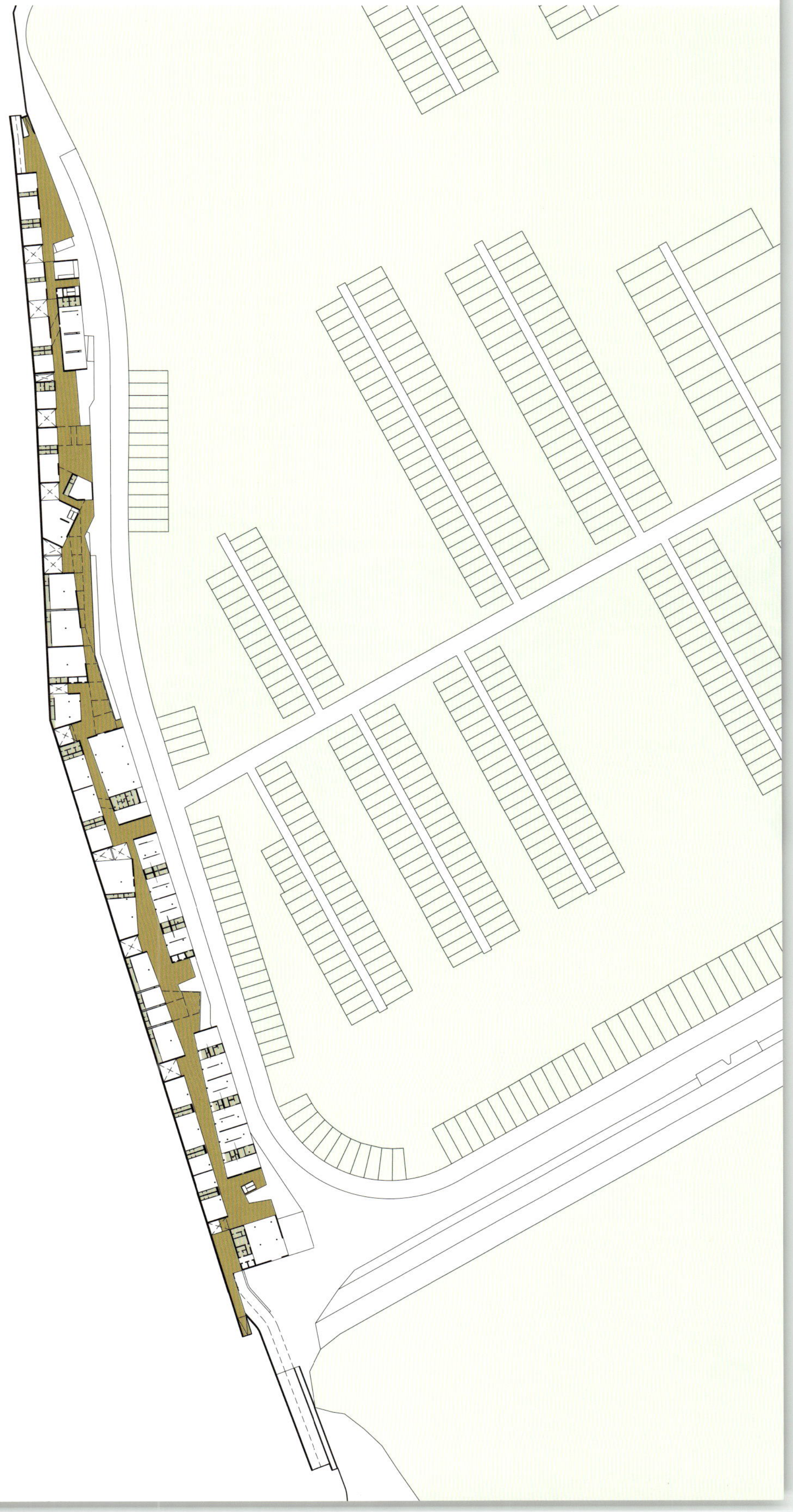

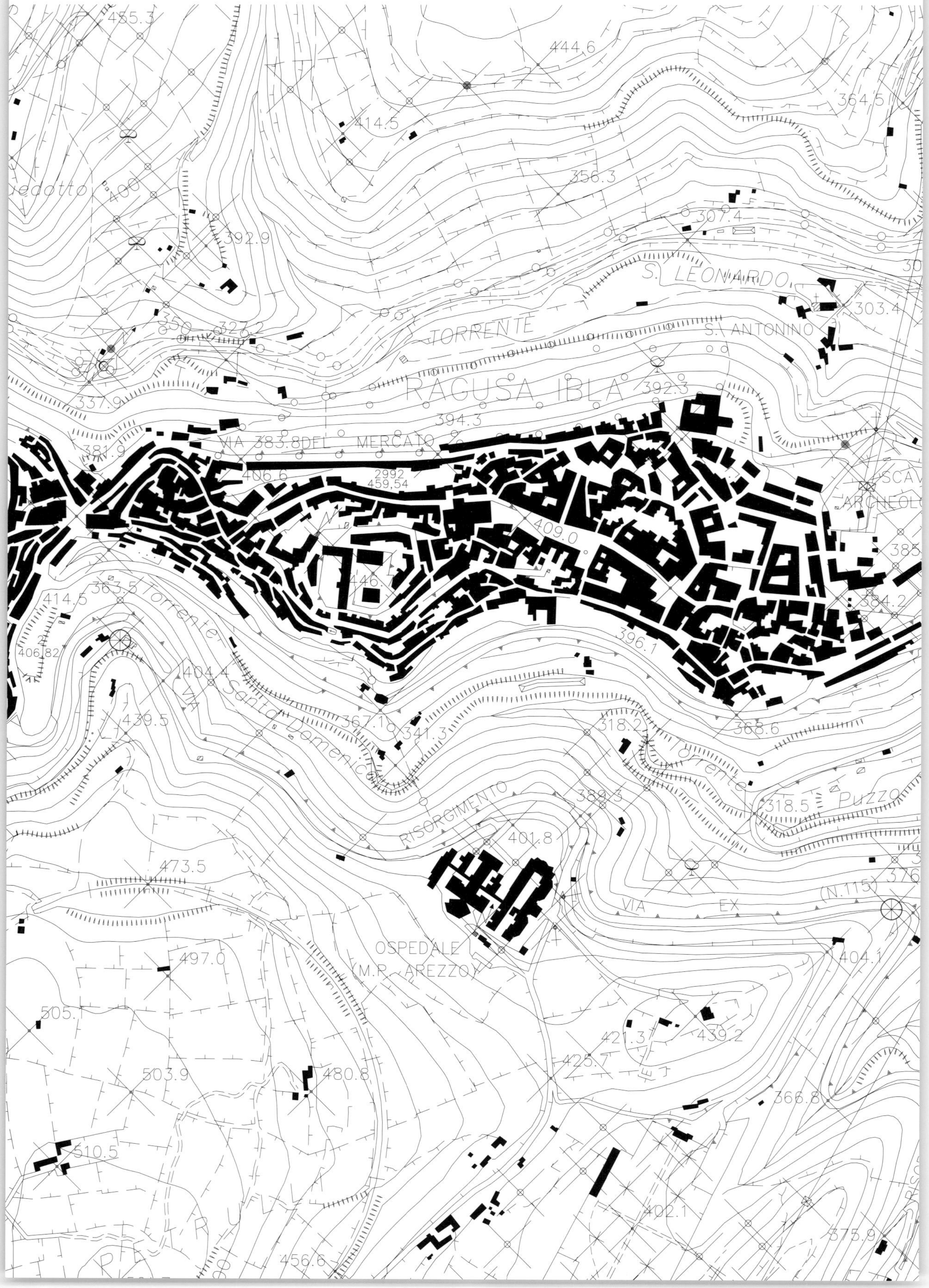
RAGUSA IBLA
TORRENTE
S. LEONARDO
S. ANTONINO
VIA DEL MERCATO
RISORGIMENTO
OSPEDALE
(M.P. AREZZO)
VIA EX
(N.115)
Puzzo

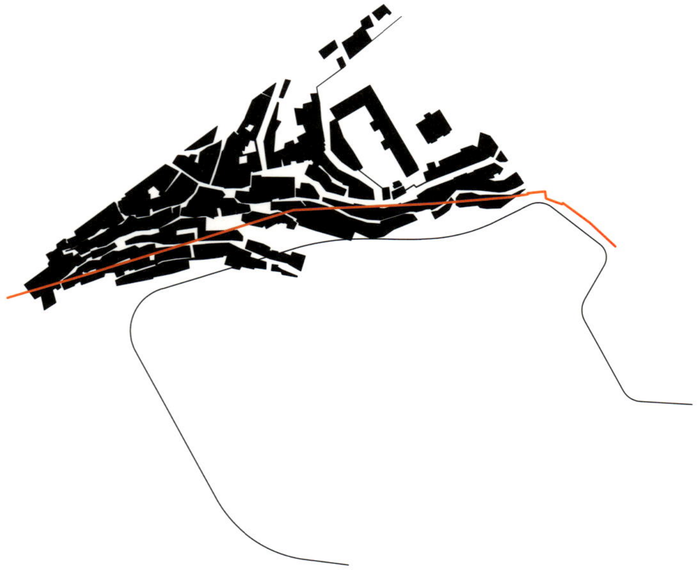

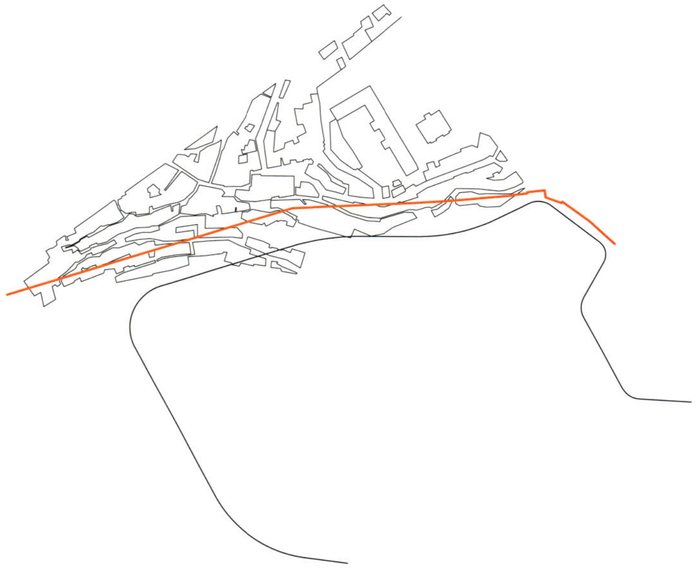

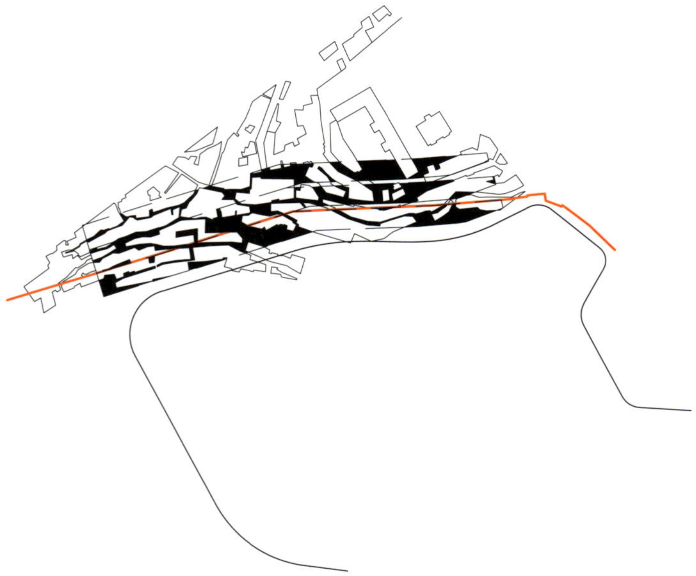

A-B=C   C+2=D

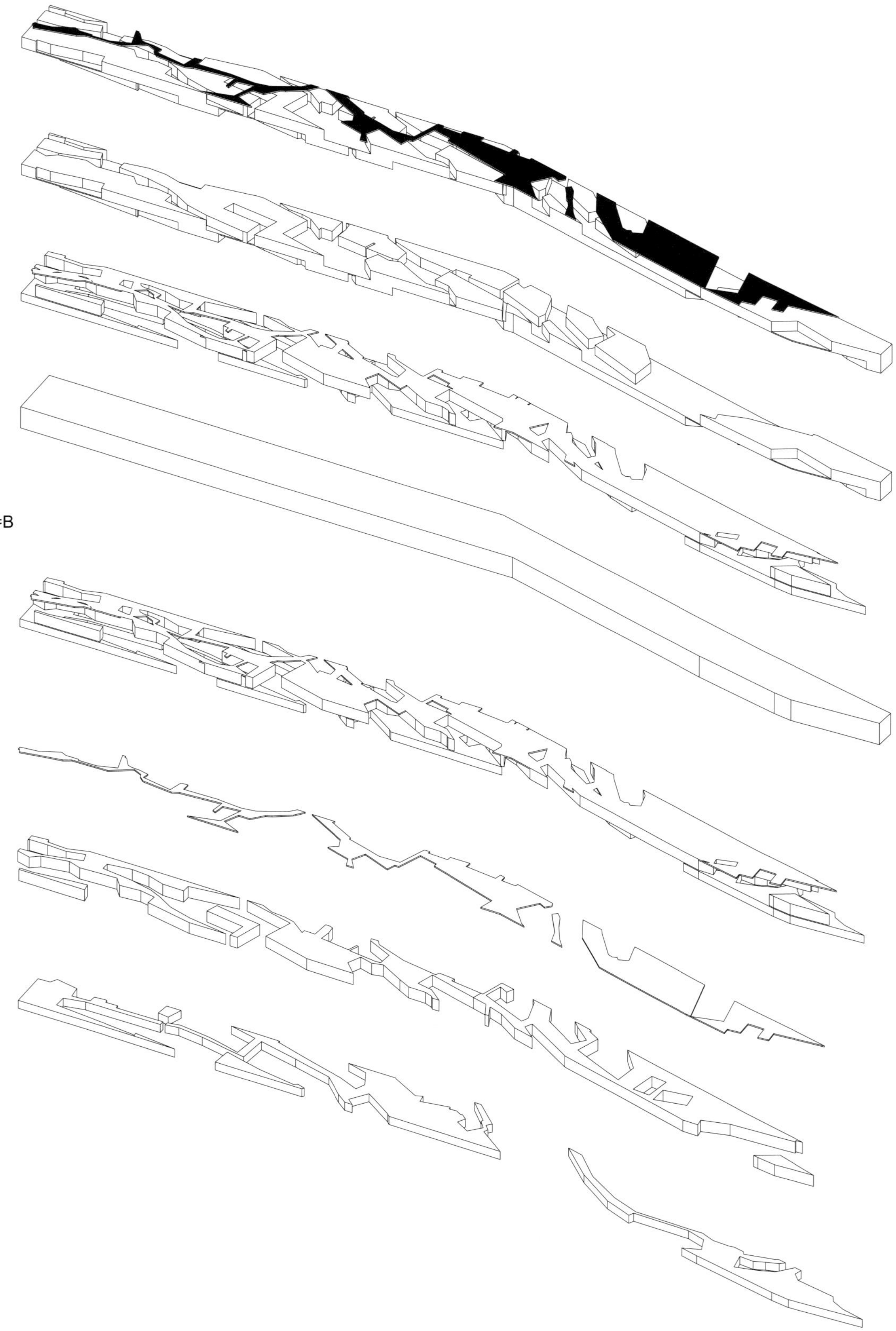

MGGC _ VI _ PMR.2007 _ 08 > /

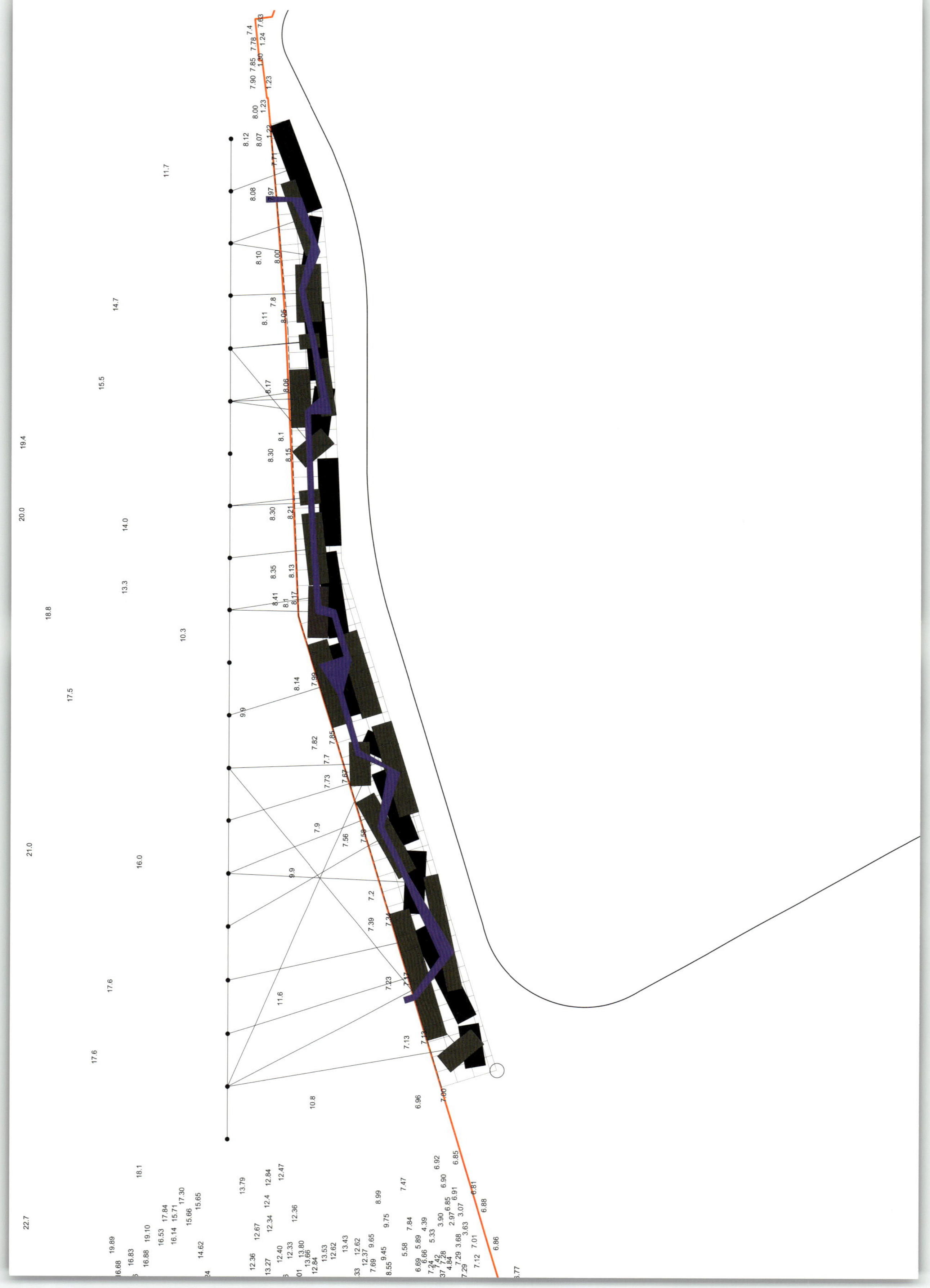

MGGC _ VII _ PVC.2006 _ 01 > /

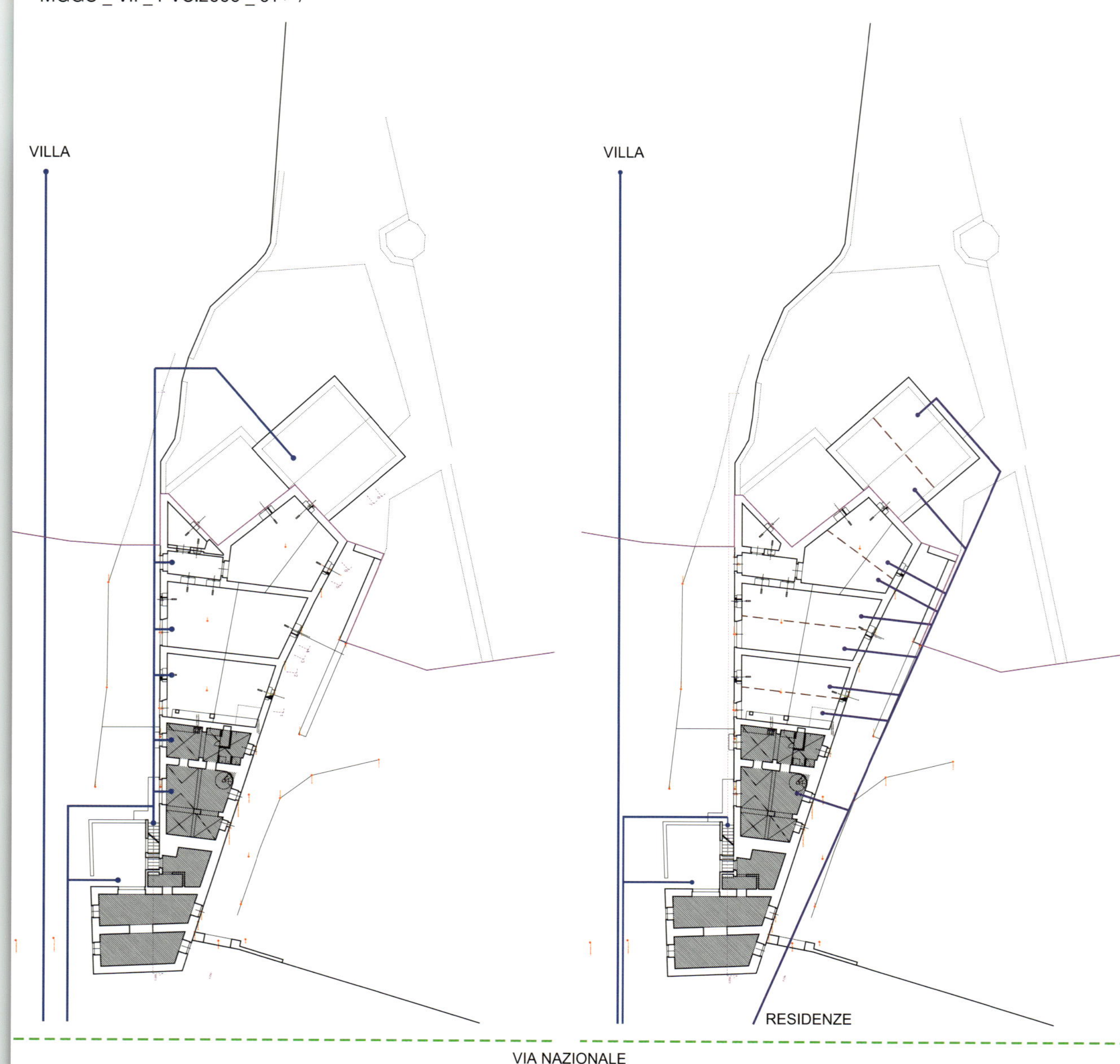

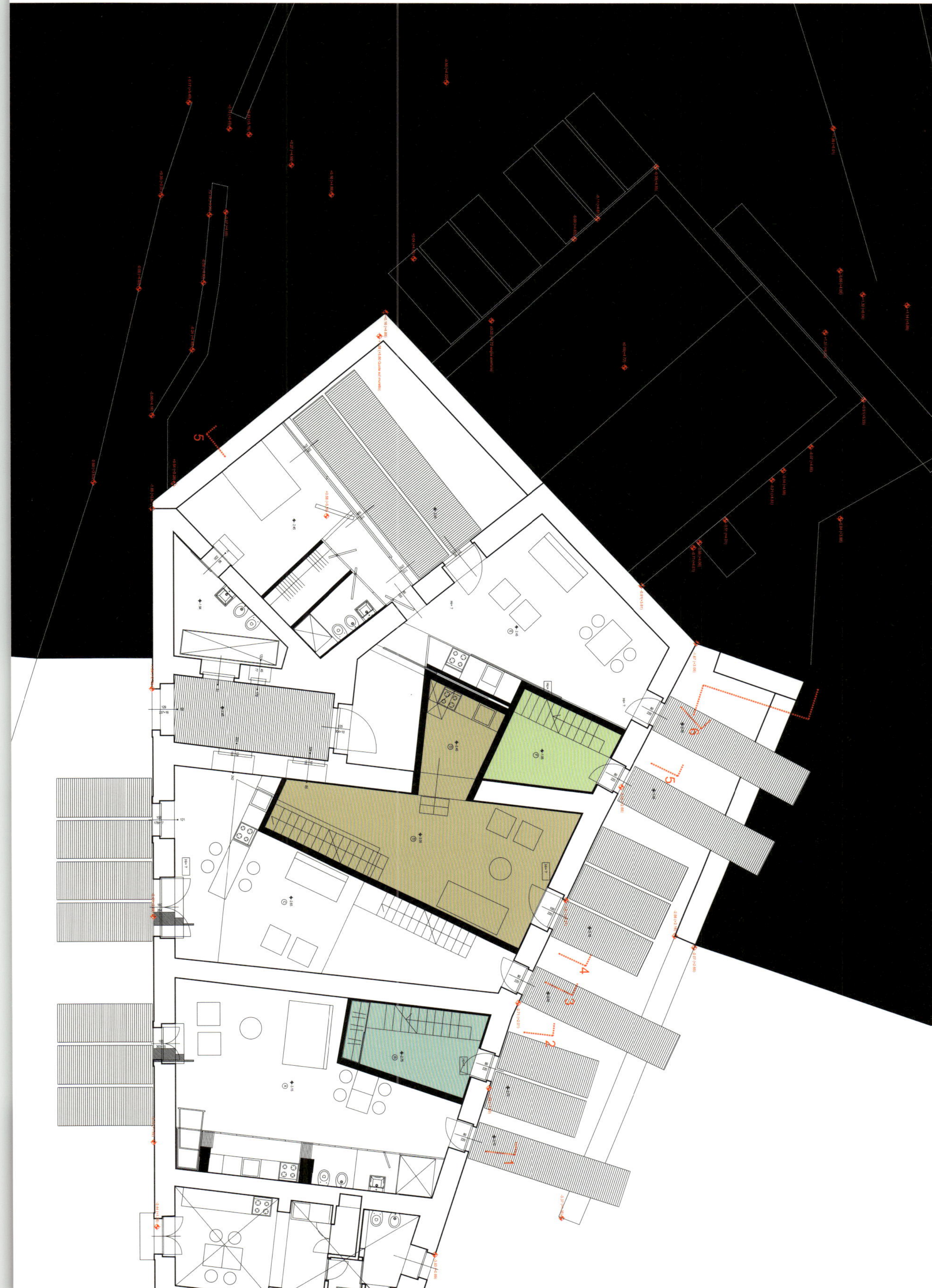

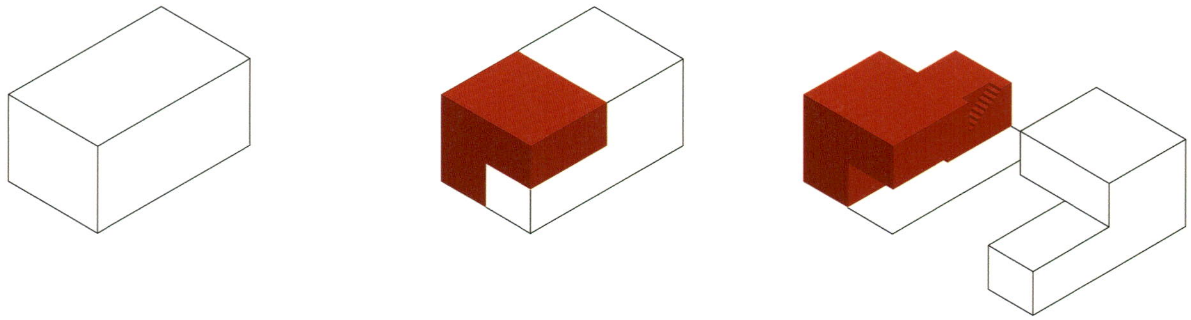

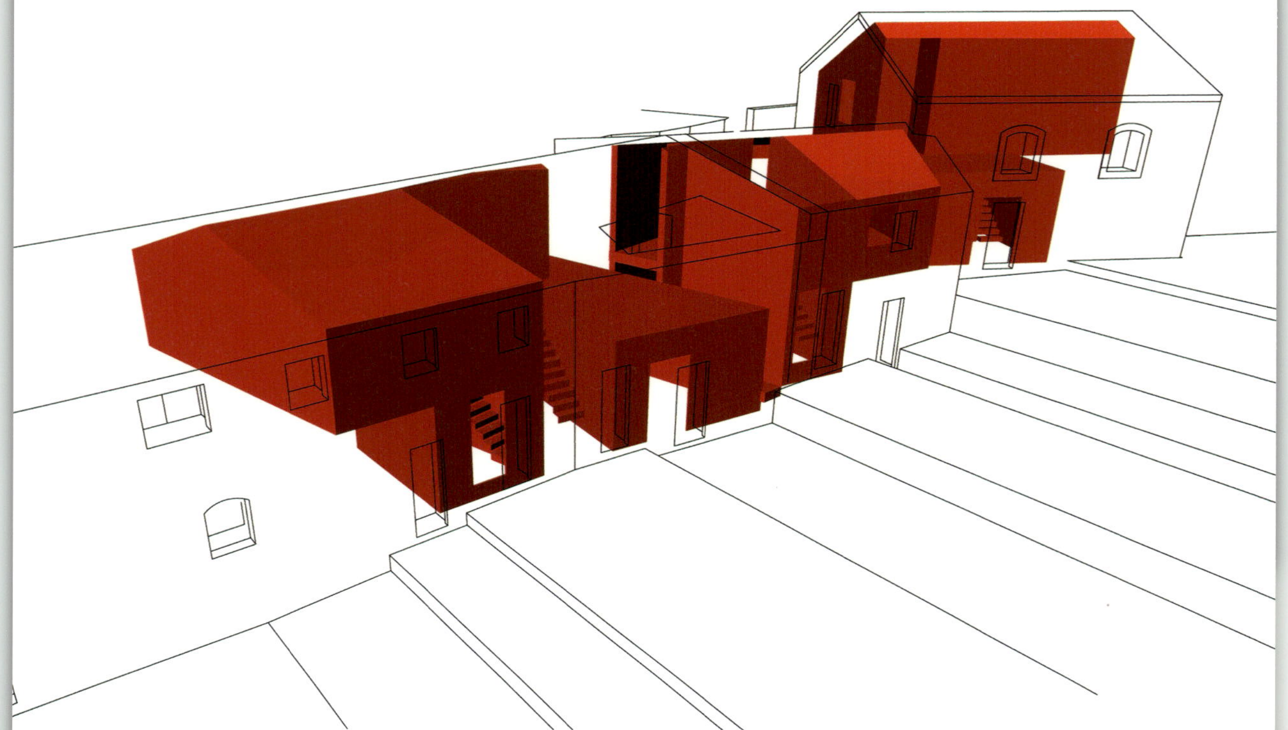

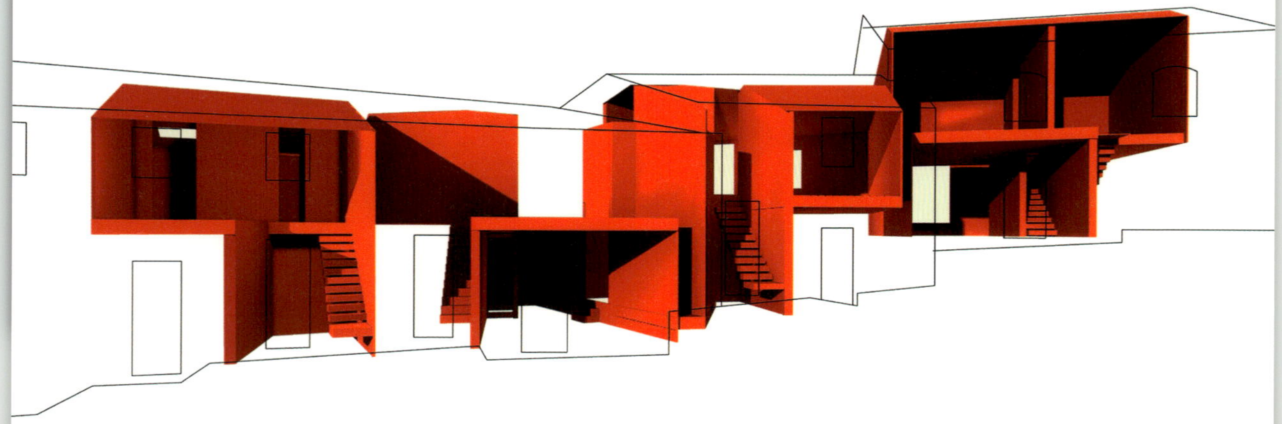

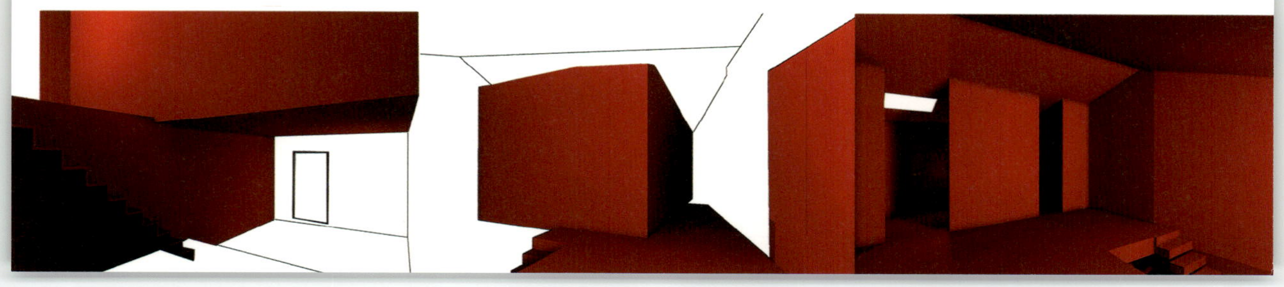

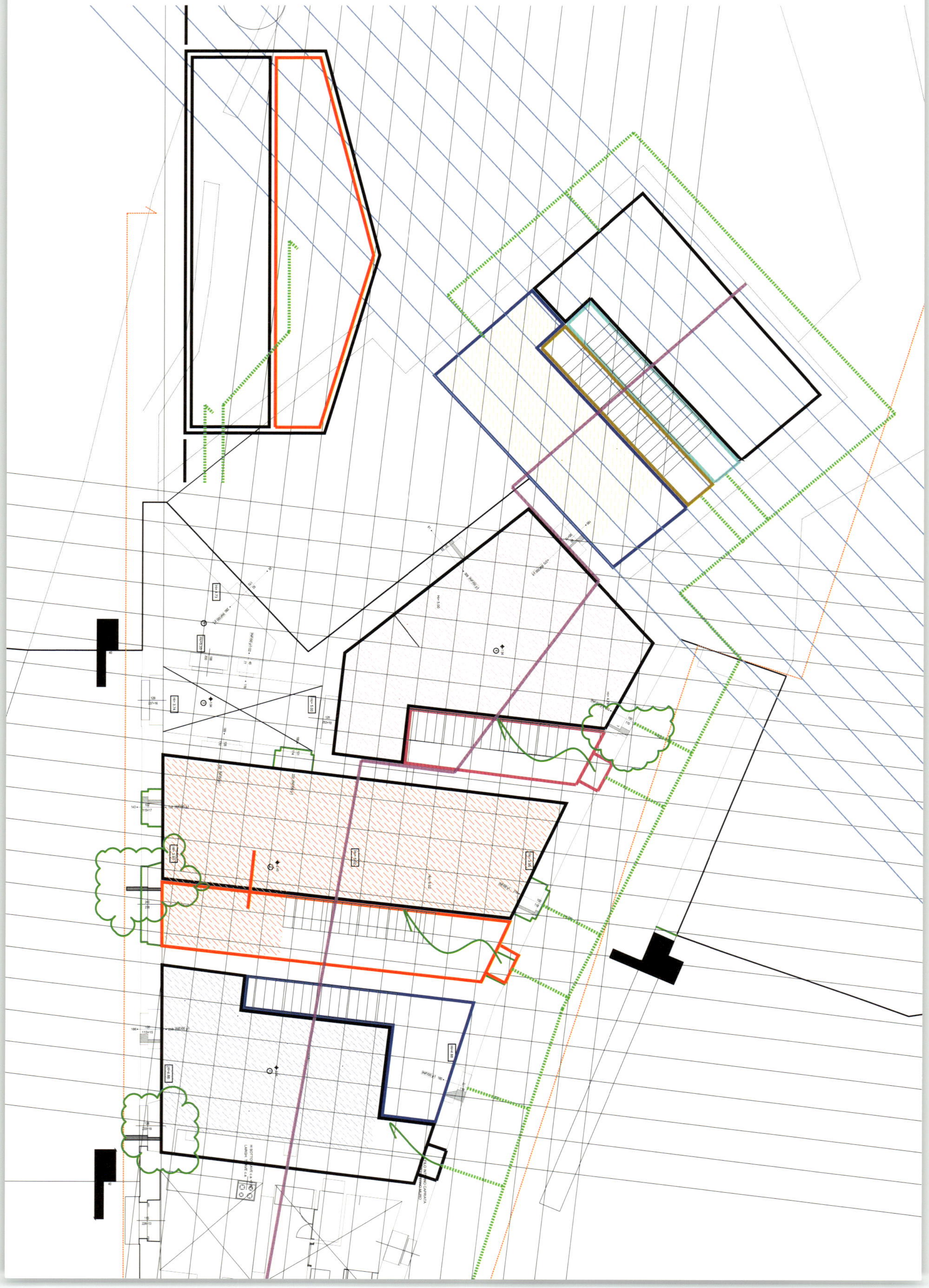

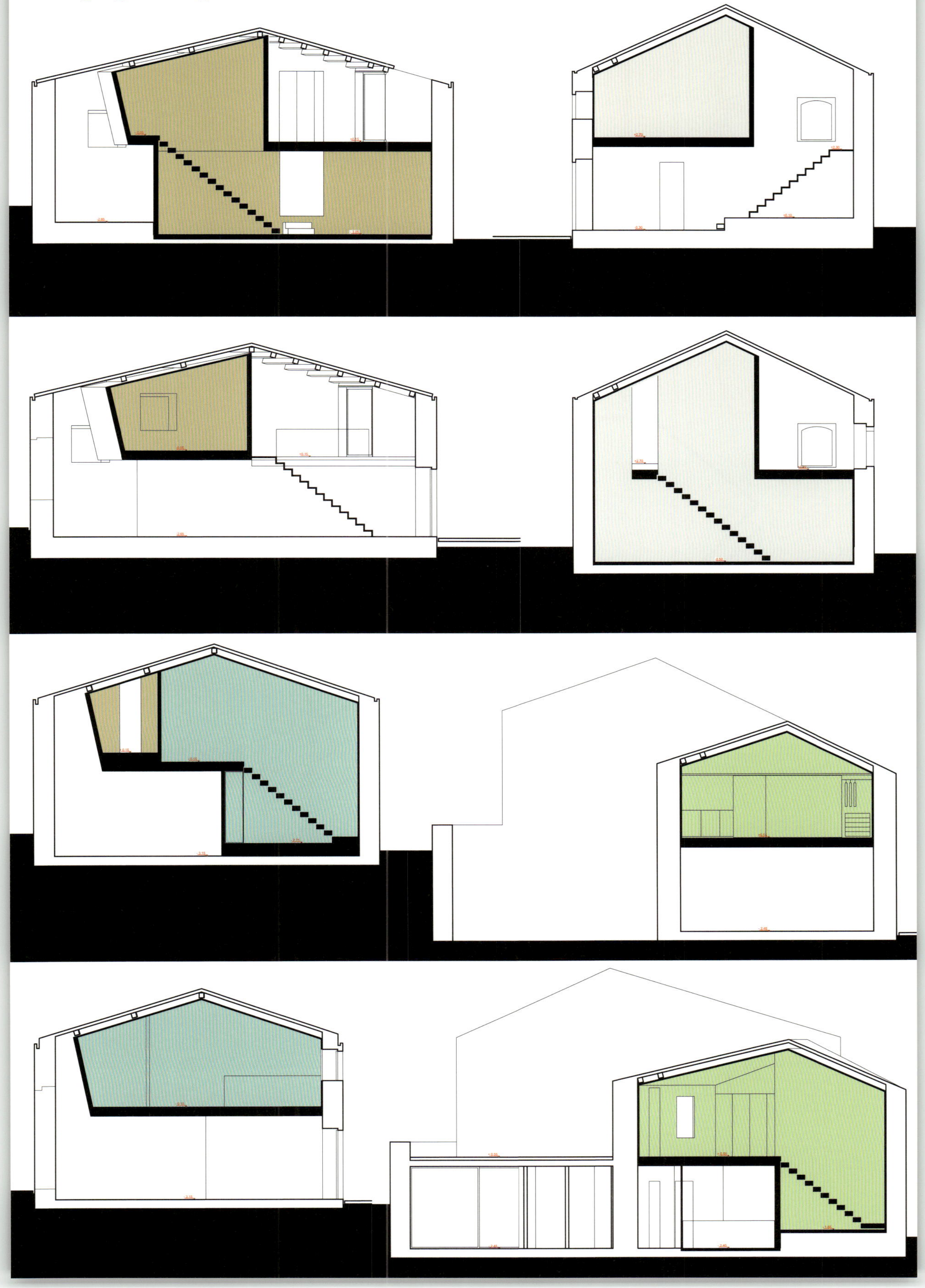

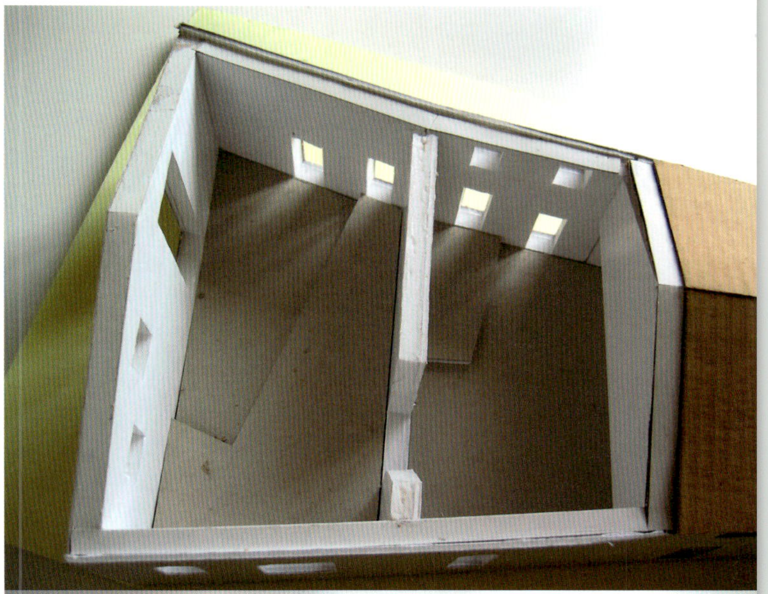

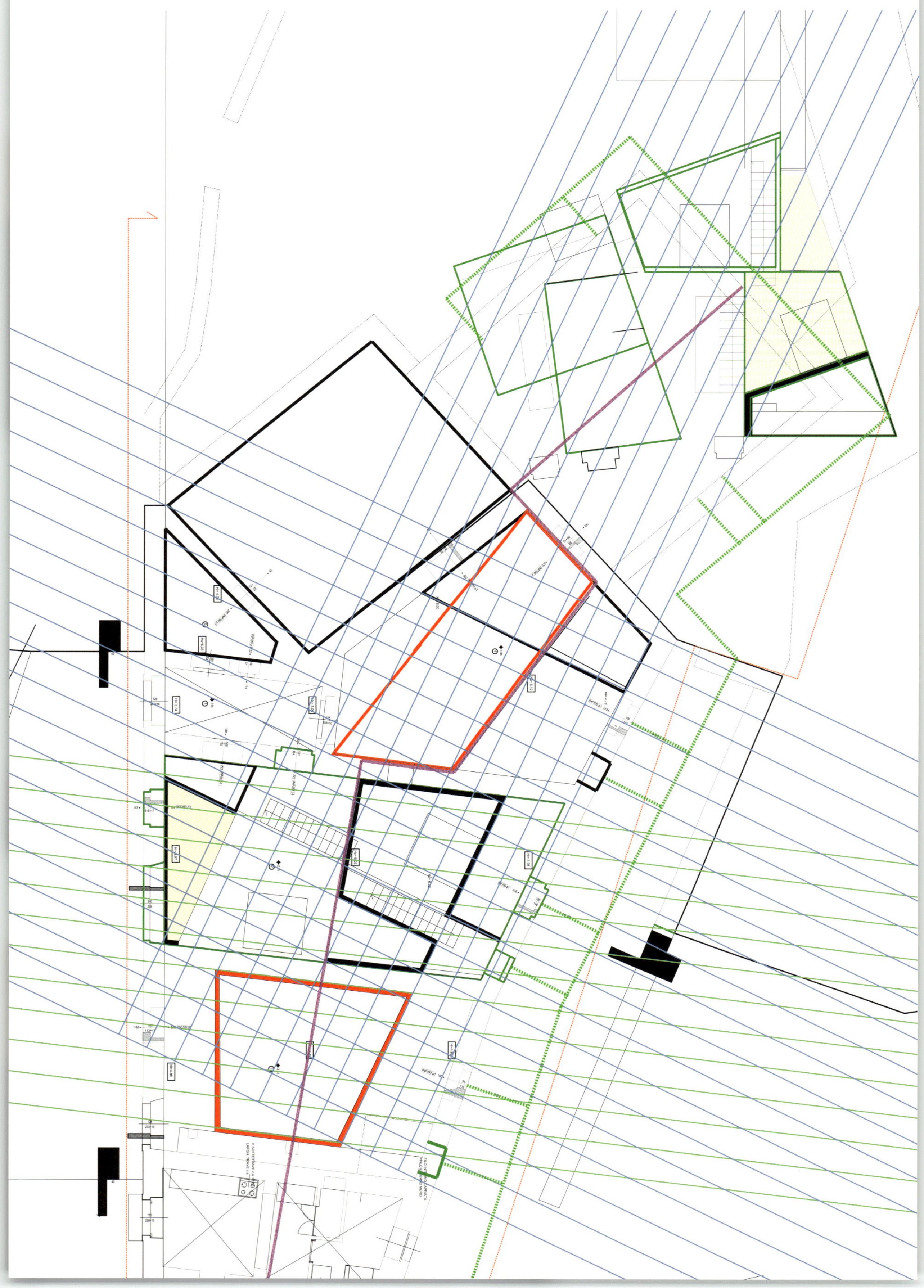

CONTRADA PATR
VIA ALDO MORO
PE 21
PE 22
VIALE DELLE AMERICHE
VIA PERTINI
VIA DUBLINO

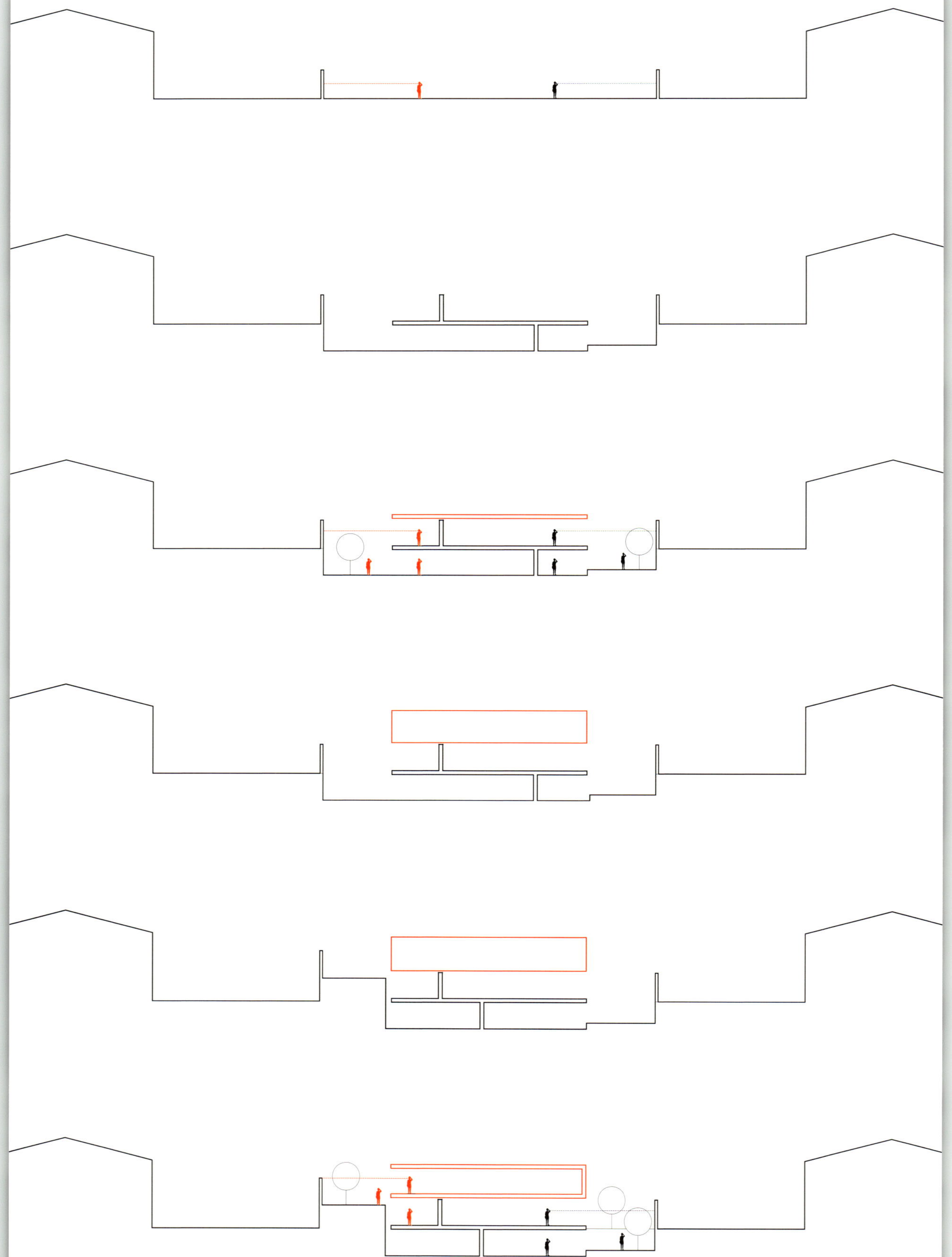

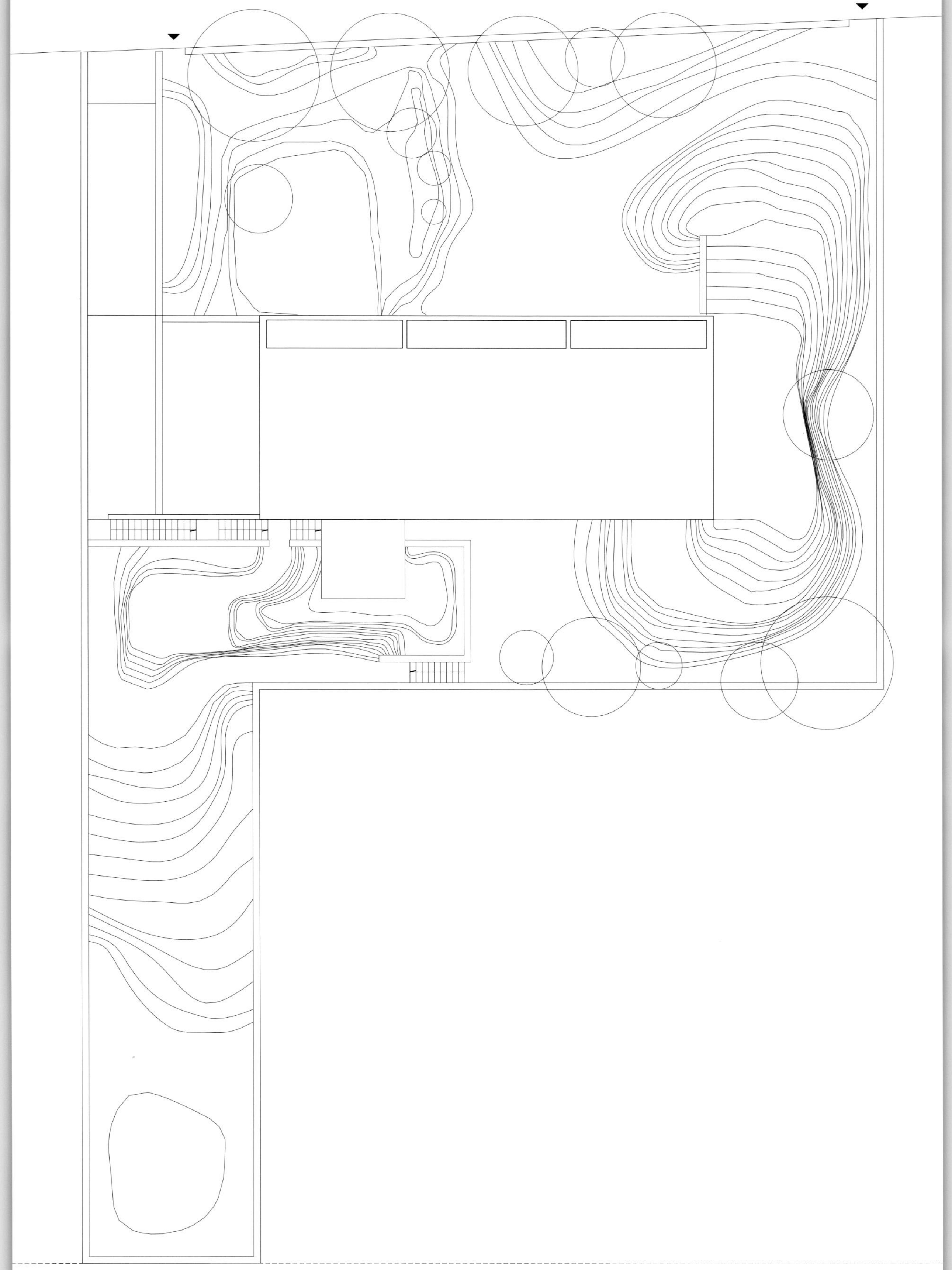

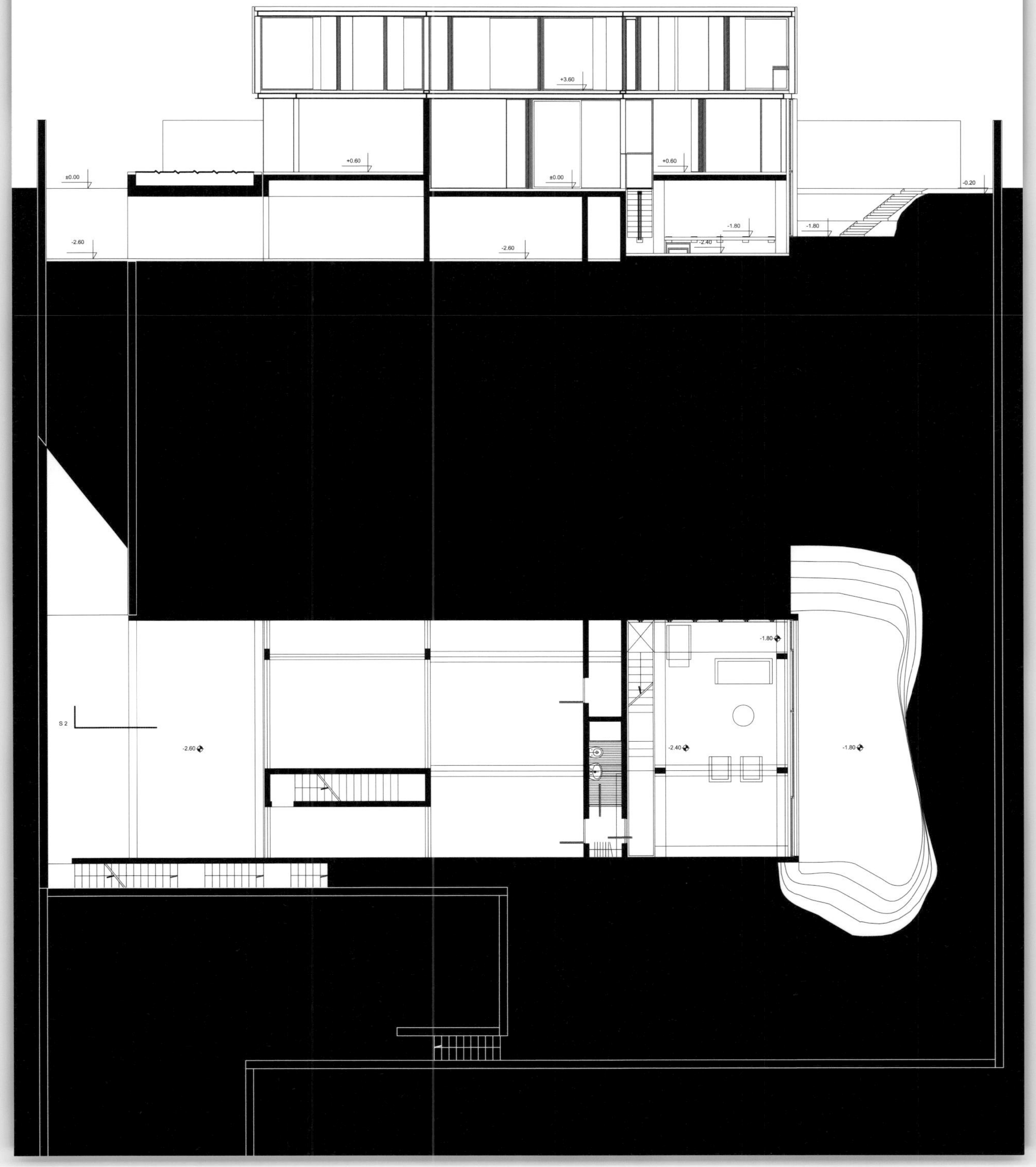
+3.60
+0.60
±0.00
+0.60
±0.00
-0.20
-2.60
-2.60
-1.80
-2.40
-1.80
S 2
-2.60
-1.80
-2.40
-1.80

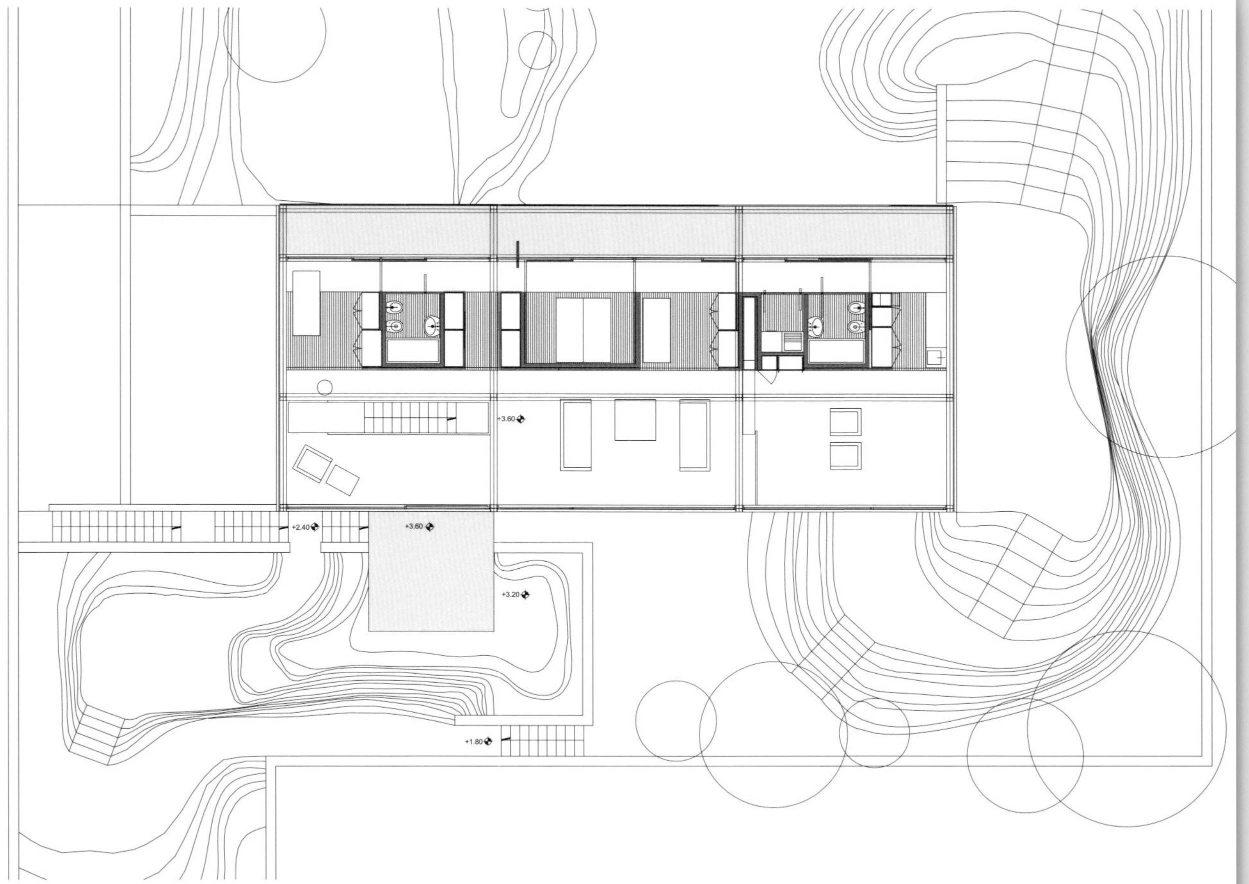
+3.60
+2.40
+3.60
+3.20
+1.80

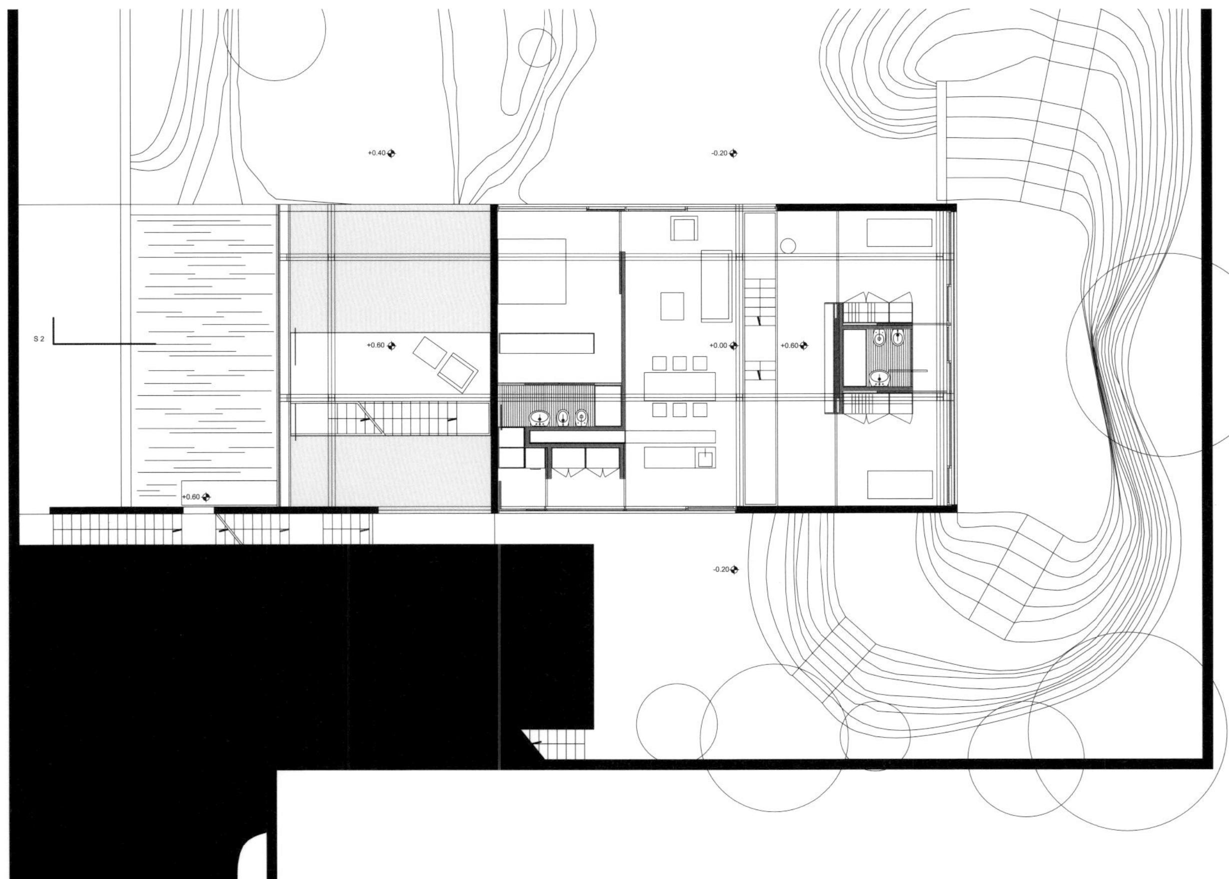
+0.40
-0.20
S 2
+0.60
+0.00
+0.60
+0.60
-0.20

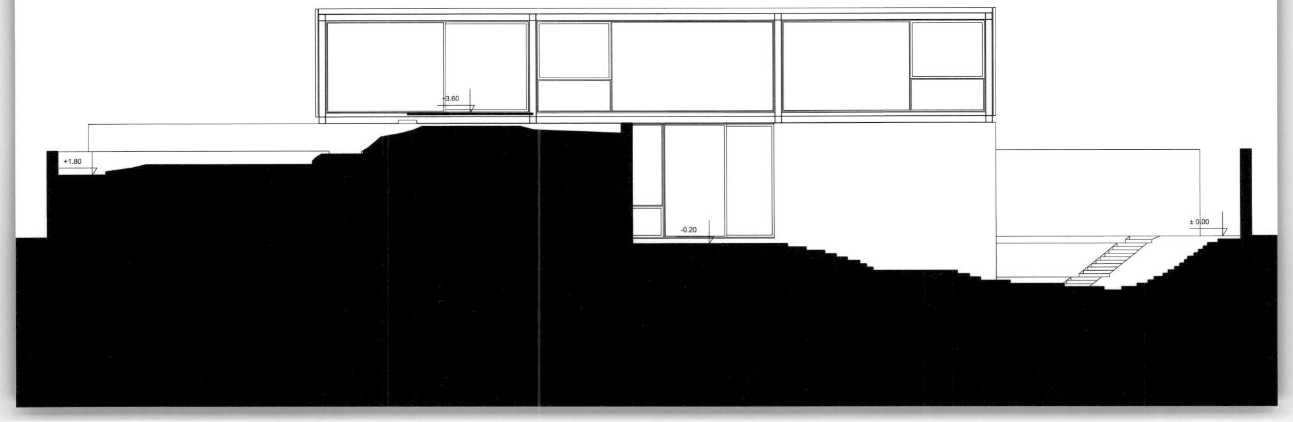
+3.60
+1.80
-0.20
± 0.00

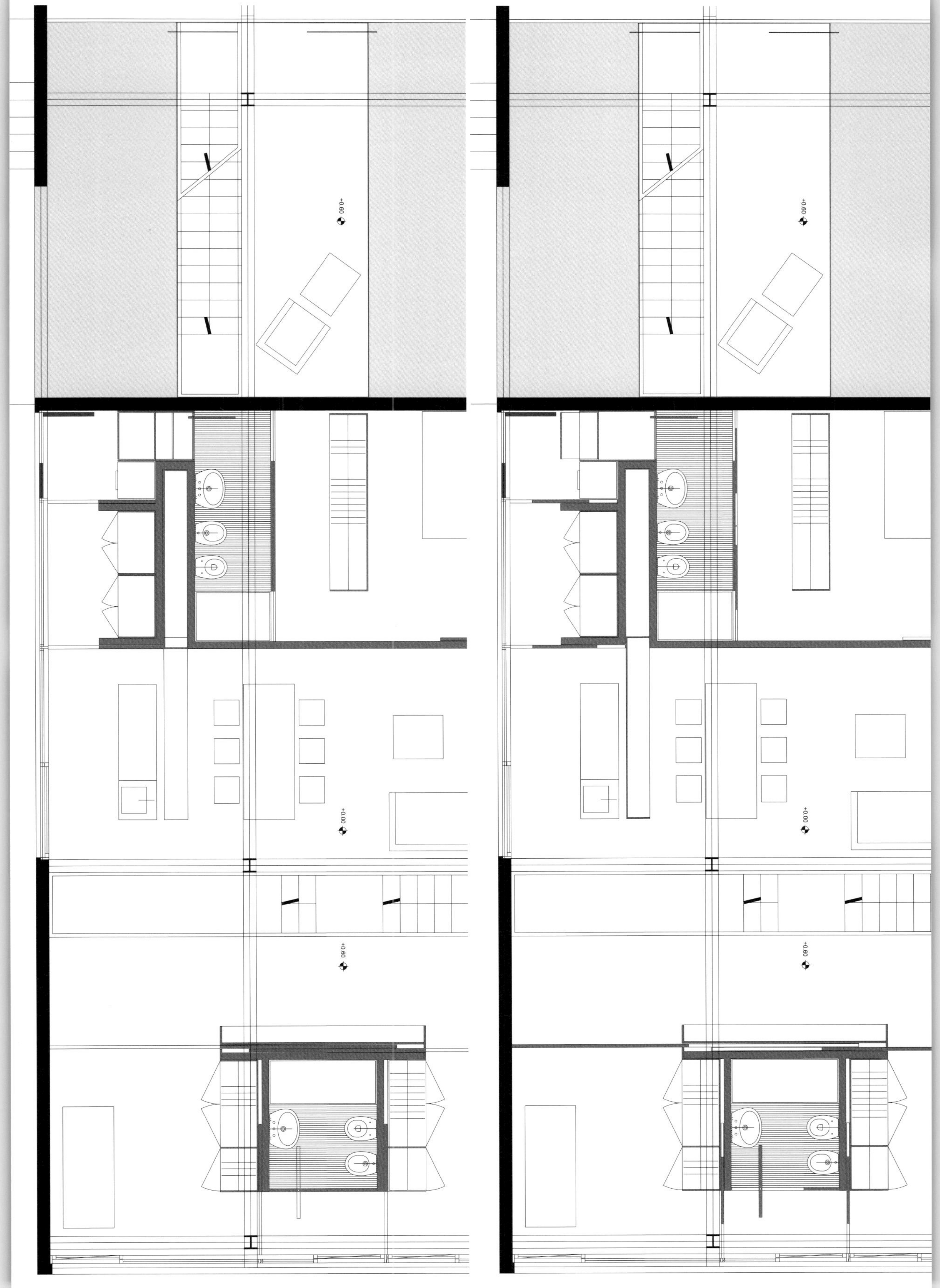
+0.60
+0.60
+0.60
+0.60
+0.60
+0.60

+3.60
+3.60

MGGC _ IX _ RGV.2005 _ 01 > /

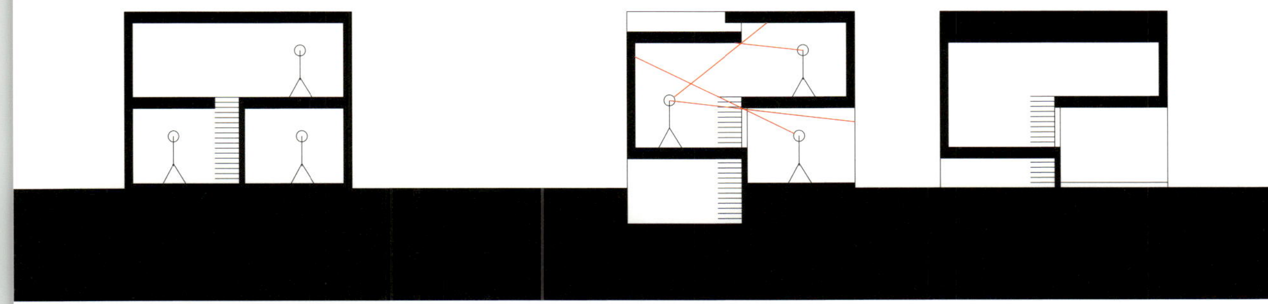

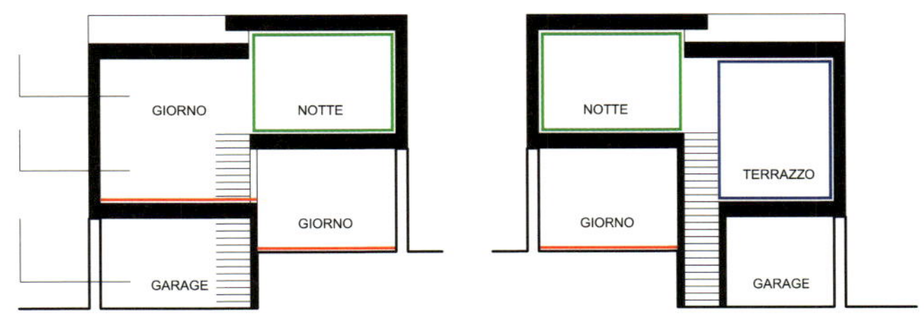
GIORNO
NOTTE
GIORNO
GARAGE
NOTTE
TERRAZZO
GIORNO
GARAGE

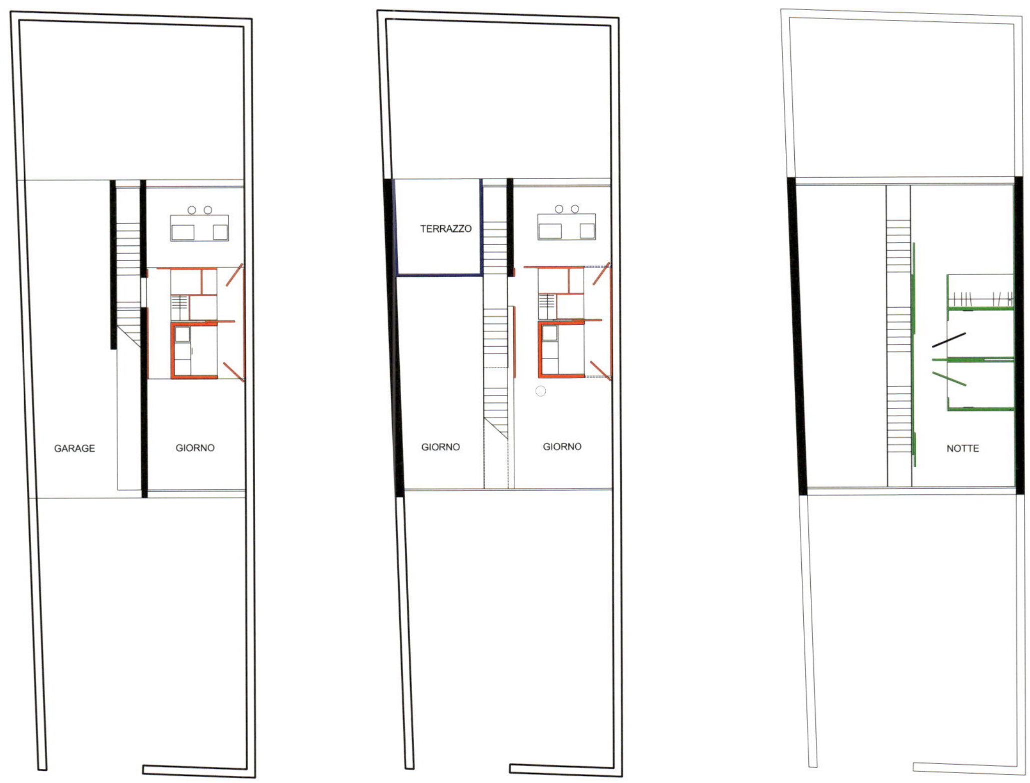
GARAGE
GIORNO
TERRAZZO
GIORNO
GIORNO
NOTTE

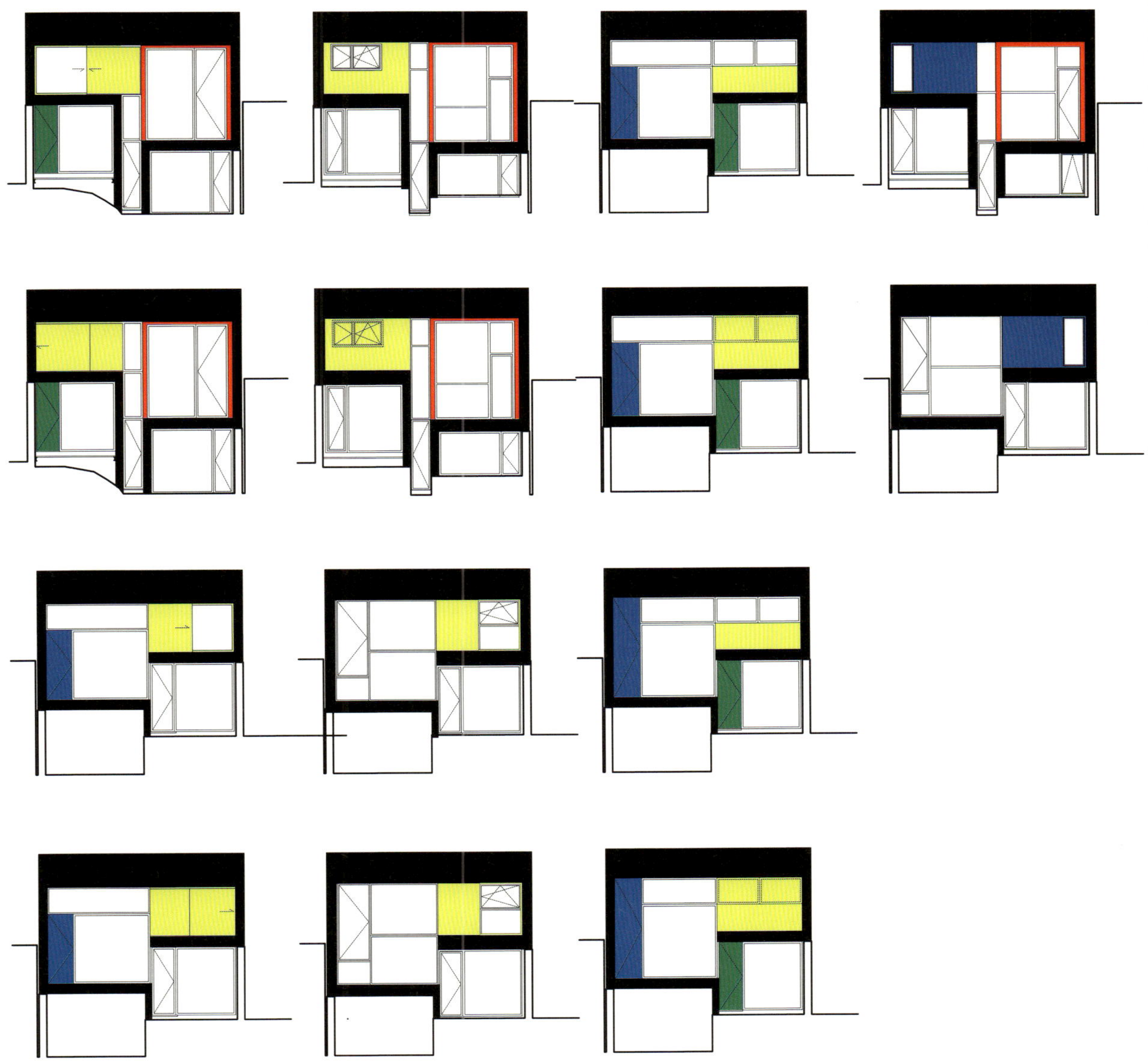

GUSTI
TAMOIL
Snak Bar
Self Service

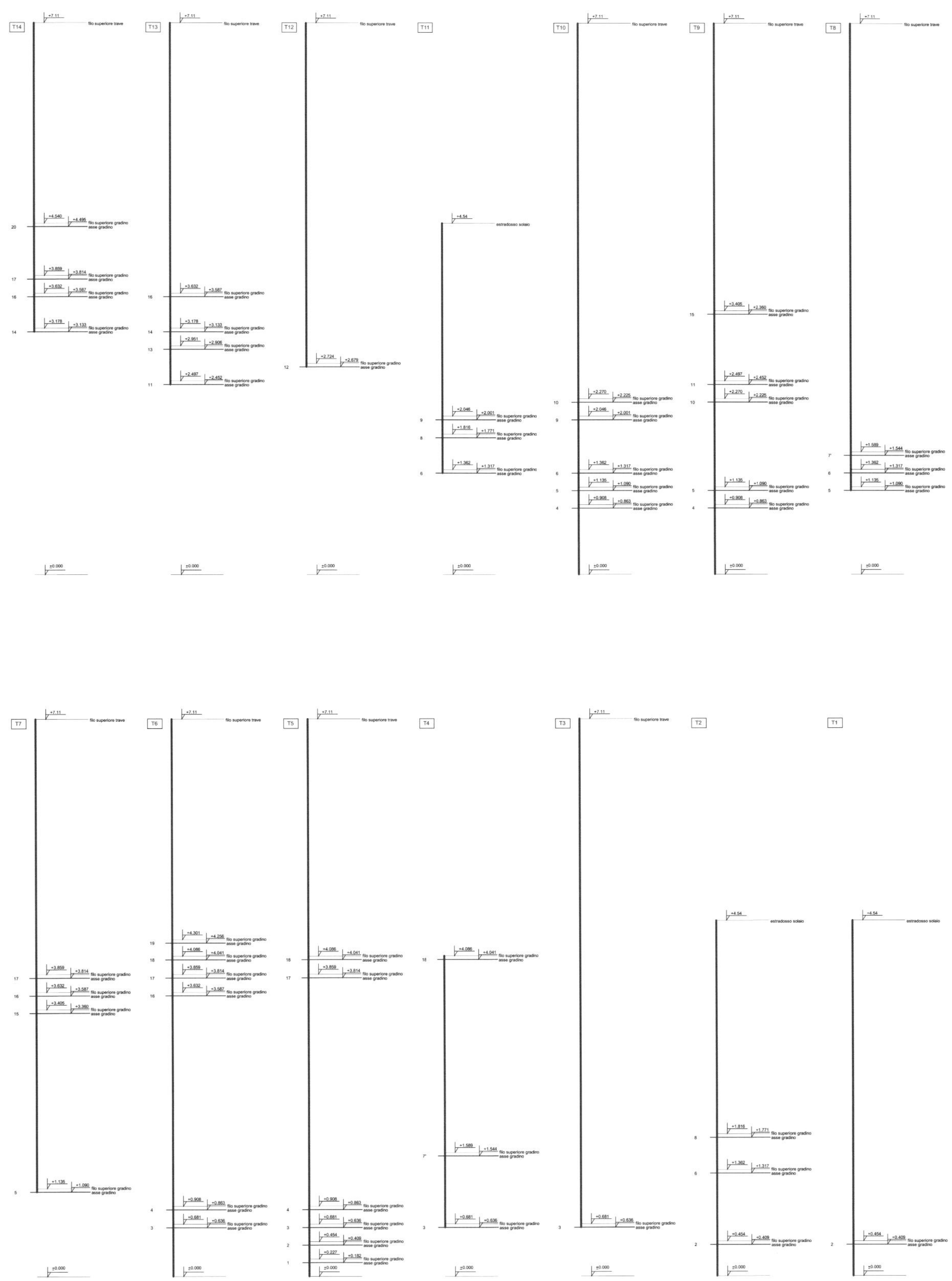

TAV 3_ Abaco tiranti SCALA 1:20

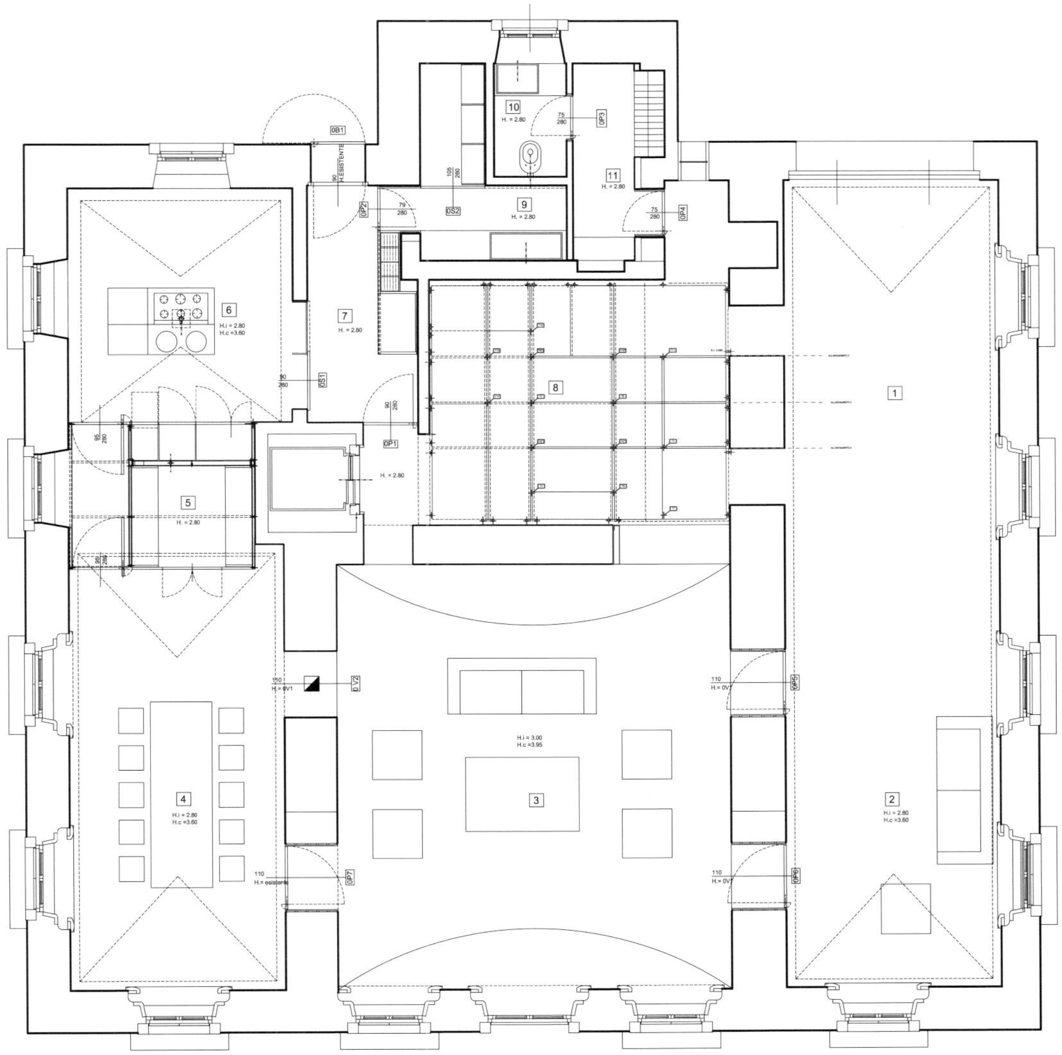

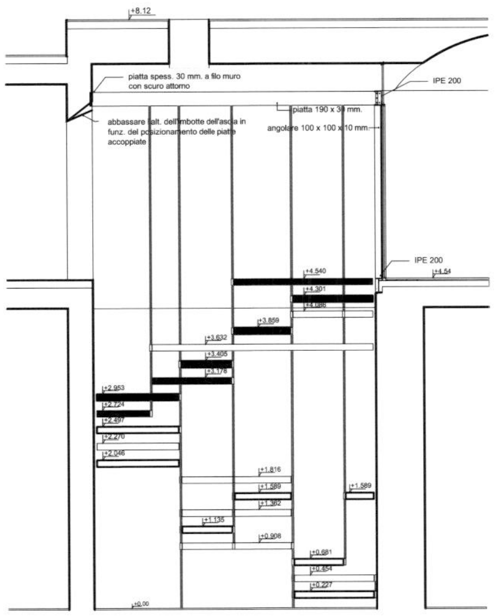

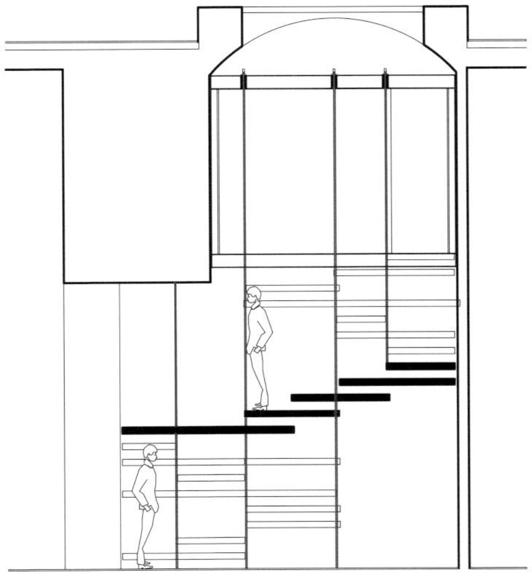

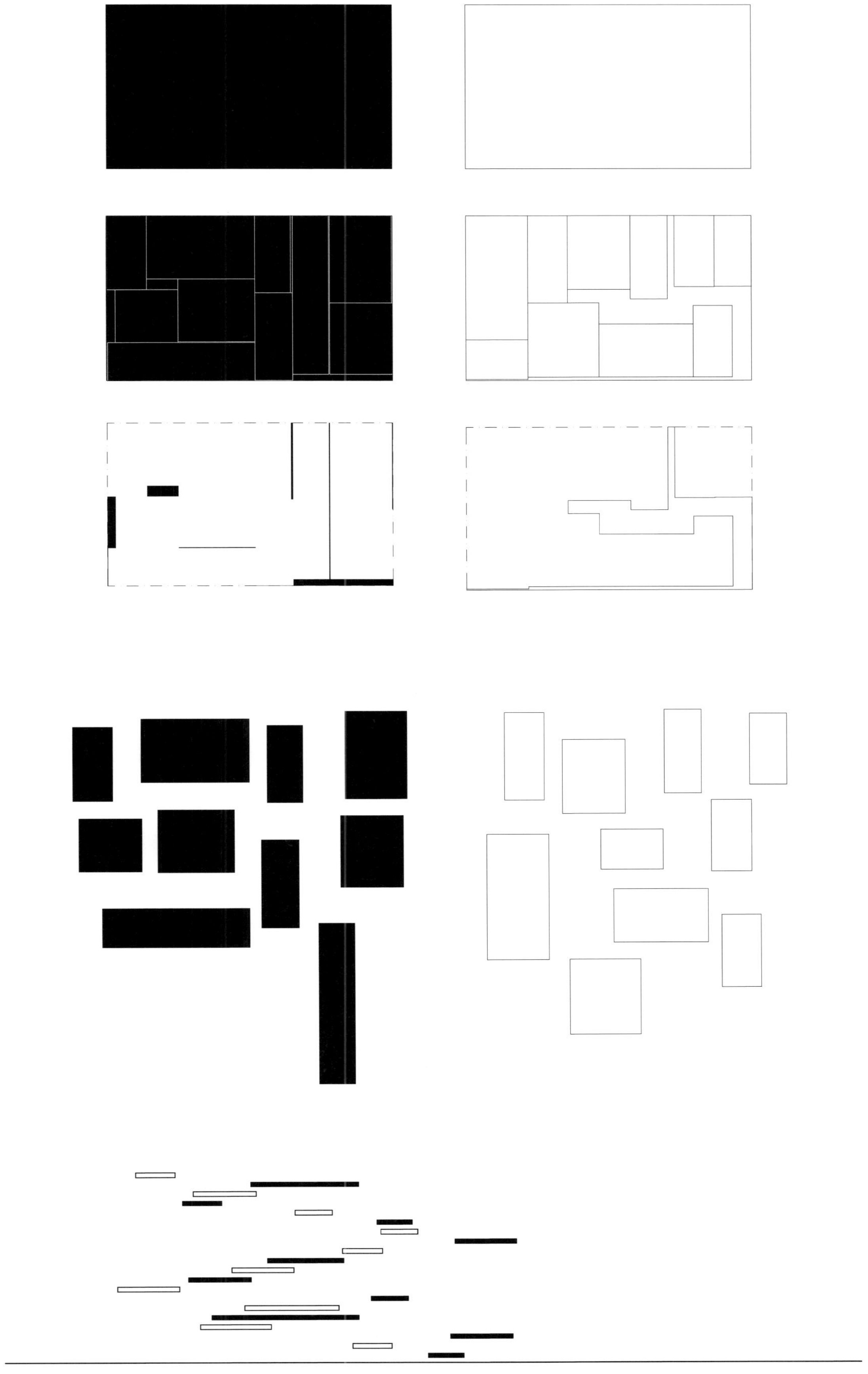

MGGC _ X _ PVA.2005 _ 04 < /

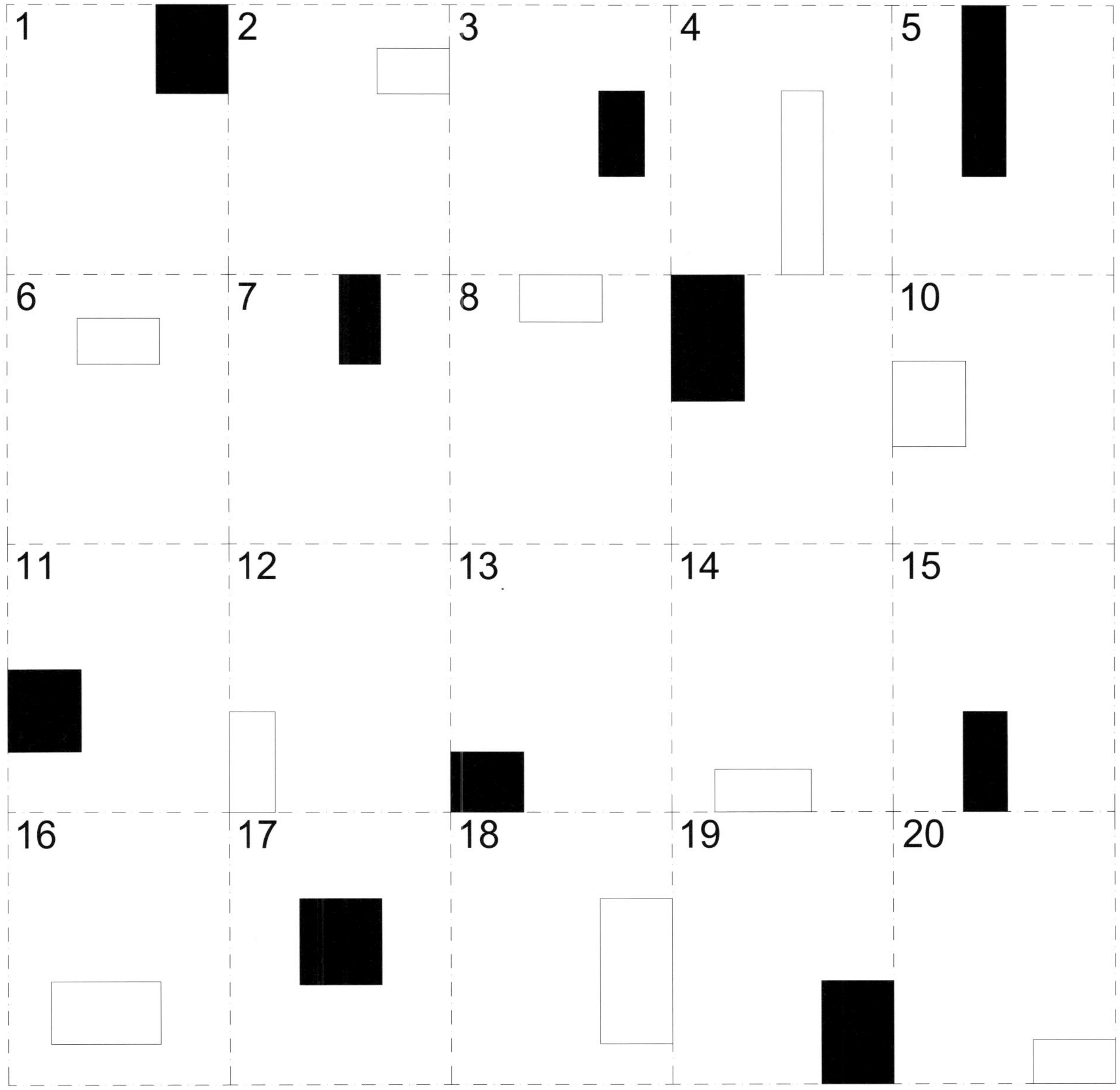

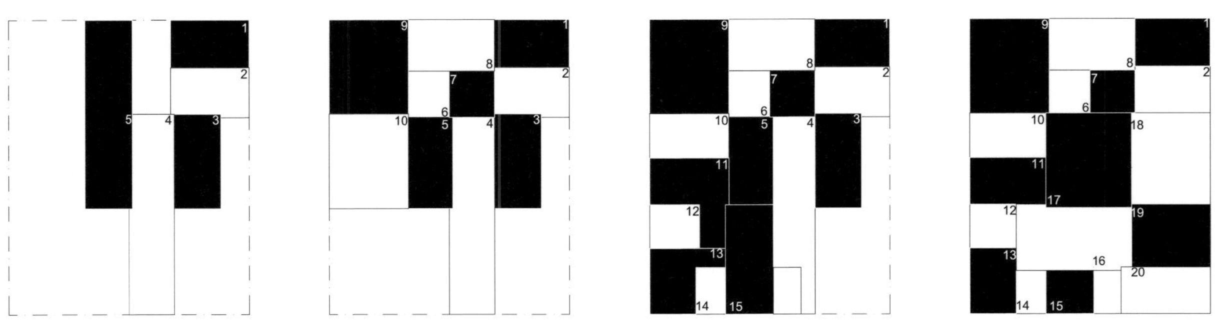

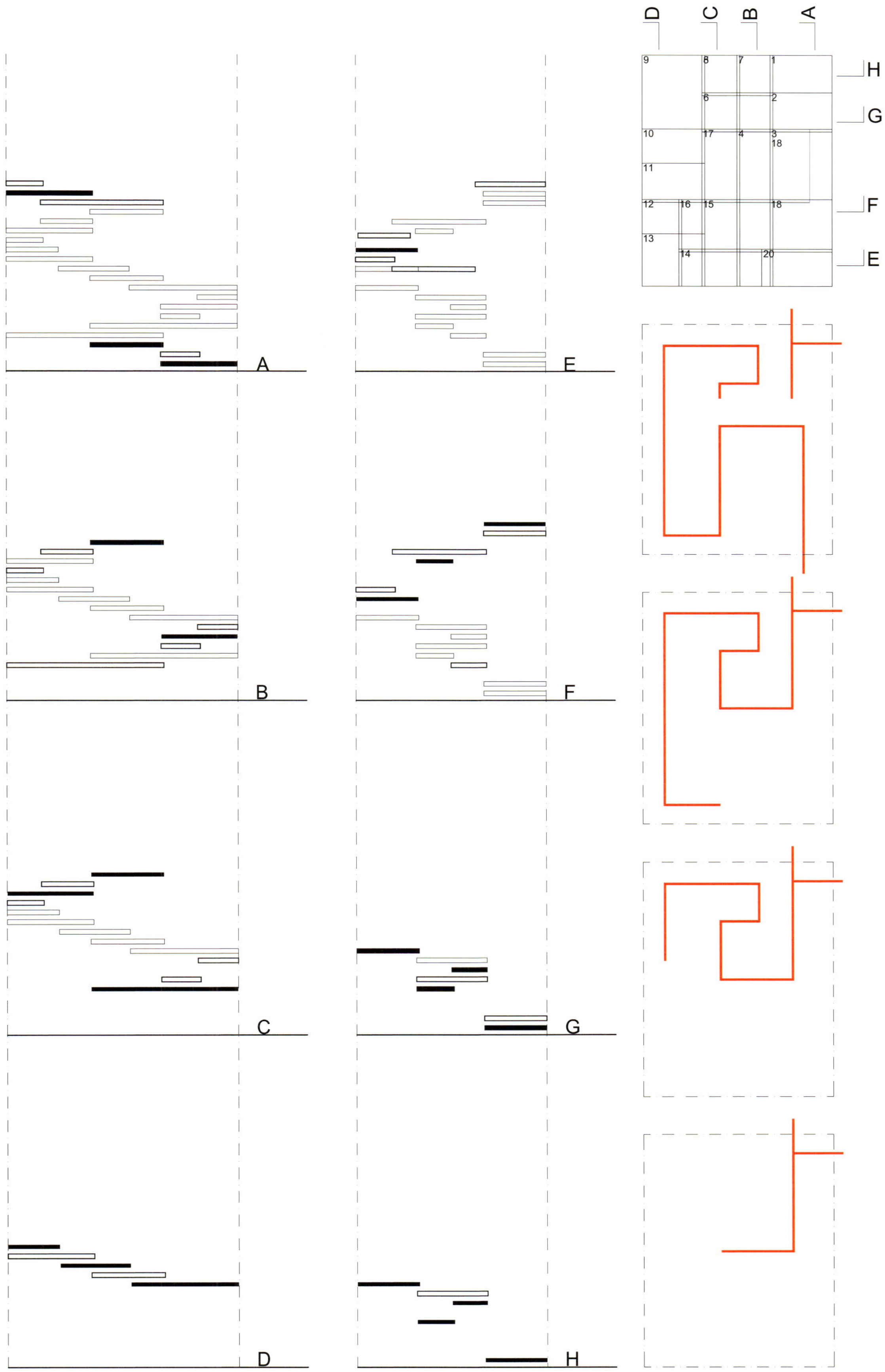
A
B
C
D
E
F
G
H
9
8
7
1
6
2
10
17
4
3
18
11
12
16
15
18
13
14
20

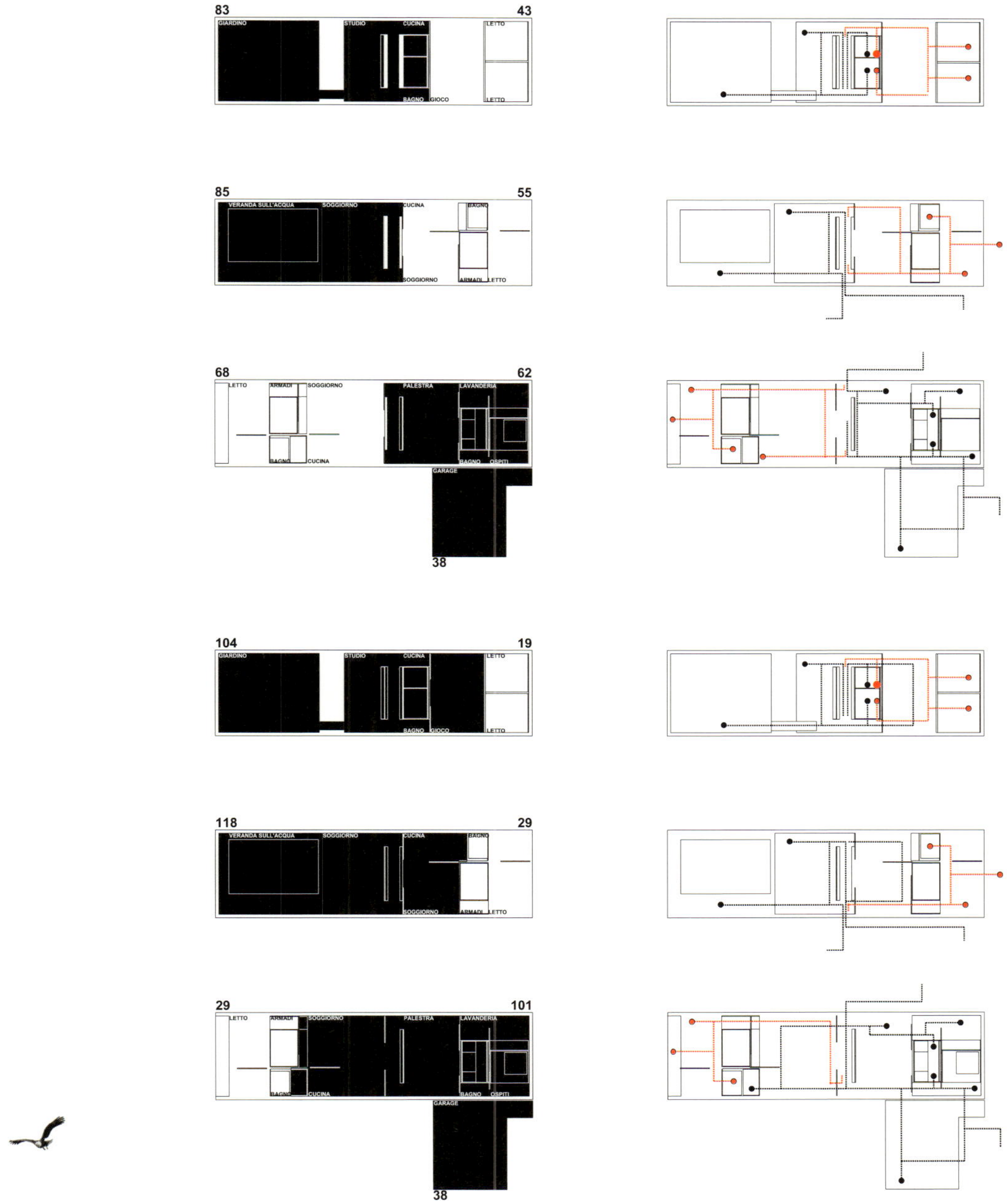
83
43
GIARDINO
STUDIO
CUCINA
LETTO
BAGNO
GIOCO
85
55
VERANDA SULL'ACQUA
SOGGIORNO
ARMADI
68
62
PALESTRA
LAVANDERIA
OSPITI
GARAGE
38
104
19
118
29
29
101
38

MGGC _ XI _ MFS.2005 _ 01 > /

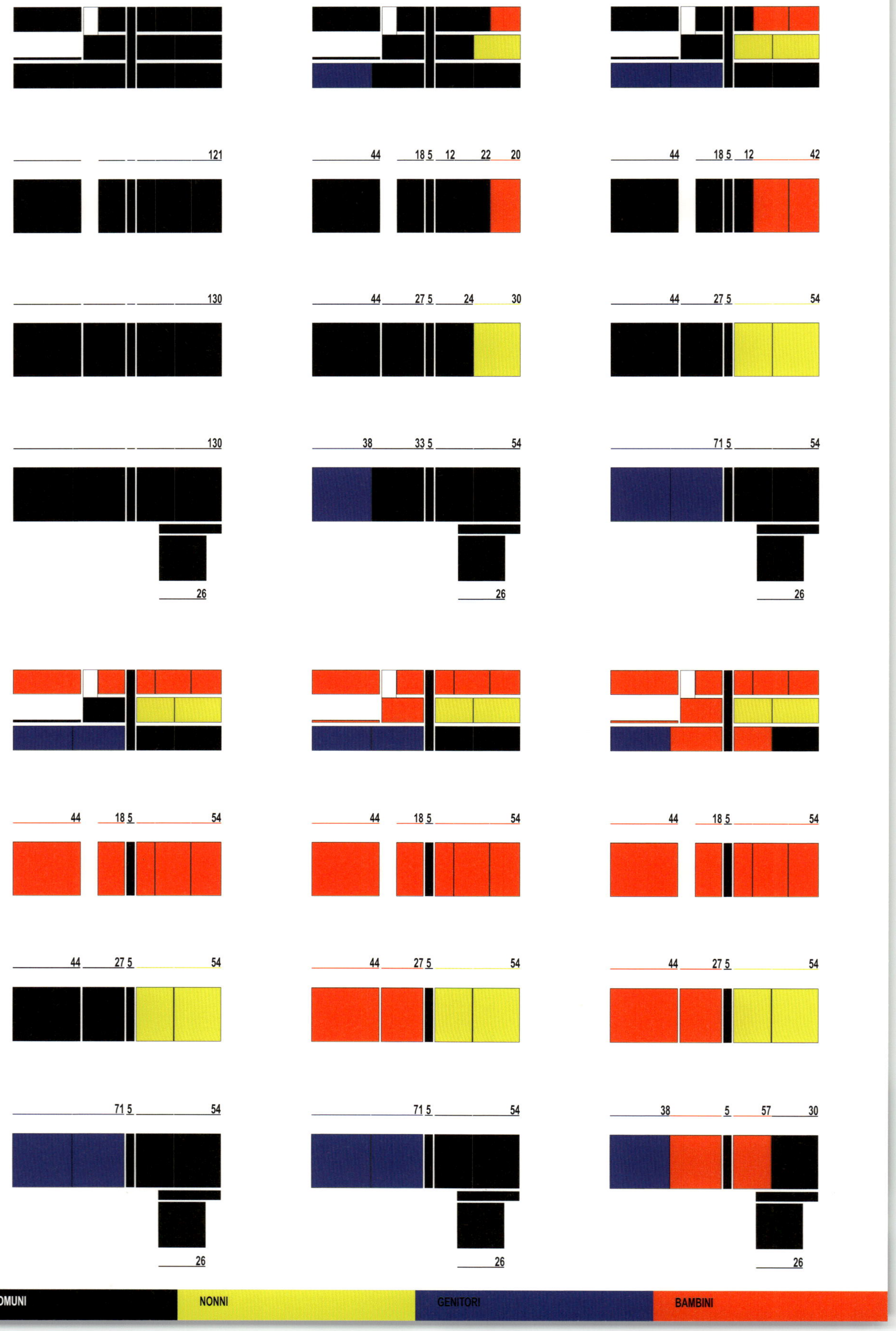

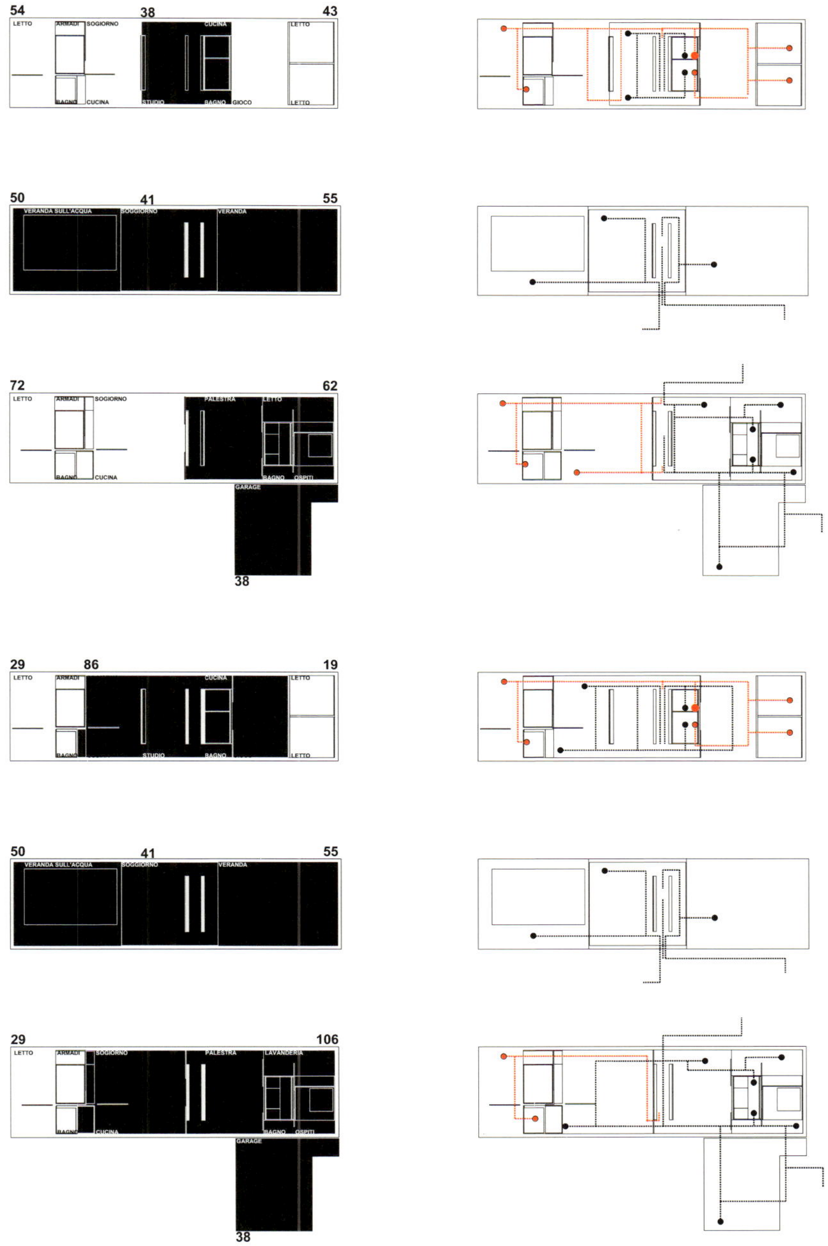
54
38
43
LETTO
ARMADI
SOGGIORNO
CUCINA
LETTO
BAGNO
CUCINA
STUDIO
BAGNO
GIOCO
LETTO
50
41
55
VERANDA SULL'ACQUA
SOGGIORNO
VERANDA
72
62
LETTO
ARMADI
SOGGIORNO
PALESTRA
LETTO
BAGNO
CUCINA
BAGNO
OSPITI
GARAGE
38
29
86
19
LETTO
ARMADI
CUCINA
LETTO
BAGNO
STUDIO
BAGNO
LETTO
50
41
55
VERANDA SULL'ACQUA
SOGGIORNO
VERANDA
29
106
LETTO
ARMADI
SOGGIORNO
PALESTRA
LAVANDERIA
BAGNO
CUCINA
BAGNO
OSPITI
GARAGE
38

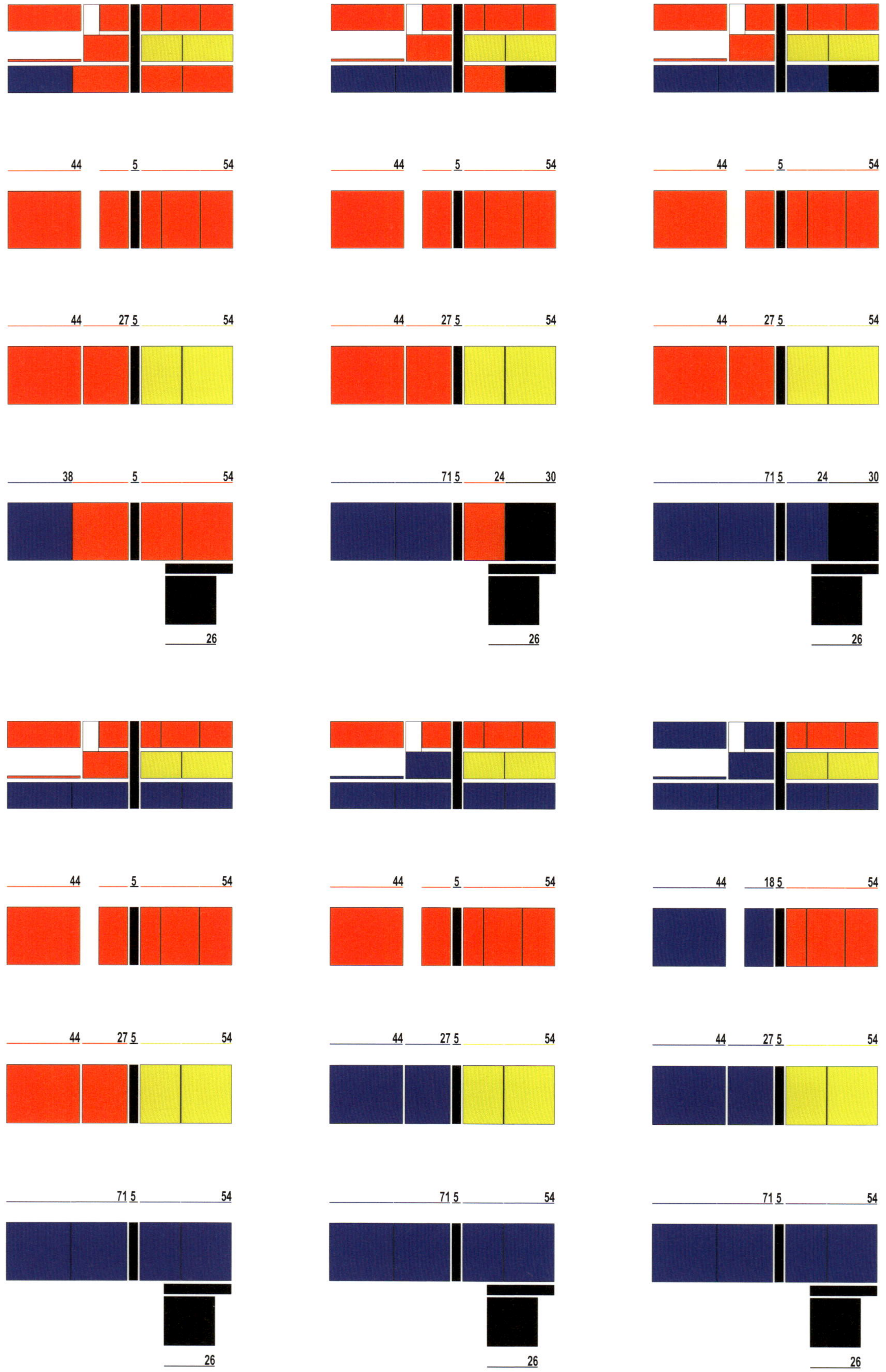

SPAZI COMUNI | NONNI | GENITORI | BAMBINI

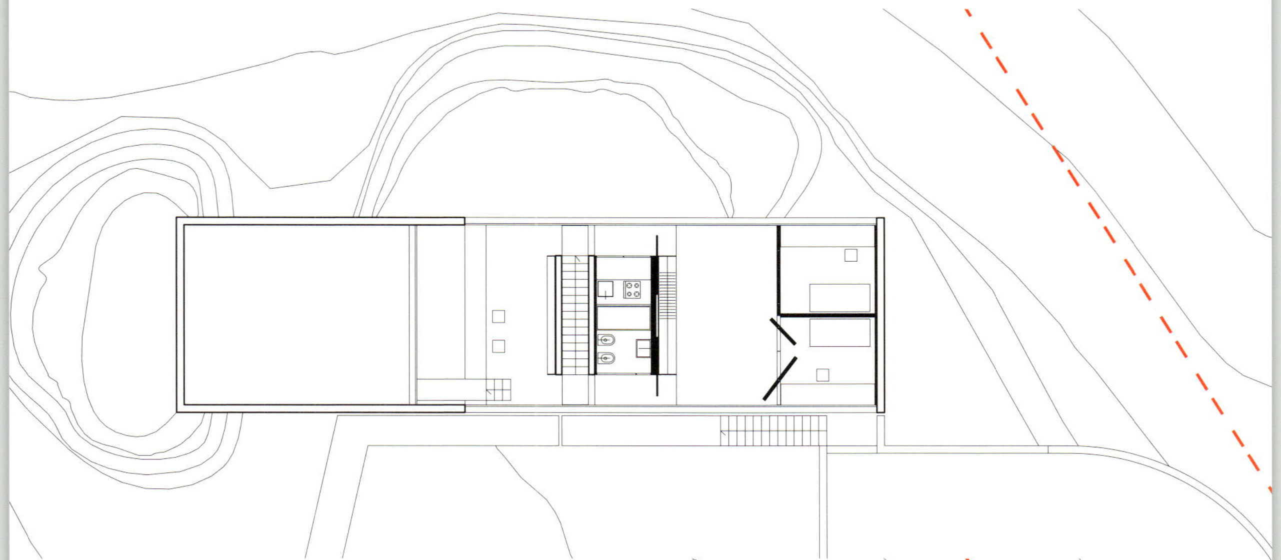

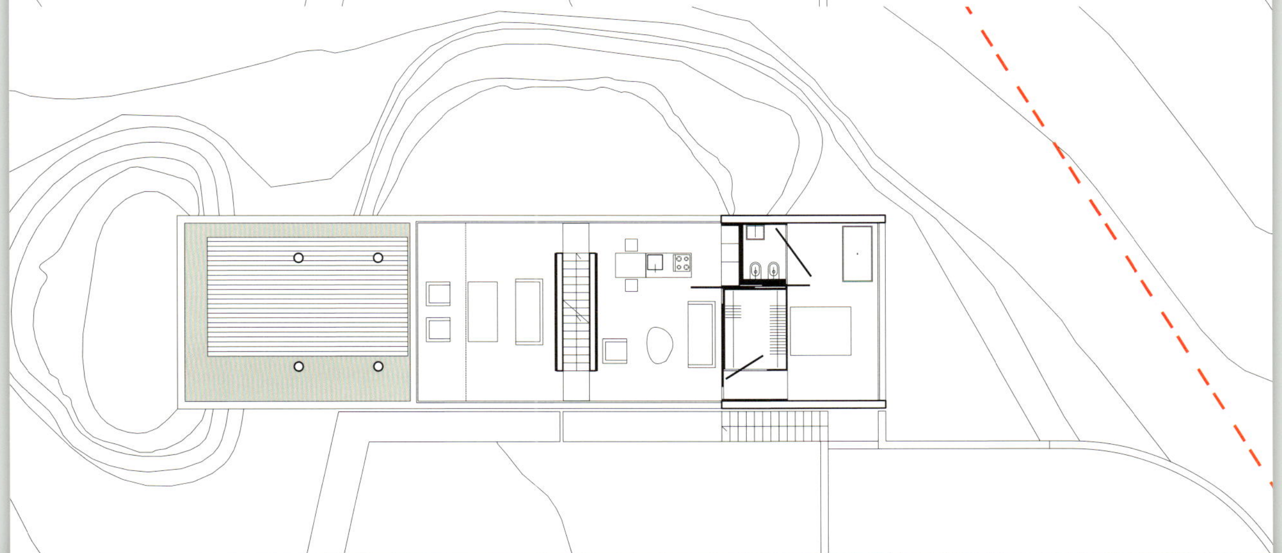

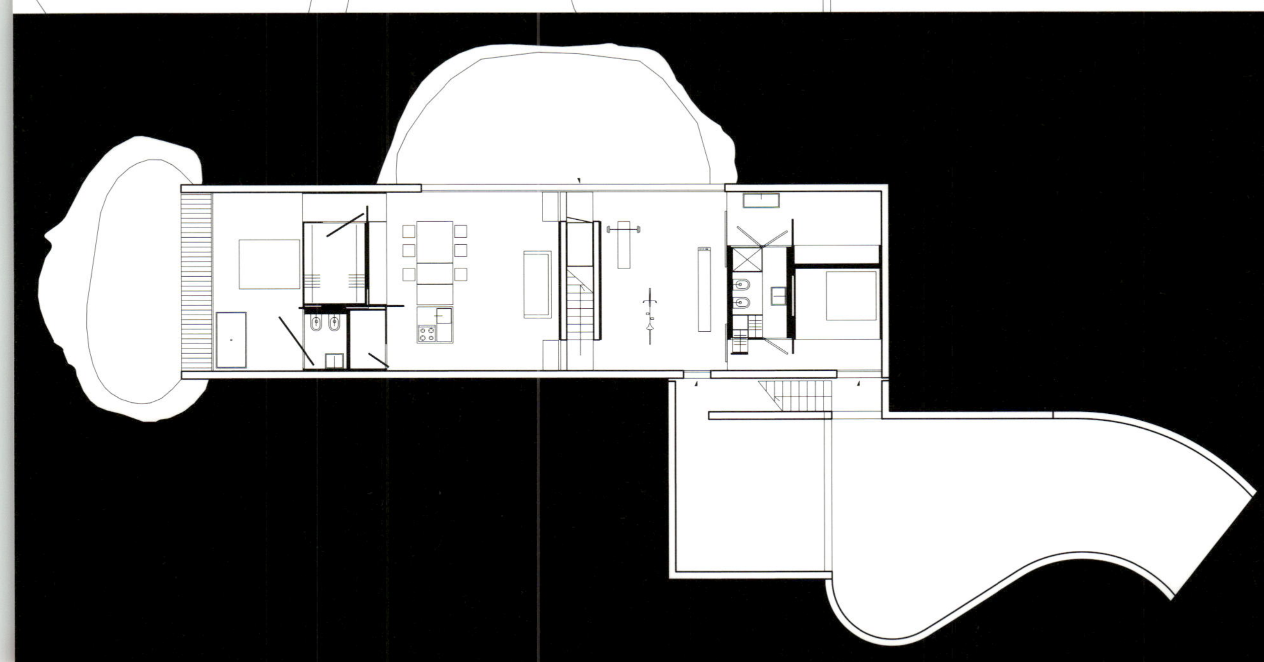

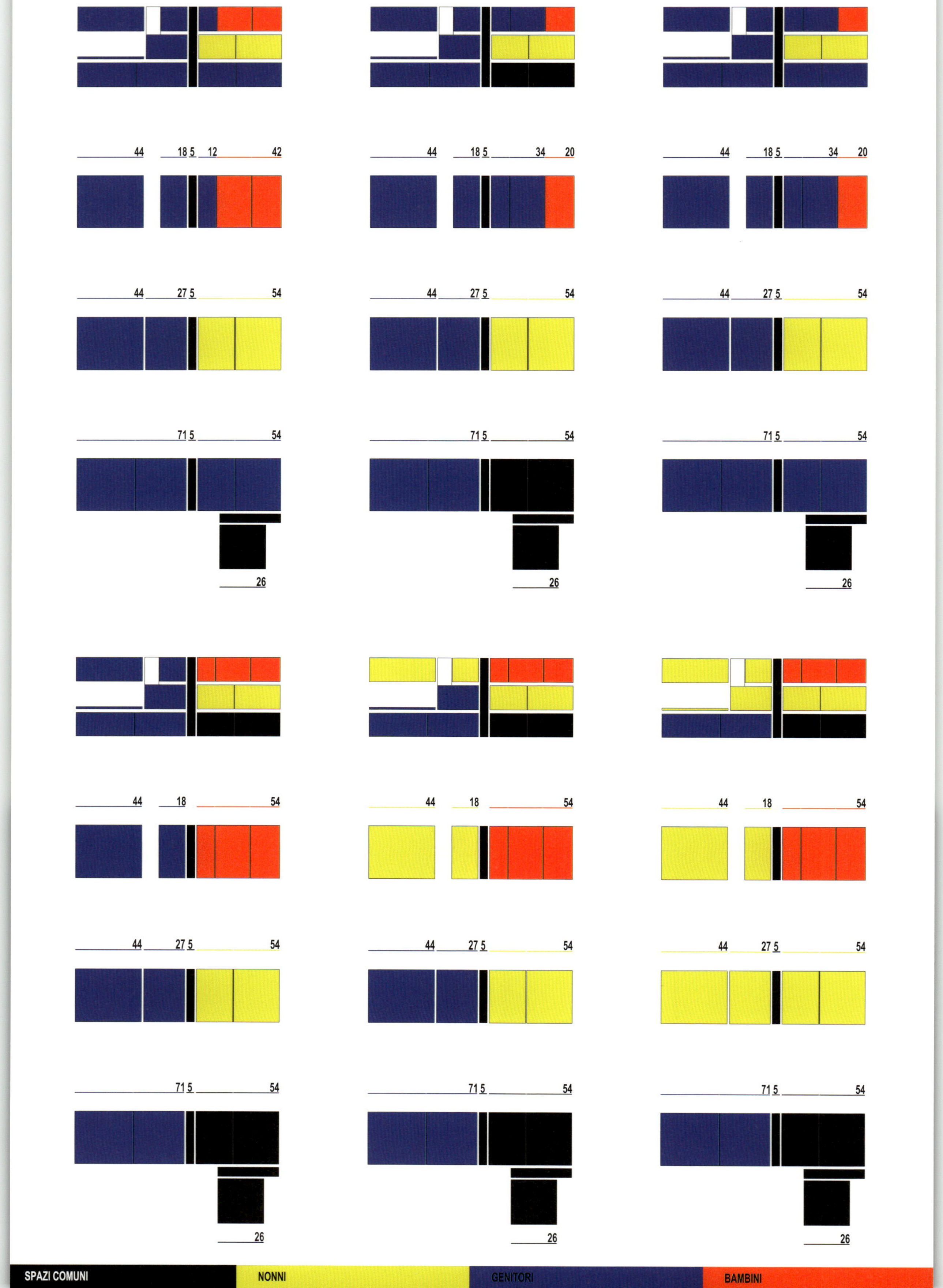
SPAZI COMUNI
NONNI
GENITORI
BAMBINI

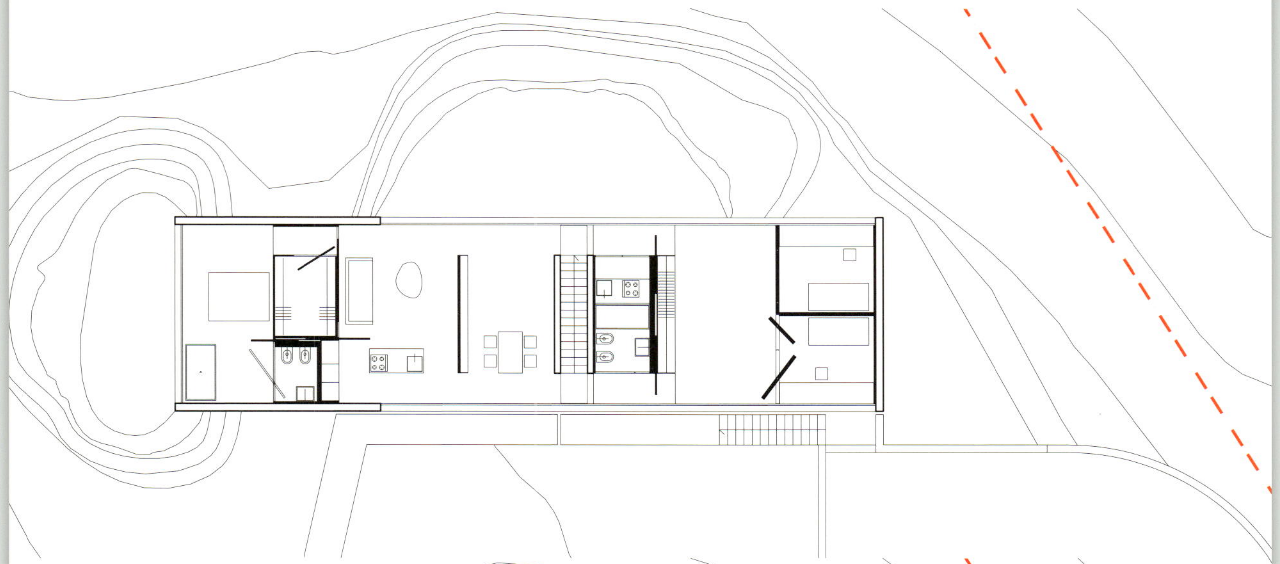

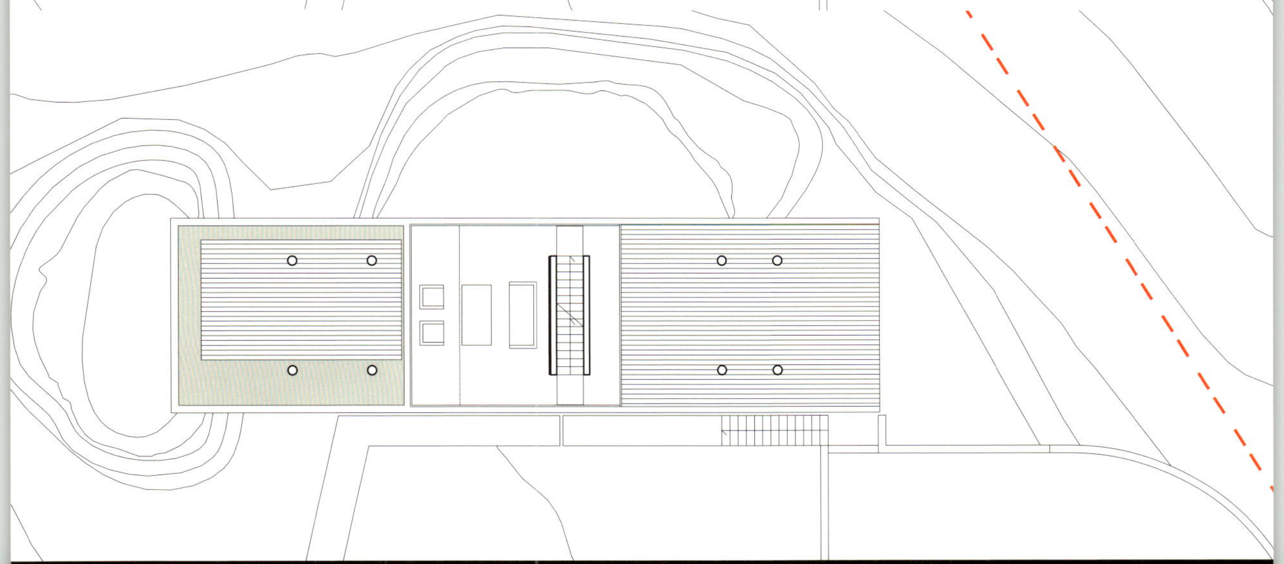

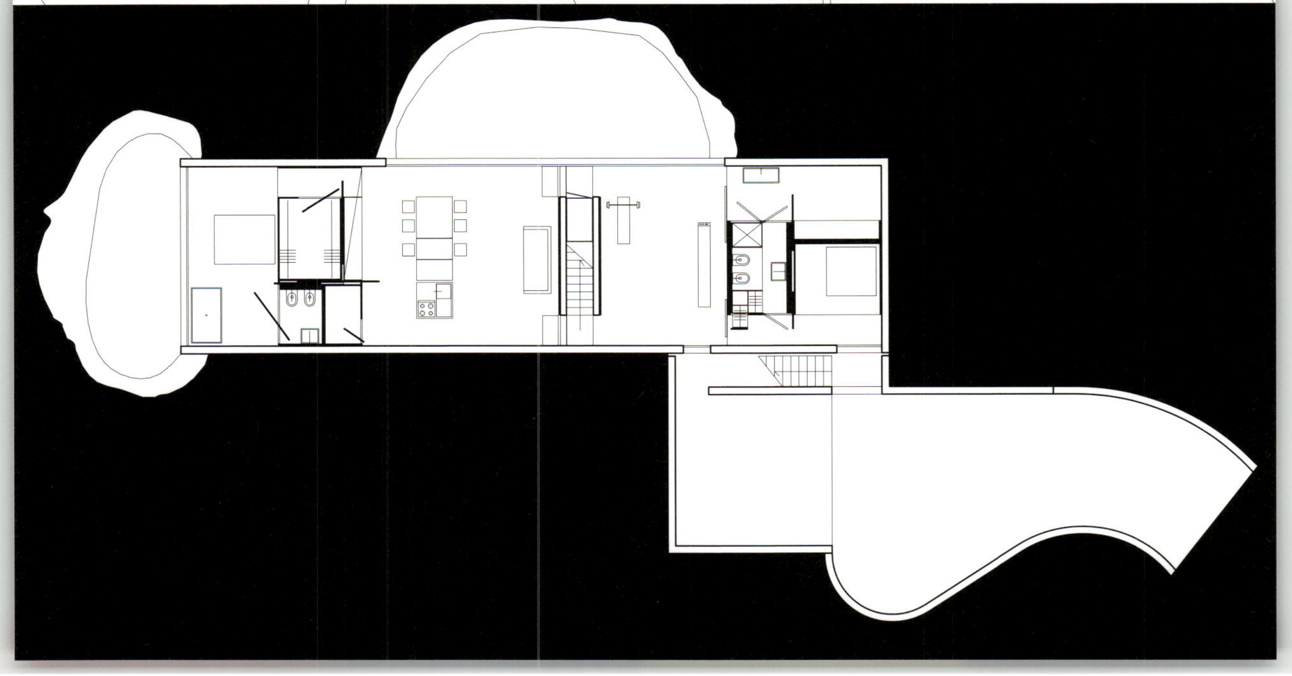

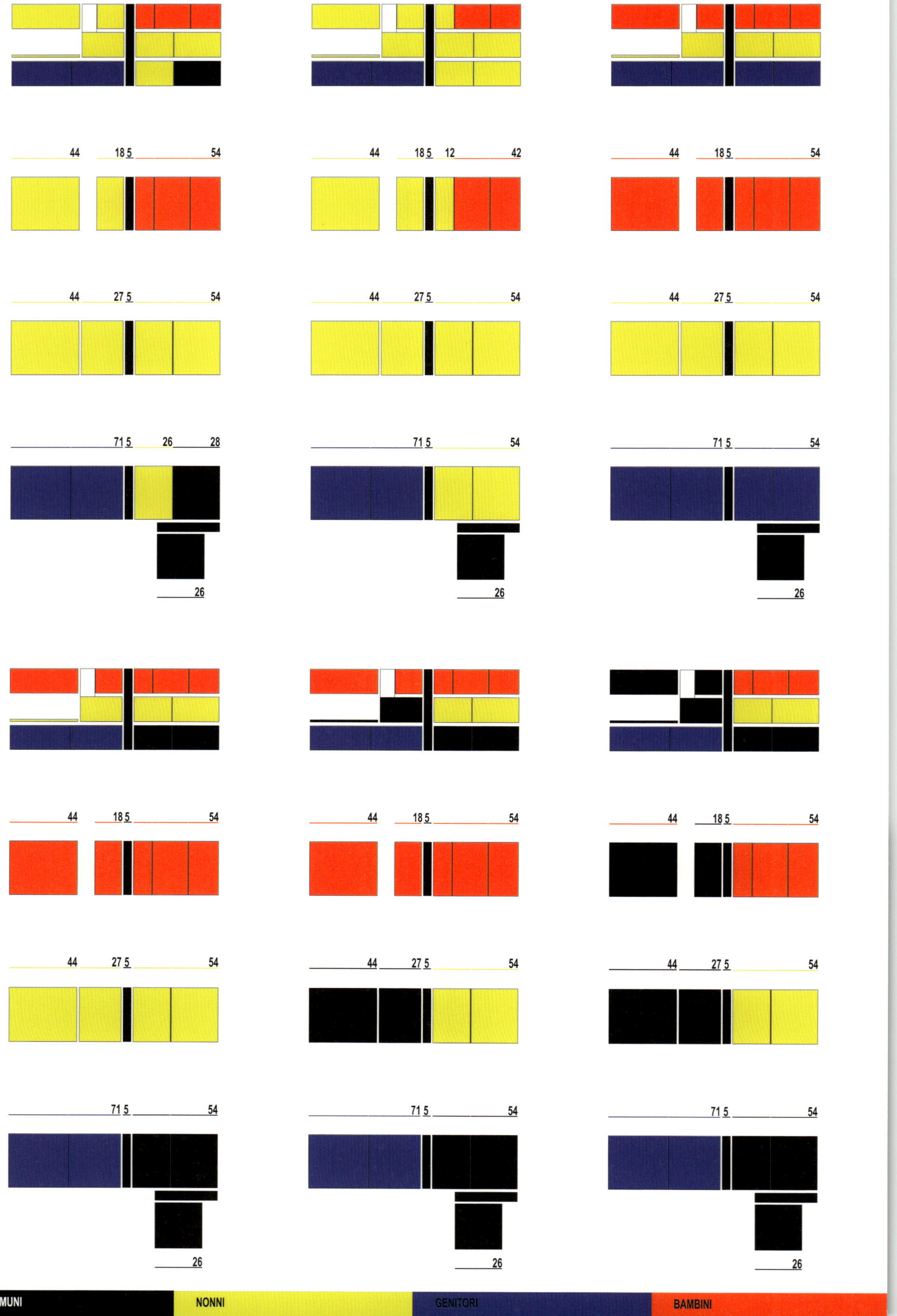
44
18 5
54
12
42
27 5
71 5
26
28
SPAZI COMUNI
NONNI
GENITORI
BAMBINI

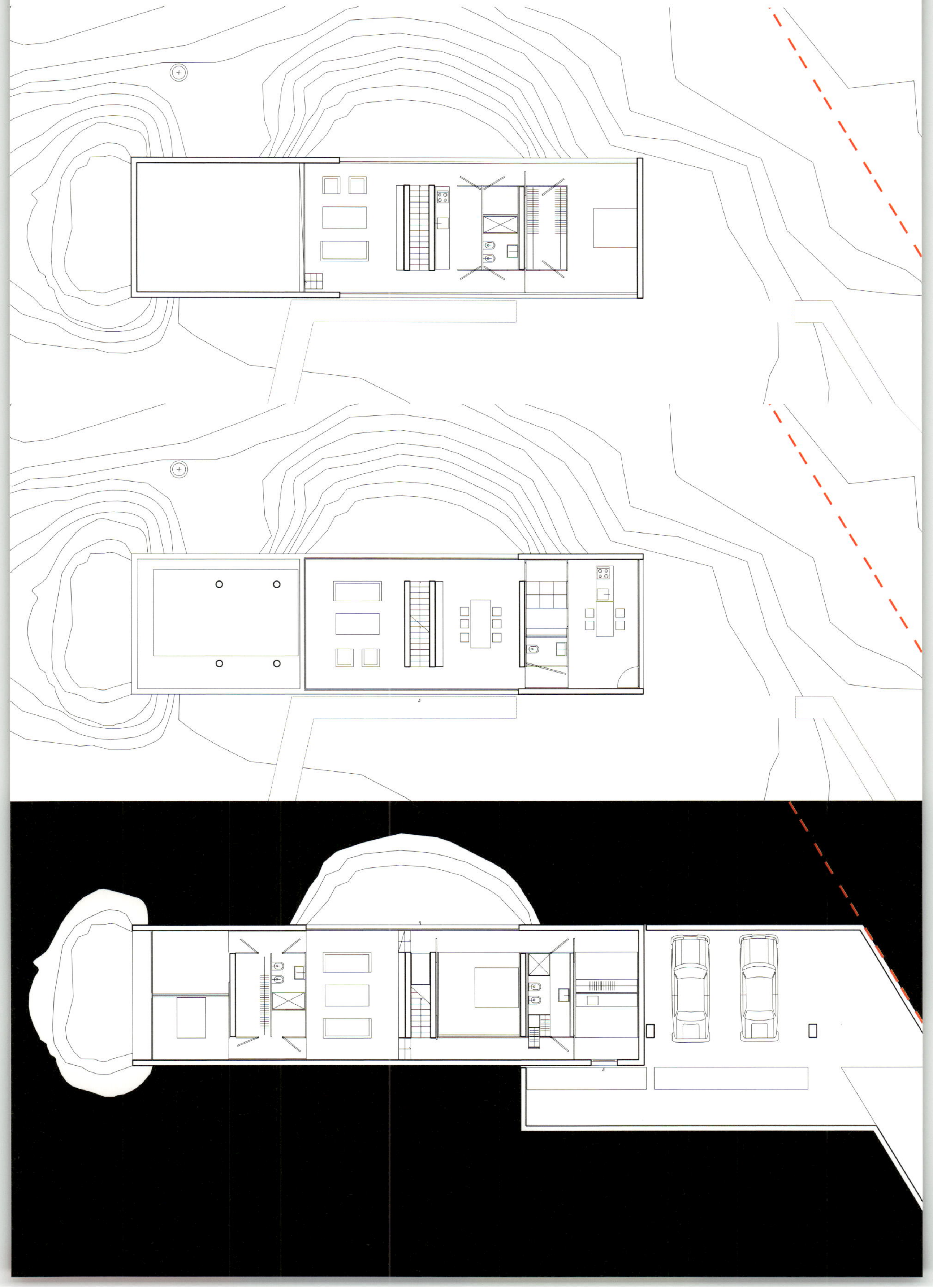

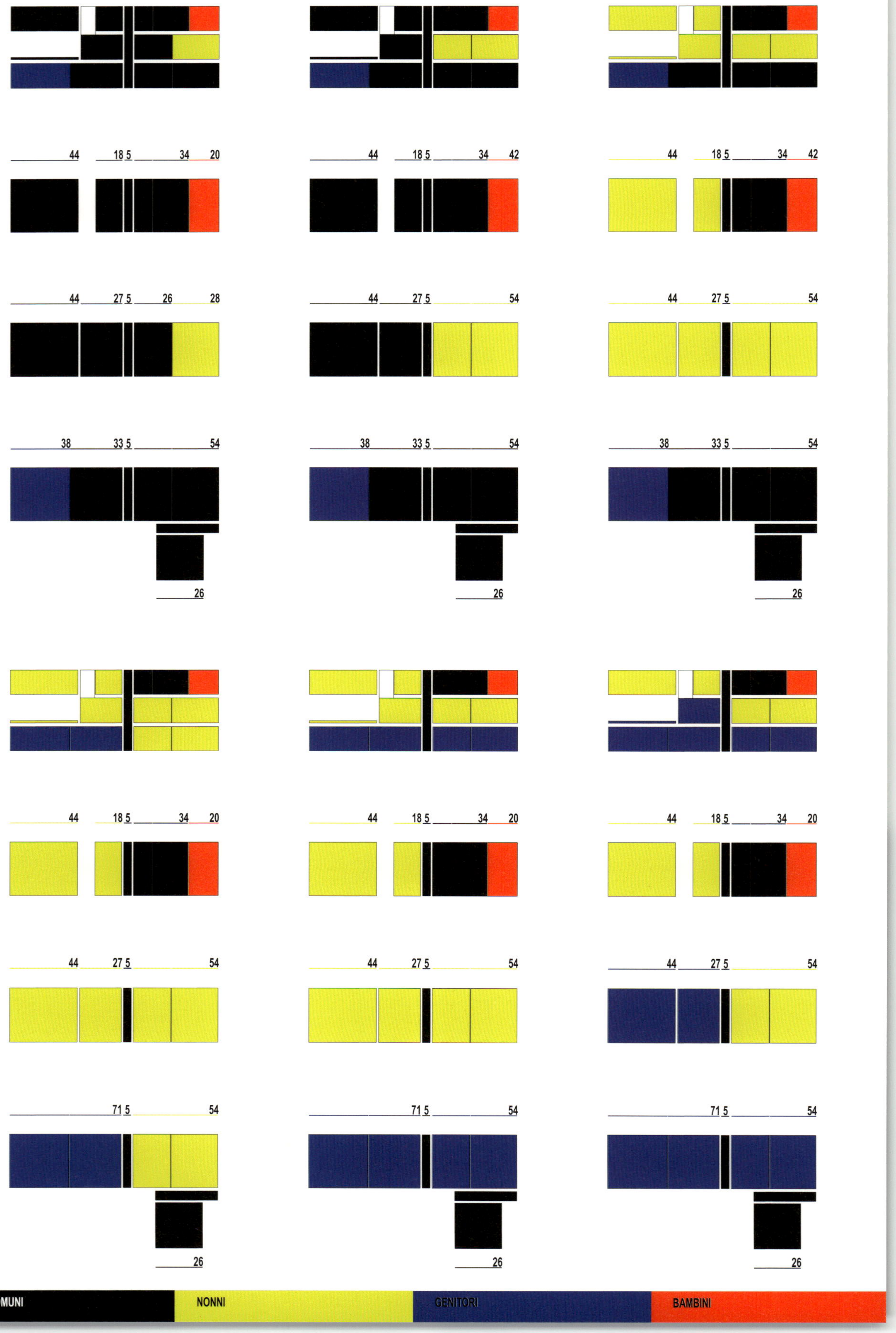
44
18 5
34
20
42
27 5
26
28
54
38
33 5
71 5
SPAZI COMUNI
NONNI
GENITORI
BAMBINI

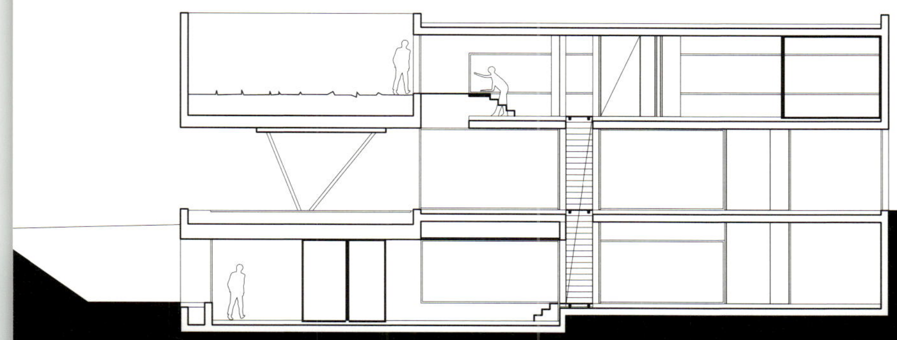

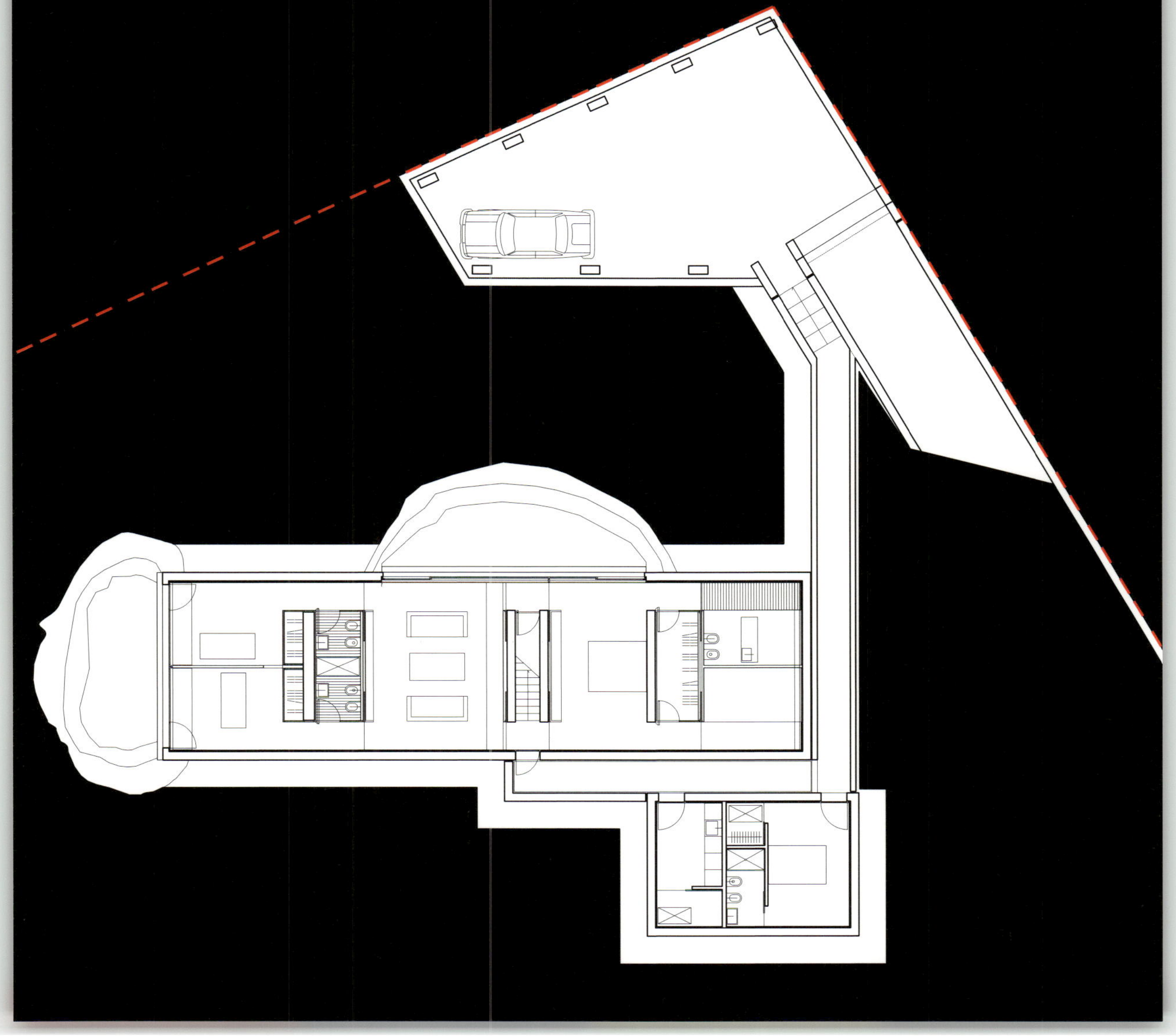

MGGC _ XI _ MFS.2005 _ 06 > /

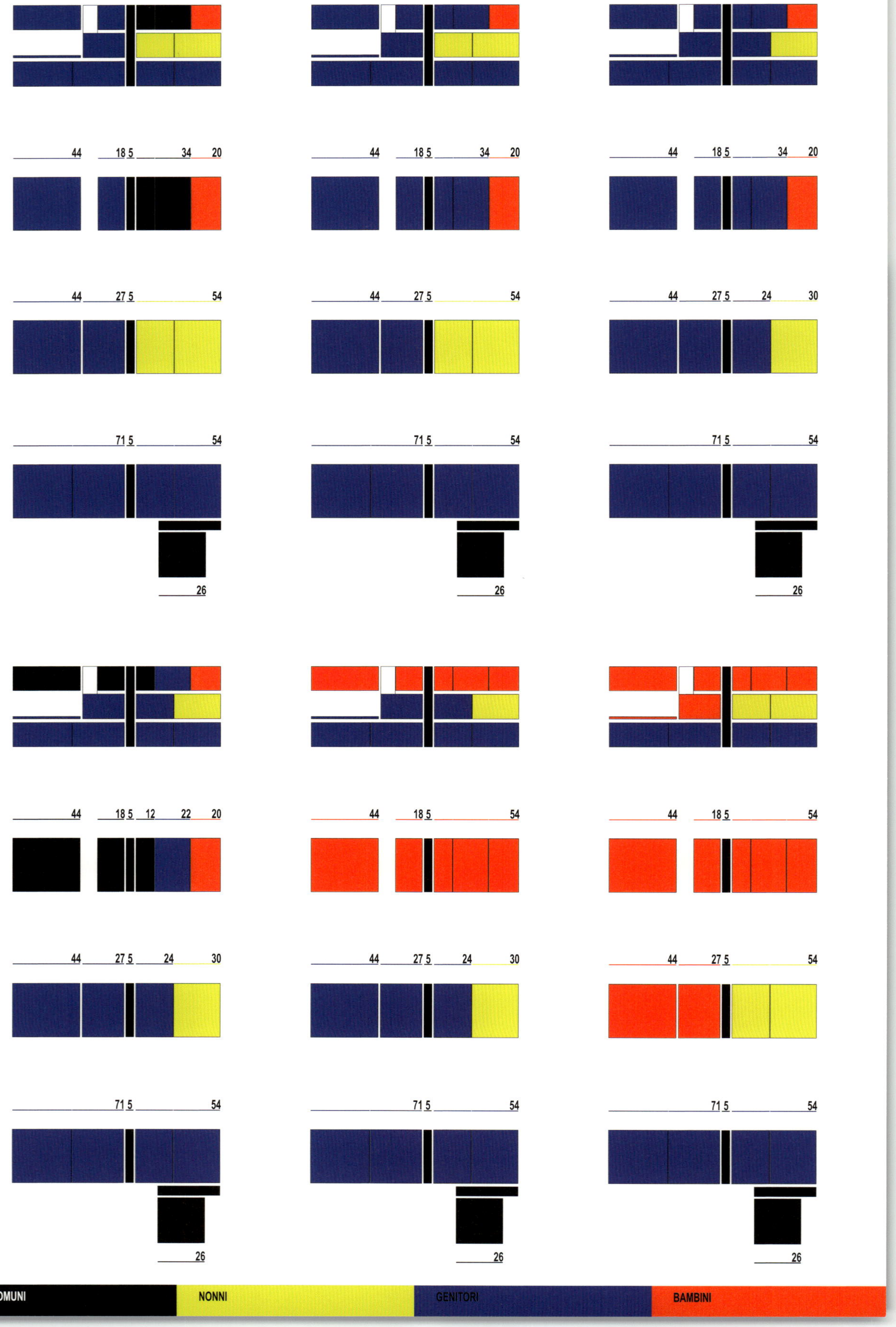

SOLUZIONE I VARIANTE (SIG. MF AL PIANO PRIMO) LIVELLO +1 _1

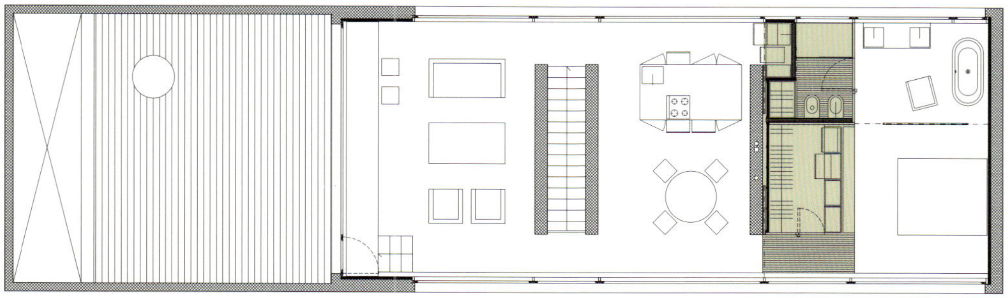

SOLUZIONE I VARIANTE (SIG. MF AL PIANO PRIMO) LIVELLO +1 _2

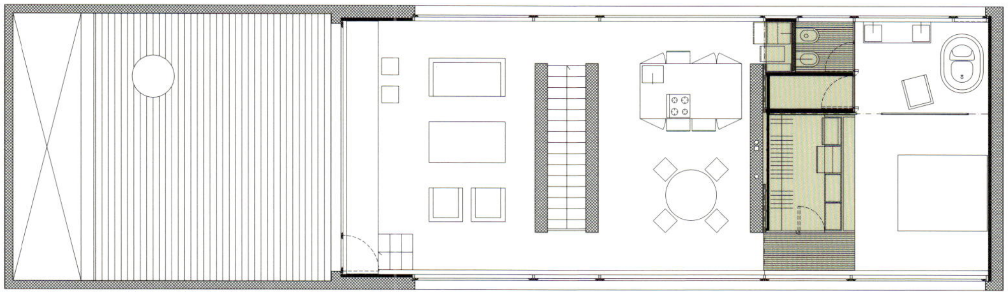

SOLUZIONE I VARIANTE (SIG. MF AL PIANO PRIMO) LIVELLO +1 _3

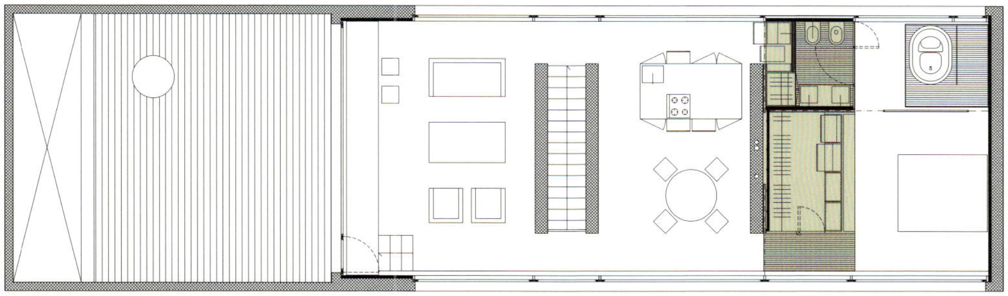

SOLUZIONE I VARIANTE (SIG. MF AL PIANO PRIMO) LIVELLO +1 _4

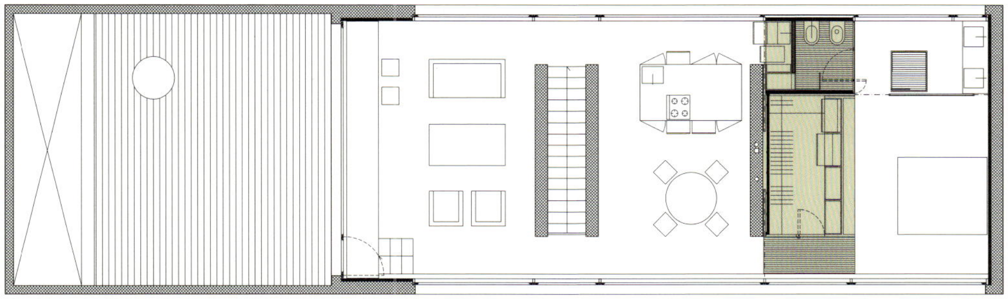

SOLUZIONE I VARIANTE (SIG. MF AL PIANO PRIMO) LIVELLO +1 _5

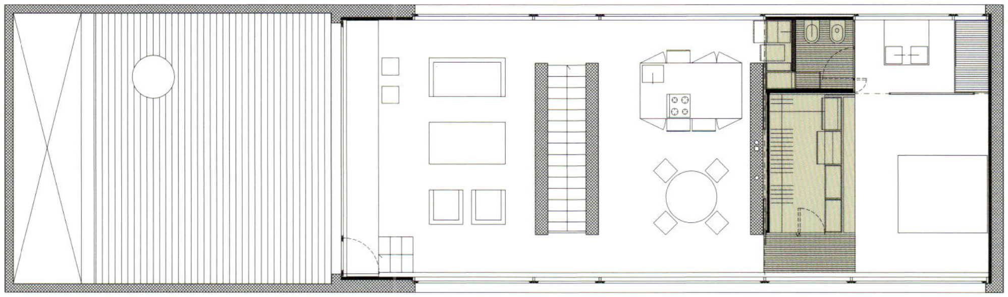

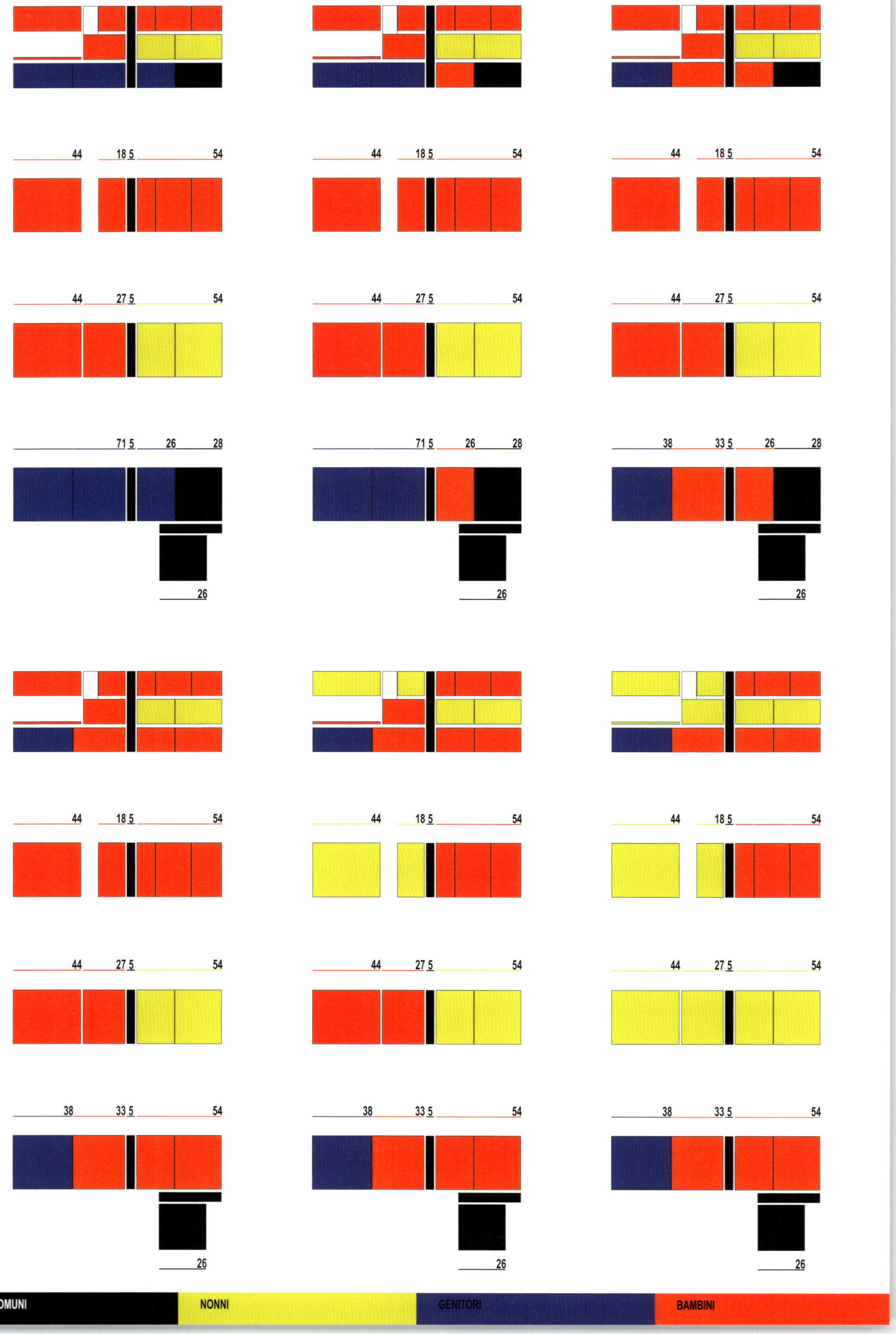
44
18 5
54
27 5
71 5
26
28
38
33 5
SPAZI COMUNI
NONNI
GENITORI
BAMBINI

SOLUZIONE I VARIANTE (SIG. MF AL PIANO PRIMO) LIVELLO +1 _6

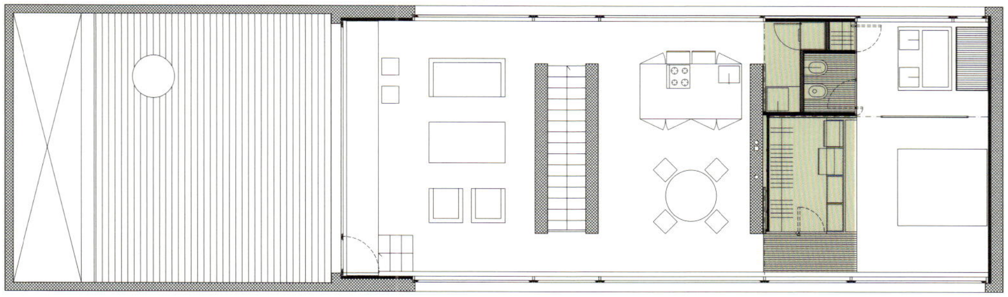

SOLUZIONE I VARIANTE (SIG. MF AL PIANO PRIMO) LIVELLO +1 _7

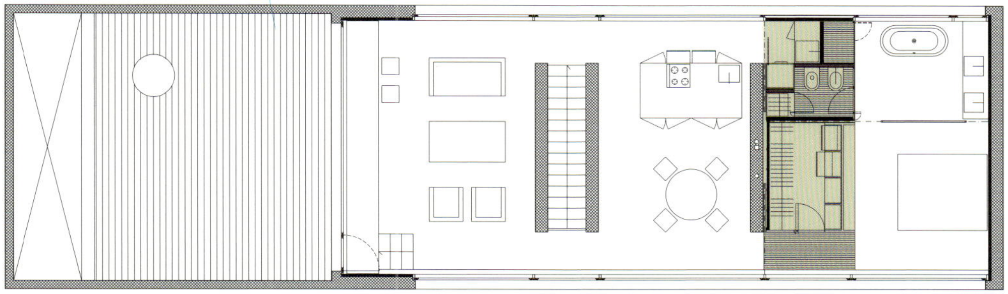

SOLUZIONE I VARIANTE (SIG. MF AL PIANO PRIMO) LIVELLO 0 _1B

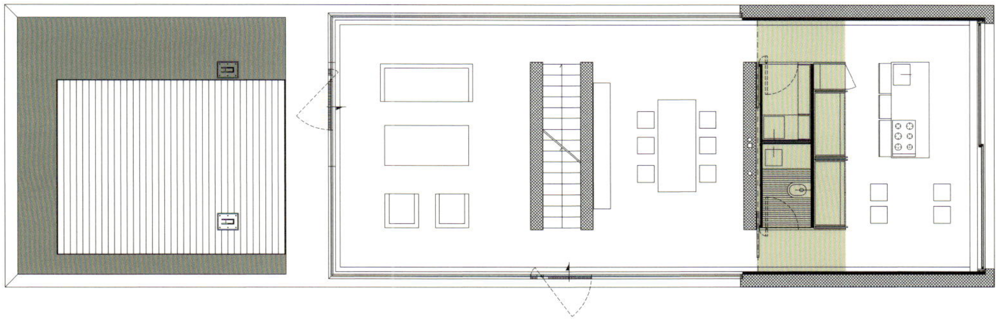

SOLUZIONE I VARIANTE (SIG. MF AL PIANO PRIMO) LIVELLO 0 _2B

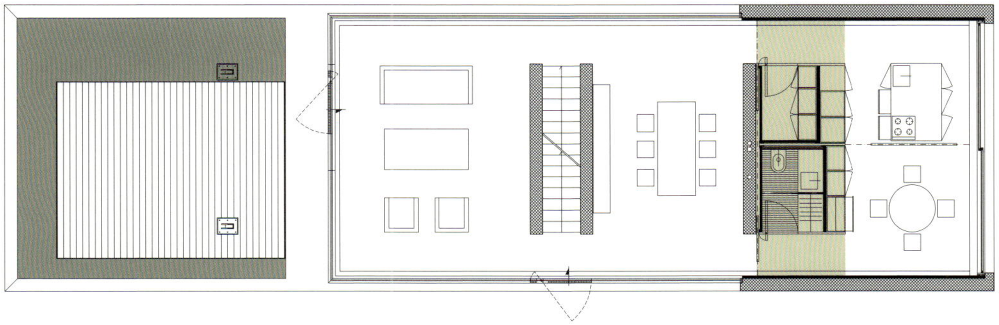

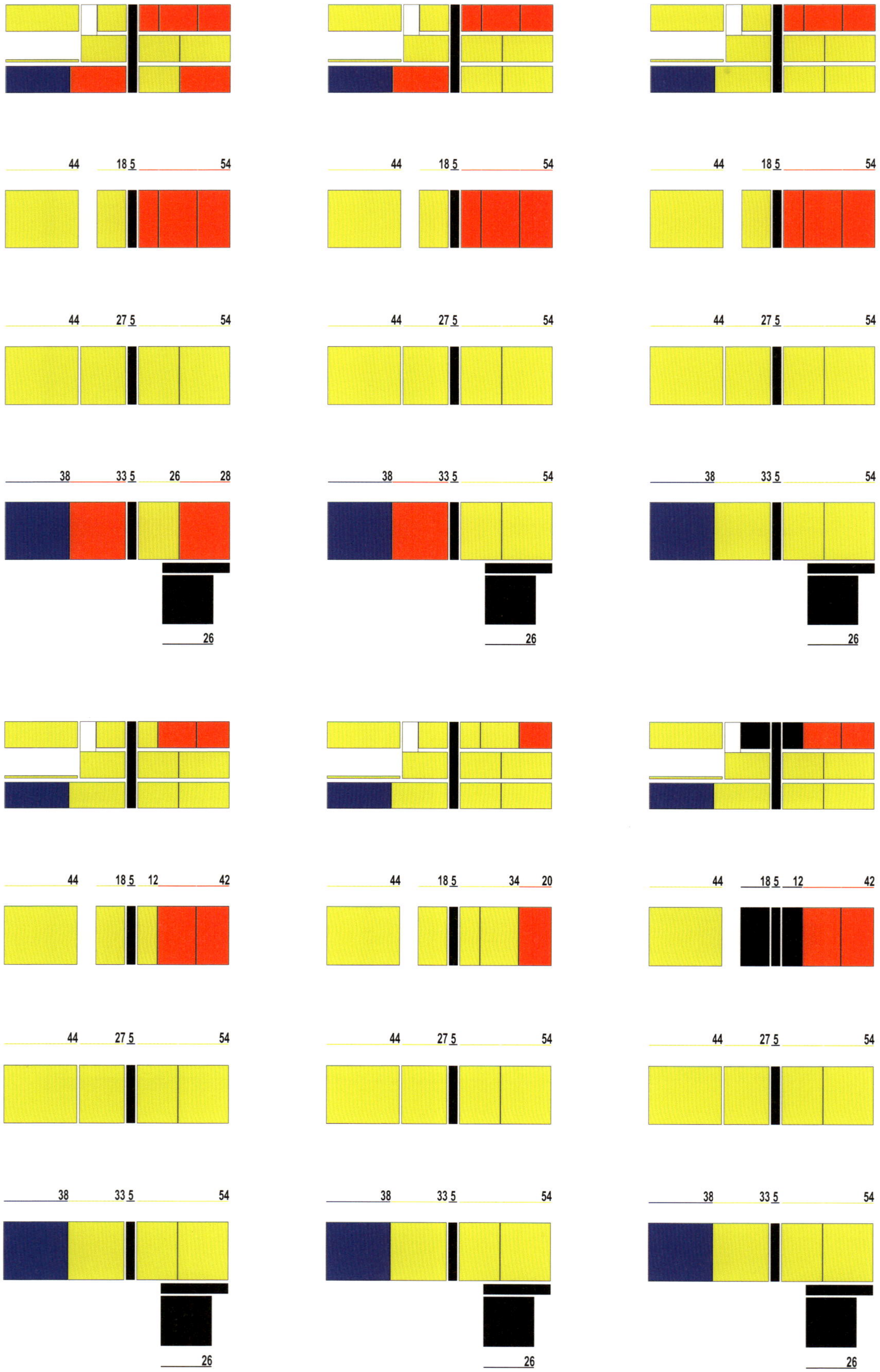

SPAZI COMUNI | NONNI | GENITORI | BAMBINI

SOLUZIONE I VARIANTE (SIG. MF AL PIANO PRIMO) LIVELLO -1 _1B

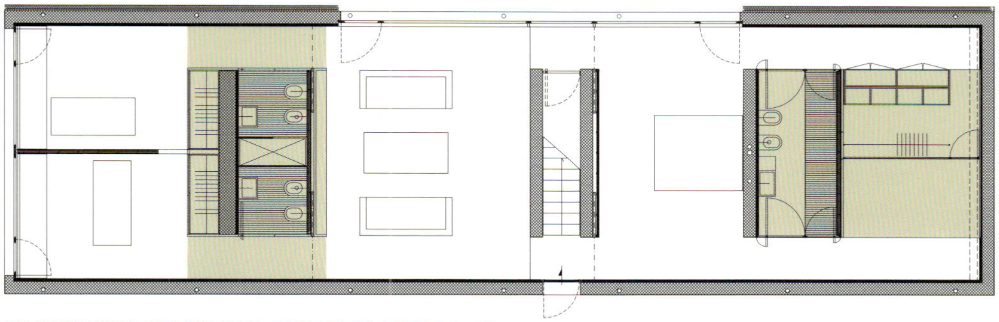

SOLUZIONE I VARIANTE (SIG. MF AL PIANO PRIMO) LIVELLO -1 _2B

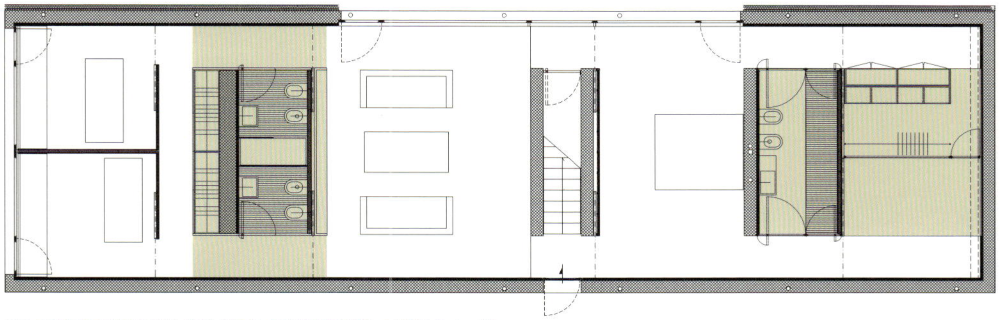

SOLUZIONE I VARIANTE (SIG. MF AL PIANO PRIMO) LIVELLO -1 _1A

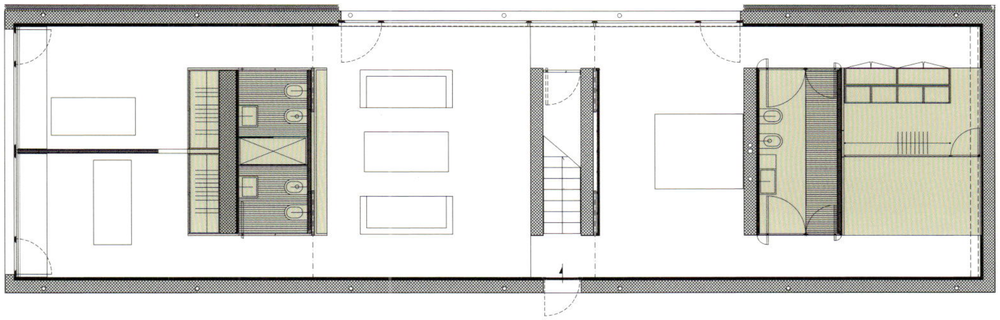

SOLUZIONE I VARIANTE (SIG. MF AL PIANO PRIMO) LIVELLO -1 _2A

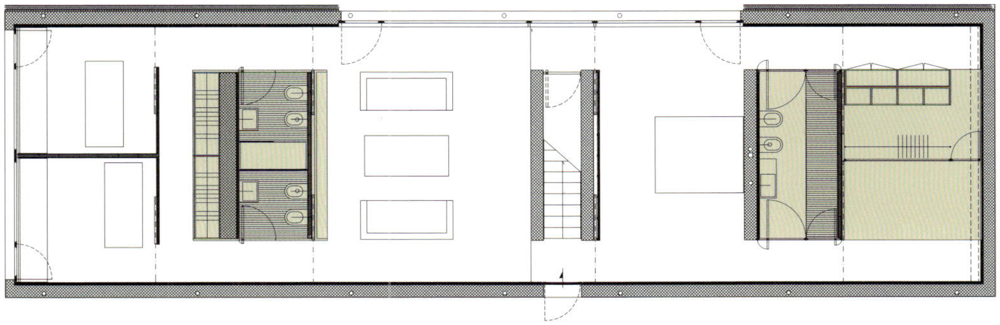

SOLUZIONE I VARIANTE (SIG. MF AL PIANO PRIMO) LIVELLO -1 _3

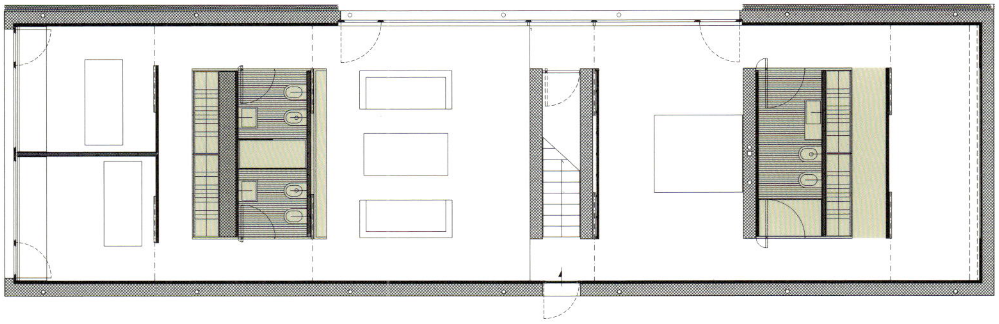

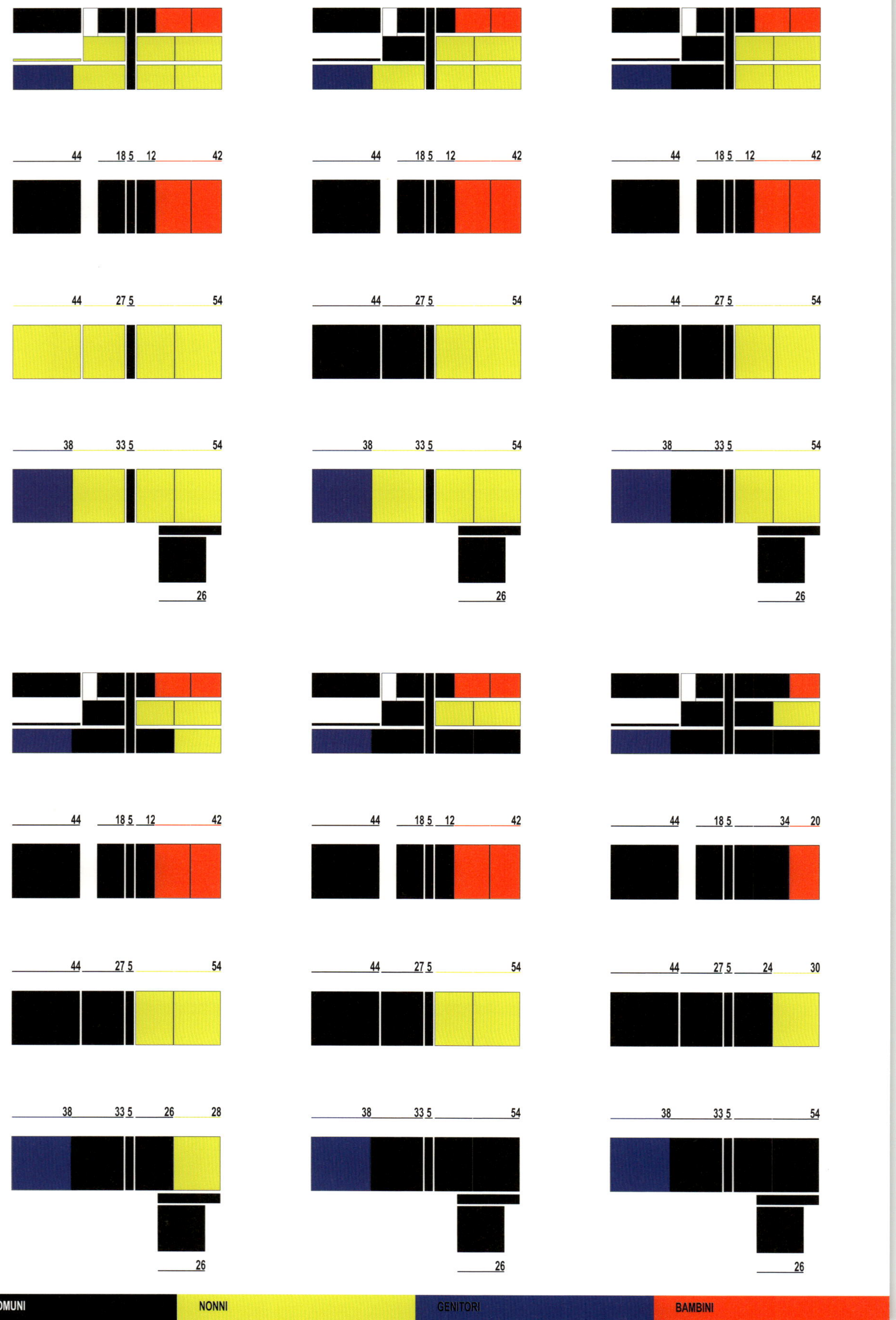
44 18 5 12 42
44 27 5 54
38 33 5 54
26
44 18 5 34 20
44 27 5 24 30
38 33 5 26 28
SPAZI COMUNI
NONNI
GENITORI
BAMBINI

SOLUZIONE II (SIG. MF AL PIANO SEMINTERRATO) LIVELLO +1 _1

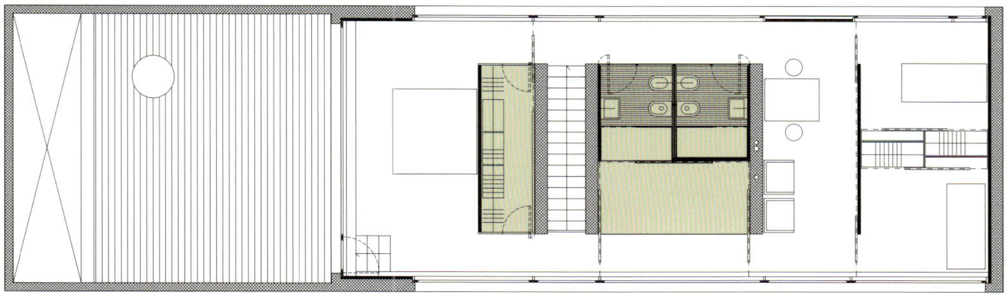

SOLUZIONE II (SIG. MF AL PIANO SEMINTERRATO) LIVELLO +1 _2

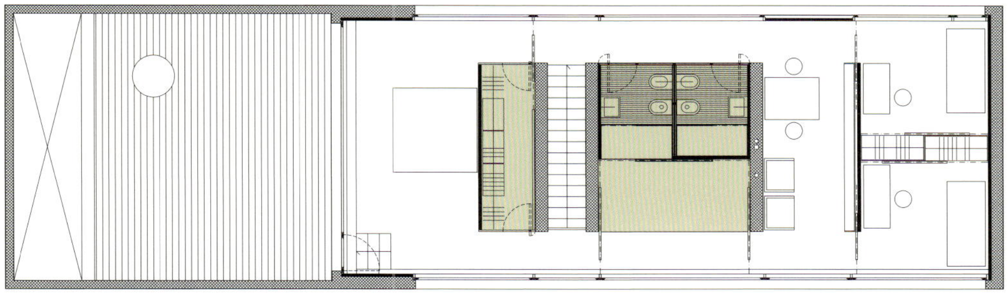

SOLUZIONE II (SIG. MF AL PIANO SEMINTERRATO) LIVELLO +1 _3

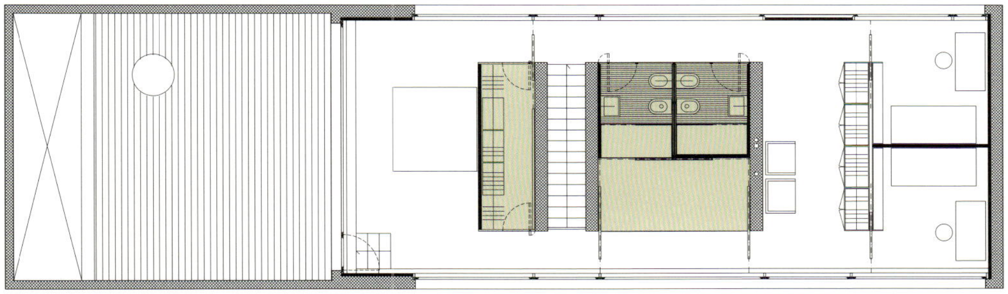

SOLUZIONE II (SIG. MF AL PIANO SEMINTERRATO) LIVELLO +1 _4

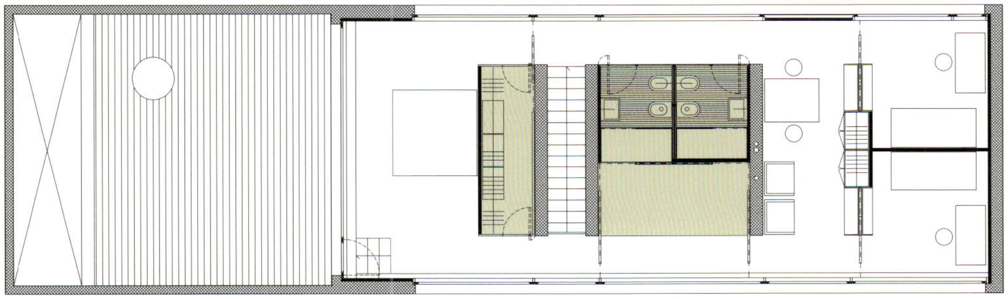

SOLUZIONE II (SIG. MF AL PIANO SEMINTERRATO) LIVELLO +1 _5

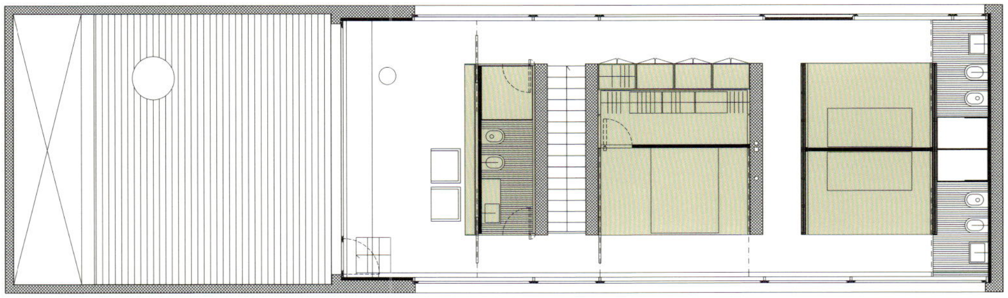

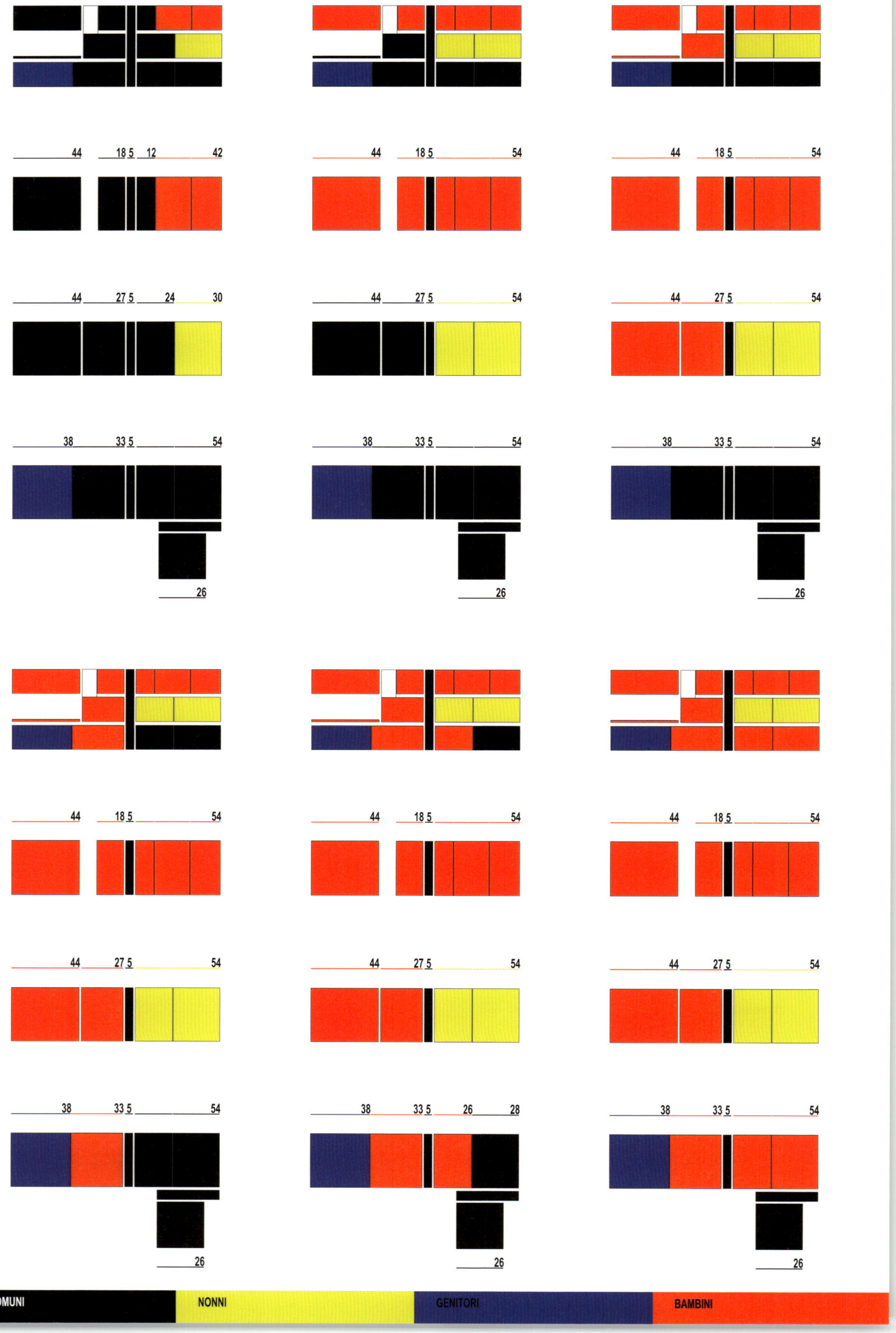
SPAZI COMUNI
NONNI
GENITORI
BAMBINI

SOLUZIONE II (SIG. MF AL PIANO SEMINTERRATO) LIVELLO +1 _6

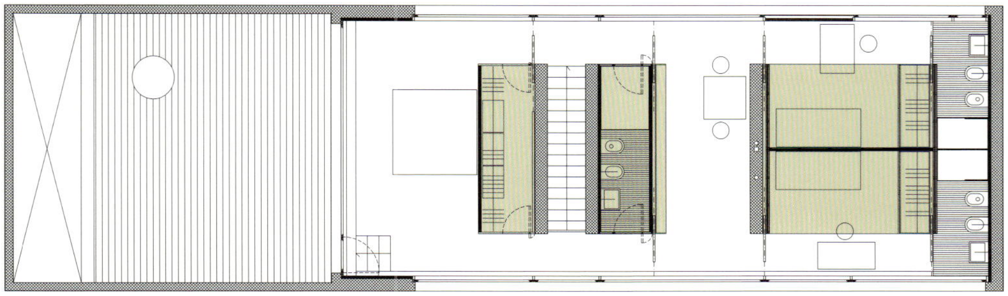

SOLUZIONE II (SIG. MF AL PIANO SEMINTERRATO) LIVELLO 0 _1A

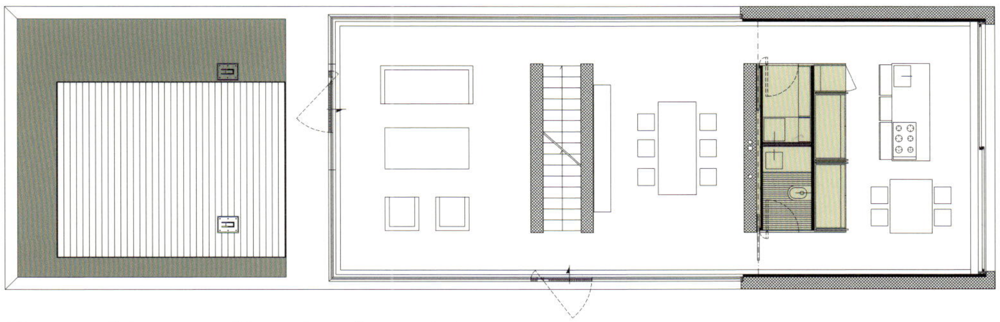

SOLUZIONE II (SIG. MF AL PIANO SEMINTERRATO) LIVELLO 0 _2A

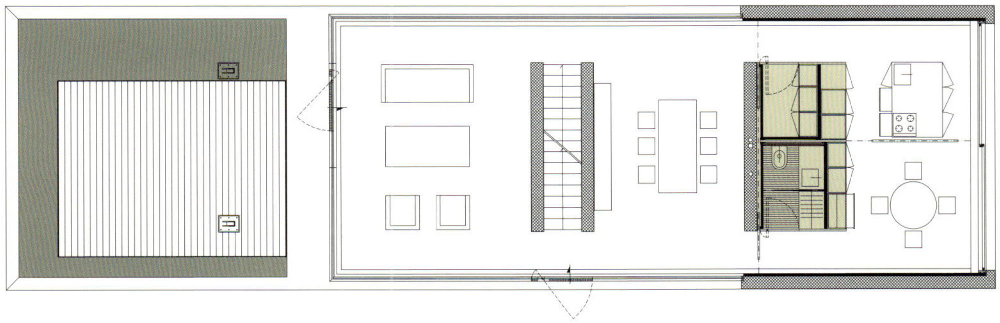

SOLUZIONE I VARIANTE (SIG. MF AL PIANO PRIMO) LIVELLO 0 _1B

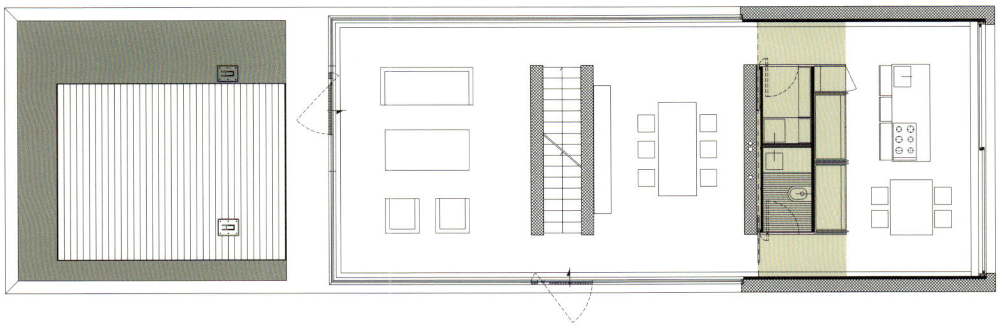

SOLUZIONE I VARIANTE (SIG. MF AL PIANO PRIMO) LIVELLO 0 _2B

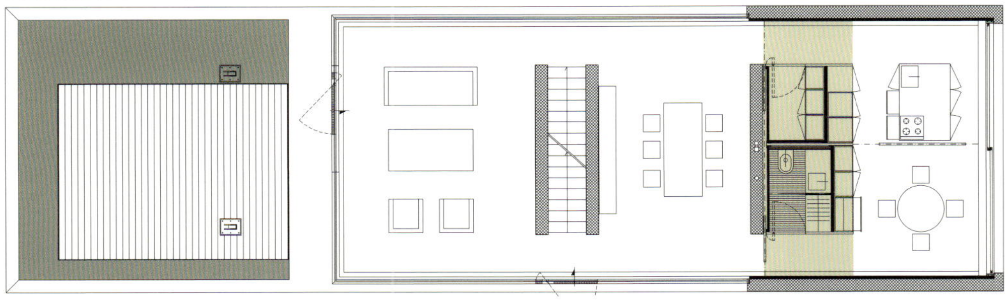

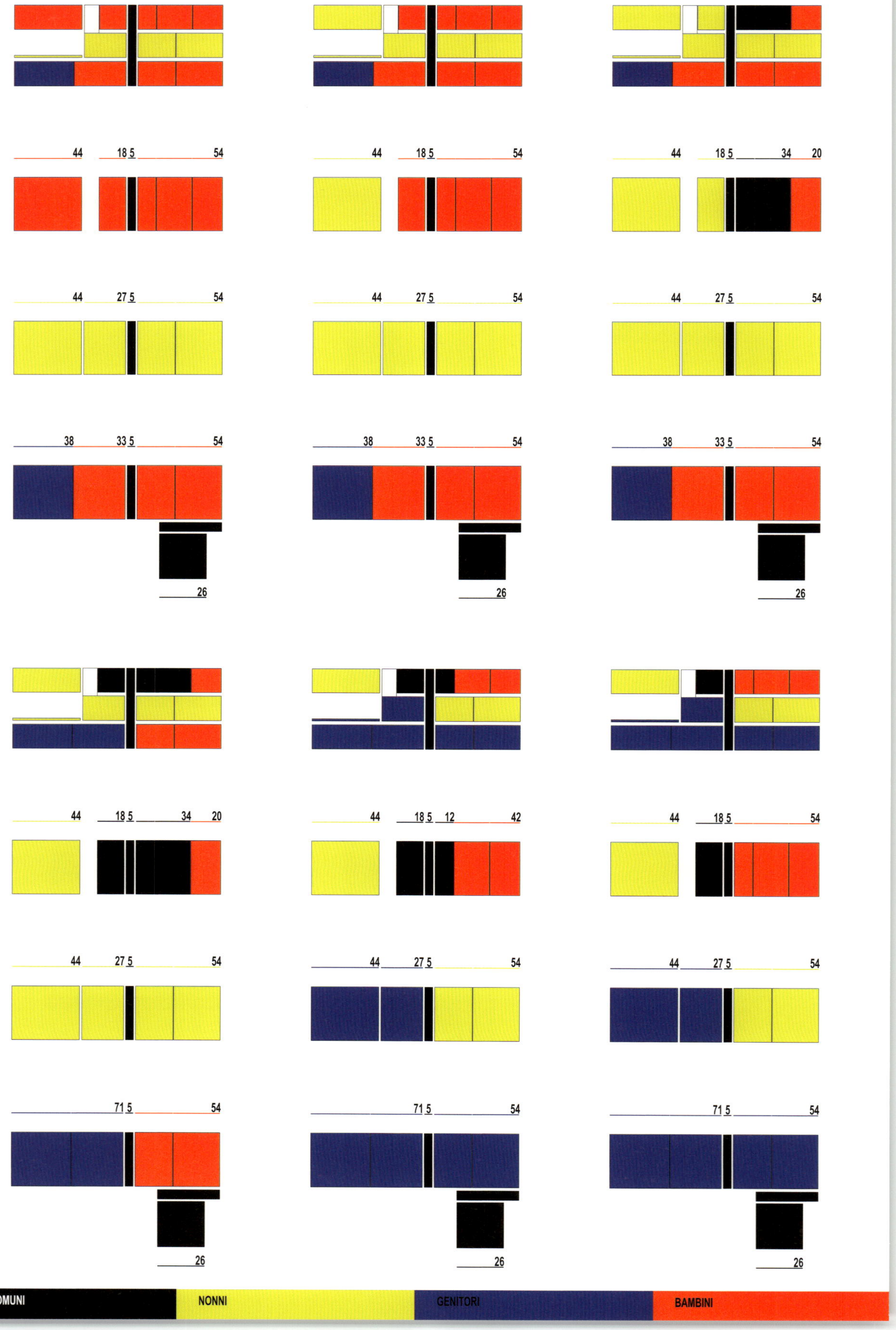
SPAZI COMUNI
NONNI
GENITORI
BAMBINI

SOLUZIONE II (SIG. MF AL PIANO SEMINTERRATO) LIVELLO -1 _1

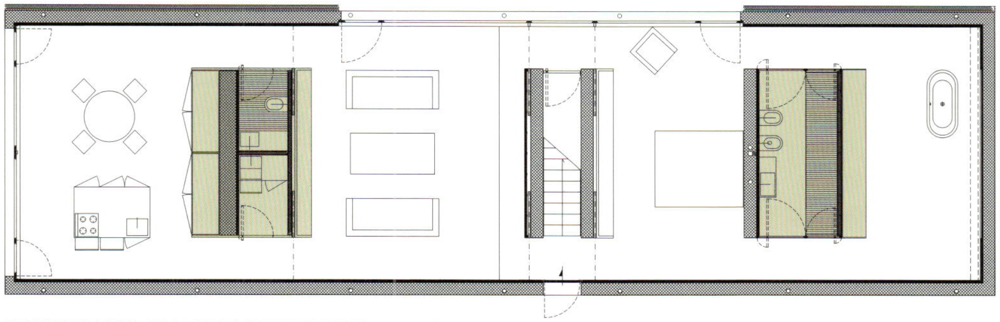

SOLUZIONE II (SIG. MF AL PIANO SEMINTERRATO) LIVELLO -1 _2A

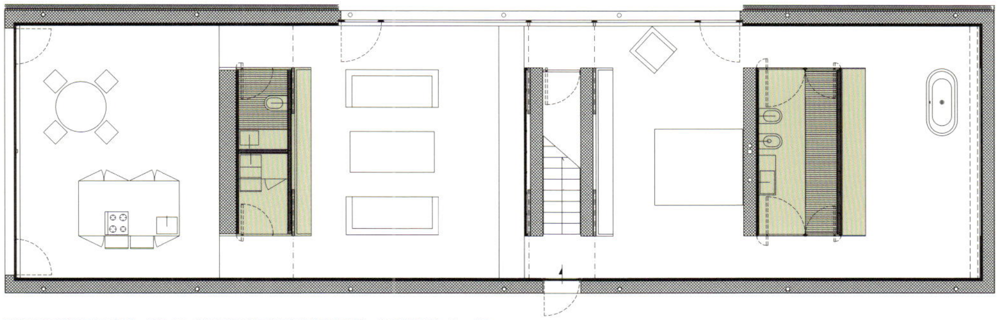

SOLUZIONE II (SIG. MF AL PIANO SEMINTERRATO) LIVELLO -1 _2B

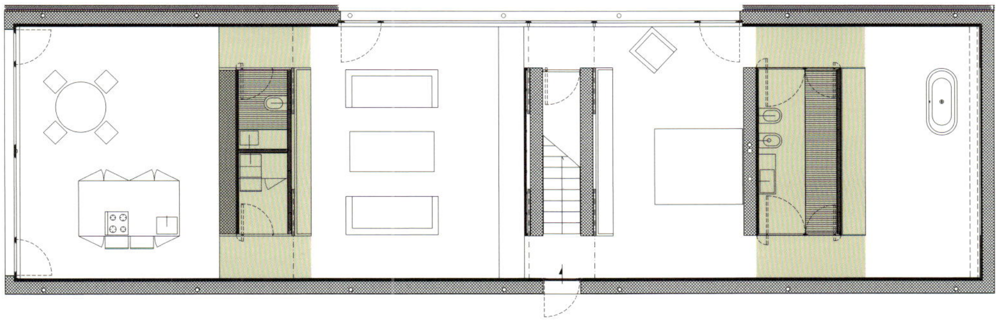

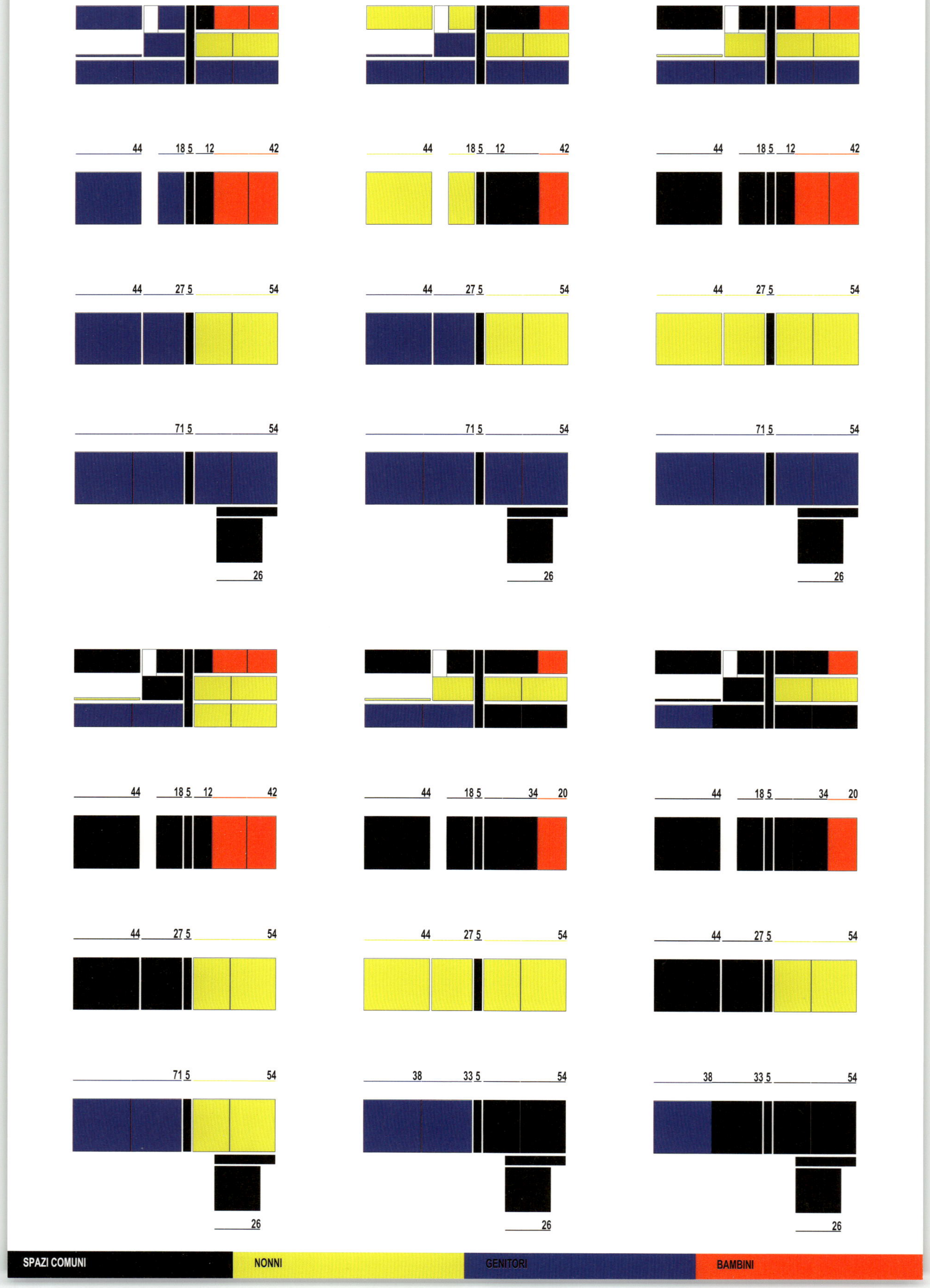

44 18 5 12 42
44 27 5 54
71 5 54
26
44 18 5 34 20
38 33 5 54
SPAZI COMUNI
NONNI
GENITORI
BAMBINI

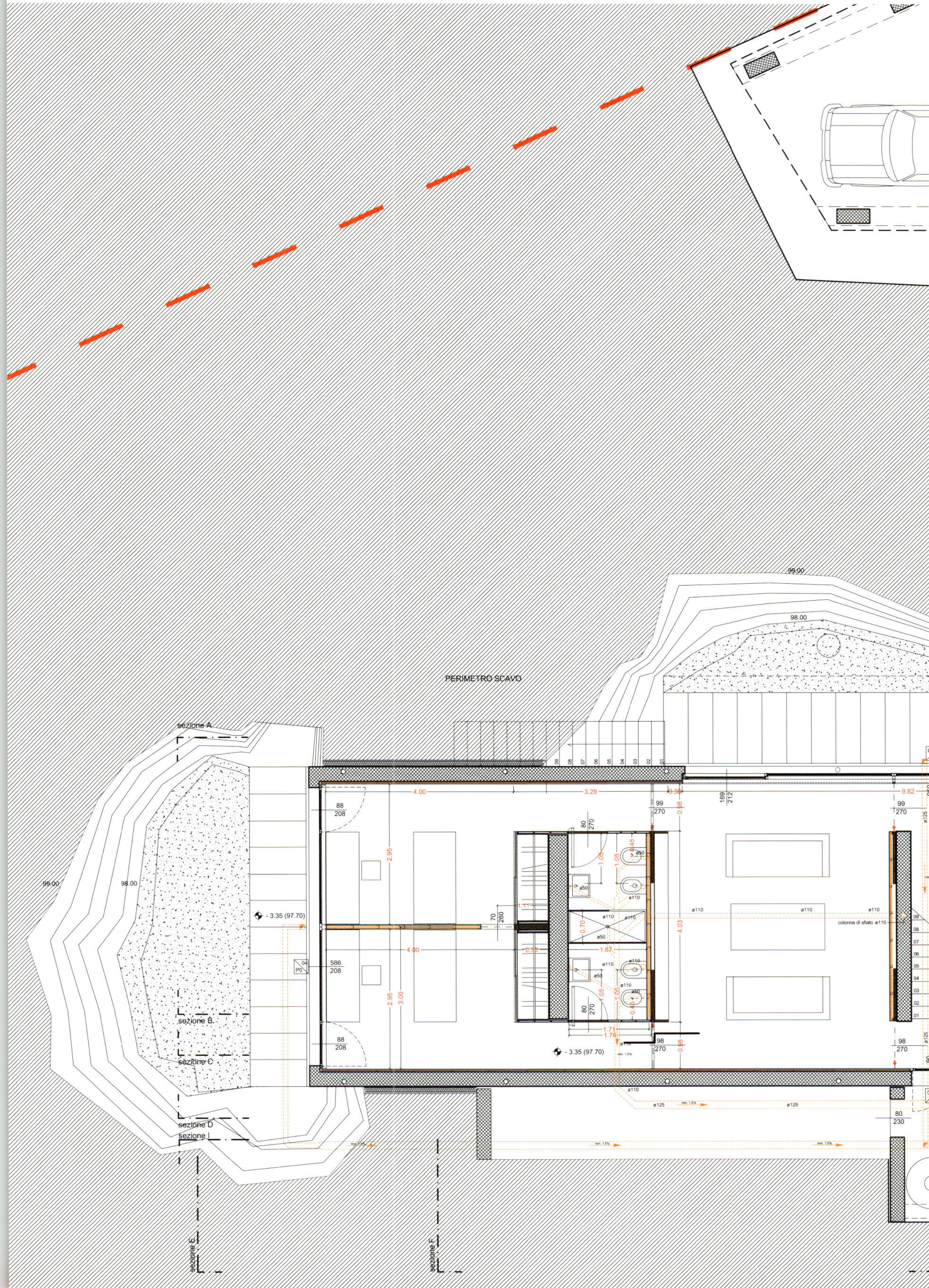
PERIMETRO SCAVO
sezione A
sezione B
sezione C
sezione D
sezione E
sezione F
99.00
98.00
- 3.35 (97.70)
colonna di sfiato ø110

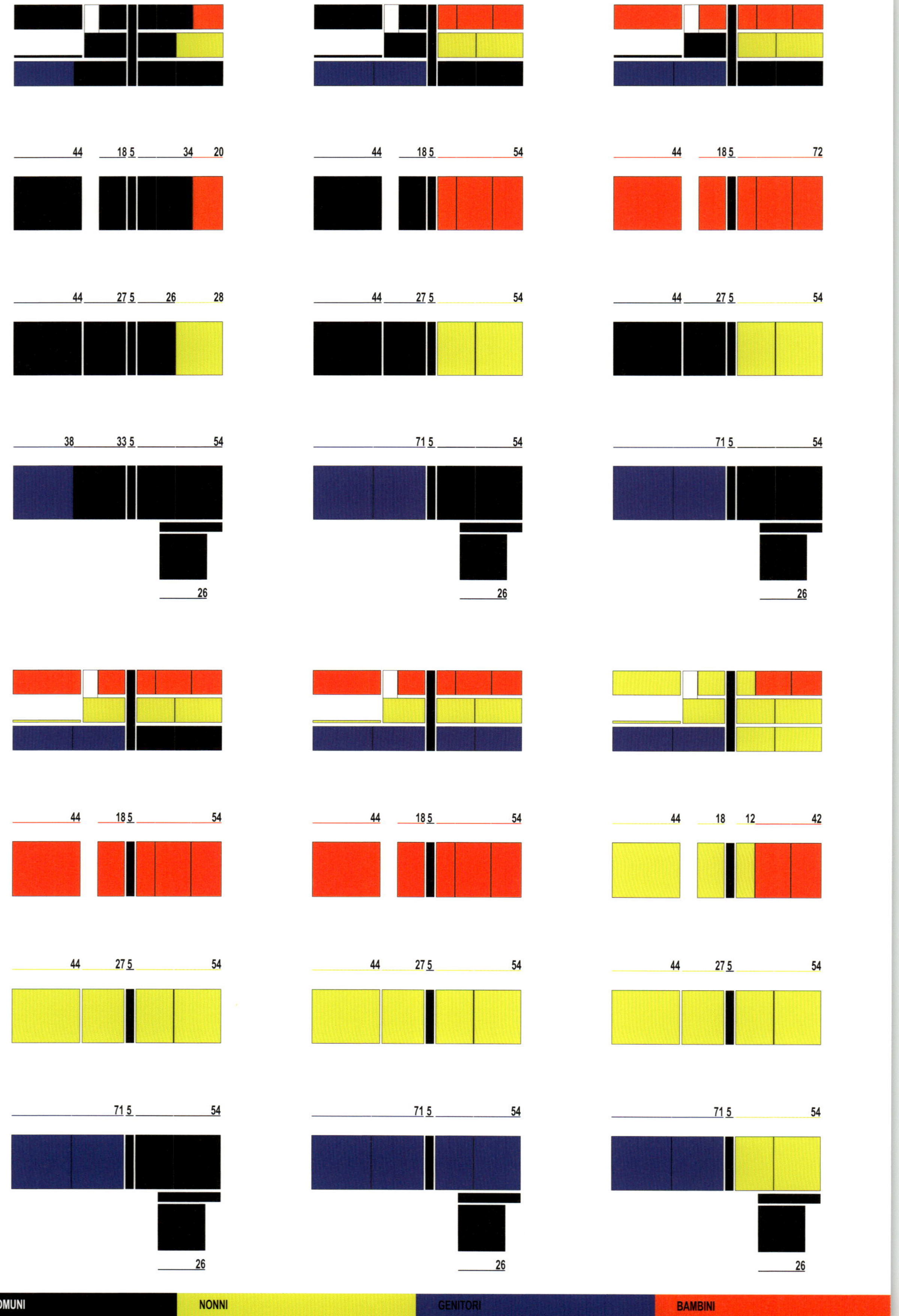
SPAZI COMUNI
NONNI
GENITORI
BAMBINI

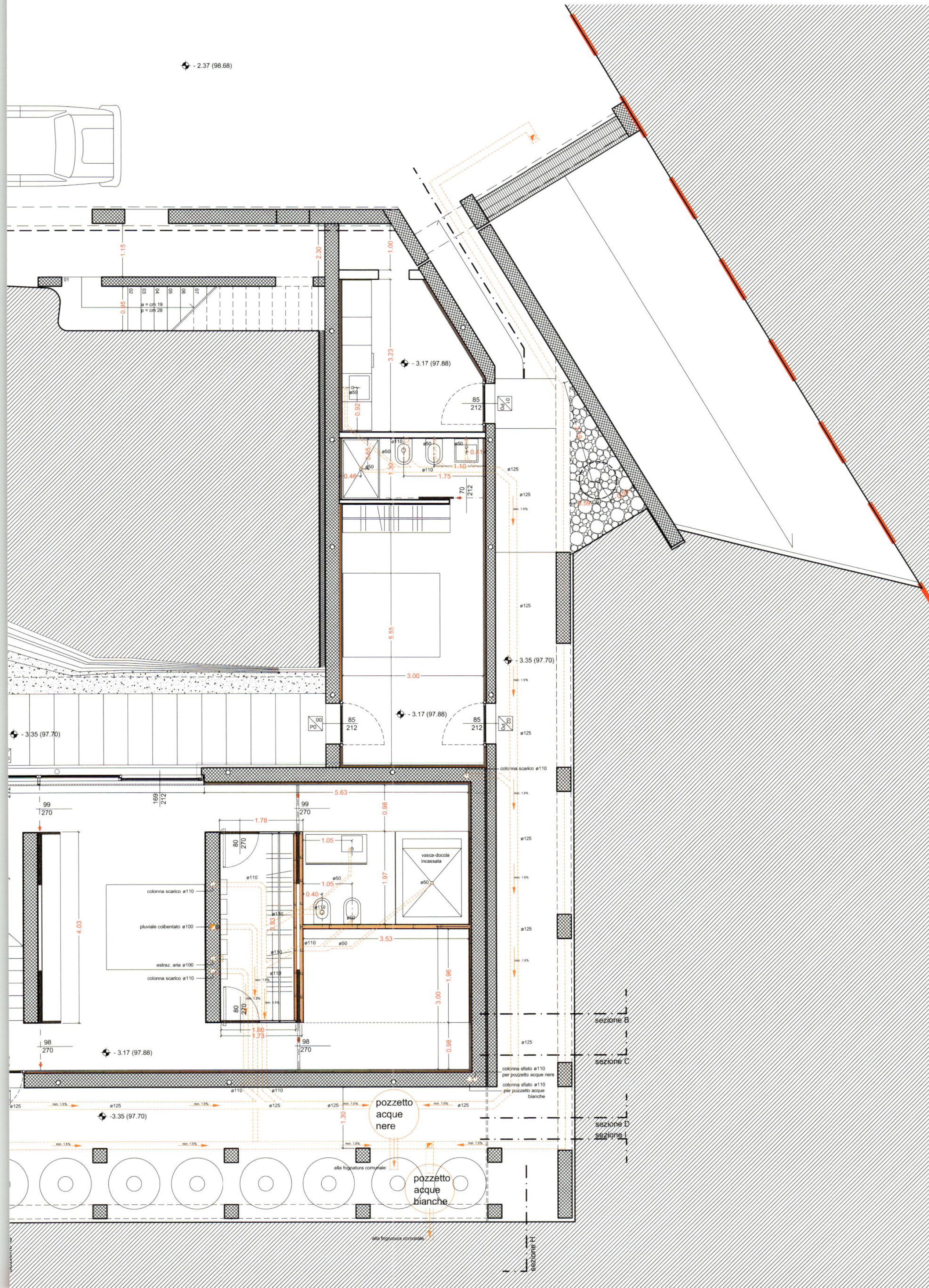
- 2.37 (98.68)
- 3.17 (97.88)
- 3.35 (97.70)
-3.35 (97.70)
vasca-doccia incassata
colonna scarico ø110
pluviale coibentato ø100
estraz. aria ø100
pozzetto acque nere
pozzetto acque bianche
alla fognatura comunale
sezione B
sezione C
sezione D
sezione H

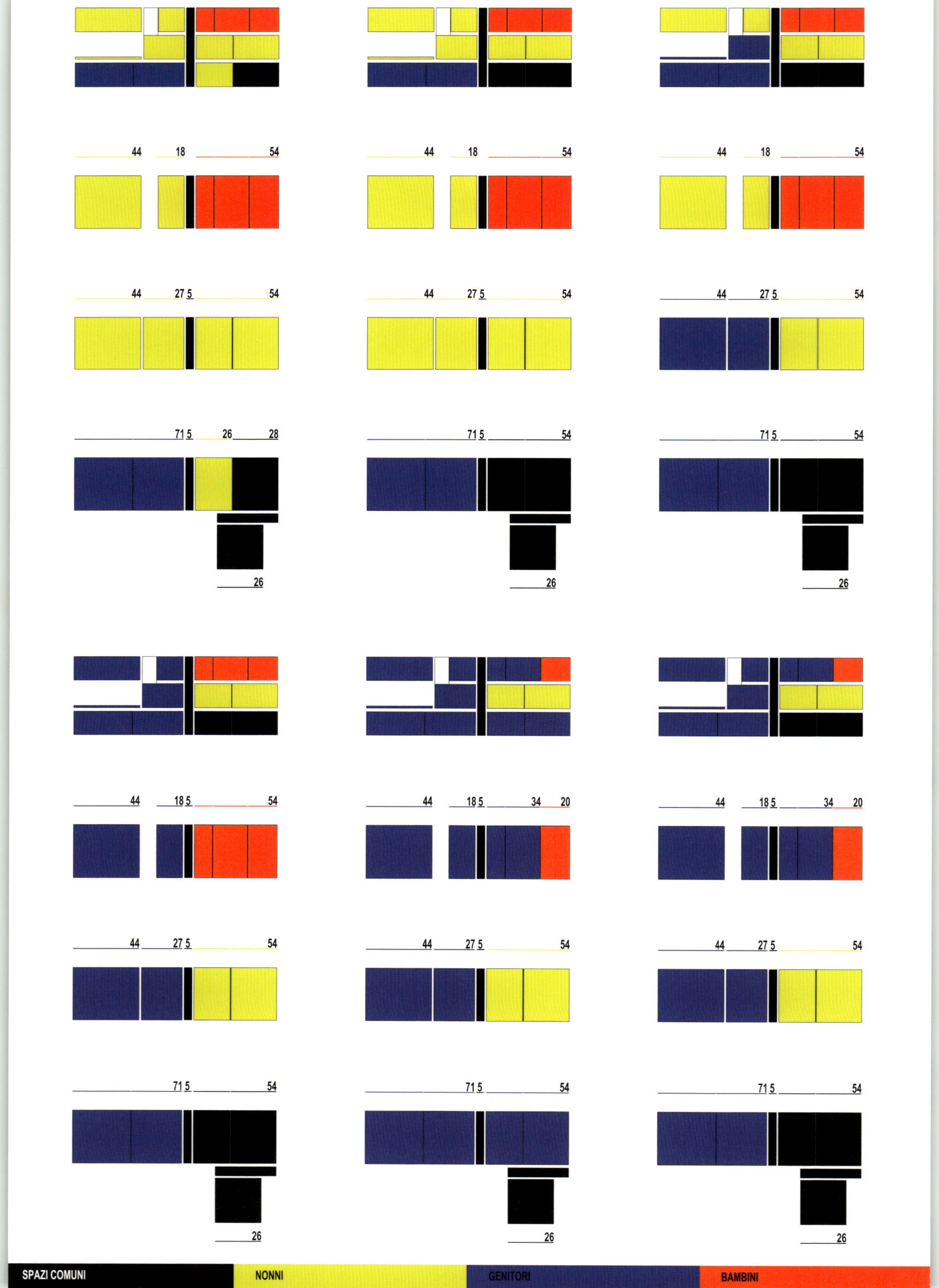
SPAZI COMUNI
NONNI
GENITORI
BAMBINI

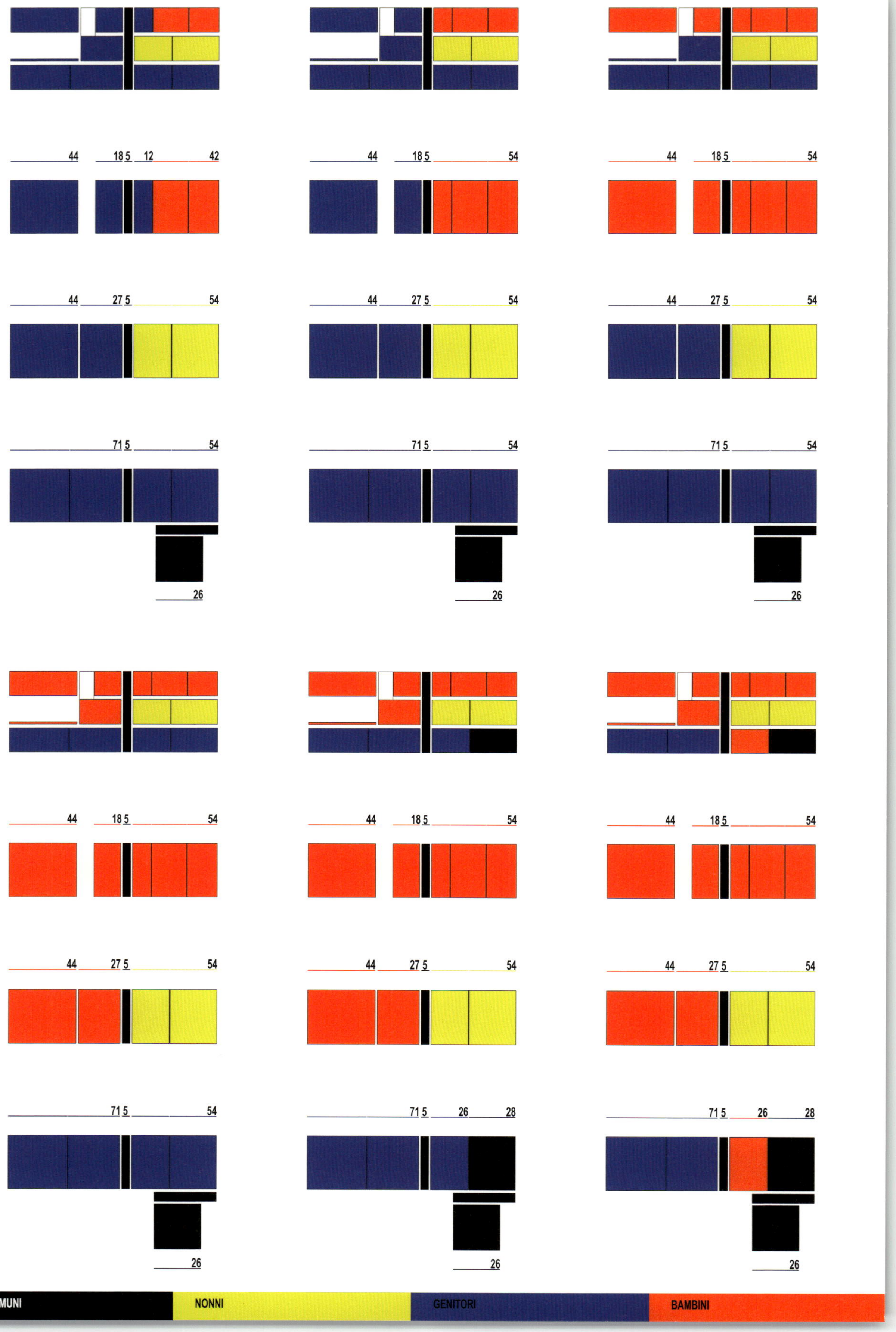
44
18 5
12
42
54
27 5
71 5
26
28
SPAZI COMUNI
NONNI
GENITORI
BAMBINI

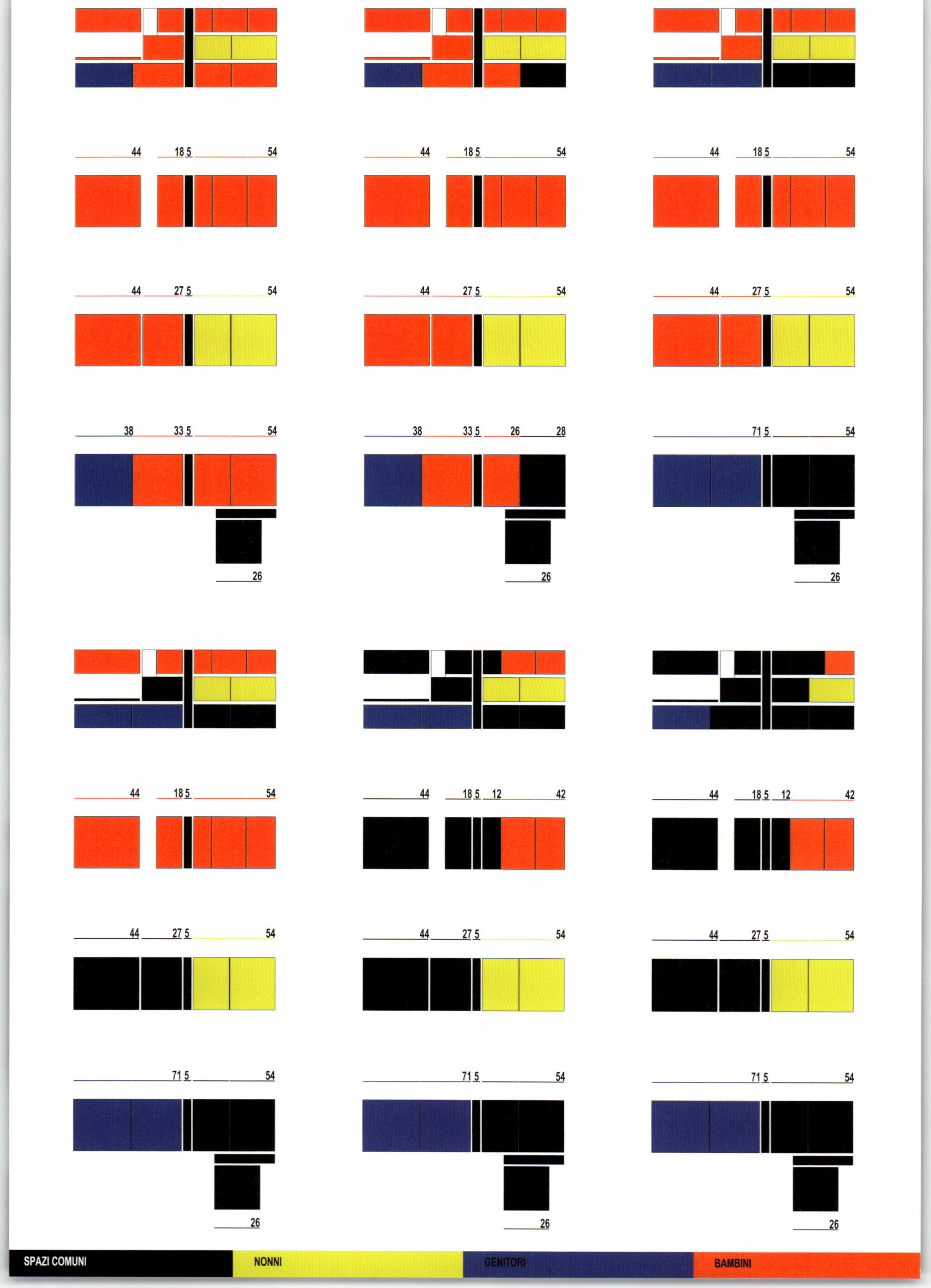
44
18 5
54
27 5
38
33 5
26
28
71 5
12
42
SPAZI COMUNI
NONNI
GENITORI
BAMBINI

MGGC _ XII _ MP.2004 _ 01 < /

MGGC _ XII _ MP.2004 _ 01 > /

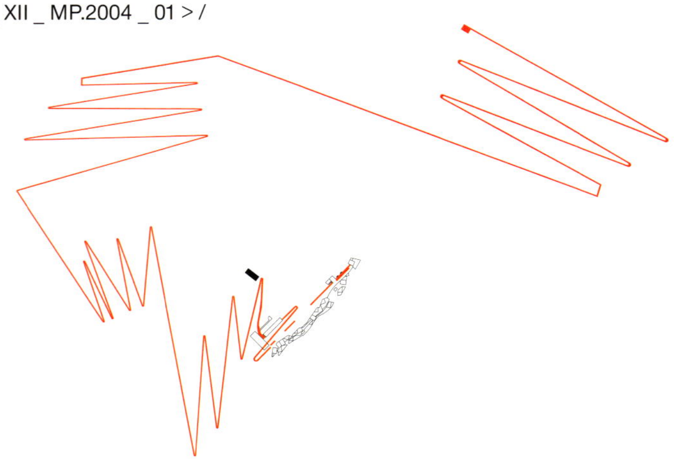

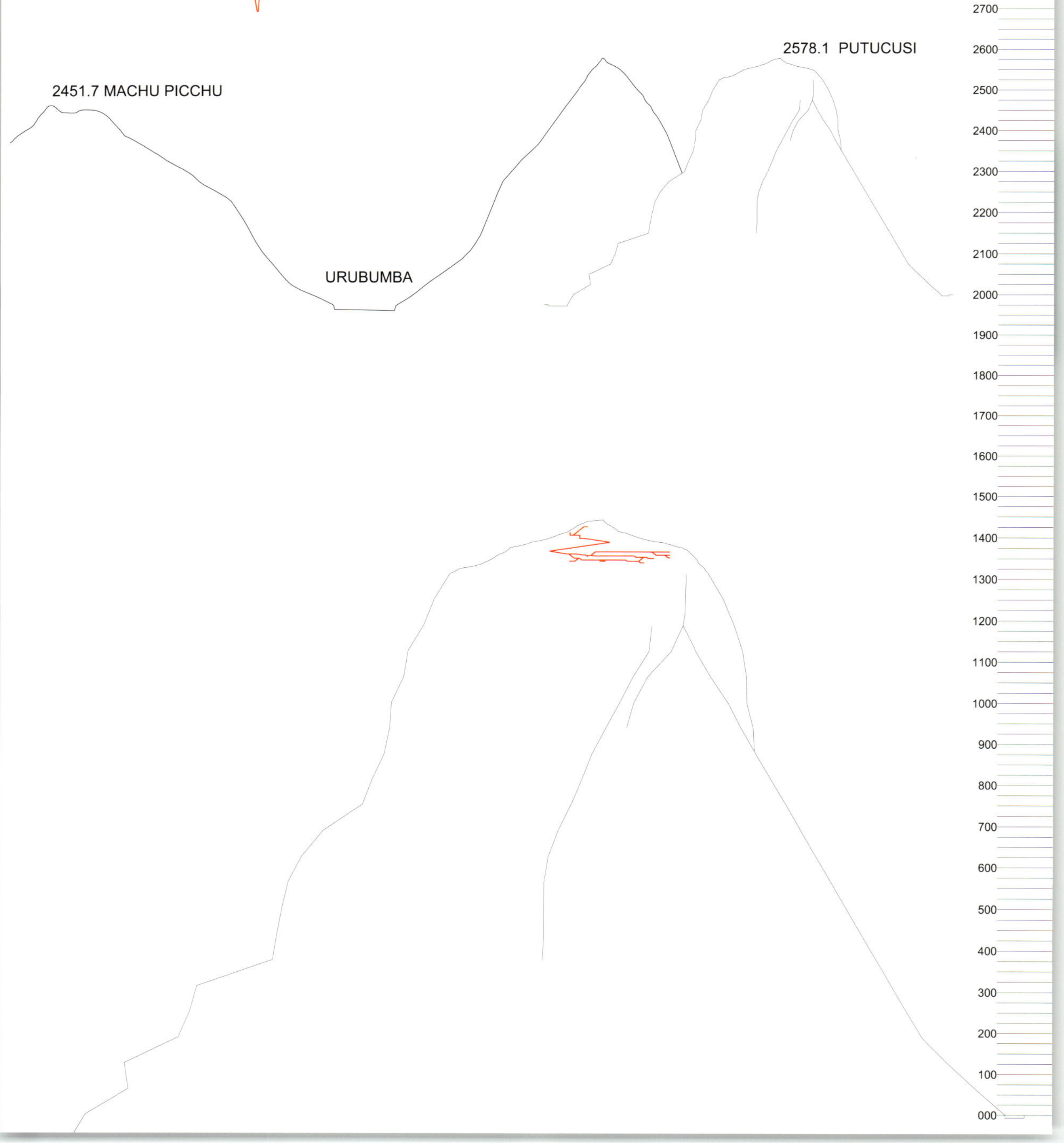

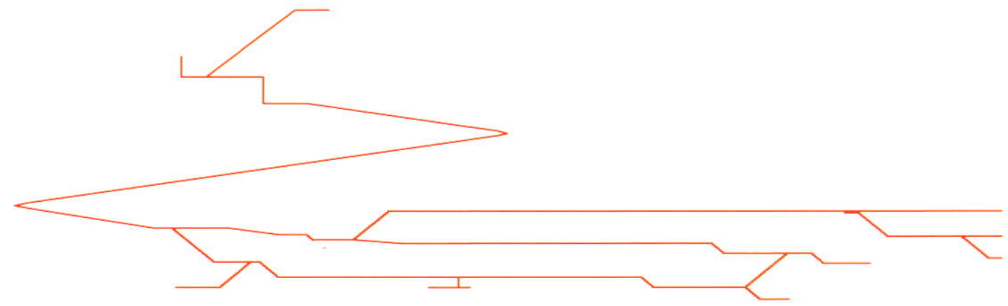

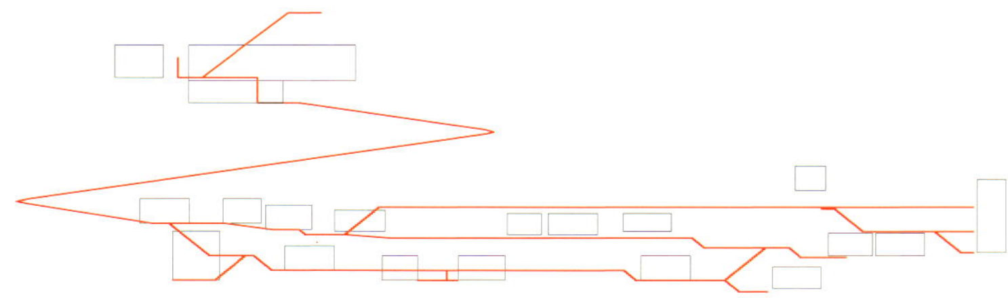

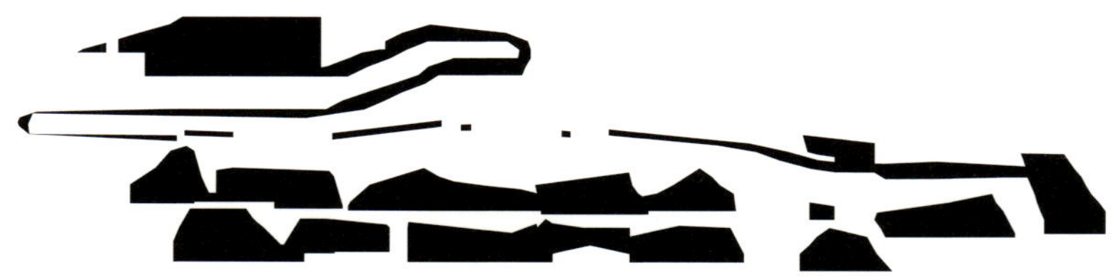

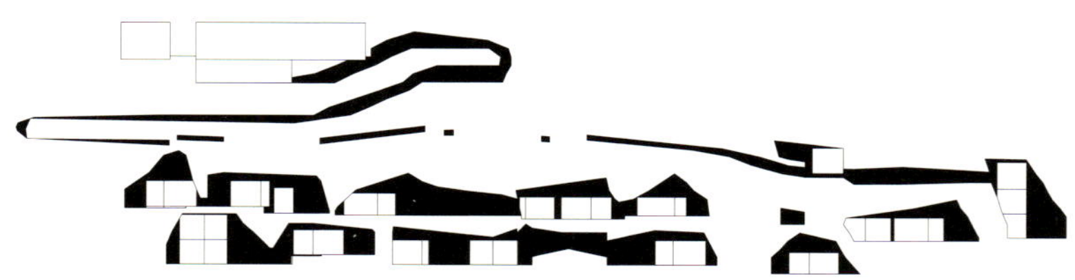

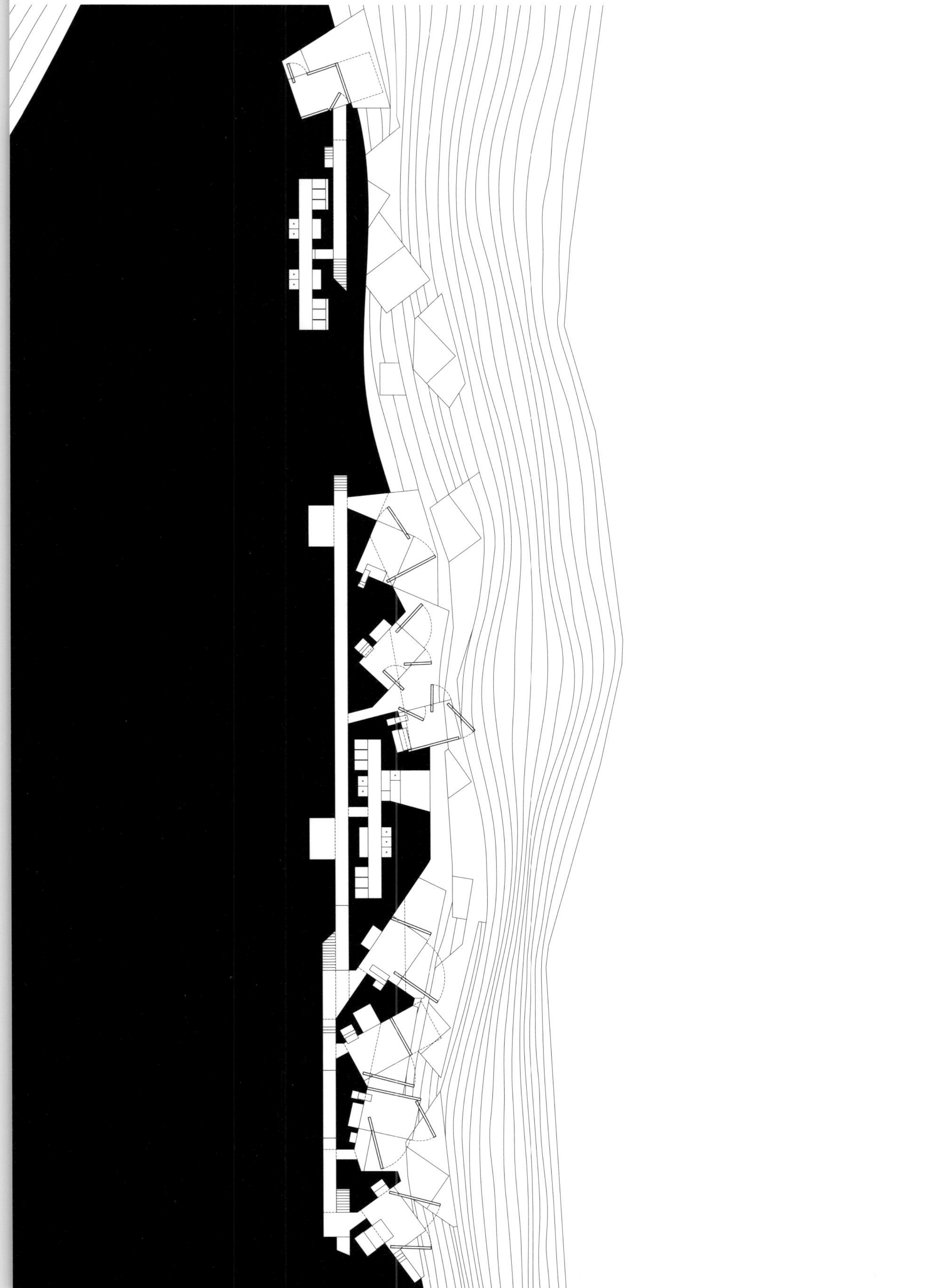

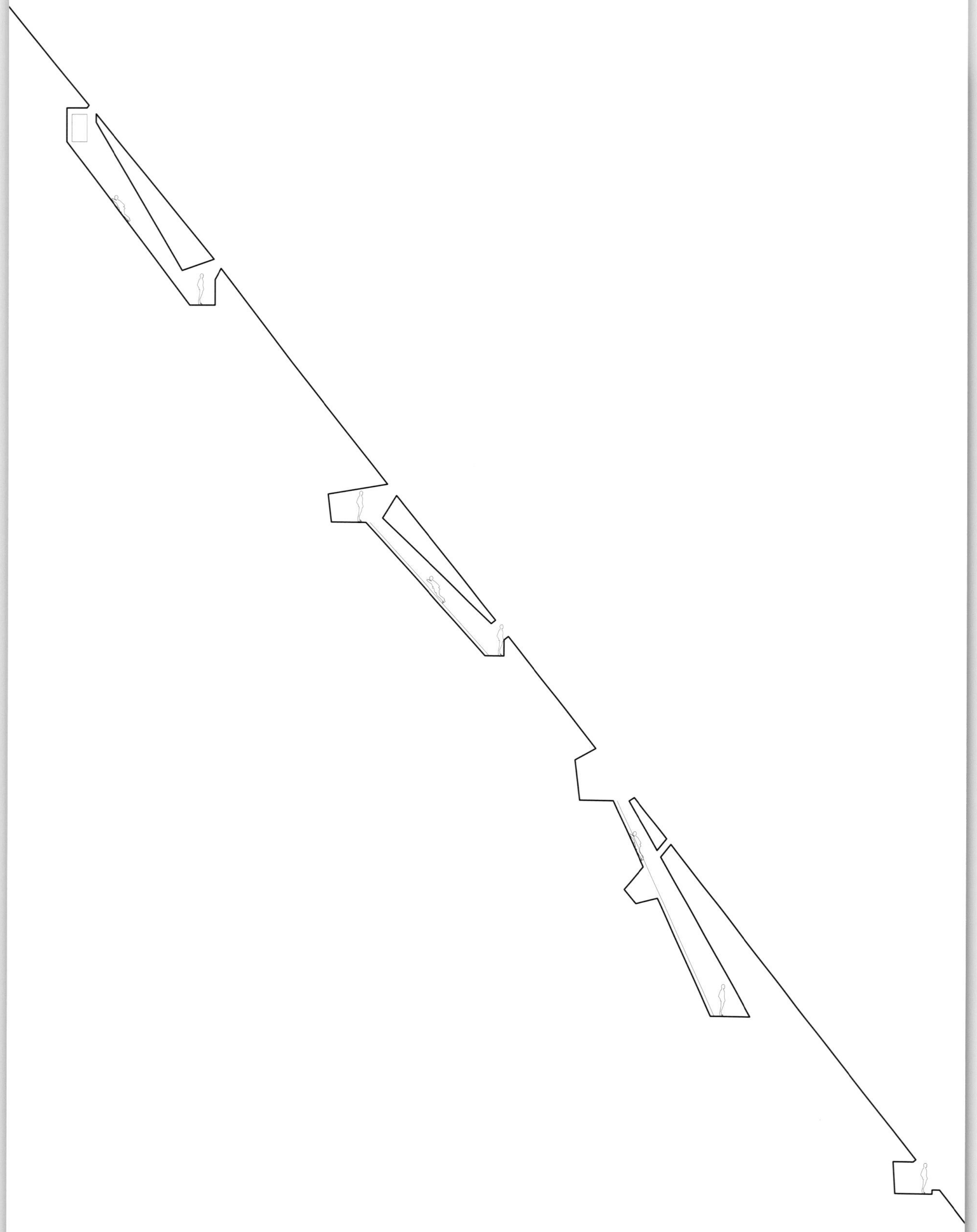

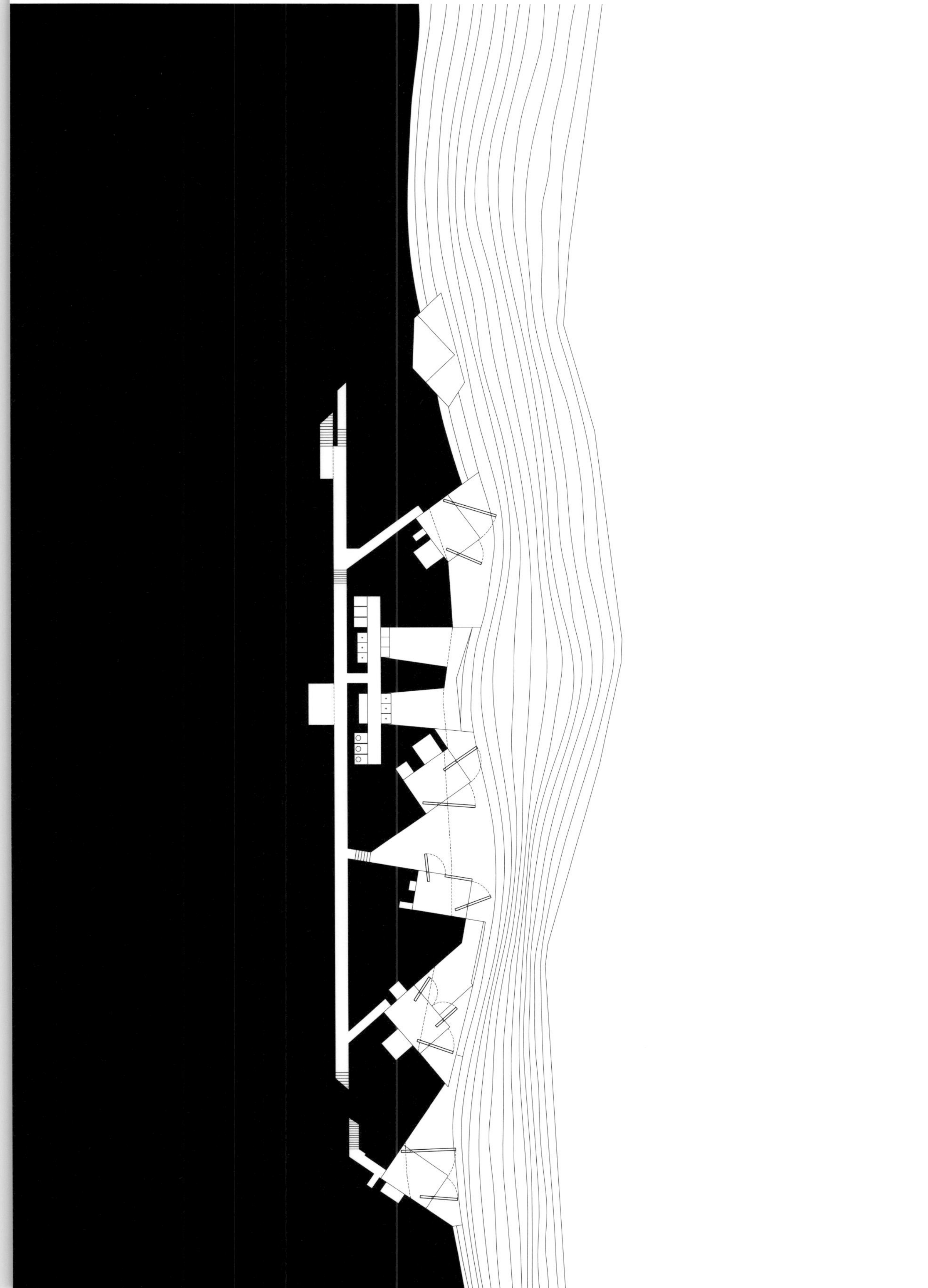

MGGC _ XII _ MP.2004 _ 04 > /

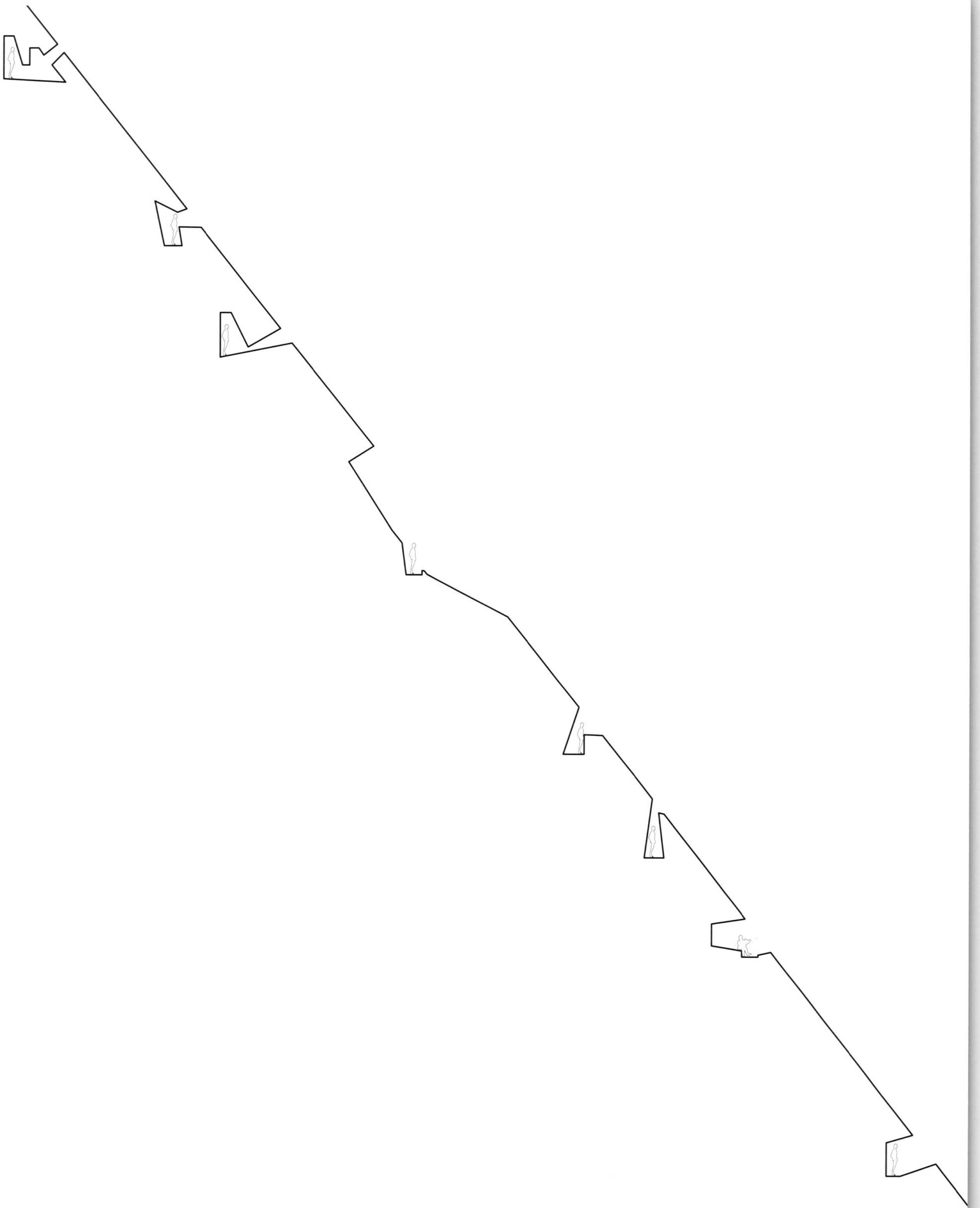

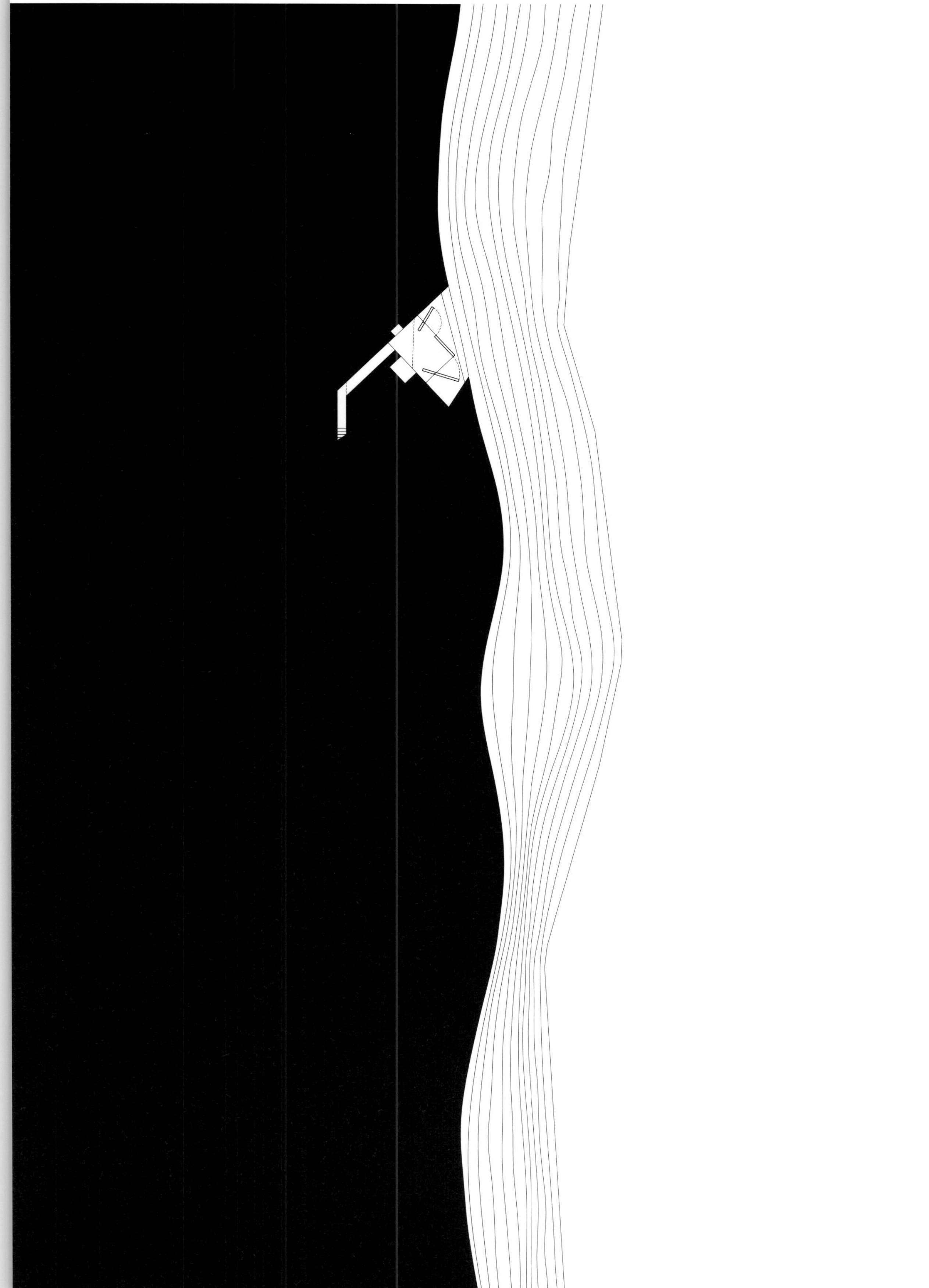

MGGC _ XII _ MP.2004 _ 05 > /

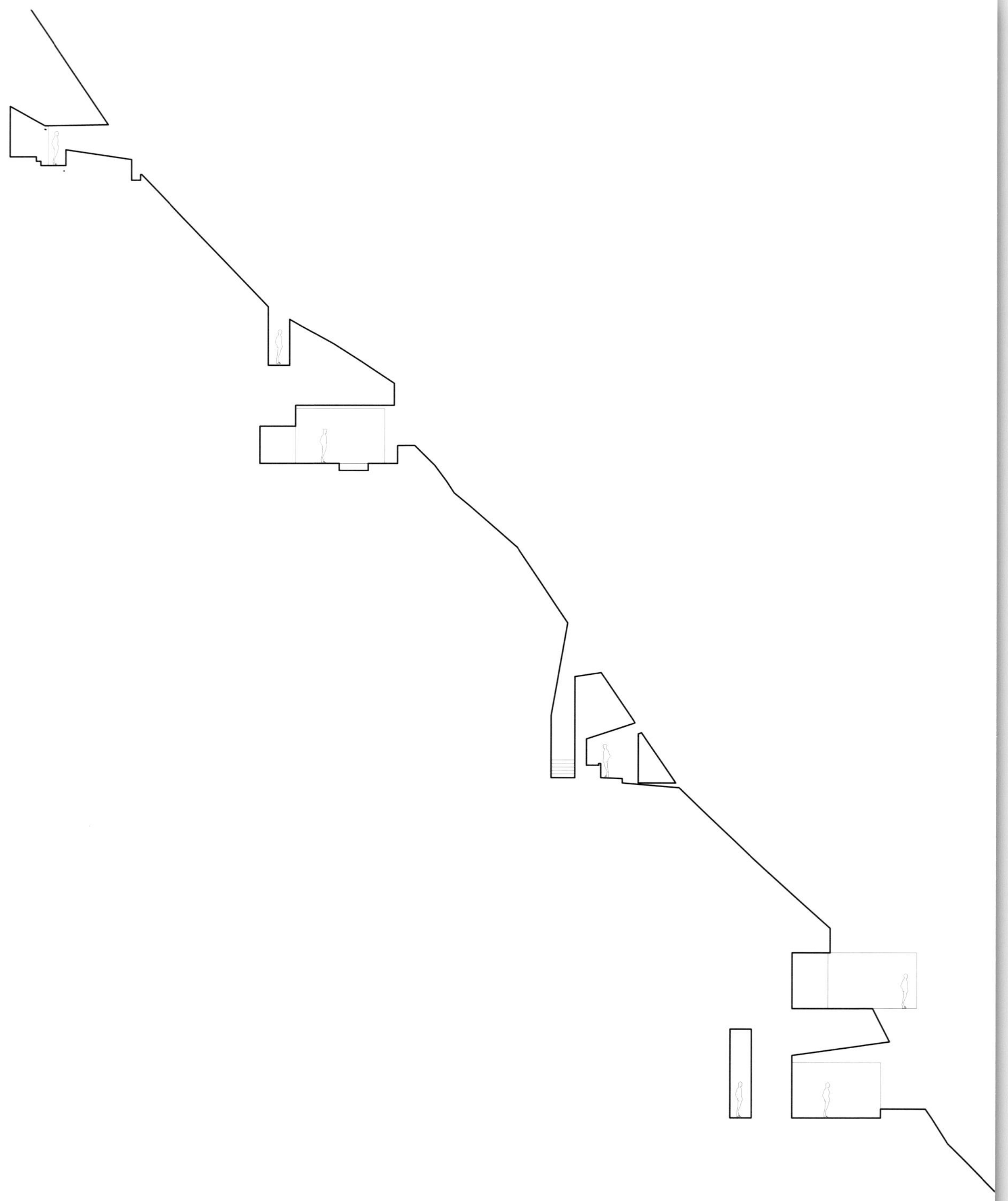

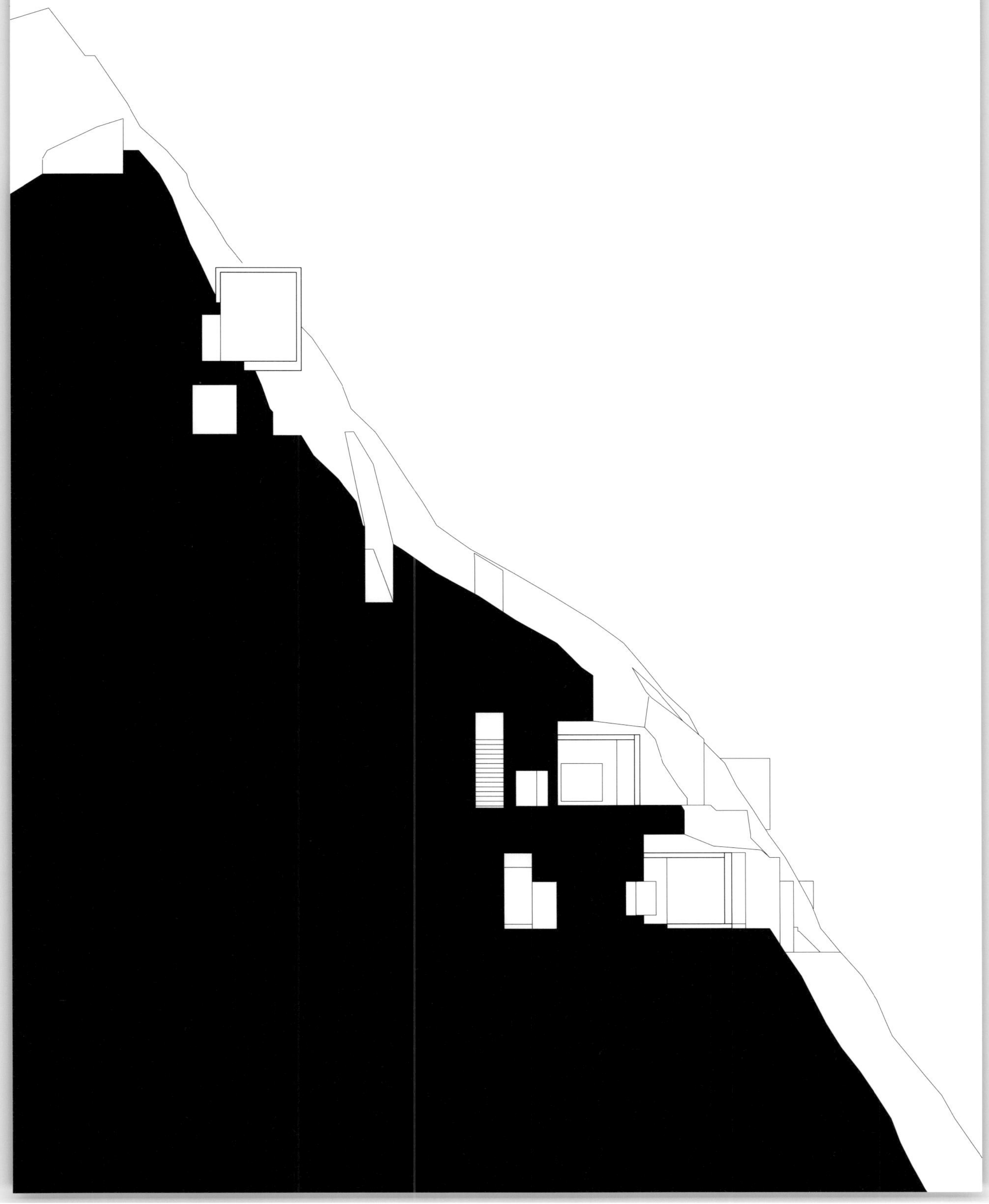

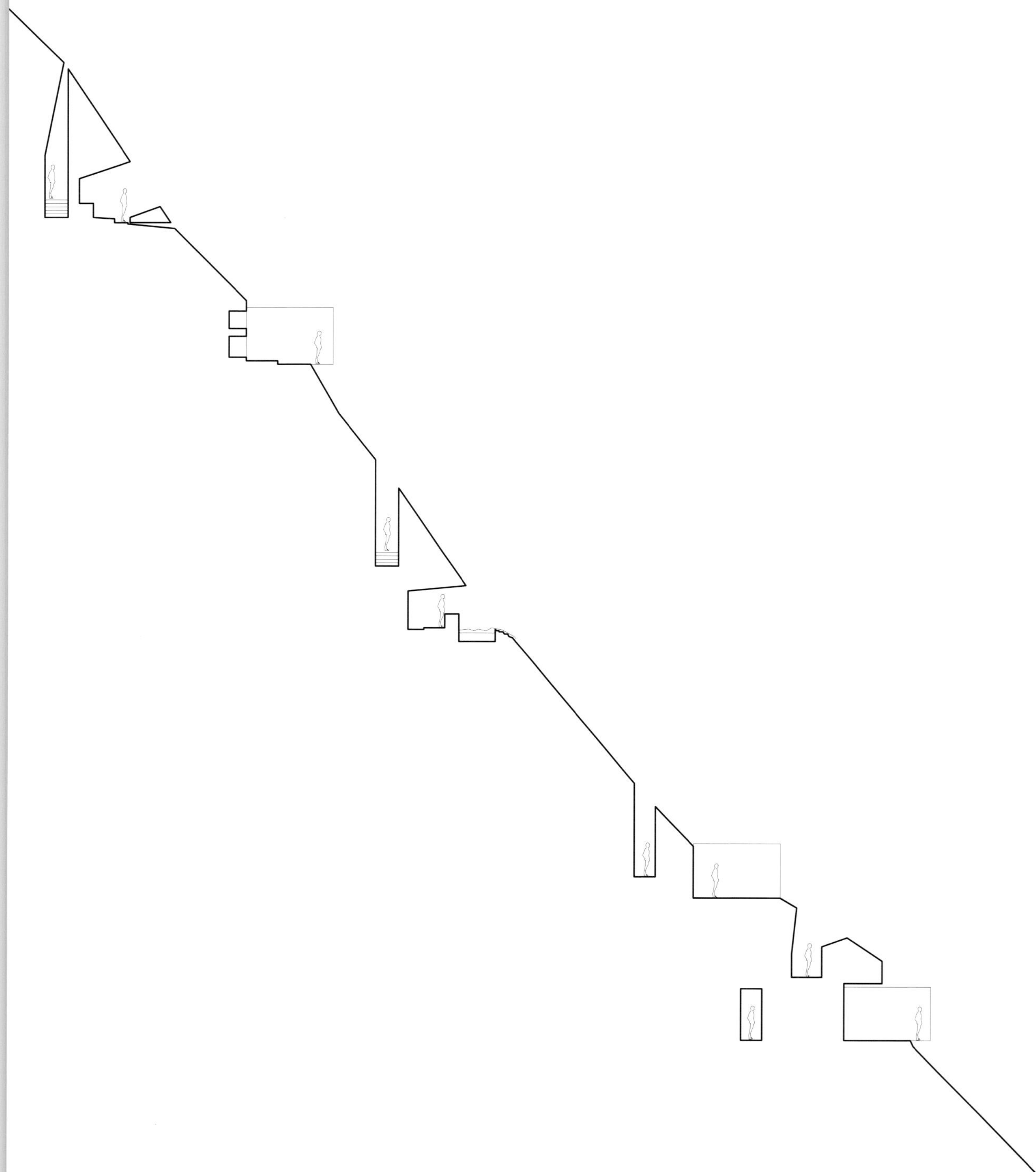

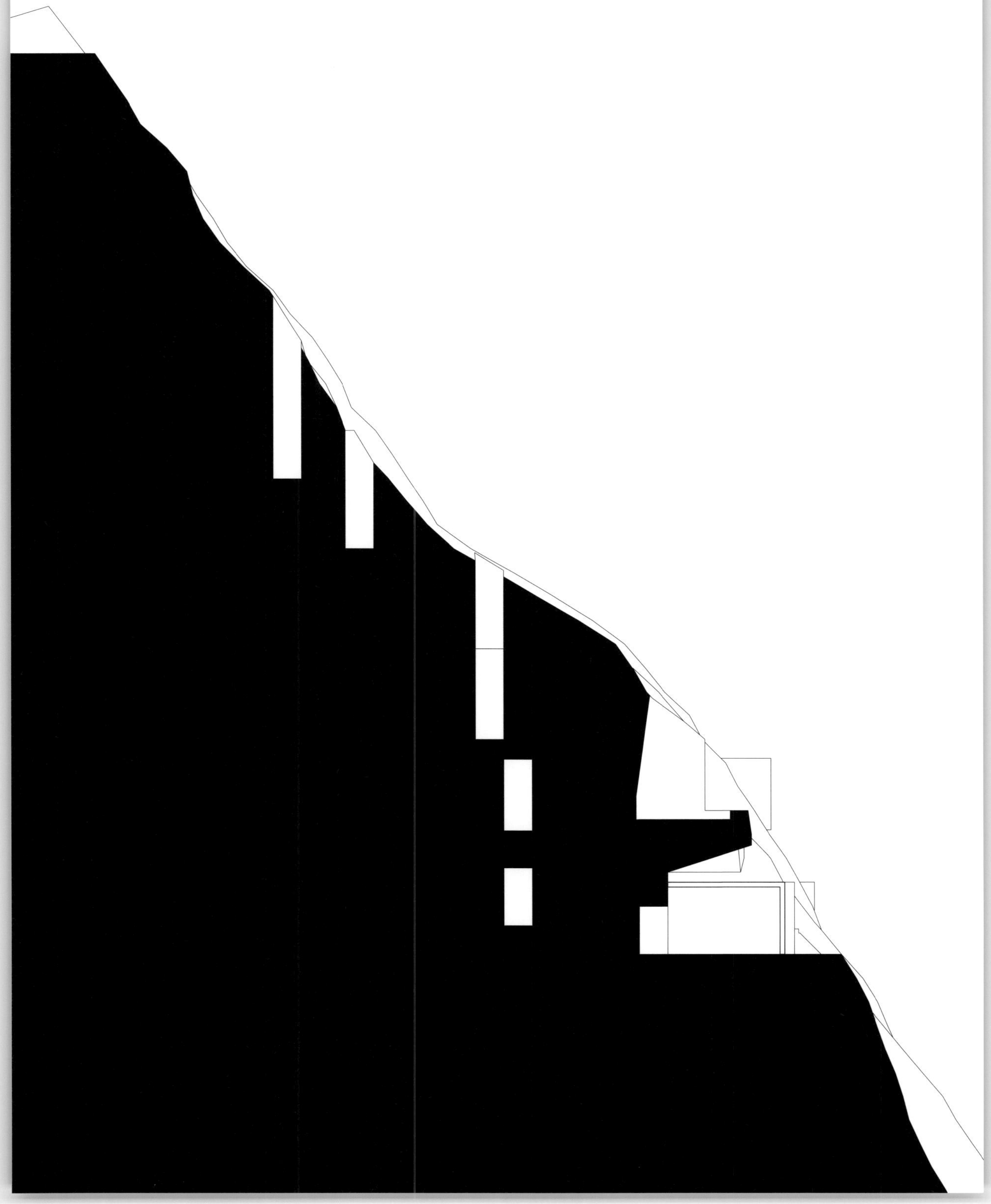

MGGC _ XII _ MP.2004 _ 07 > /

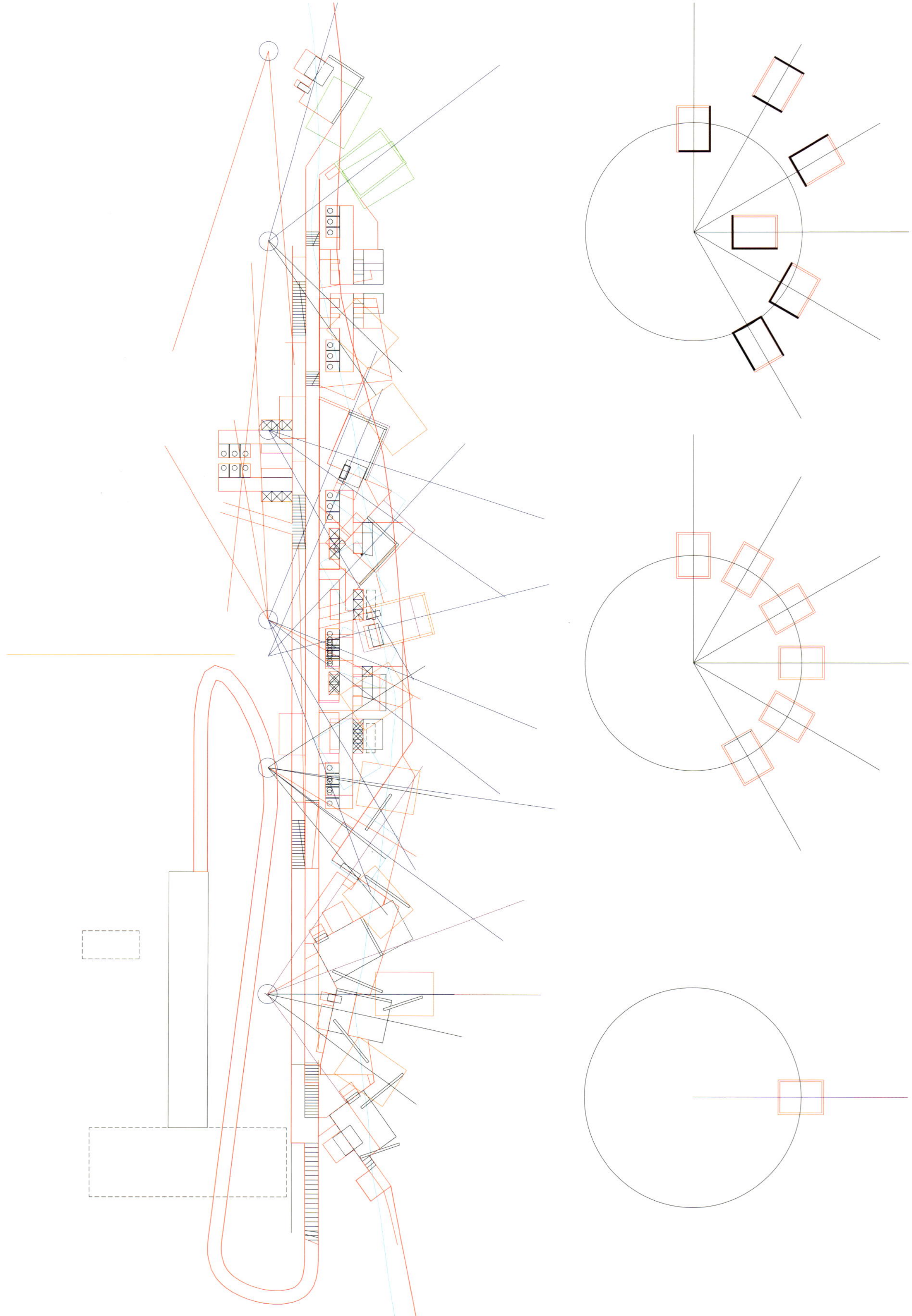

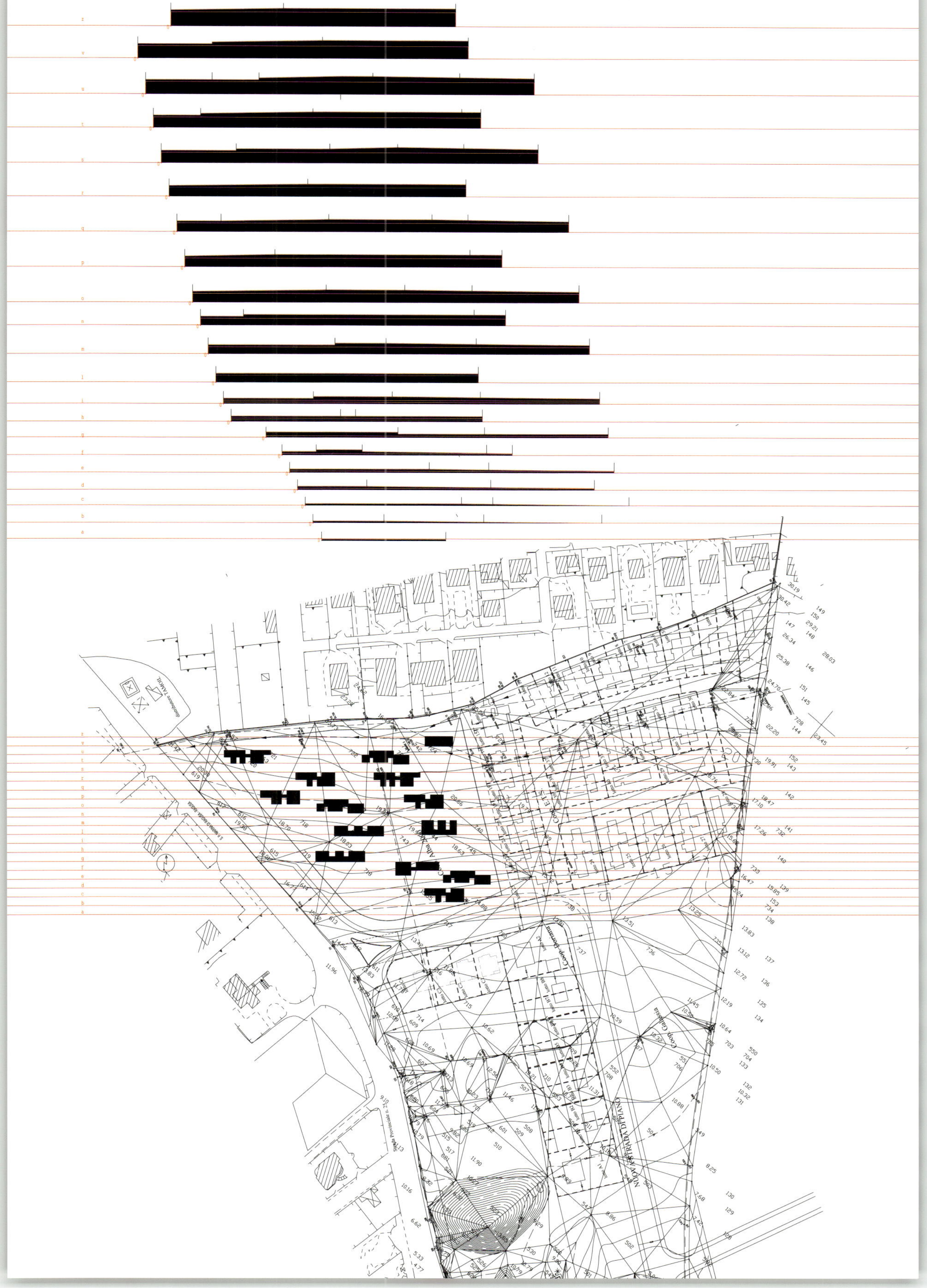

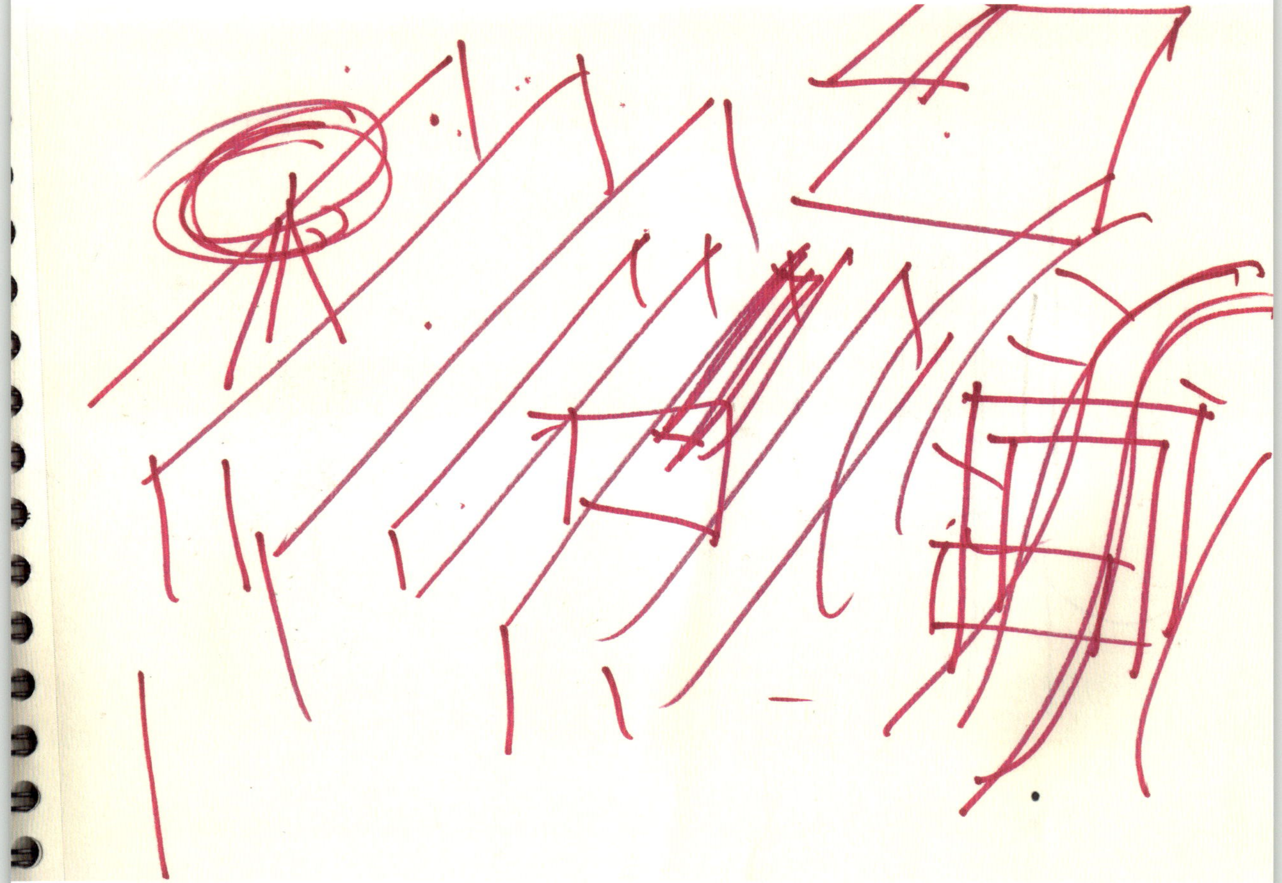

MGGC _ NS _ XIII _ ALBA 2000.2004 _ 03 < /

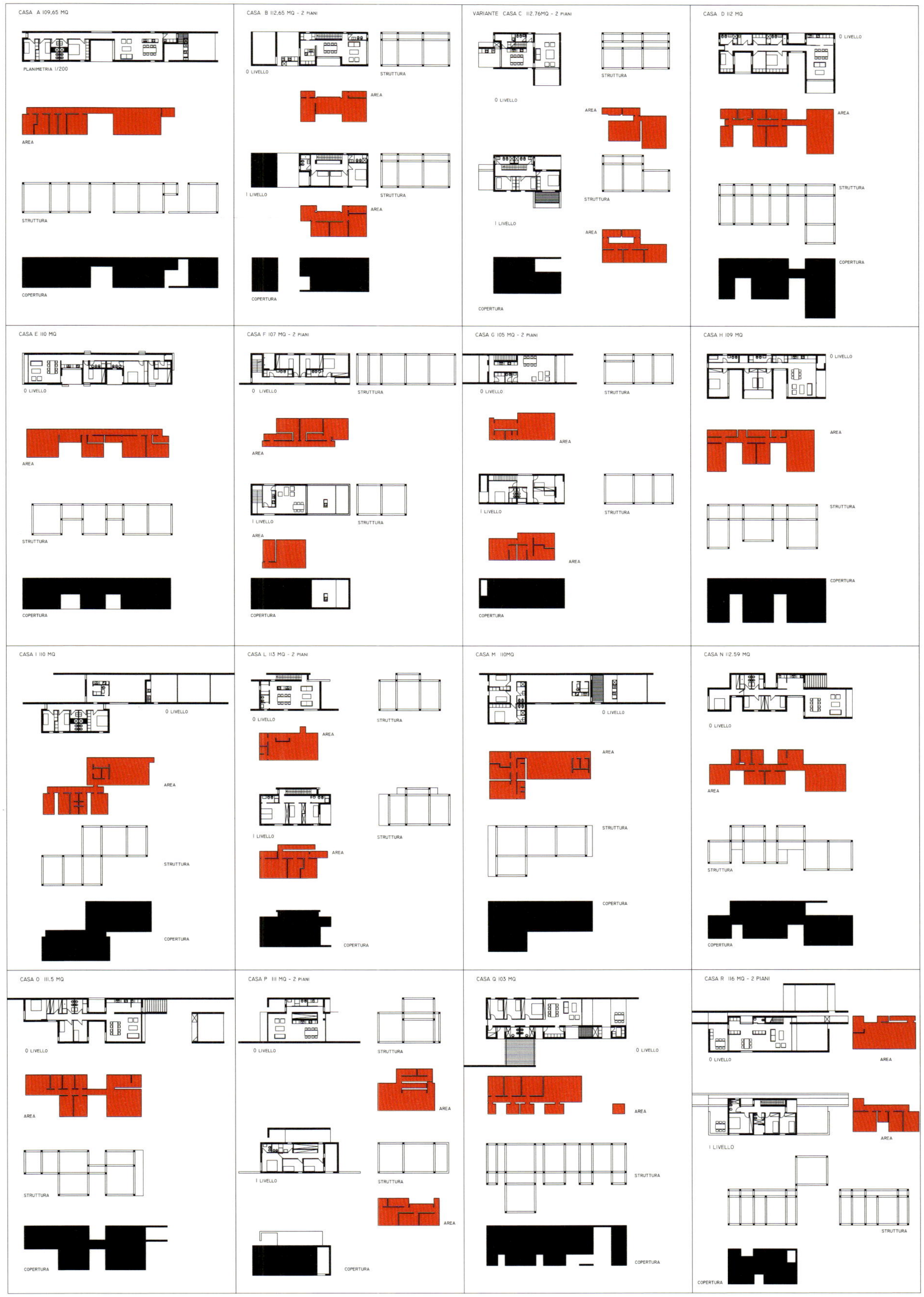

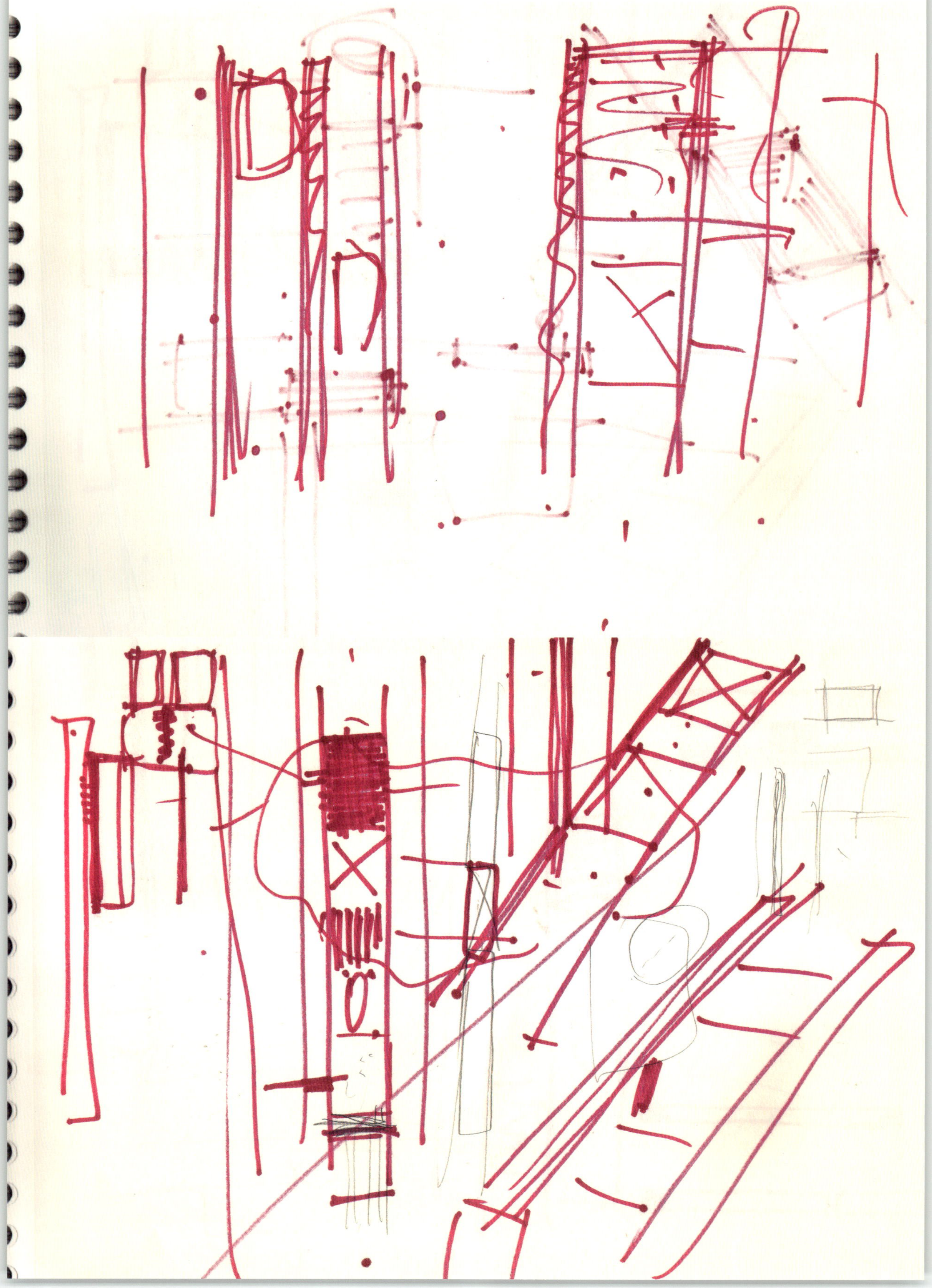

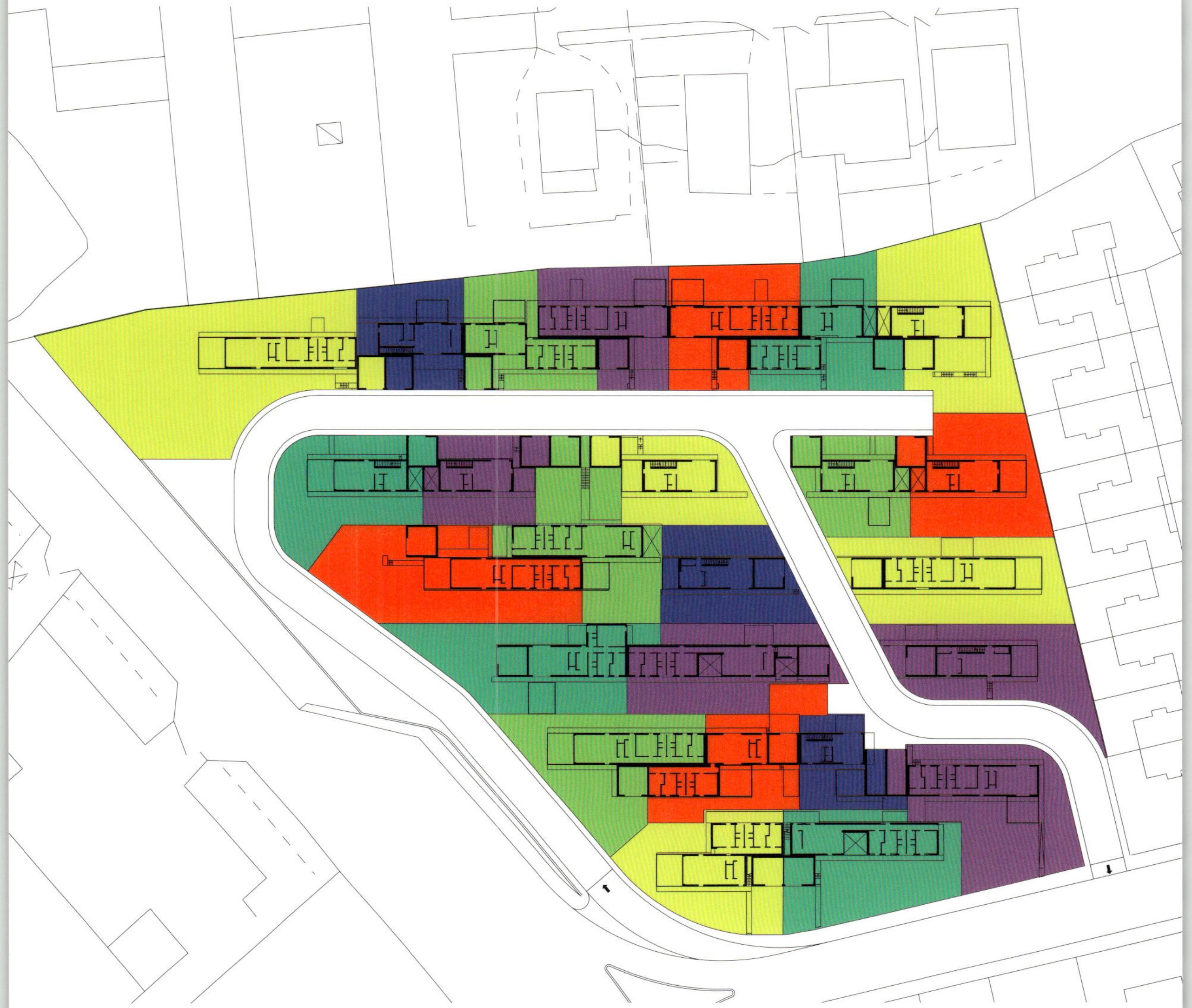

IN

AREA

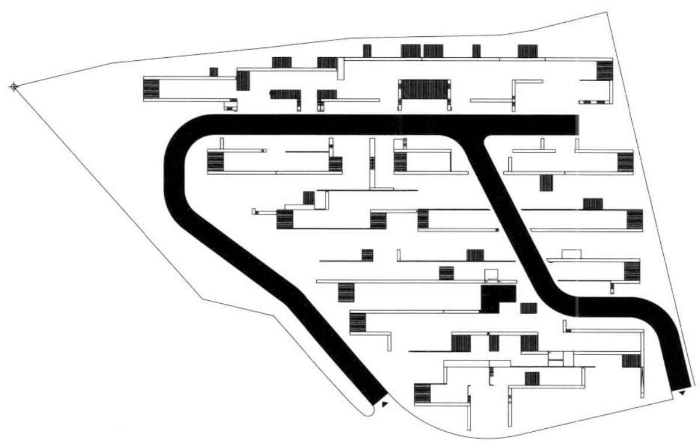

PERCORSI

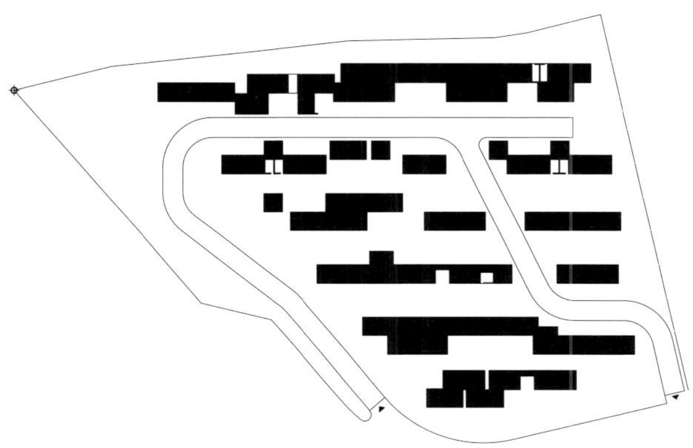

CASE

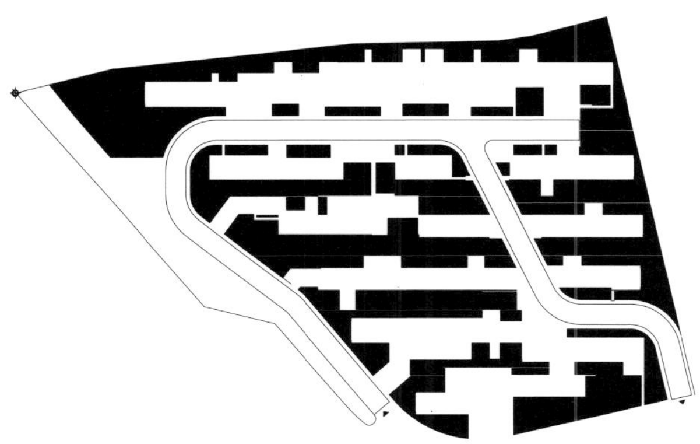

GIARDINI

EST
N
SUD
OVE

B1
B2
B3
C1
C2
D1
D2
E1
GARAGE
25.00 mq
SPAZIO DI
MANOVRA

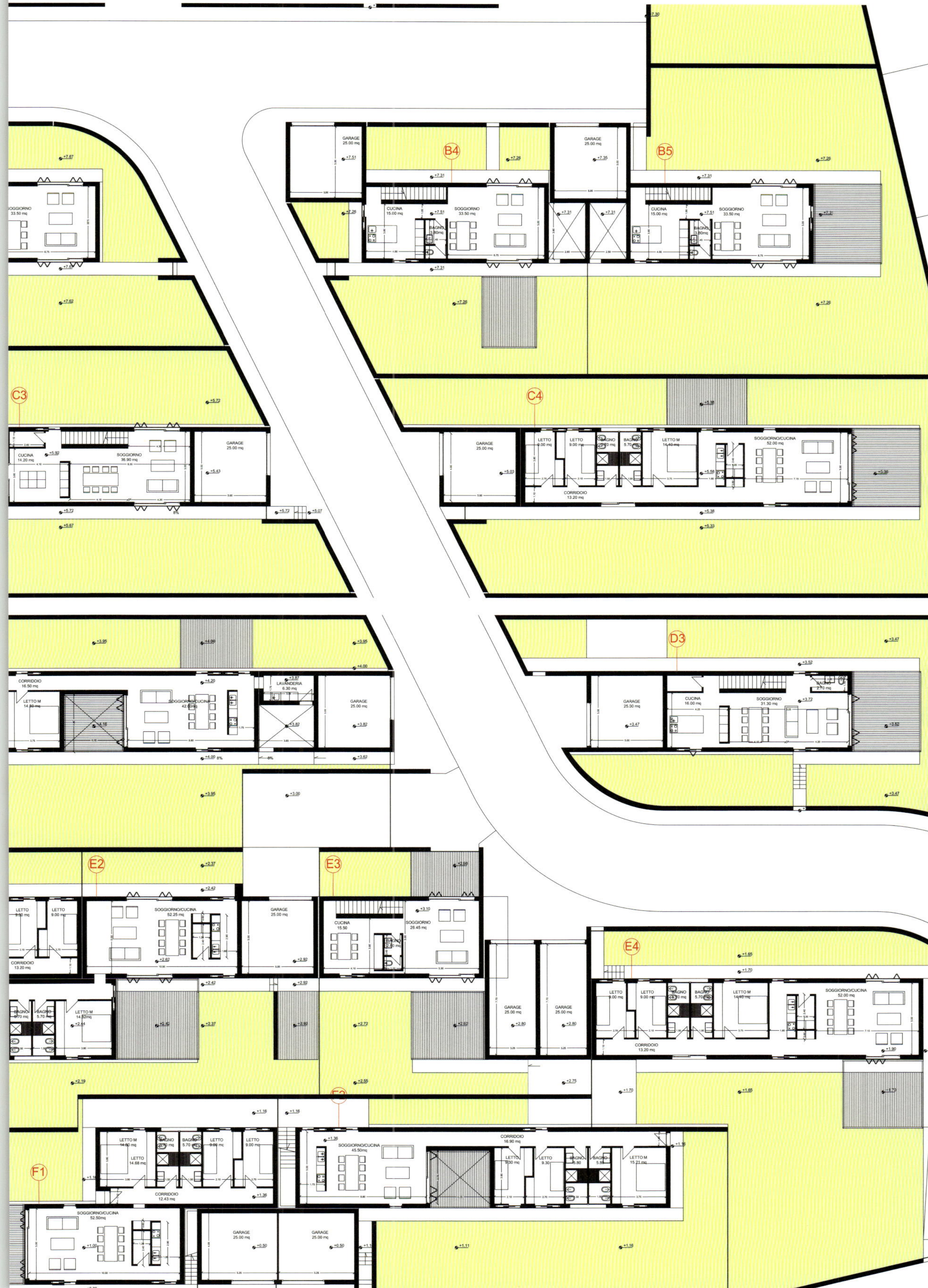
B4
B5
C3
C4
D3
E2
E3
E4
F1
GARAGE
SOGGIORNO
CUCINA
LETTO
LETTO M
BAGNO
CORRIDOIO
LAVANDERIA
SOGGIORNO/CUCINA

MGGC _ XIV _ GNS.2002 _ 01 < /

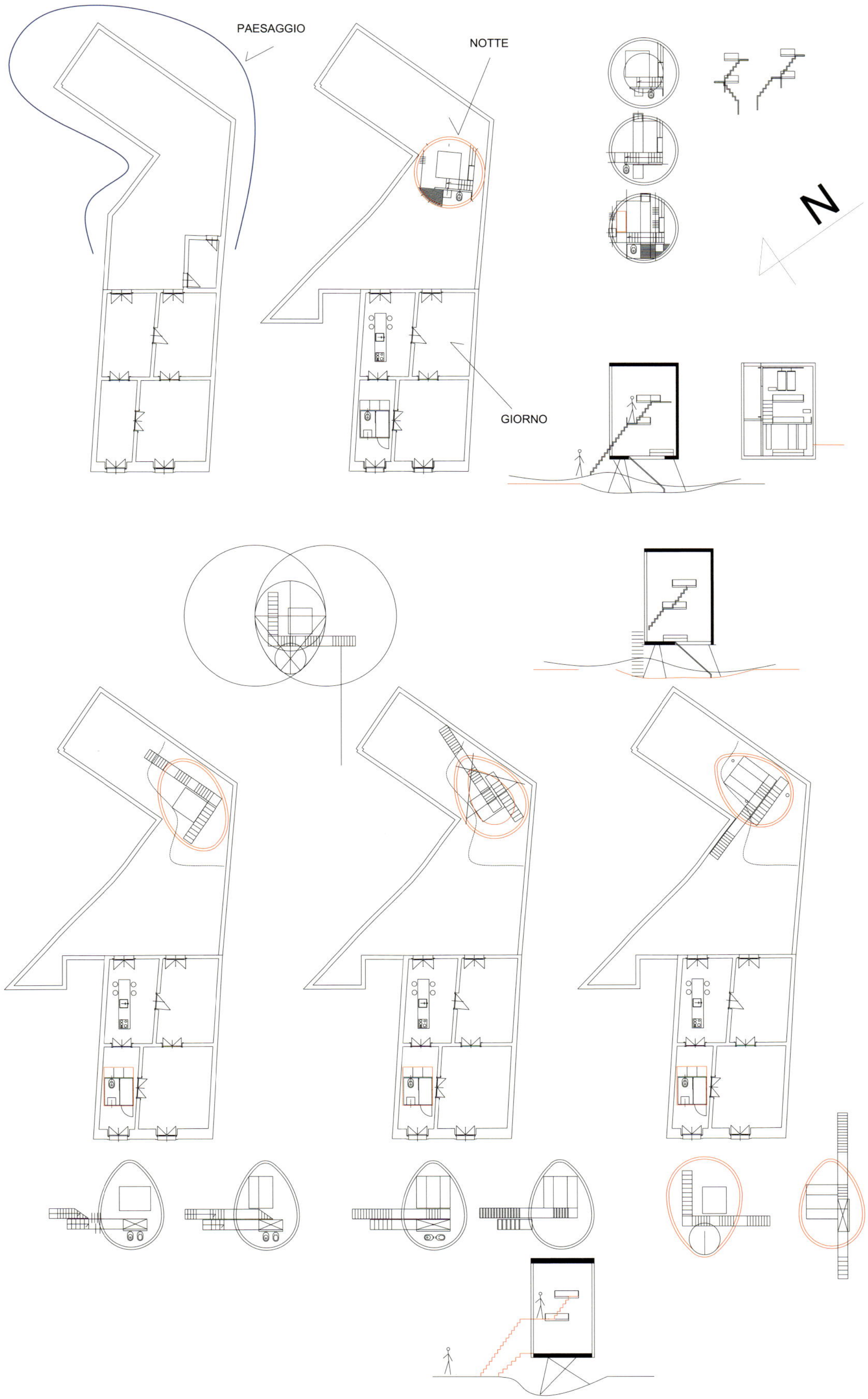

MGGC _ XIV _ GNS.2002 _ 01 > / f01AL

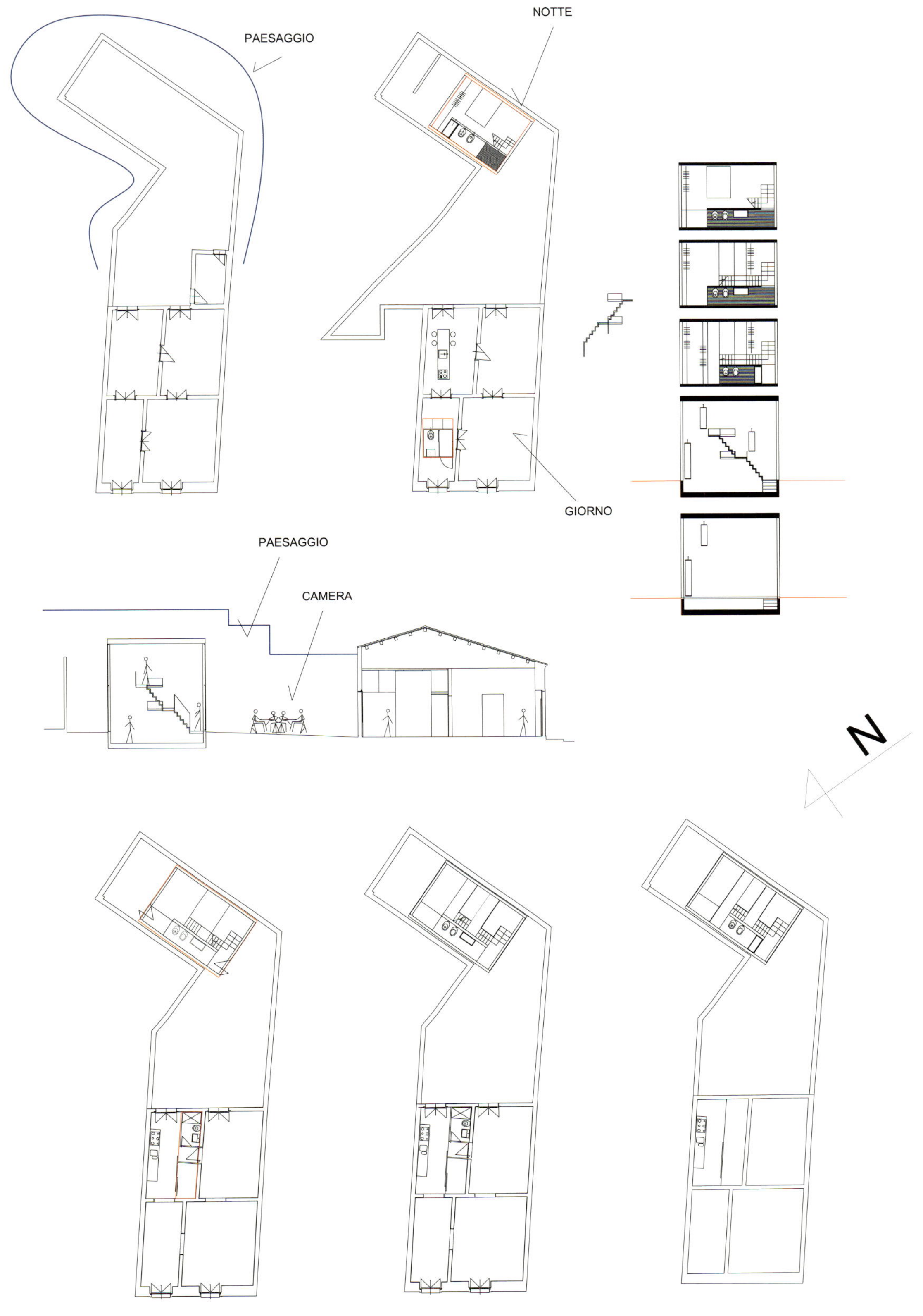
PAESAGGIO
NOTTE
GIORNO
PAESAGGIO
CAMERA
N

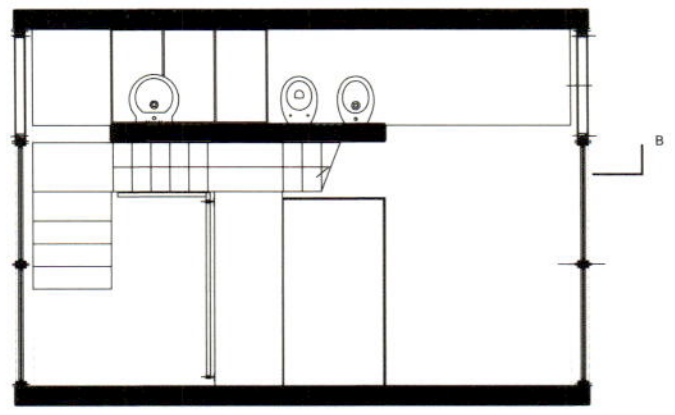

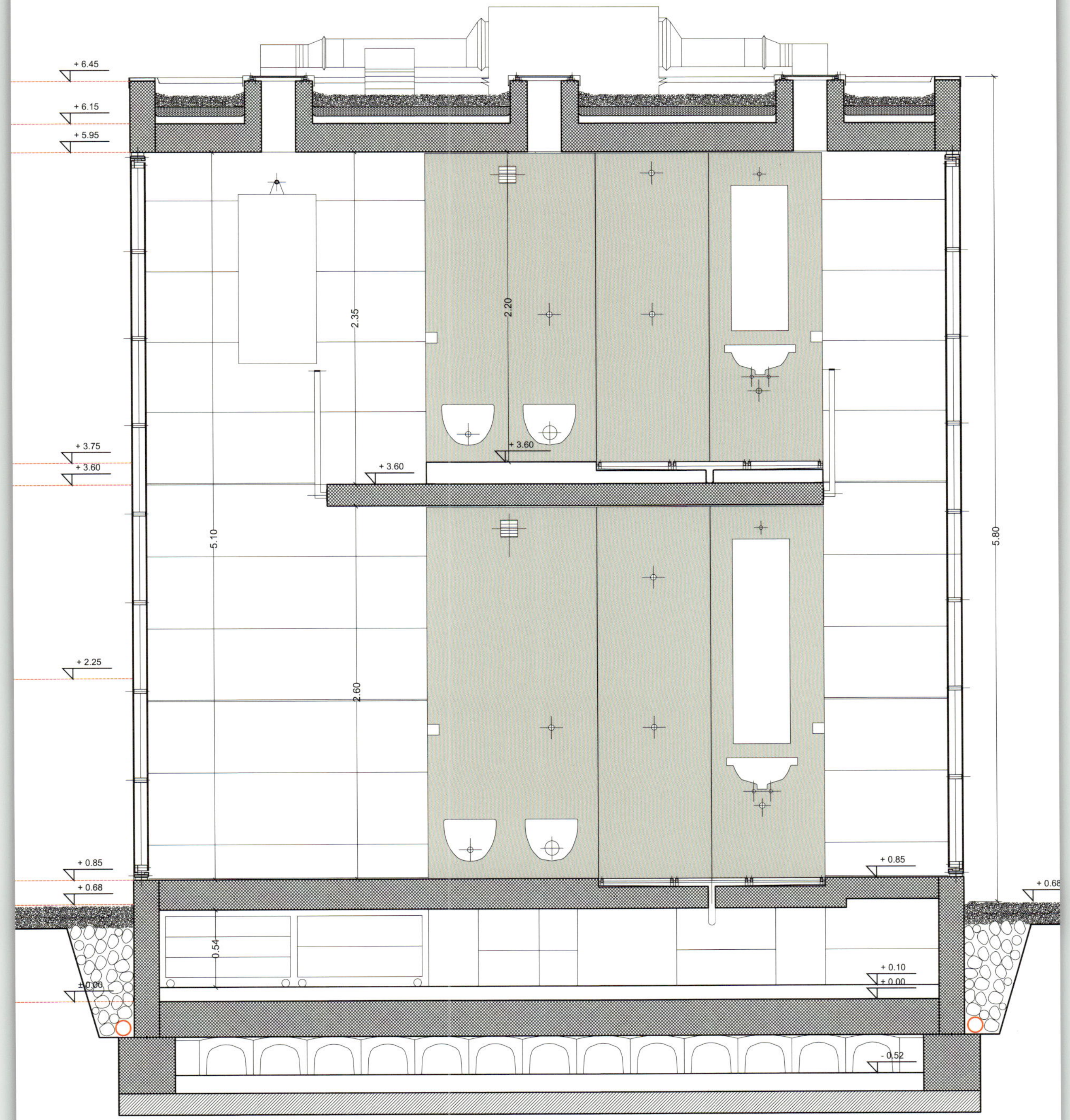
+ 6.45
+ 6.15
+ 5.95
+ 3.75
+ 3.60
+ 2.25
+ 0.85
+ 0.68
±0.00
+ 0.10
+ 0.00
- 0.52
2.35
2.20
5.10
2.60
5.80
0.54

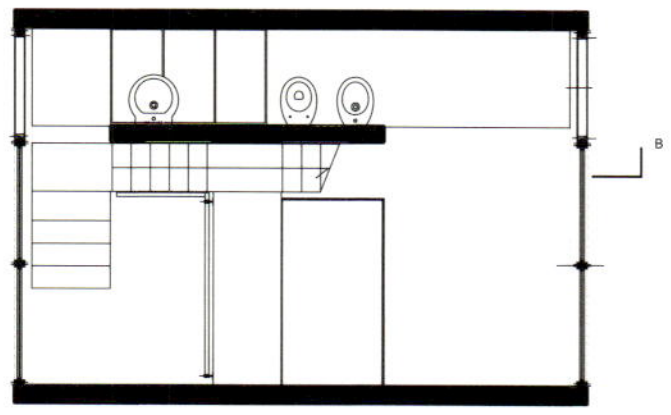

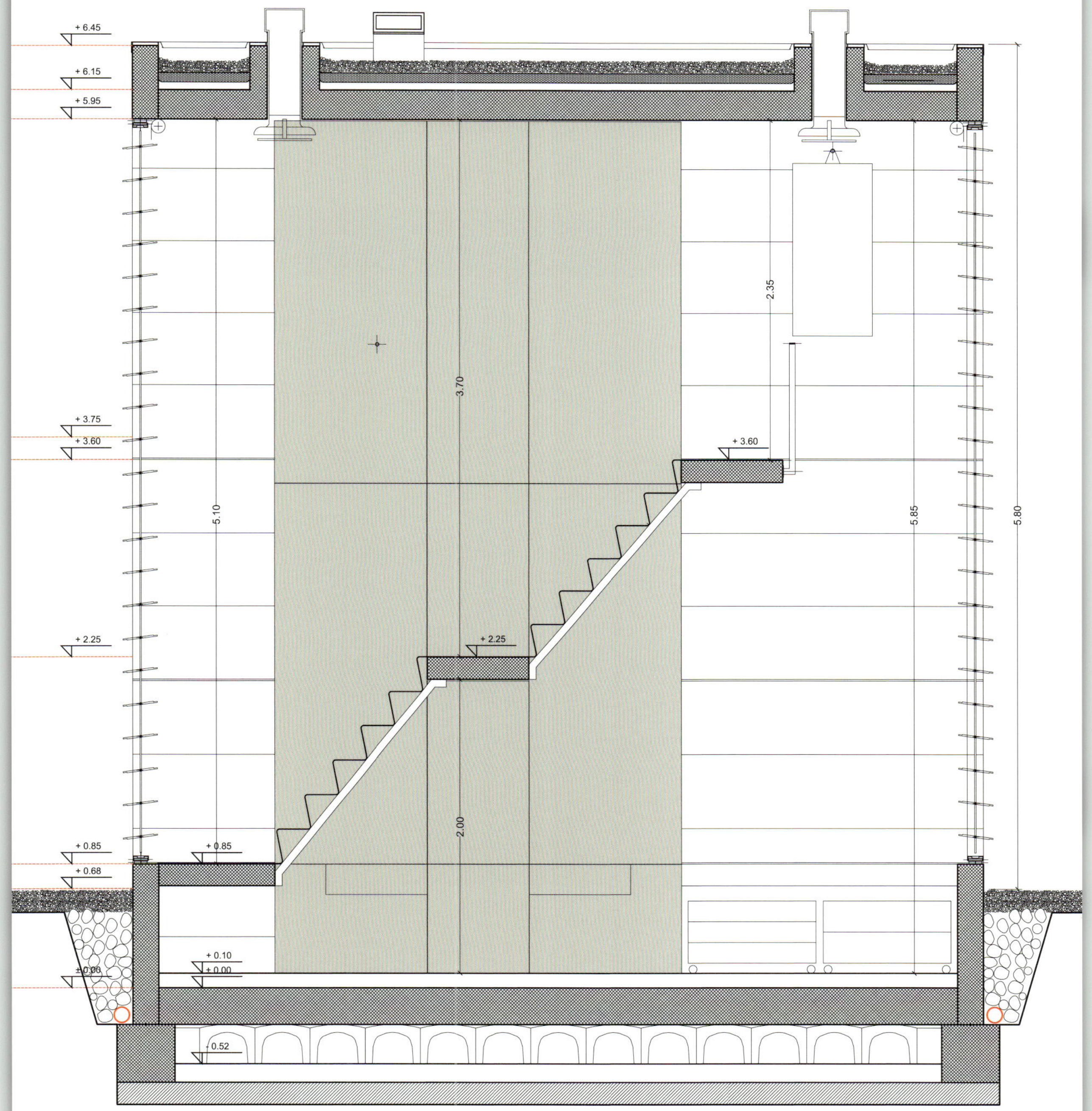
+ 6.45
+ 6.15
+ 5.95
+ 3.75
+ 3.60
+ 2.25
+ 0.85
+ 0.68
± 0.00
+ 3.60
2.35
3.70
5.10
5.85
5.80
+ 2.25
+ 0.85
2.00
+ 0.10
± 0.00
- 0.52

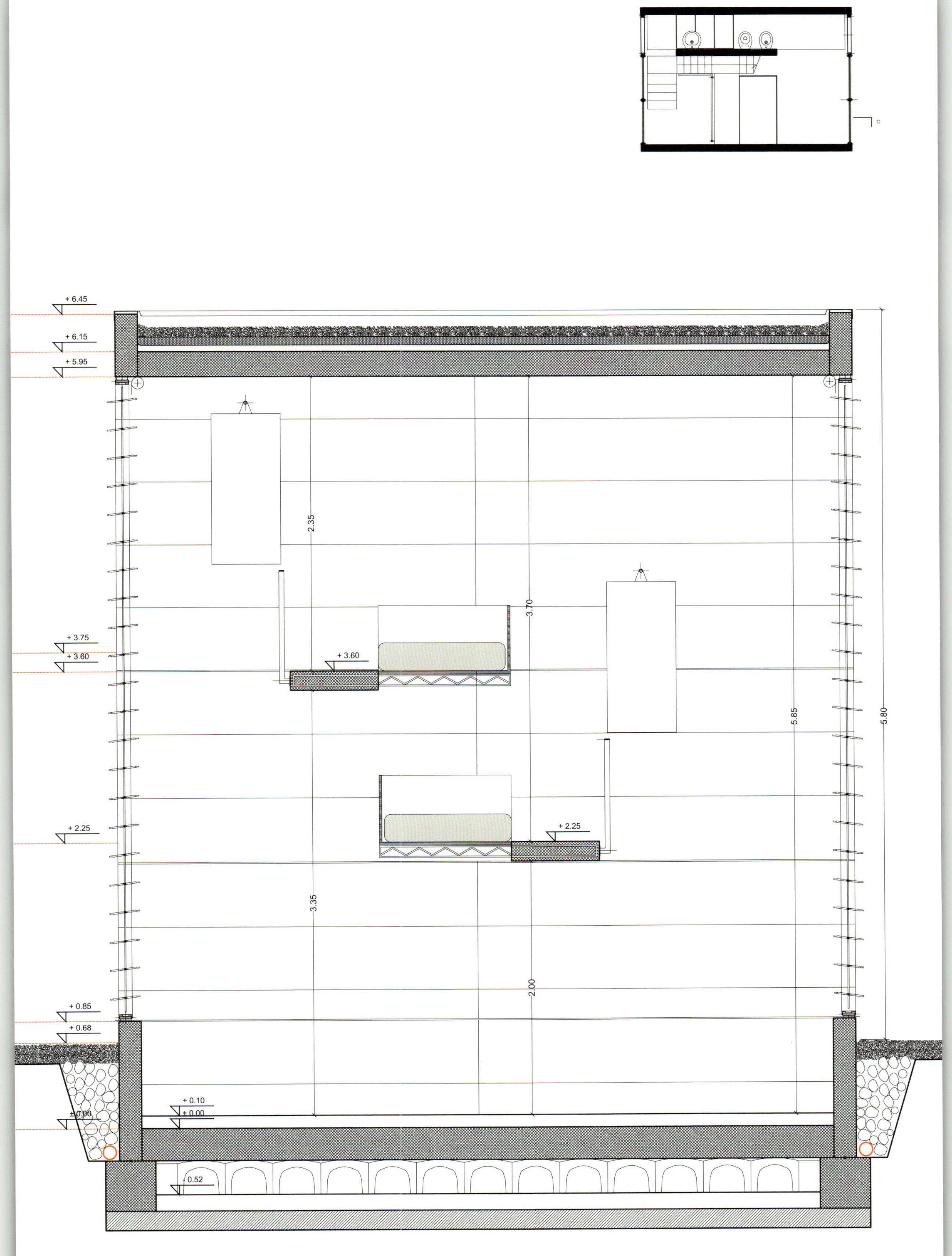
+ 6.45
+ 6.15
+ 5.95
2.35
3.70
+ 3.75
+ 3.60
+ 3.60
5.85
5.80
+ 2.25
+ 2.25
3.35
2.00
+ 0.85
+ 0.68
+ 0.10
+ 0.00
± 0.00
- 0.52

MGGC _ XIV _ GNS.2002 _ 07 < /

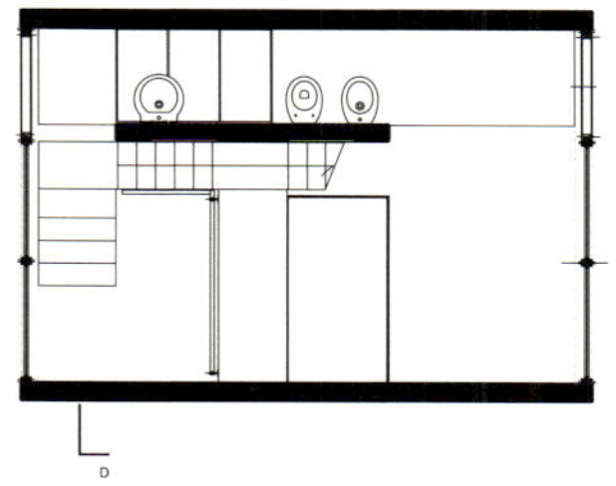

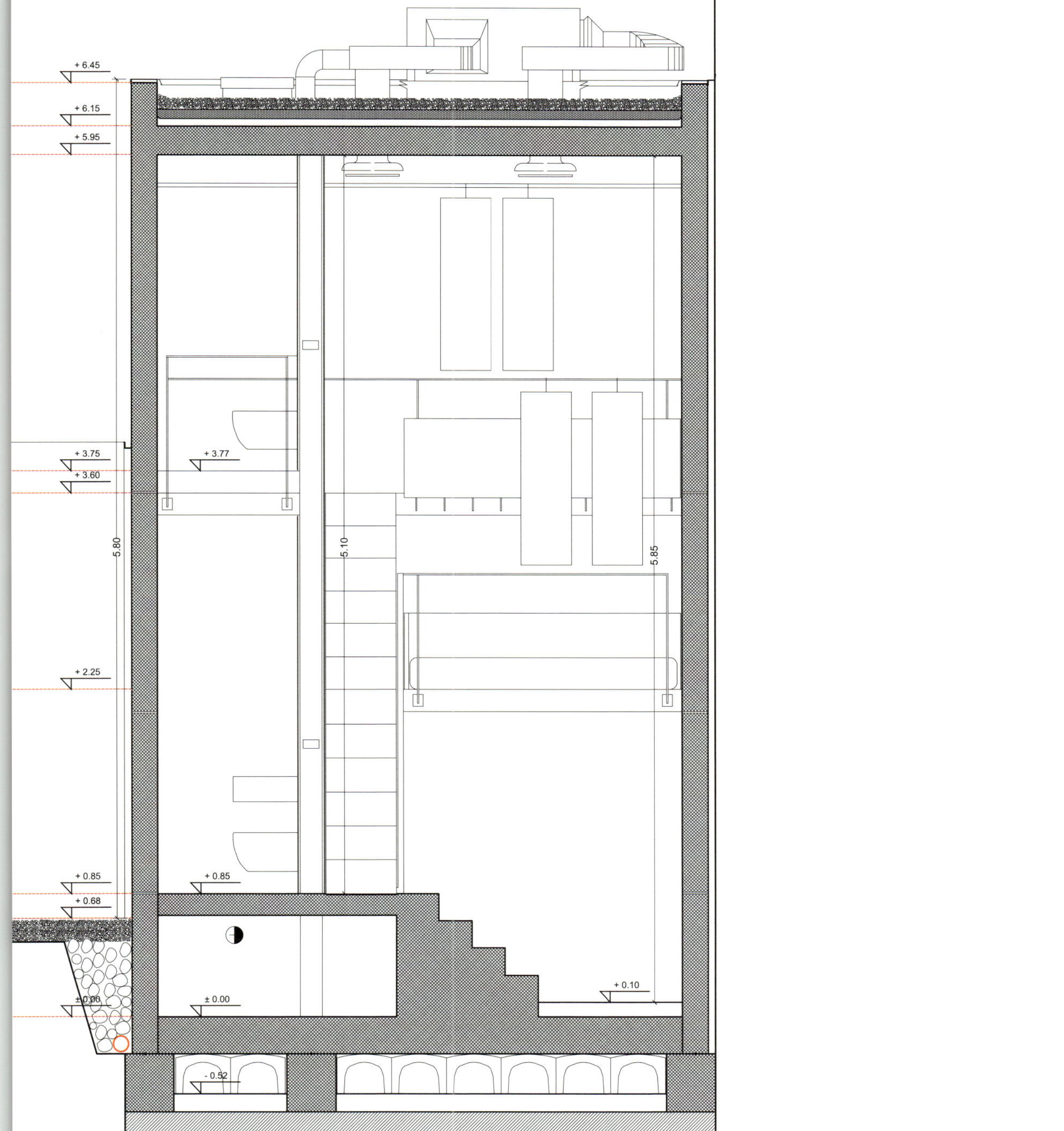

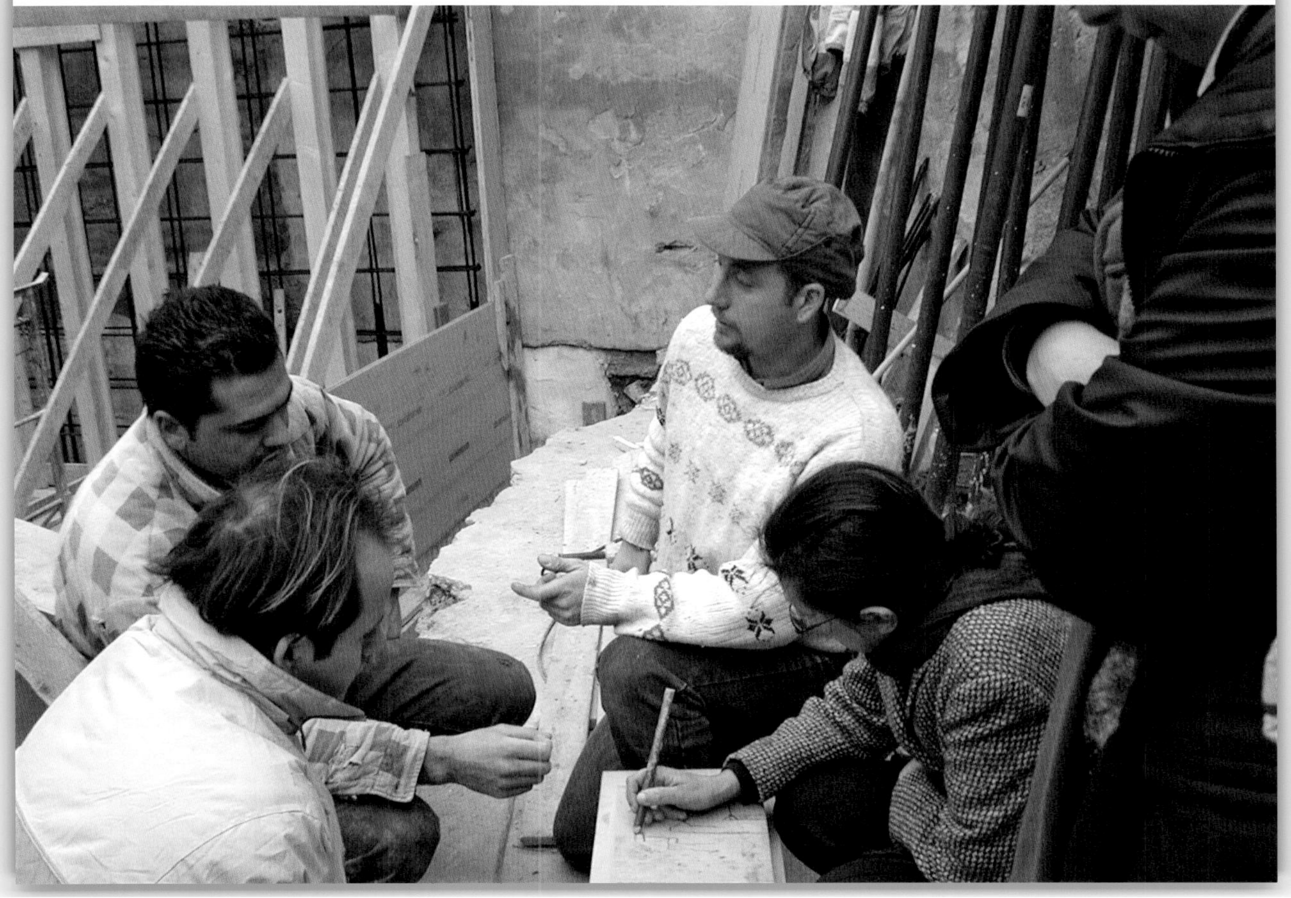

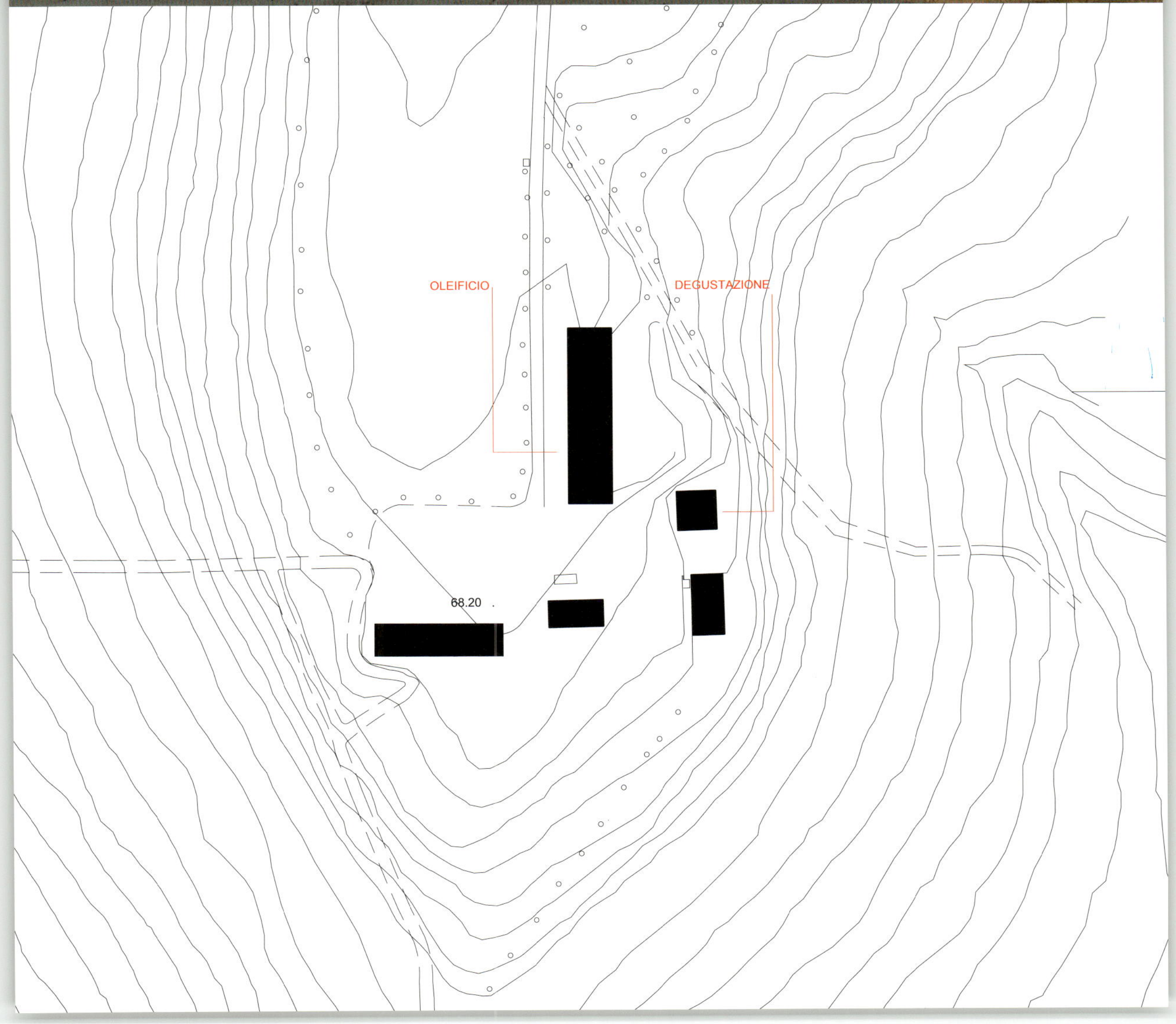
OLEIFICIO
DEGUSTAZIONE
68.20

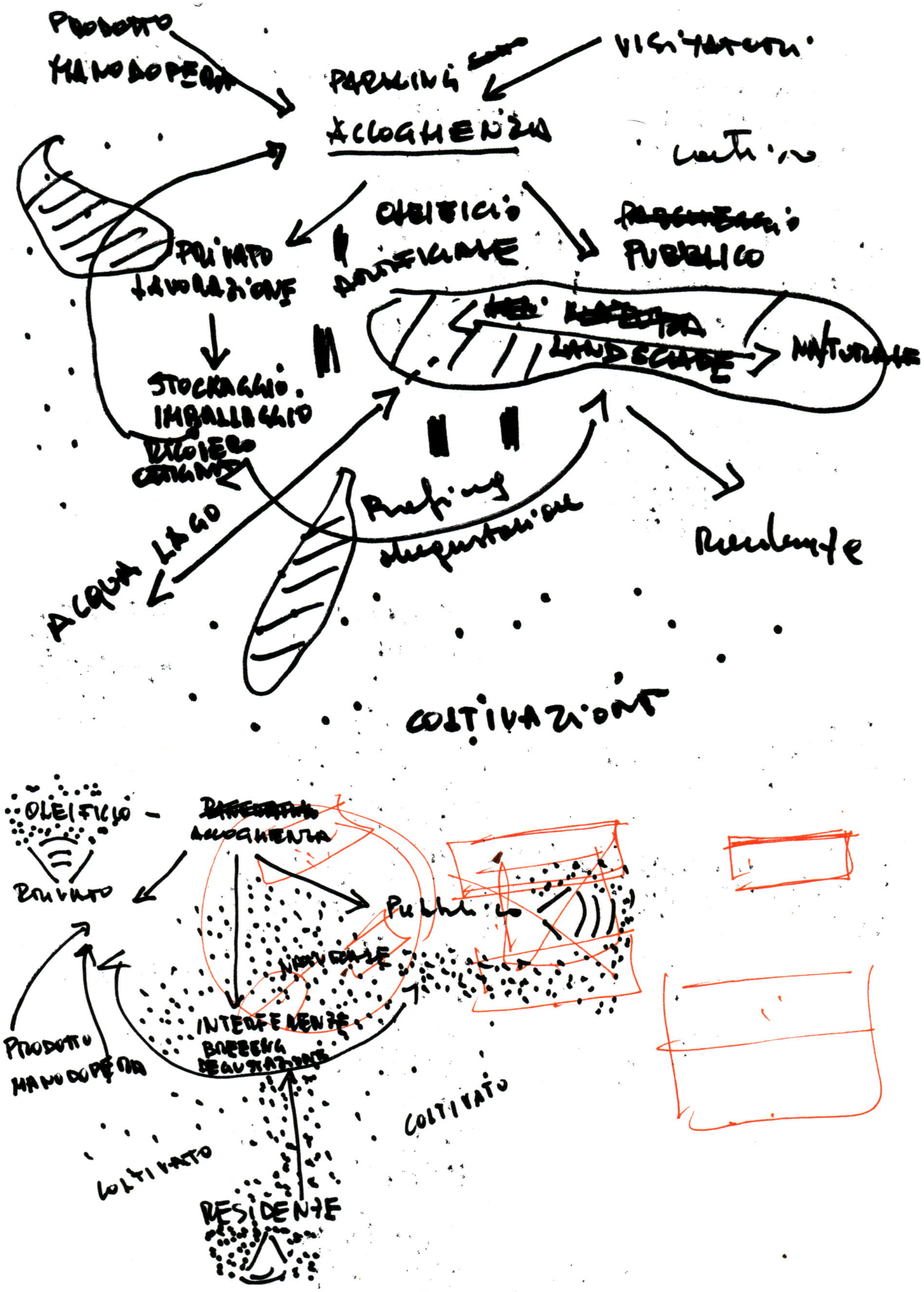
PRODOTTO
MANODOPERA
PARKING
VISITATORI
ACCOGLIENZA
OLEIFICIO
ARTIFICIALE
PRIVATO
LAVORAZIONE
PUBBLICO
LANDSCAPE
NATURALE
STOCCAGGIO
IMBALLAGGIO
ACQUA LAGO
RESIDENTE
COLTIVAZIONE
OLEIFICIO
ACCOGLIENZA
PRIVATO
PUBBLICO
NATURALE
INTERFERENZE
PRODOTTO
MANODOPERA
COLTIVATO
COLTIVATO
RESIDENTE

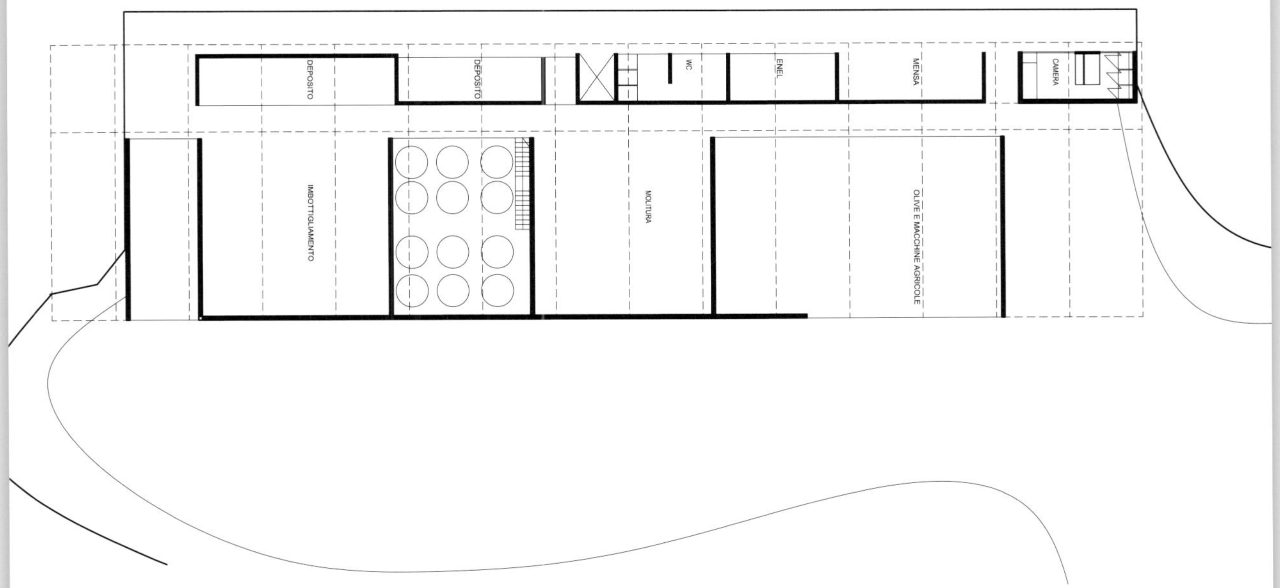
DEPOSITO
DEPOSITO
WC
ENEL
MENSA
CAMERA
IMBOTTIGLIAMENTO
MOLITURA
OLIVE E MACCHINE AGRICOLE

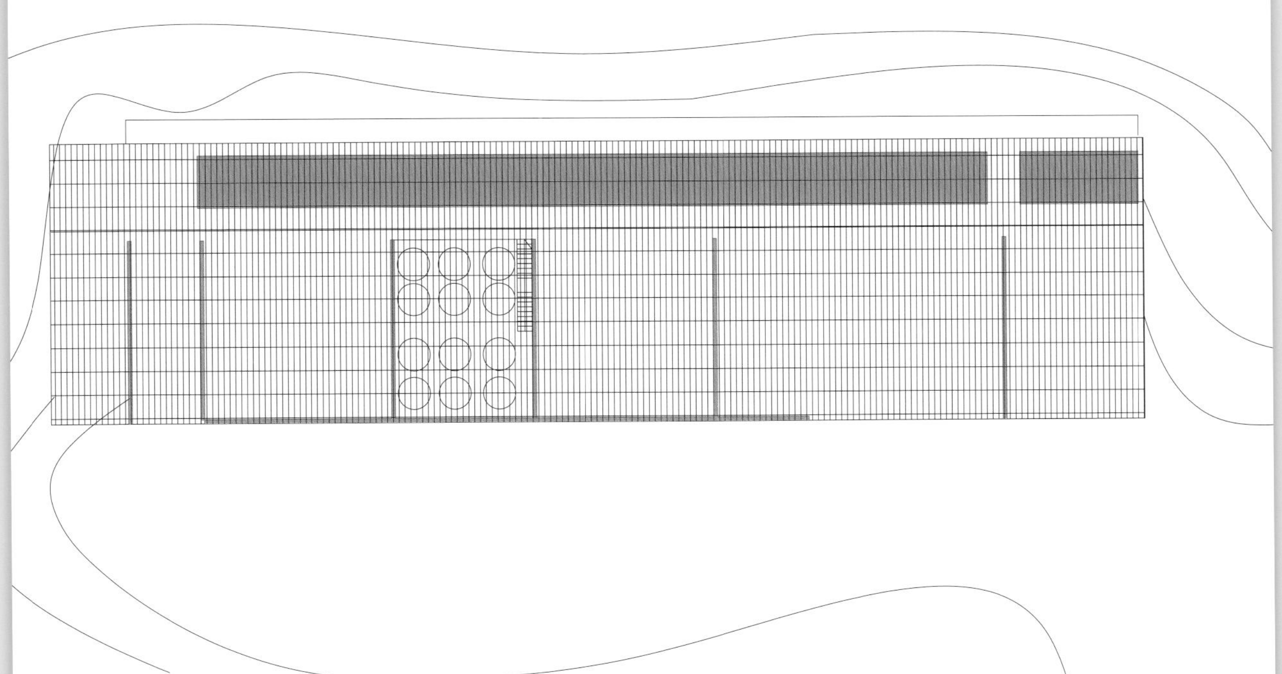

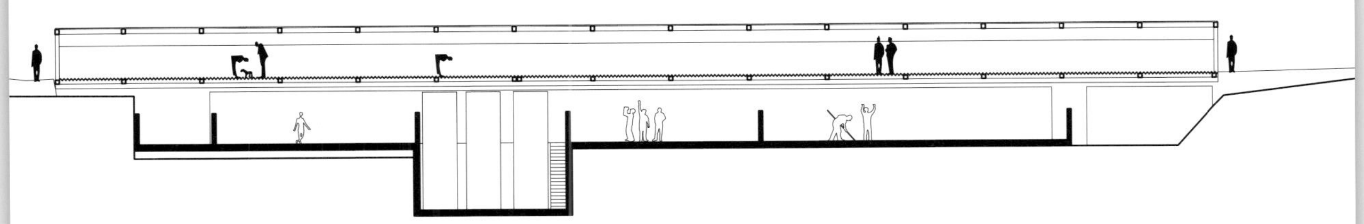

Percorso serpeggiante : 5

– bordure + alberi di olivo – il percorso interseca alberi esistenti

– bordure boschetto di mandorli

– bordure boschetto + panchine + radure con olivo

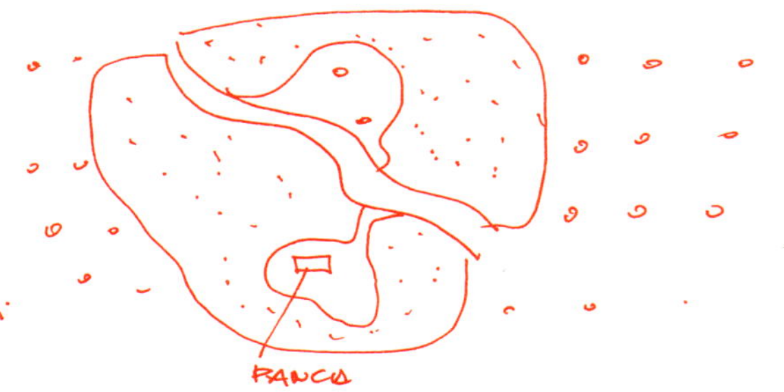

– bordure boschetto + radure con olivi

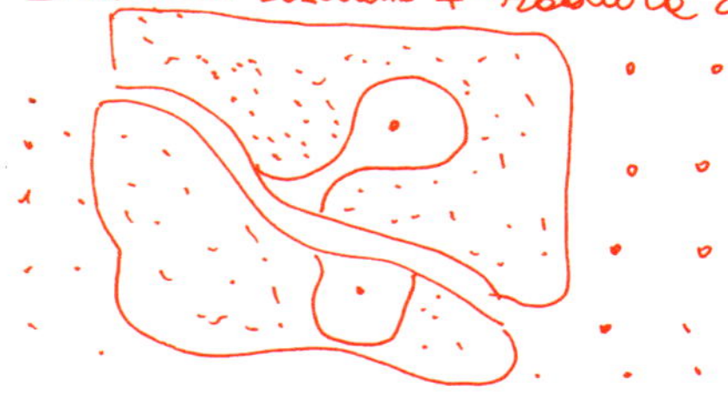

– percorso interseca alberi, bordure bosco + boschetto con panchine 6

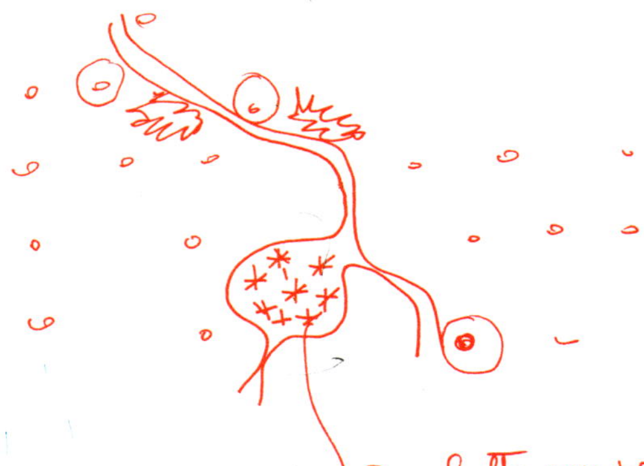

Boschetto con panchine + viste o Tavolo e sedie x merende

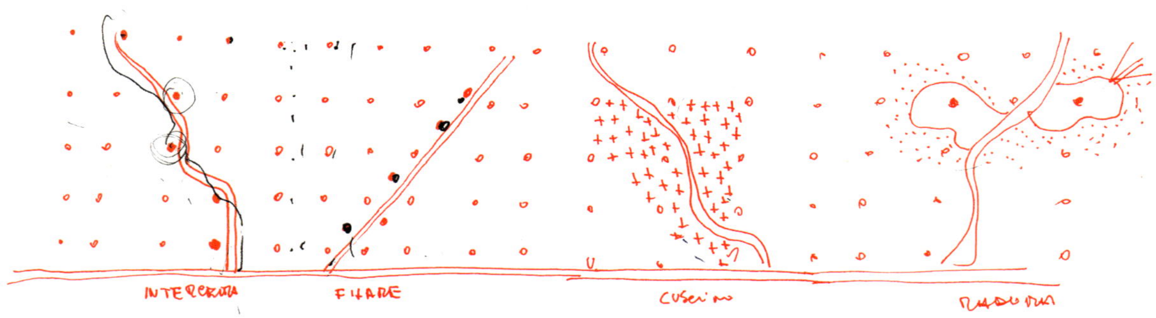

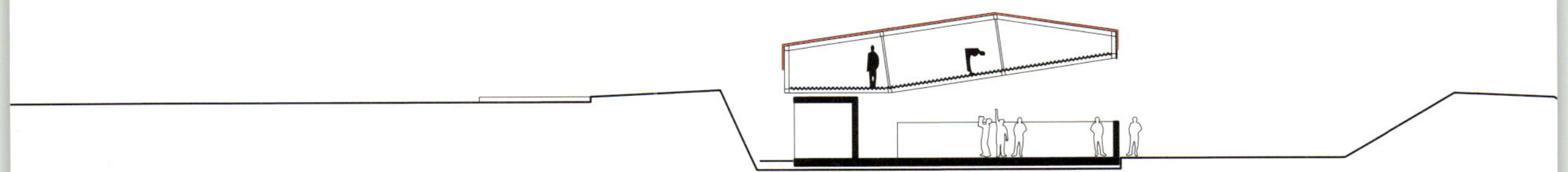

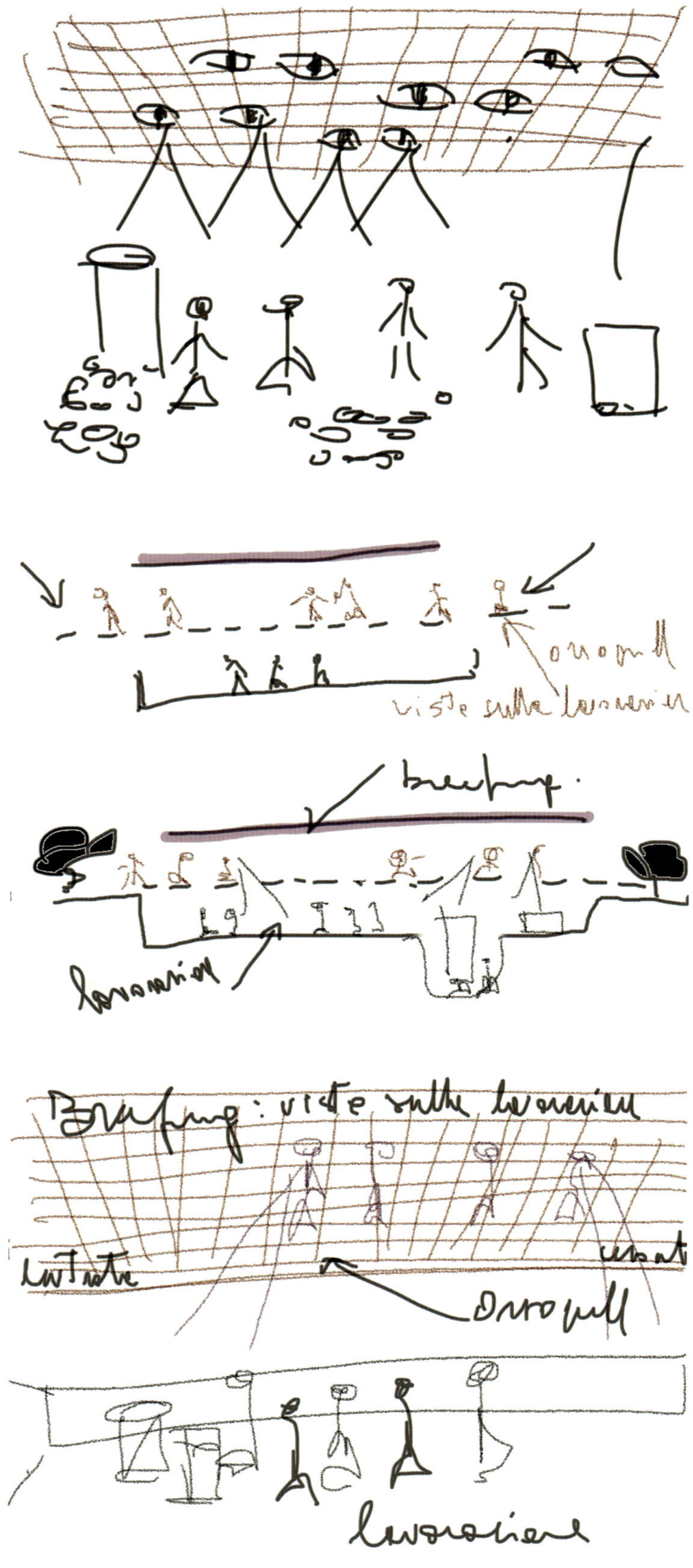

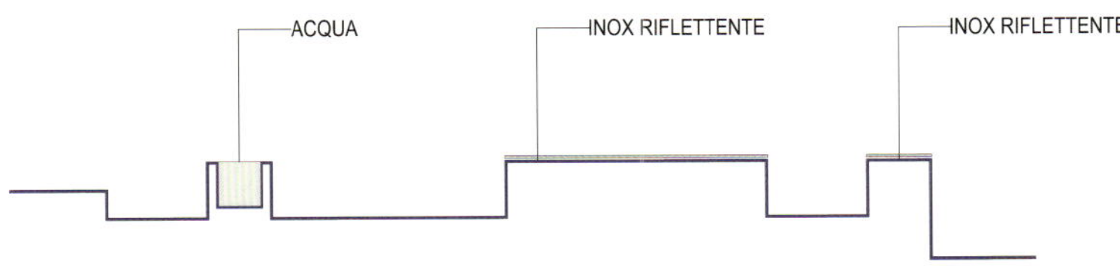
ACQUA
INOX RIFLETTENTE
INOX RIFLETTENTE

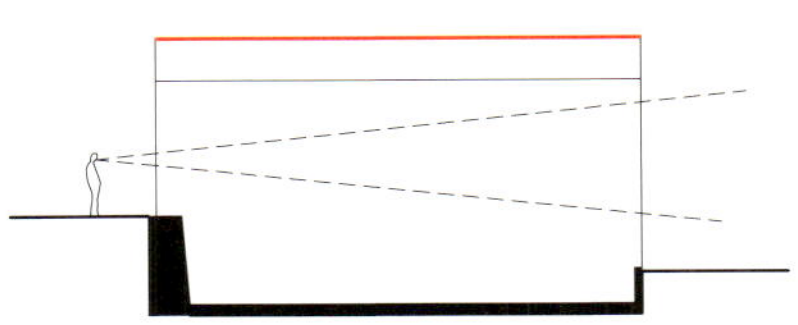

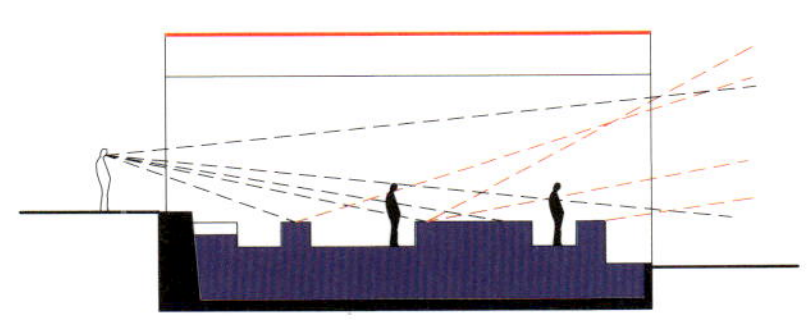

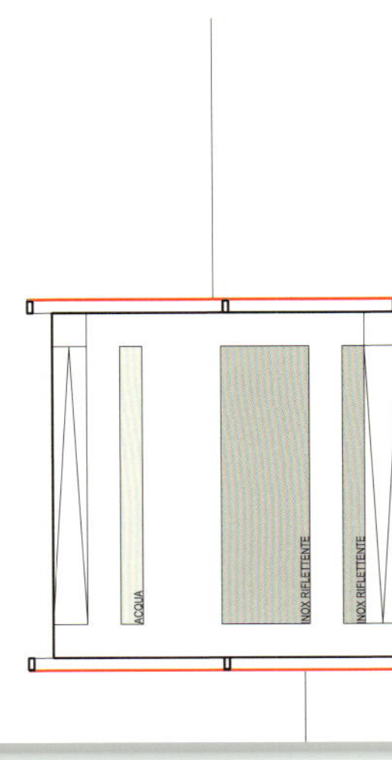
ACQUA
INOX RIFLETTENTE
INOX RIFLETTENTE

acqua

acqua

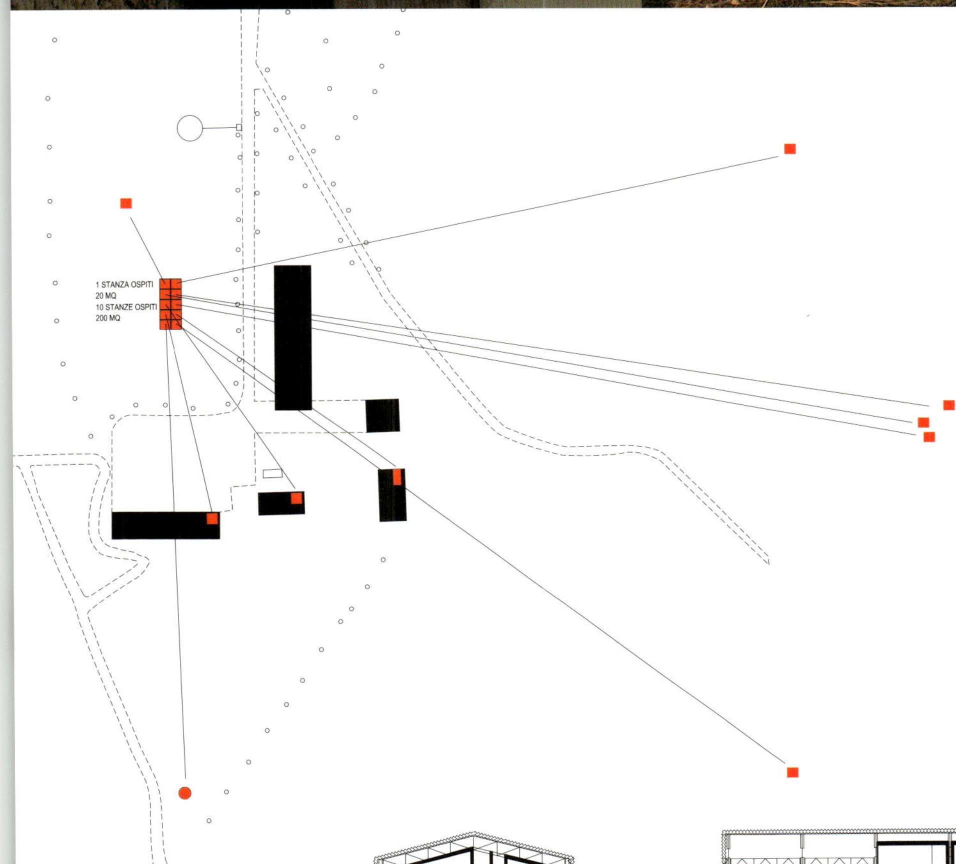
1 STANZA OSPITI
20 MQ
10 STANZE OSPITI
200 MQ

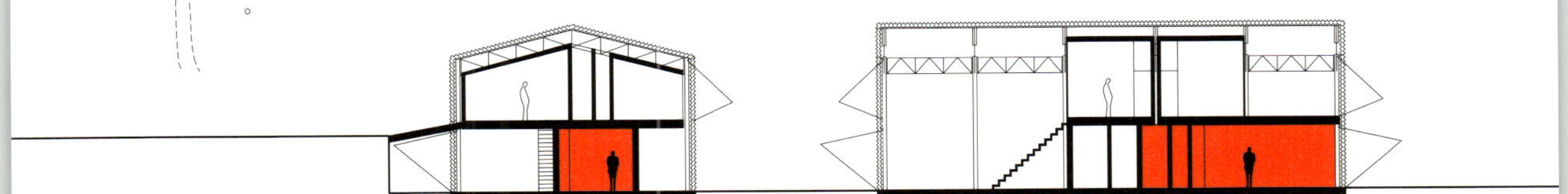

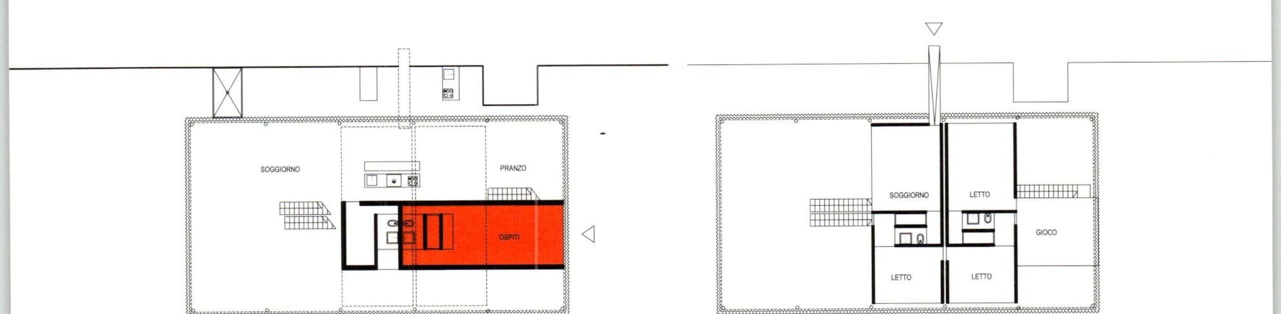
SOGGIORNO
PRANZO
OSPITI
SOGGIORNO
LETTO
GIOCO
LETTO
LETTO

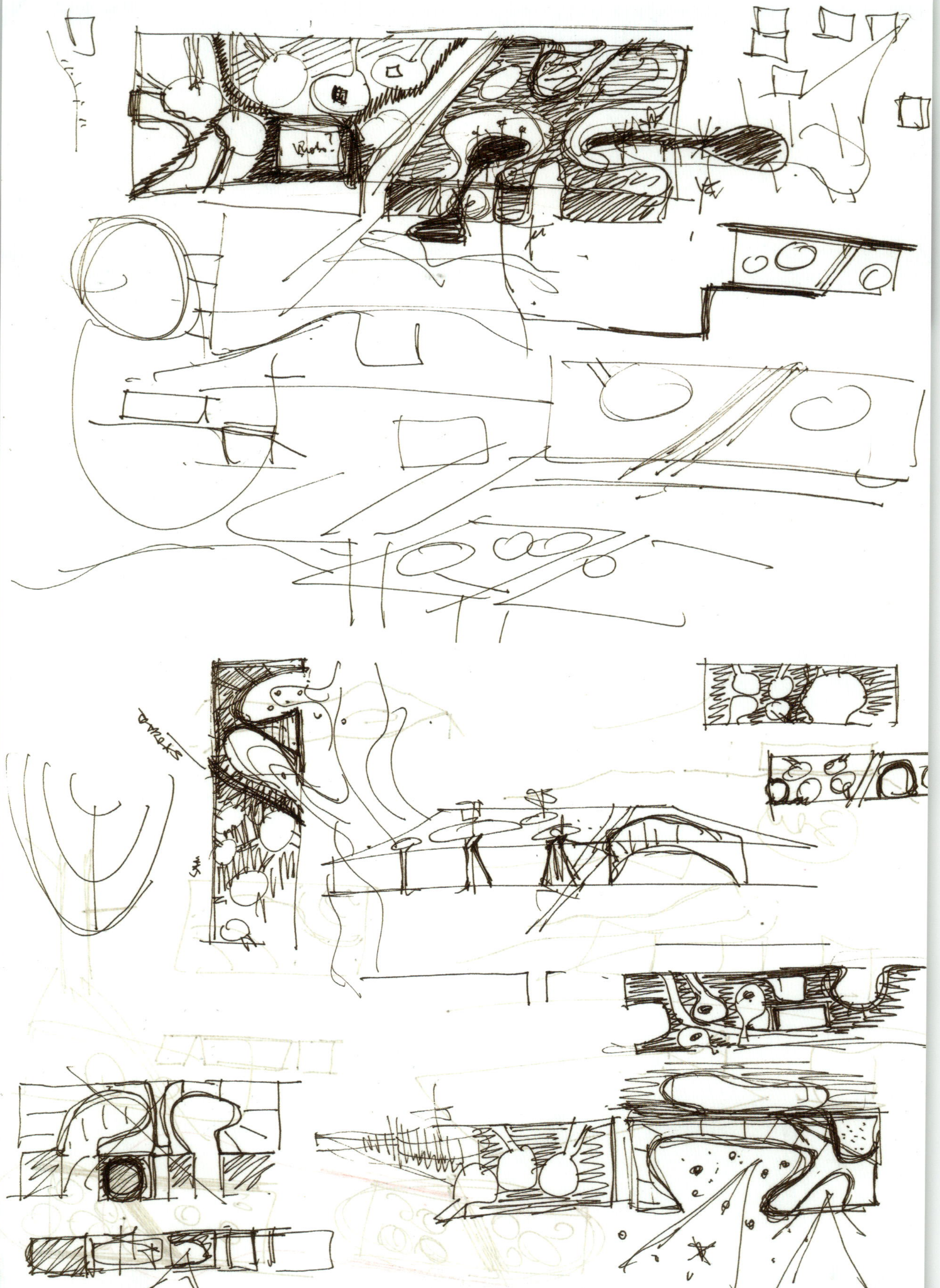

MGGC _ XVI _ SPR.2001 _ 01 < /

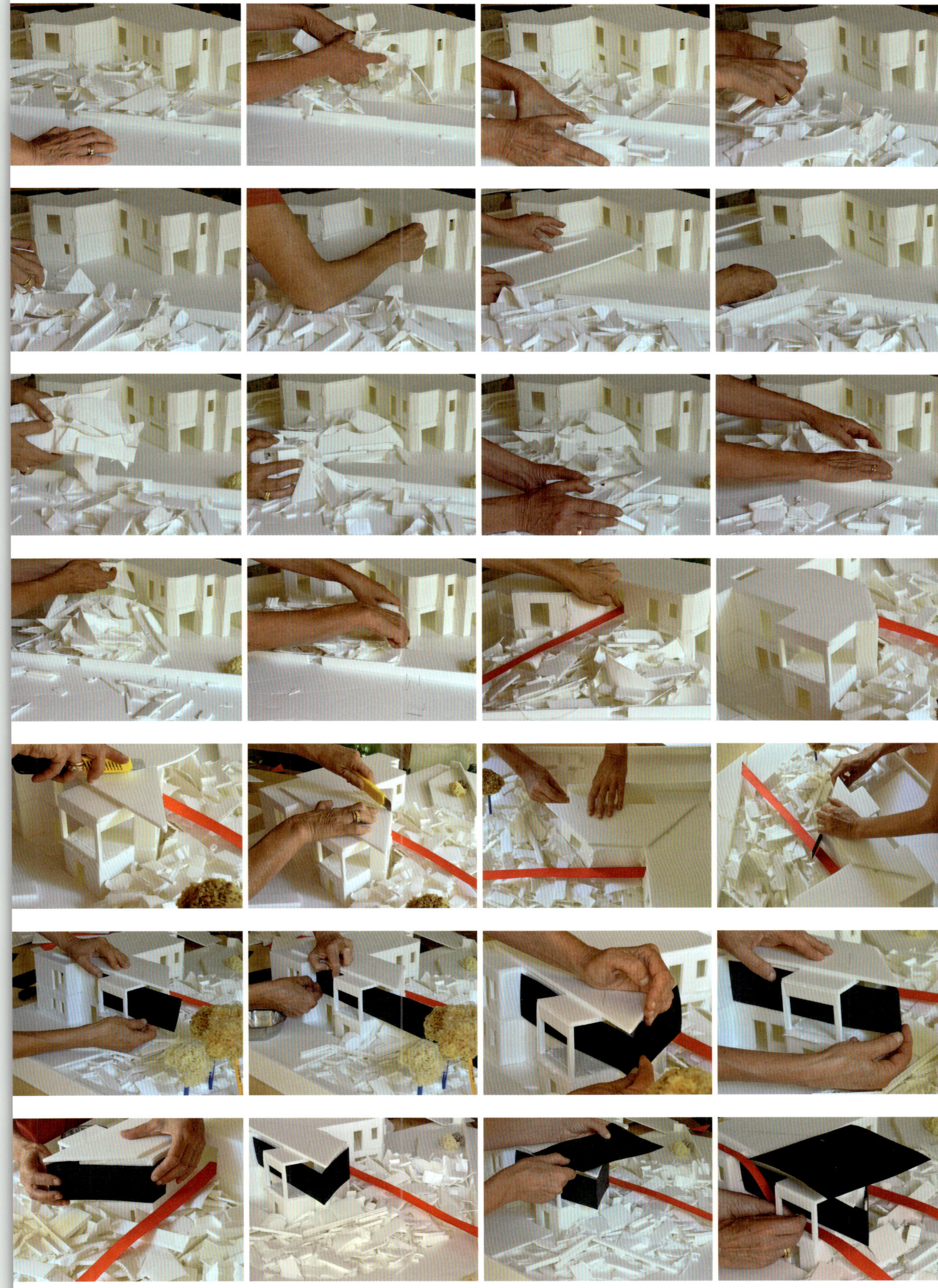

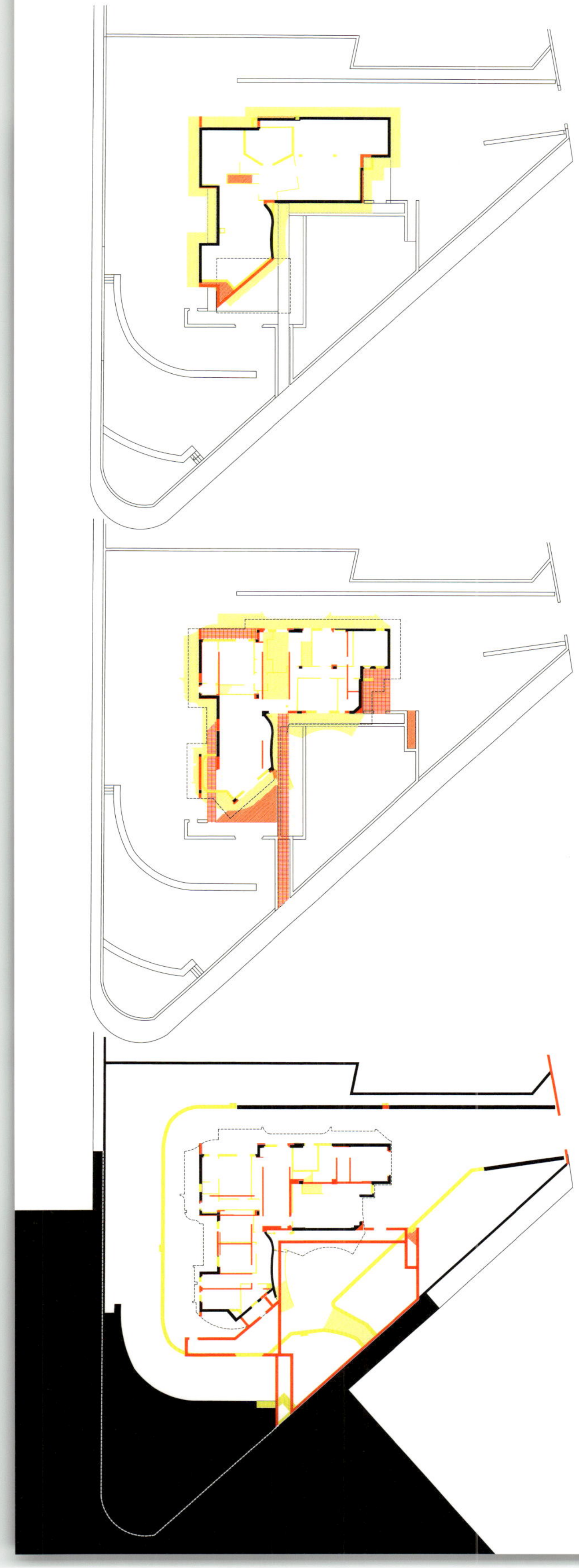

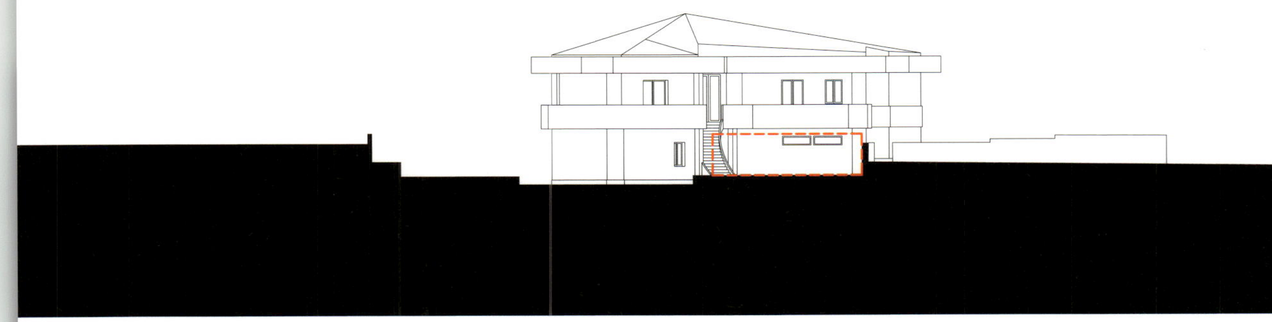

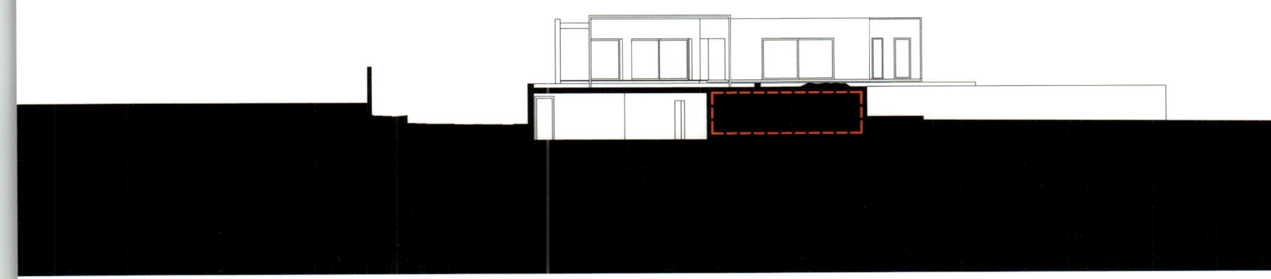

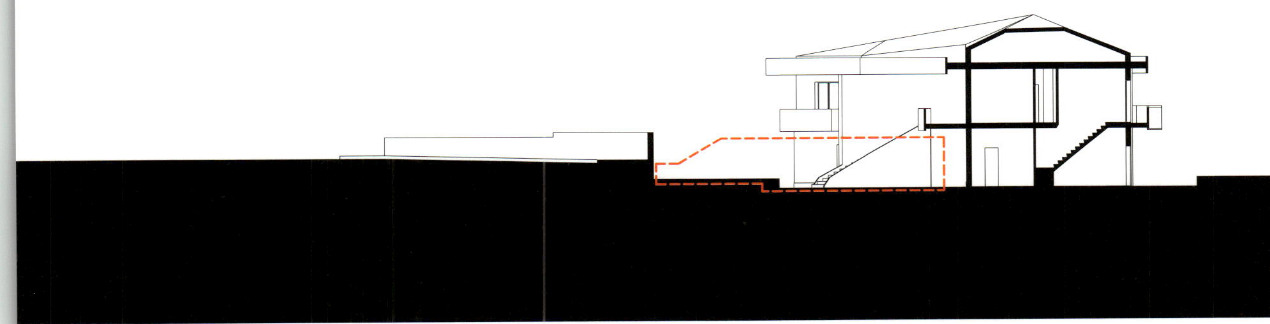

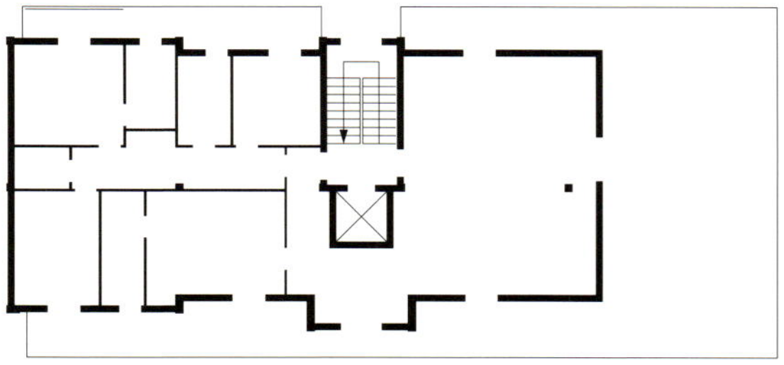

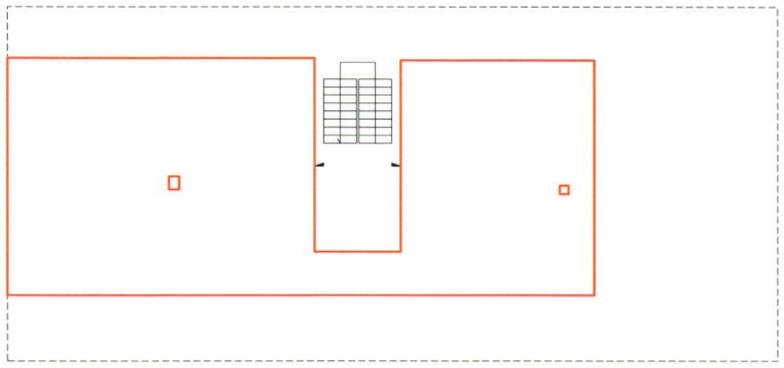

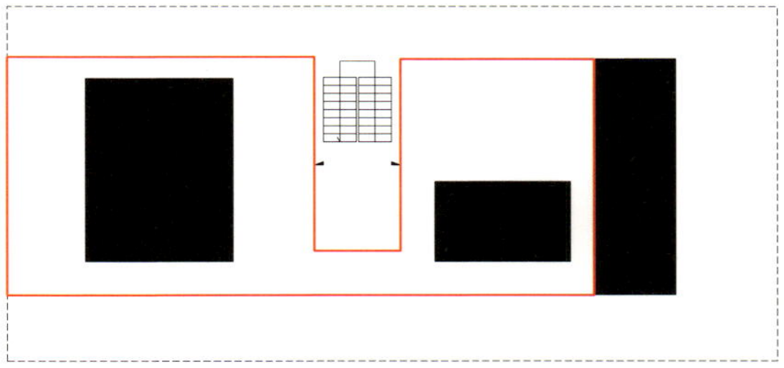

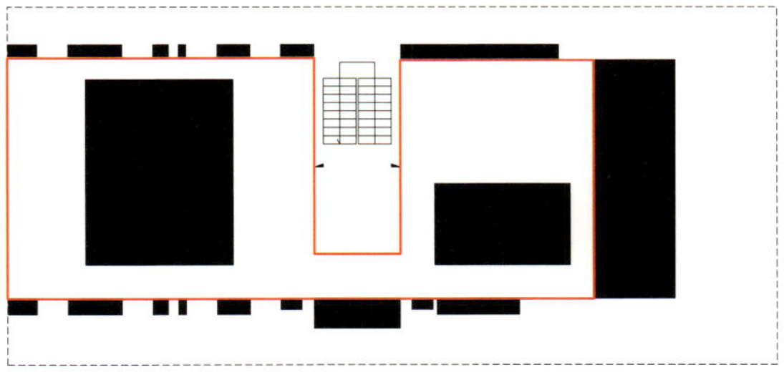

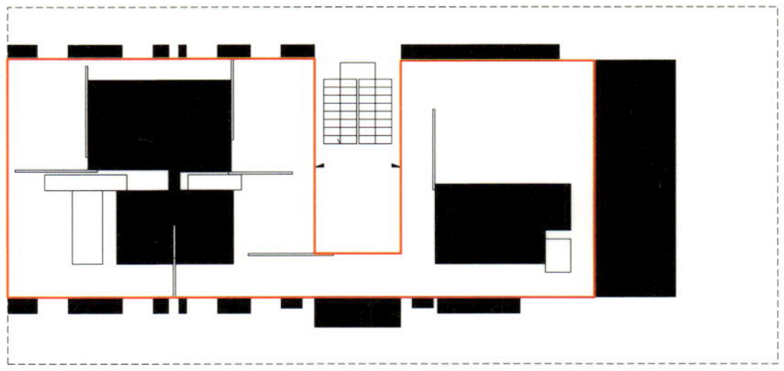

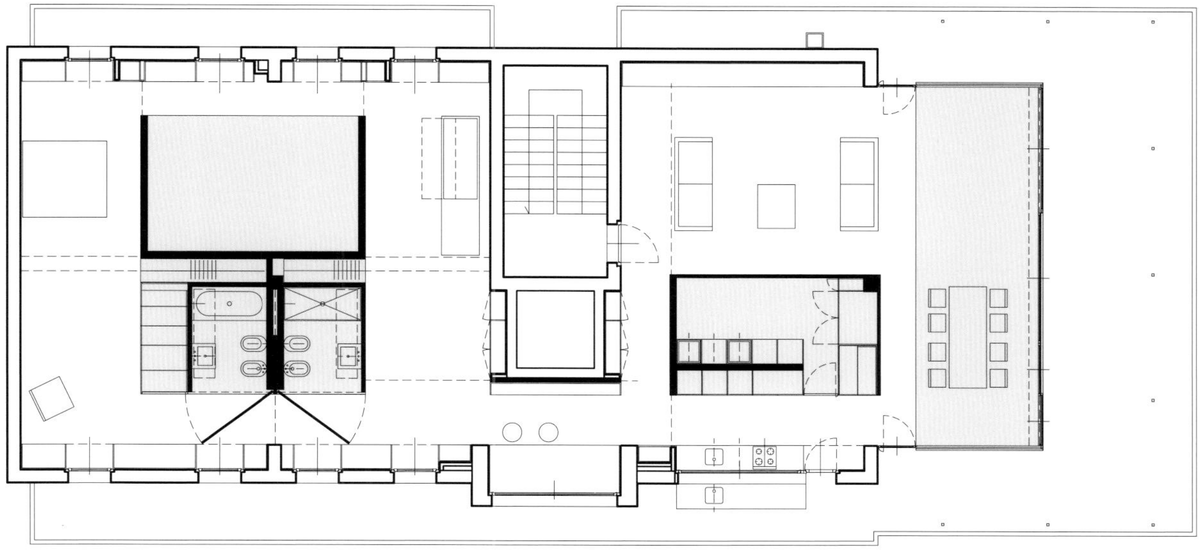

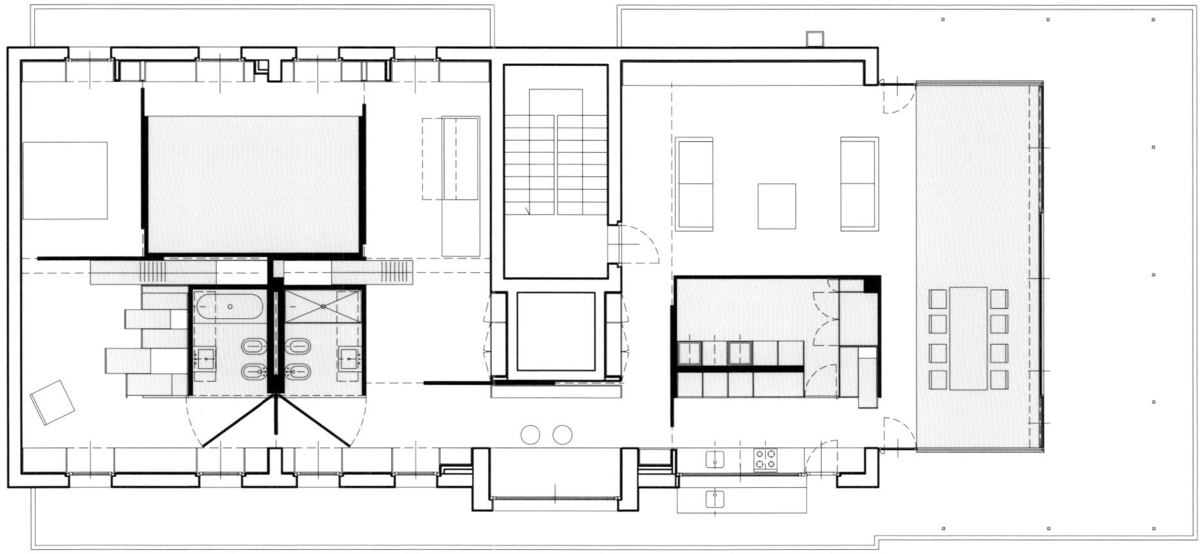

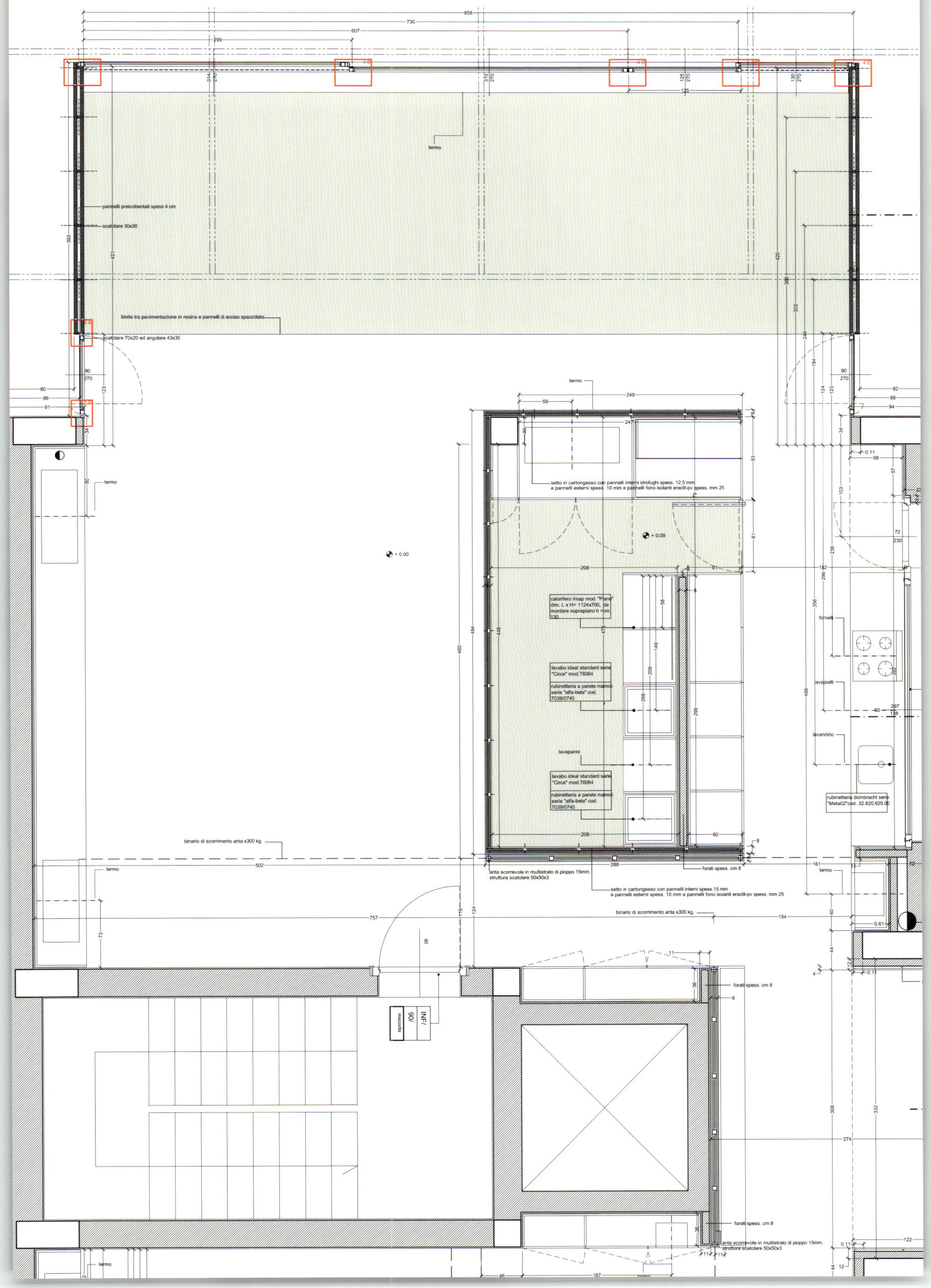

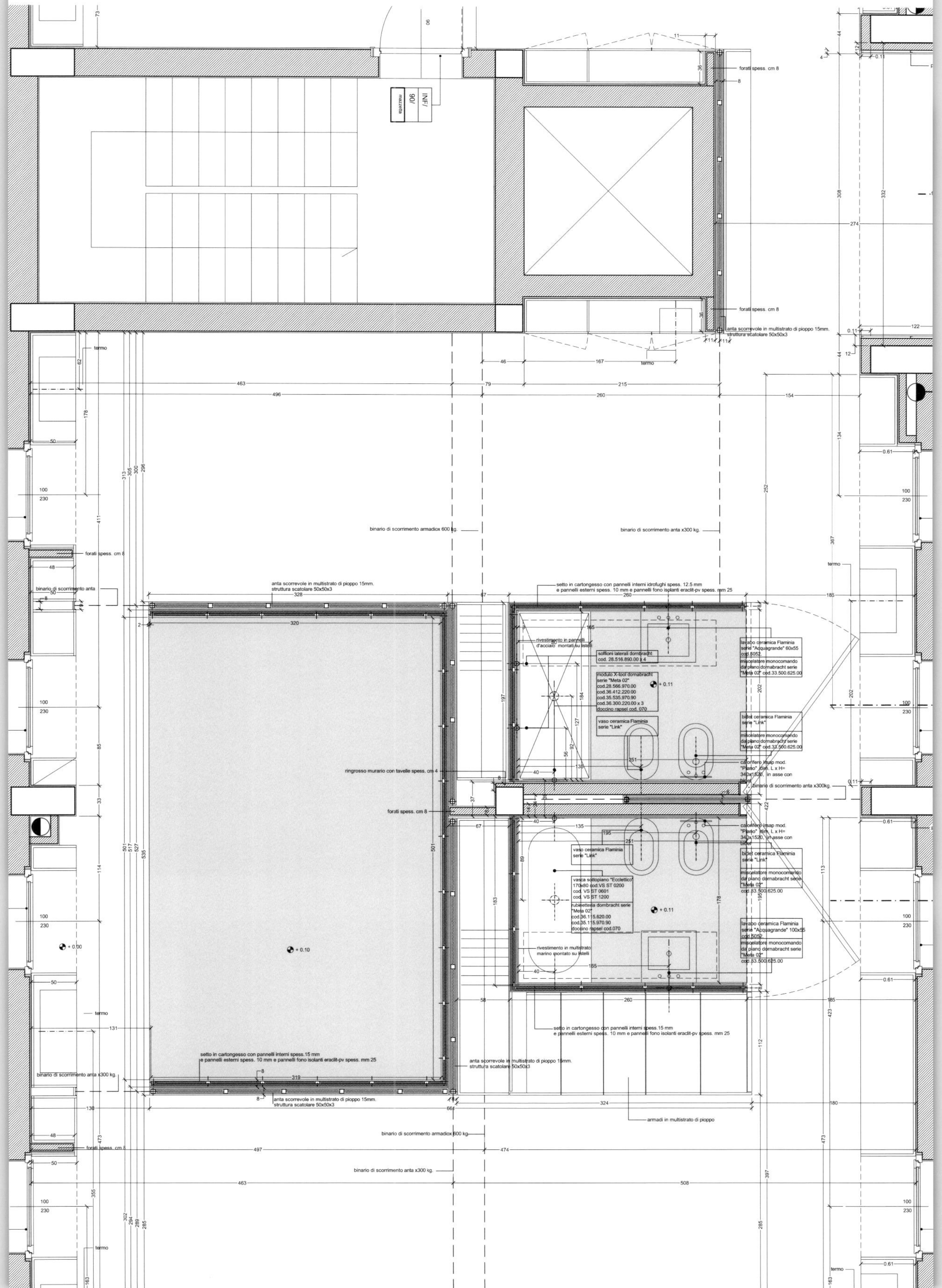
forati spess. cm 8
anta scorrevole in multistrato di pioppo 15mm.
struttura scatolare 50x50x3
termo
binario di scorrimento armadiox 600 kg.
binario di scorrimento anta x300 kg.
ringrosso murario con tavelle spess. cm 4
armadi in multistrato di pioppo

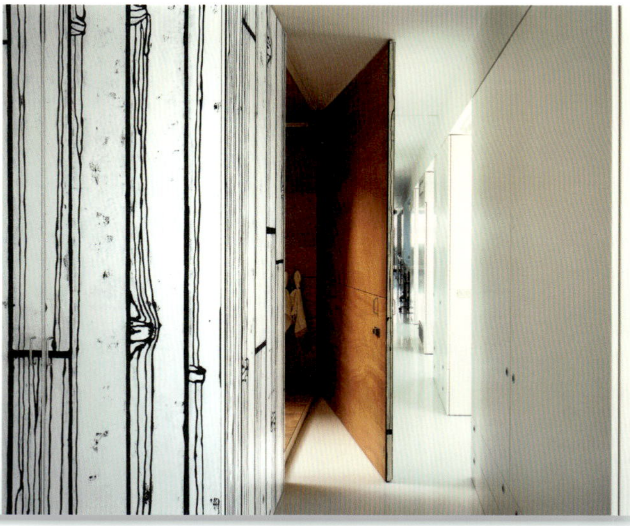

11
10
1
2
3
4
5
6
7
8
9
1
2
3
4
5
6
7
8
9
10

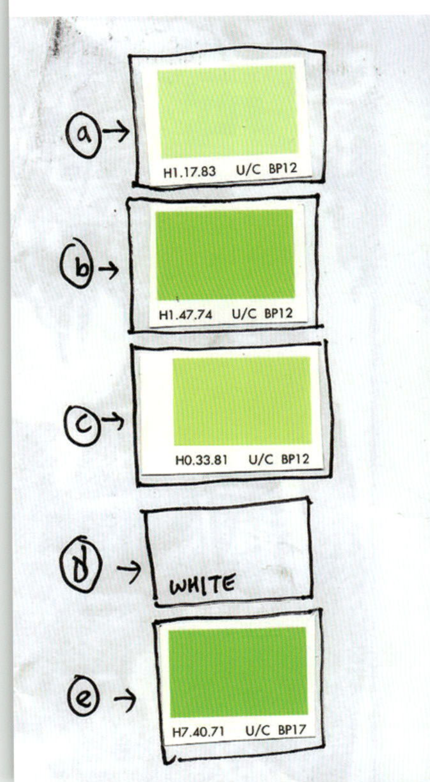
a
H1.17.83 U/C BP12
b
H1.47.74 U/C BP12
c
H0.33.81 U/C BP12
d
WHITE
e
H7.40.71 U/C BP17

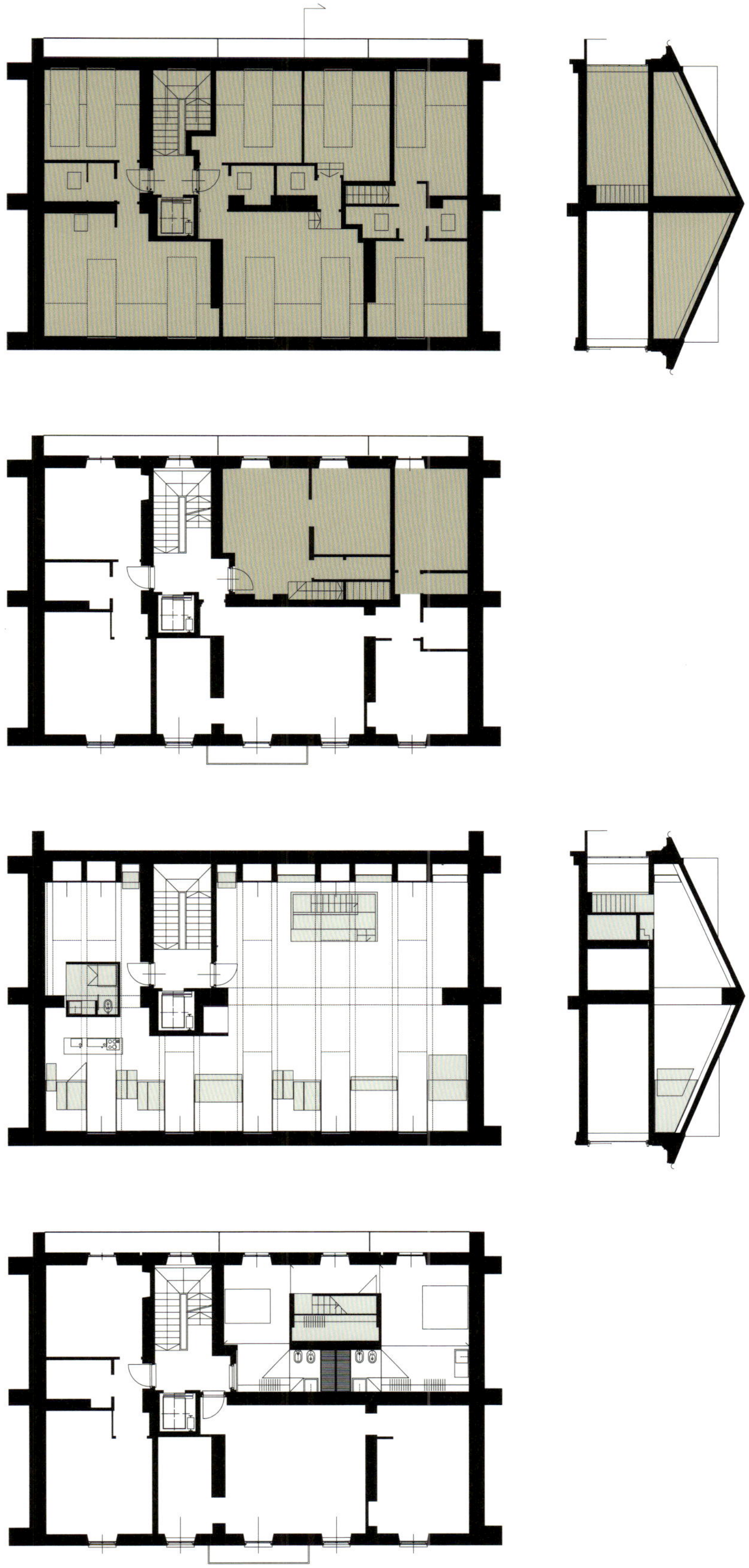

MGGC _ XVIII _ RBT.2001 _ 01 > / f01.02.03.04AL_GB

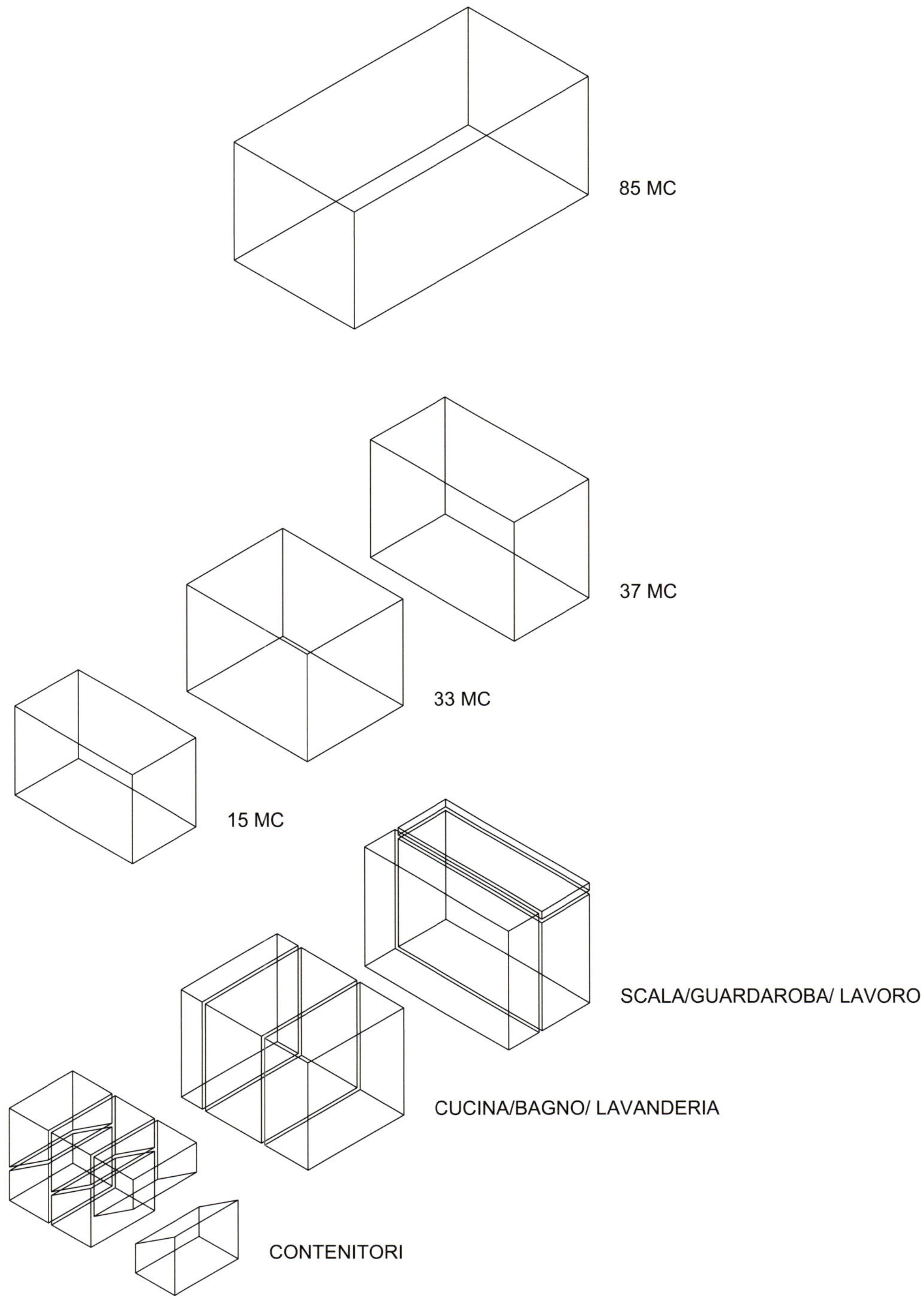
85 MC
37 MC
33 MC
15 MC
SCALA/GUARDAROBA/ LAVORO
CUCINA/BAGNO/ LAVANDERIA
CONTENITORI

MGGC _ XVIII _ RBT.2001 _ 02 > / f05.06.07.08AL_GB

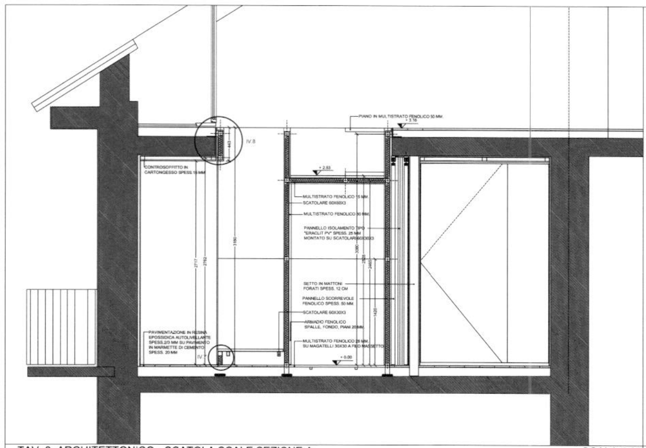

TAV. 9 ARCHITETTONICO - SCATOLA SCALE SEZIONE A SCALA 1:20

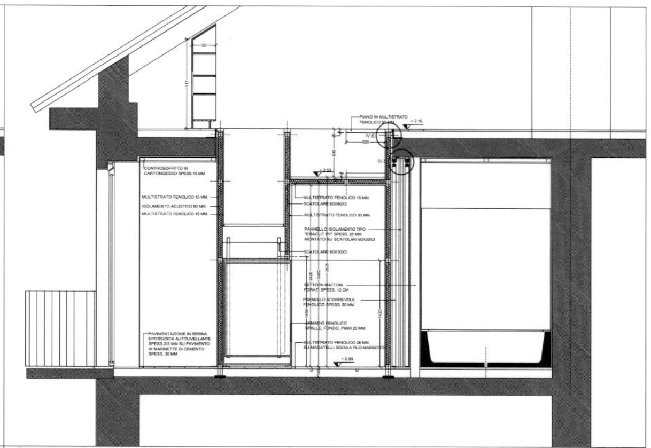

TAV. 10 ARCHITETTONICO - SCATOLA SCALE SEZIONE B SCALA 1:20

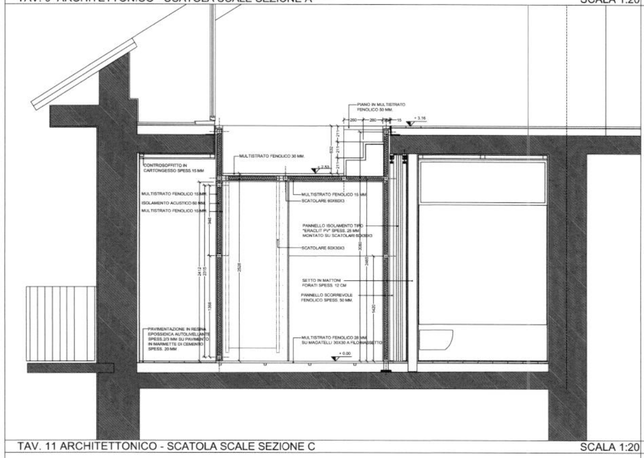

TAV. 11 ARCHITETTONICO - SCATOLA SCALE SEZIONE C SCALA 1:20

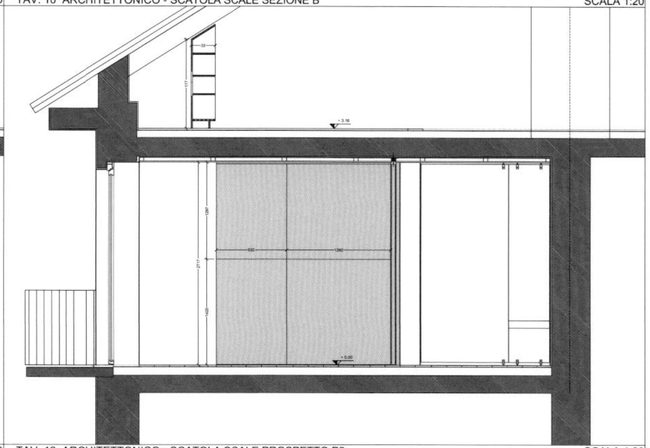

TAV. 12 ARCHITETTONICO - SCATOLA SCALE PROSPETTO P2 SCALA 1:20

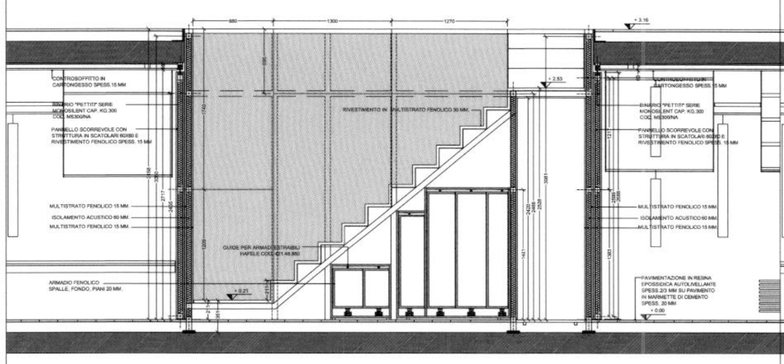

TAV. 13 ARCHITETTONICO - SCATOLA SCALE SEZIONE D SCALA 1:20

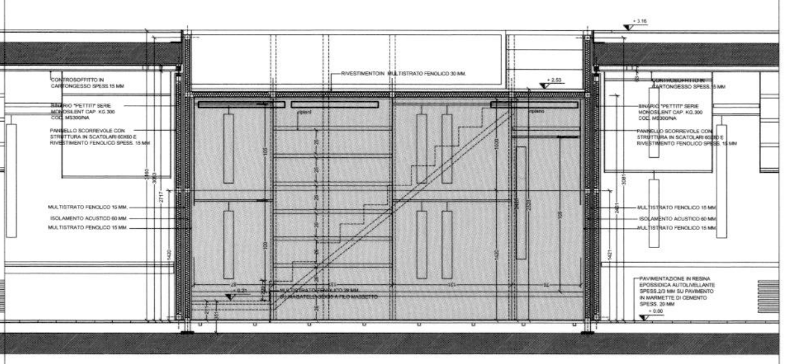

TAV. 14 ARCHITETTONICO - SCATOLA SCALE SEZIONE E SCALA 1:20

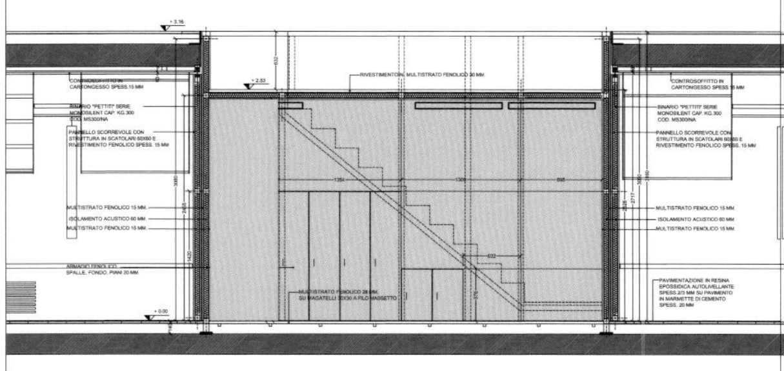

TAV. 15 ARCHITETTONICO - SCATOLA SCALE SEZIONE F SCALA 1:20

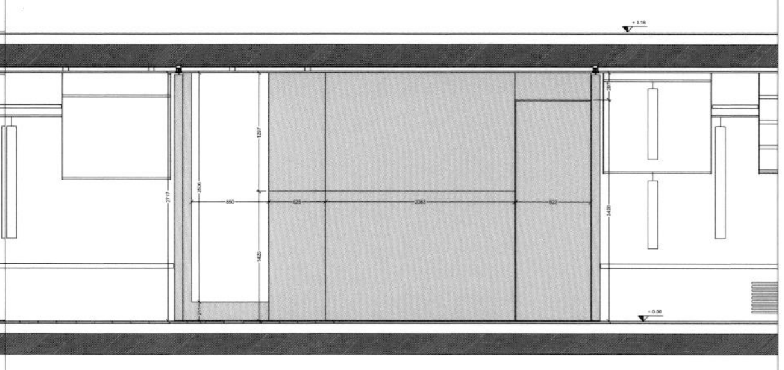

TAV. 16 ARCHITETTONICO - SCATOLA SCALE PROSPETTO P1 SCALA 1:20

MGGC _ XVIII _ RBT.2001 _ 03 > / f09.10.11.12AL_GB

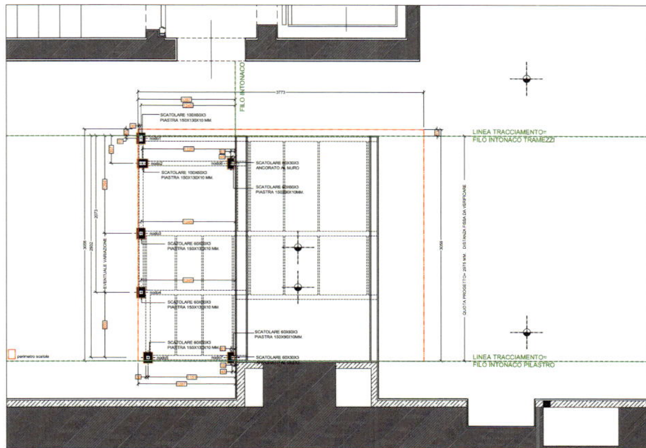

TAV. 1 ARCHITETTONICO -V° P- PIANO PIANTA STRUTTURA FERRO QUOTA -0.15 SCALA 1:20

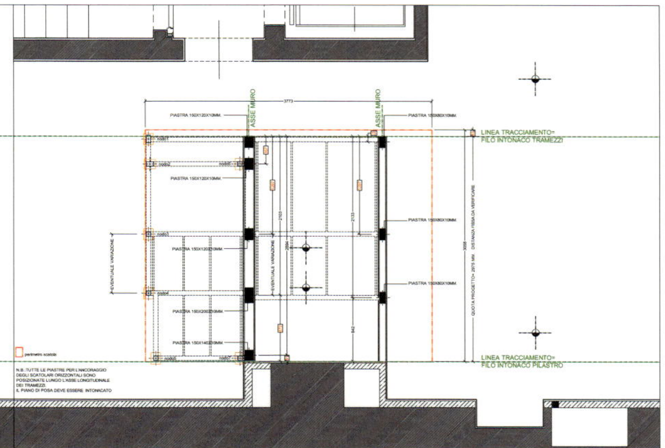

TAV. 2 ARCHITETTONICO -V°P- PIANTA STRUTTURA FERRO QUOTA +2.72 SCALA 1:20

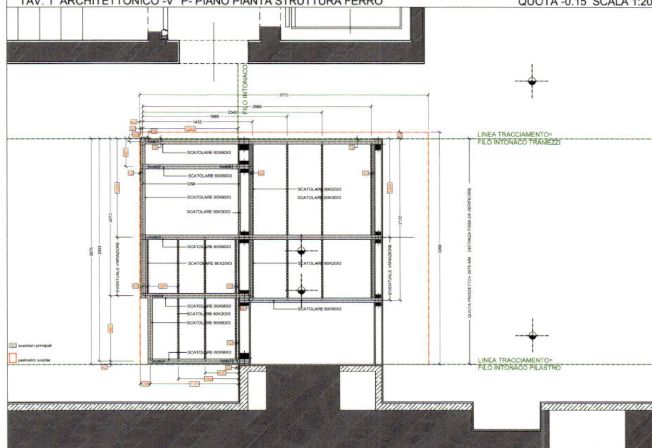

TAV. 3 ARCHITETTONICO -V°P- PIANTA STRUTTURA FERRO - SCATOLARI PRINCIPALI QUOTA +2.72 SCALA 1:20

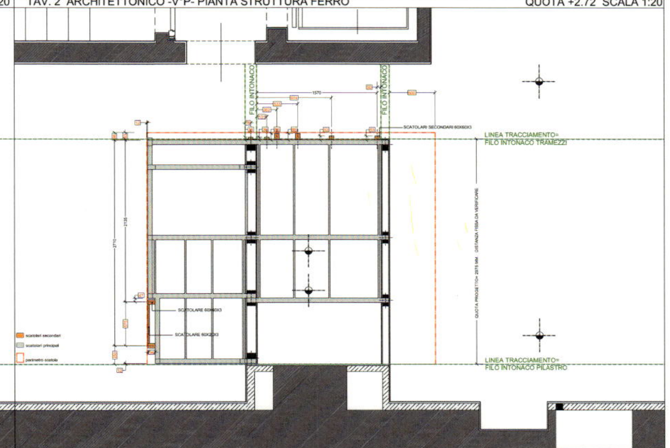

TAV. 4 ARCHITETTONICO -V°P- PIANTA STRUTTURA FERRO - SCATOLARI SECONDARI QUOTA +2.72 SCALA 1:20

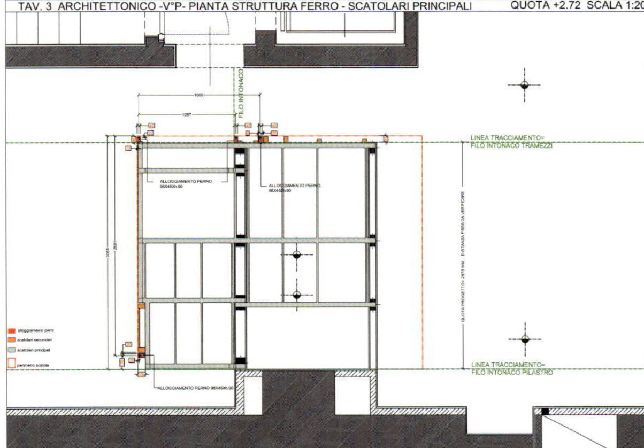

TAV.5 ARCHITETTONICO -V°P- PIANTA STRUTTURA FERRO - ALLOGGIAMENTO PERNI QUOTA +2.72 SCALA 1:20

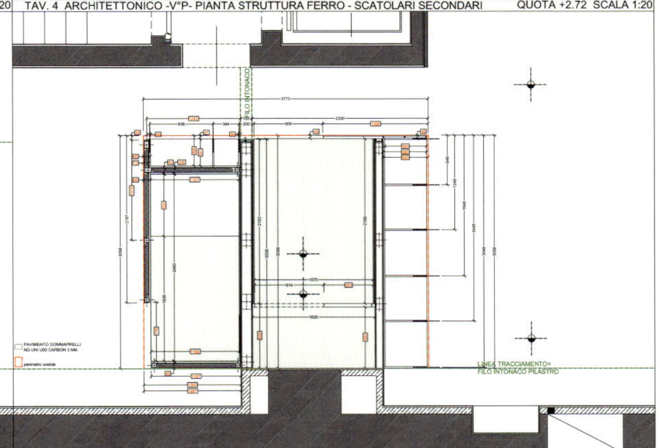

TAV.6 ARCHITETTONICO -V°P- PIANTA SCATOLA QUOTA +1.50 SCALA 1:20

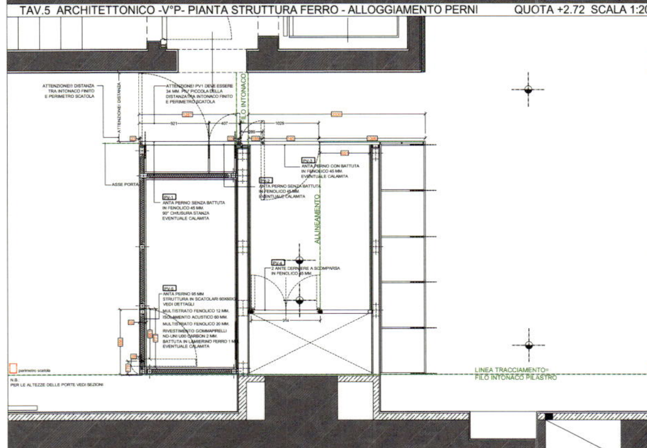

TAV.7 ARCHITETTONICO -V°P- PIANTA SCATOLA CON PORTE QUOTA +1.50 SCALA 1:20

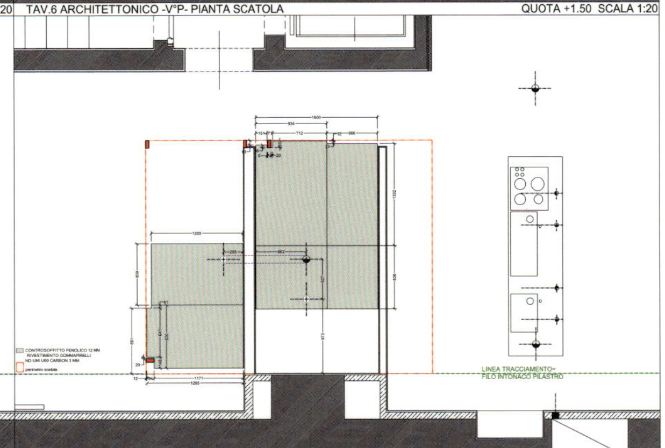

TAV.8 ARCHITETTONICO -V°P- PIANTA SCATOLA - CONTROSOFFITTI QUOTA +2.72 SCALA 1:20

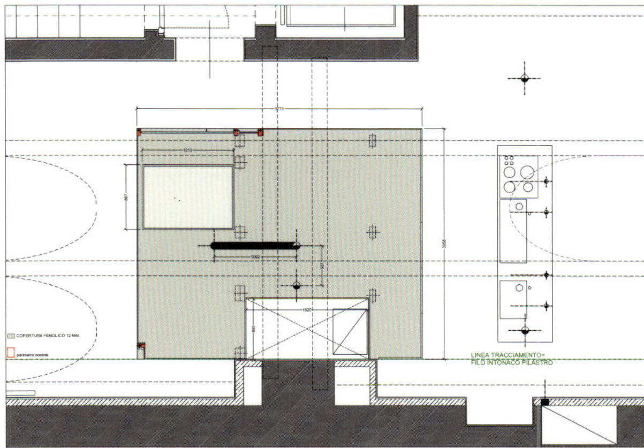

TAV.9 ARCHITETTONICO -V°P- PIANTA COPERTURA SCATOLA QUOTA +3.00 SCALA 1:20

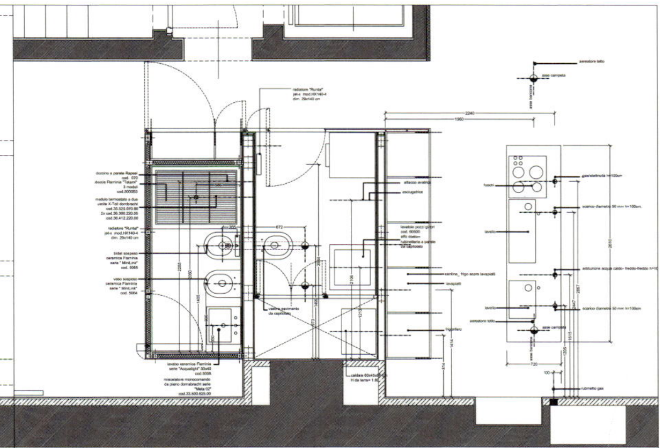

TAV. 10 ARCHITETTONICO -V°P- IMPIANTI QUOTA +1.50 SCALA 1:20

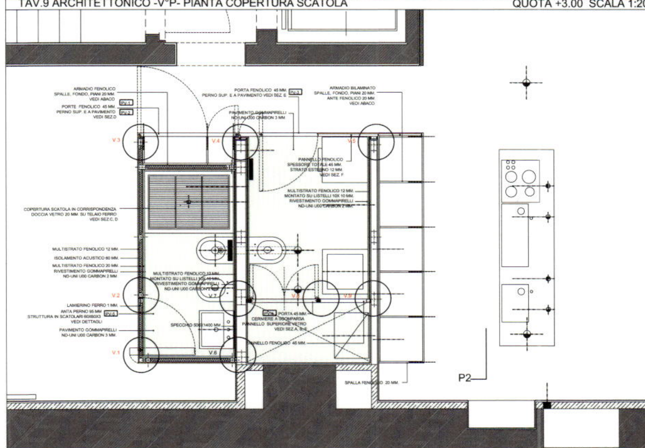

TAV. 11 ARCHITETTONICO - V°P- PIANTA - MATERIALI * QUOTA +1.50 SCALA 1:20

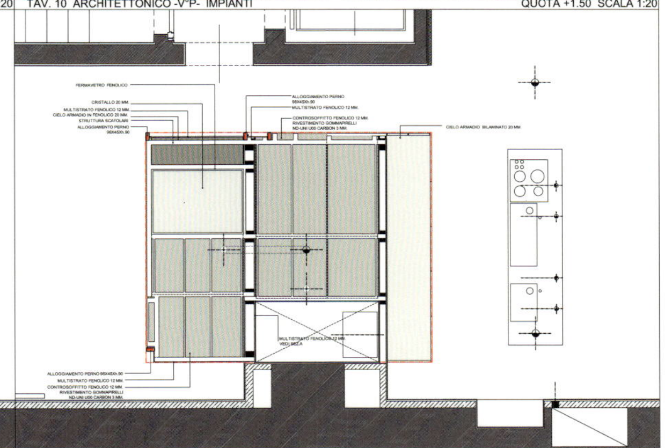

TAV. 12 ARCHITETTONICO -V°P- PIANTA - MATERIALI ** QUOTA +2.72 SCALA 1:20

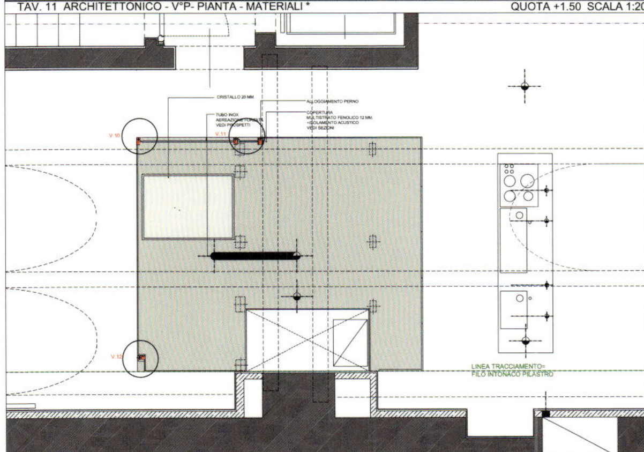

TAV. 13 ARCHITETTONICO -V°P- PIANTA - MATERIALI *** QUOTA +3.00 SCALA 1:20

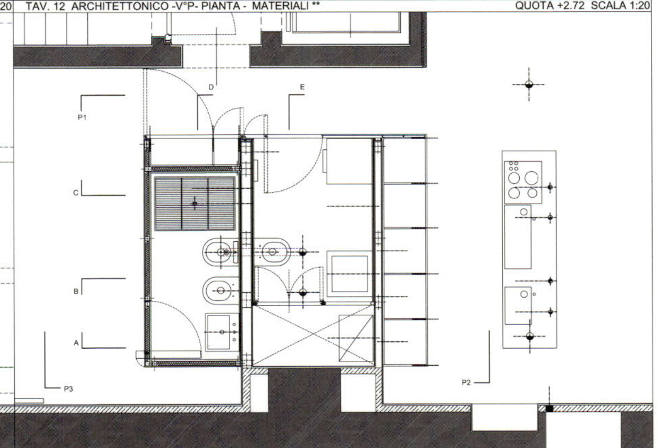

TAV. 0 ARCHITETTONICO -V°P- PIANTA LEGENDA SCALA 1:20

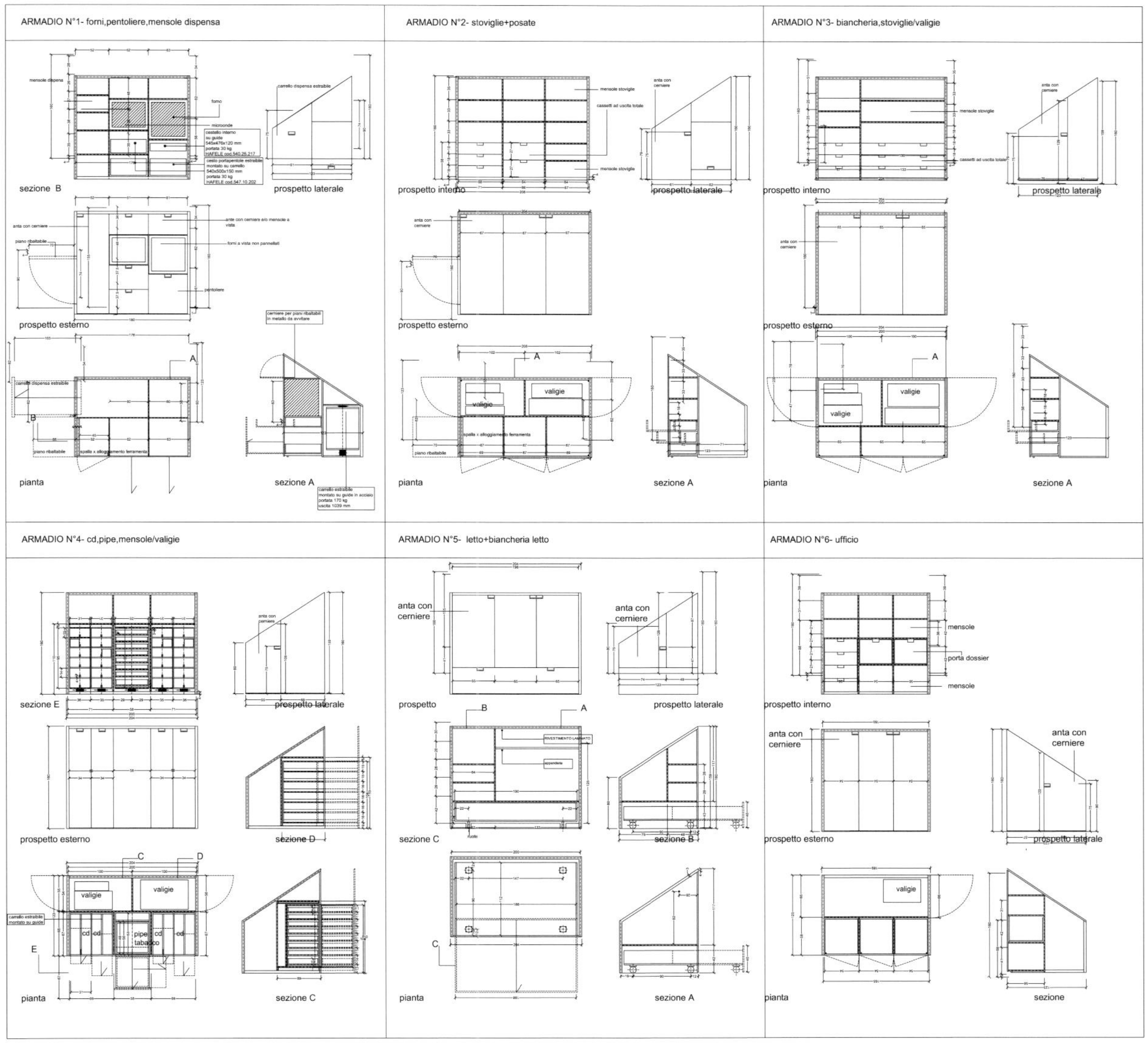
ARMADIO N°1- forni,pentoliere,mensole dispensa
sezione B
prospetto laterale
prospetto esterno
pianta
sezione A
ARMADIO N°2- stoviglie+posate
prospetto interno
prospetto laterale
prospetto esterno
valigie
pianta
sezione A
ARMADIO N°3- biancheria,stoviglie/valigie
prospetto interno
prospetto laterale
prospetto esterno
valigie
pianta
sezione A
ARMADIO N°4- cd,pipe,mensole/valigie
sezione E
prospetto laterale
prospetto esterno
sezione D
valigie
pipe tabacco
pianta
sezione C
ARMADIO N°5- letto+biancheria letto
anta con cerniere
prospetto
prospetto laterale
sezione C
sezione B
pianta
sezione A
ARMADIO N°6- ufficio
mensole
porta dossier
prospetto interno
anta con cerniere
prospetto esterno
prospetto laterale
valigie
pianta
sezione

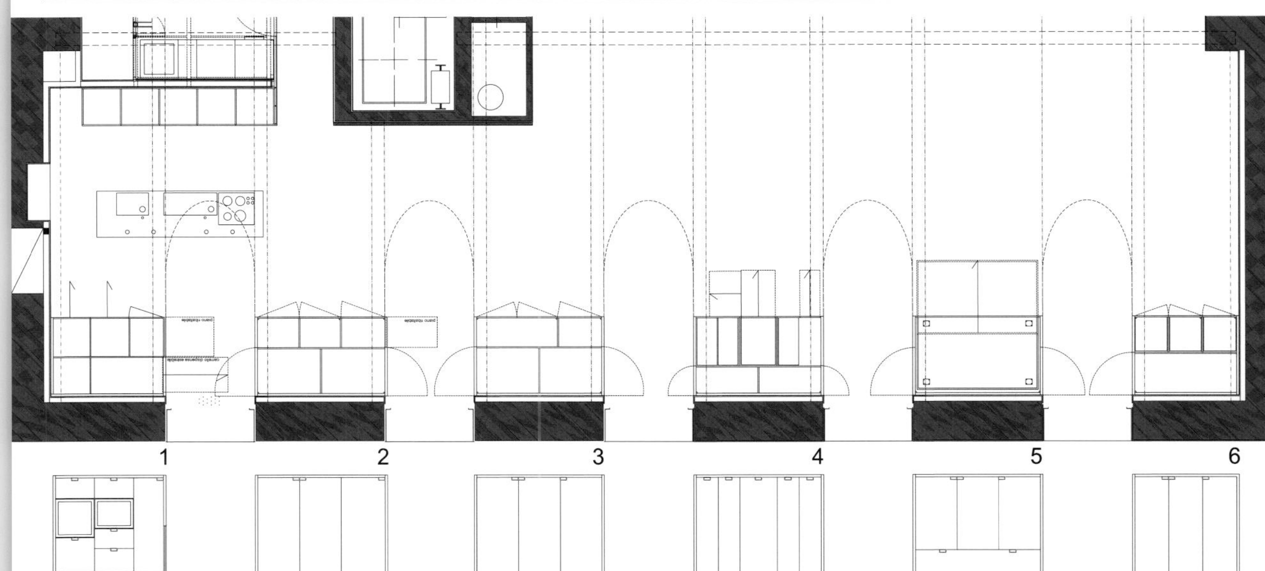
1
2
3
4
5
6

MGGC _ XVIII _ RBT.2001 _ 06 > / f21.22.23.24AL_GB

MGGC _ XVIII _ RBT.2001 _ 07 > / f25.26.27.28AL_GB

MGGC _ XVIII _ RBT.2001 _ 09 > / f33.34.35.36AL_GB

MGGC _ XIX _ PLC.2001 _ 01 < /

Orario apertura:
Orario cucina:

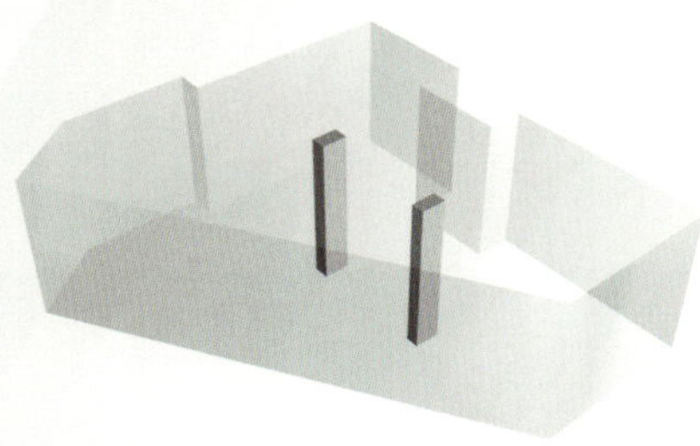

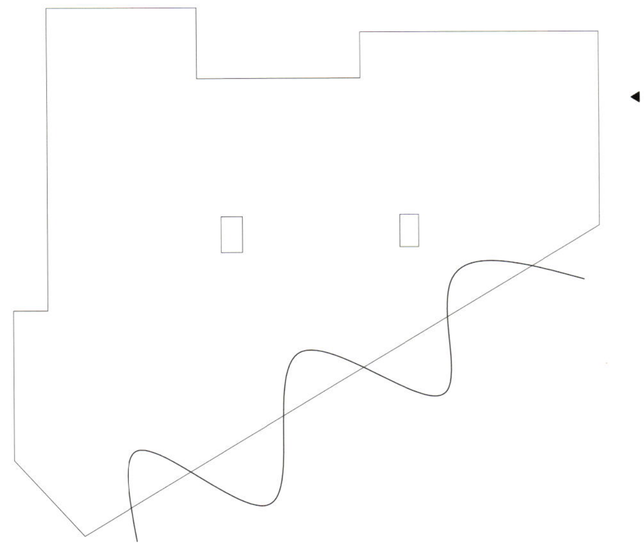

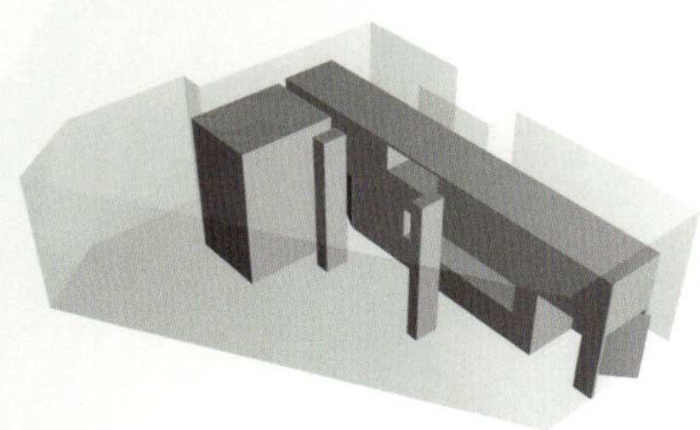

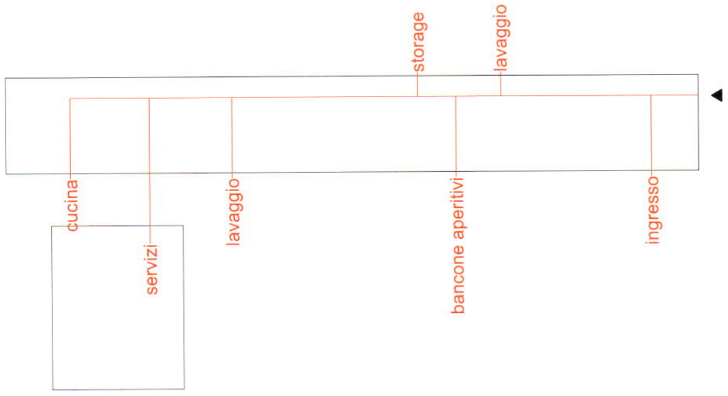
storage
lavaggio
cucina
servizi
lavaggio
bancone aperitivi
ingresso

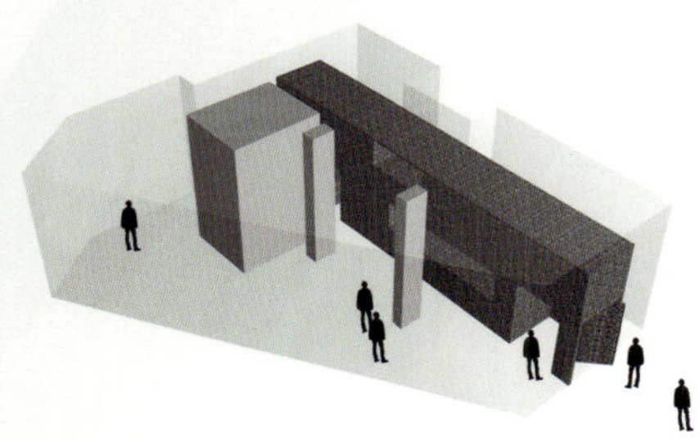

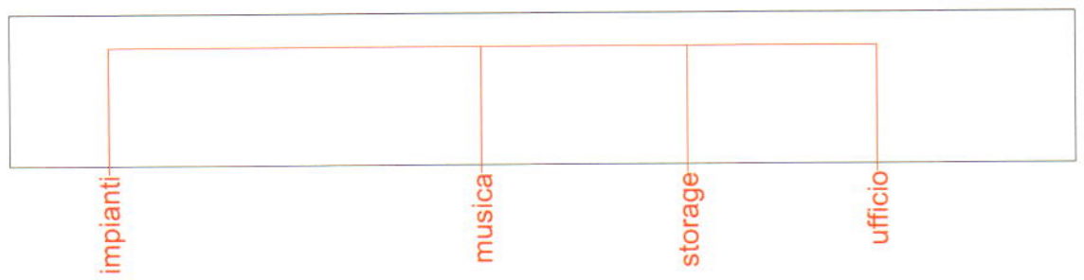
impianti
musica
storage
ufficio

ral 3005 interno
ral 3031 esterno
ral 9002 fondo

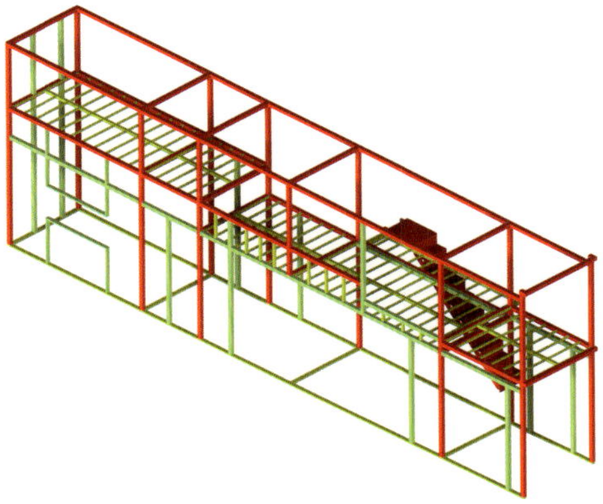

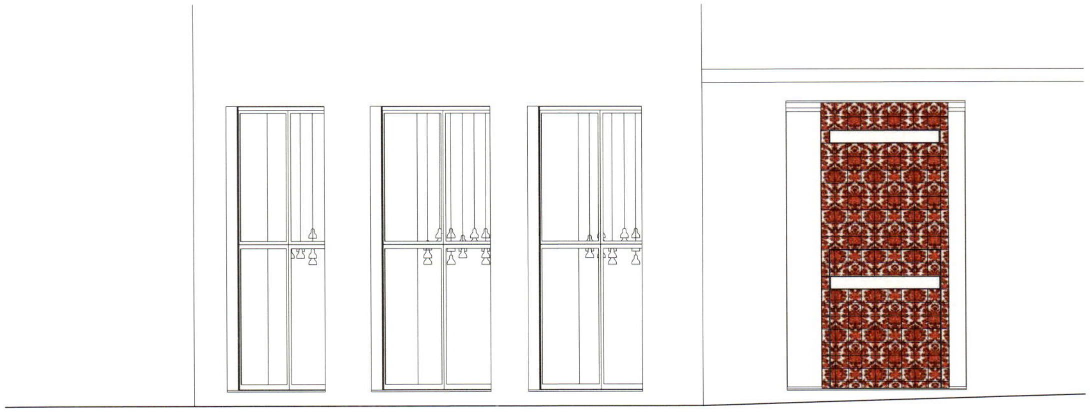

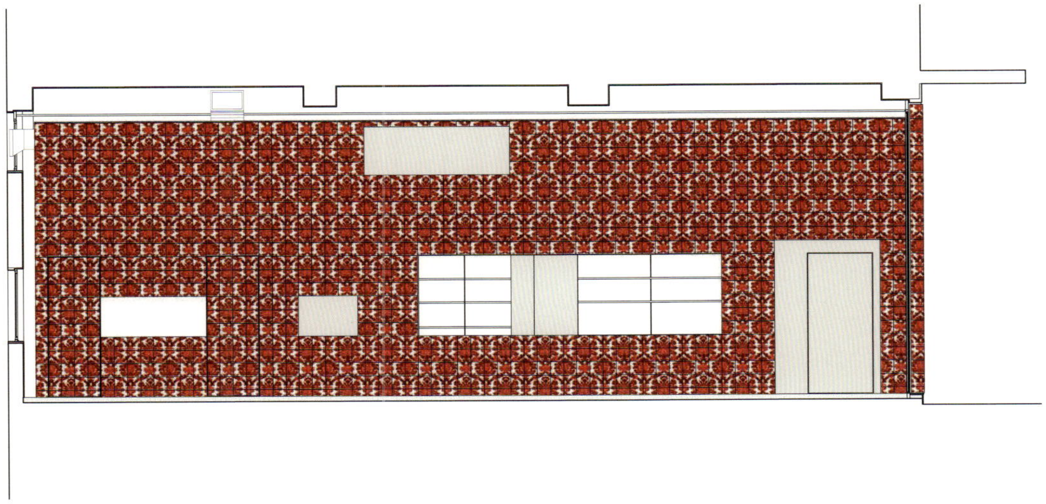

MGGC _ XIX _ PLC.2001 _ 04 > /

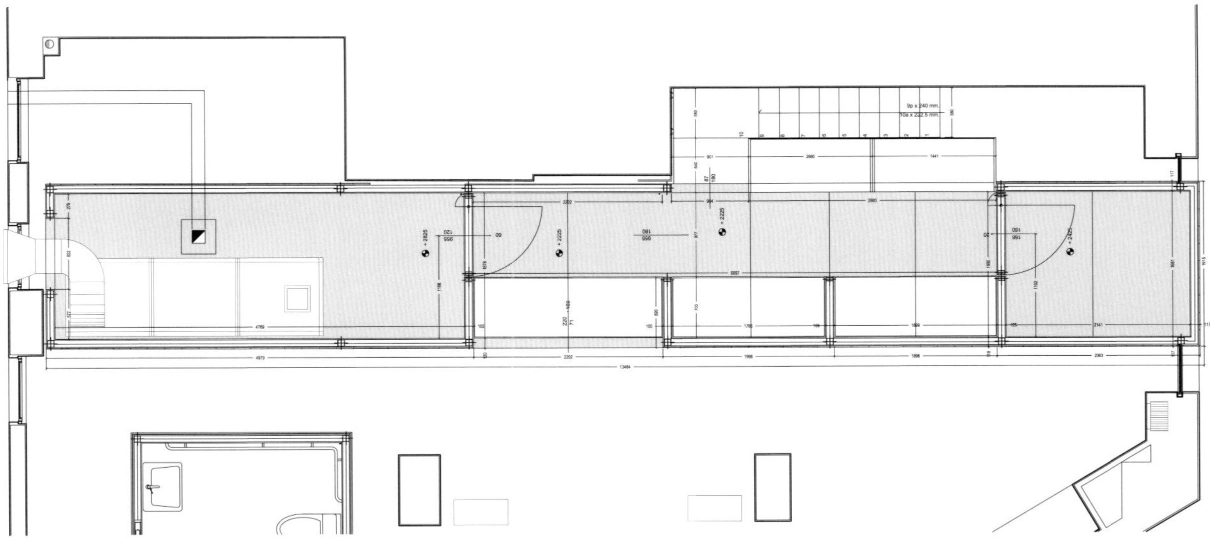

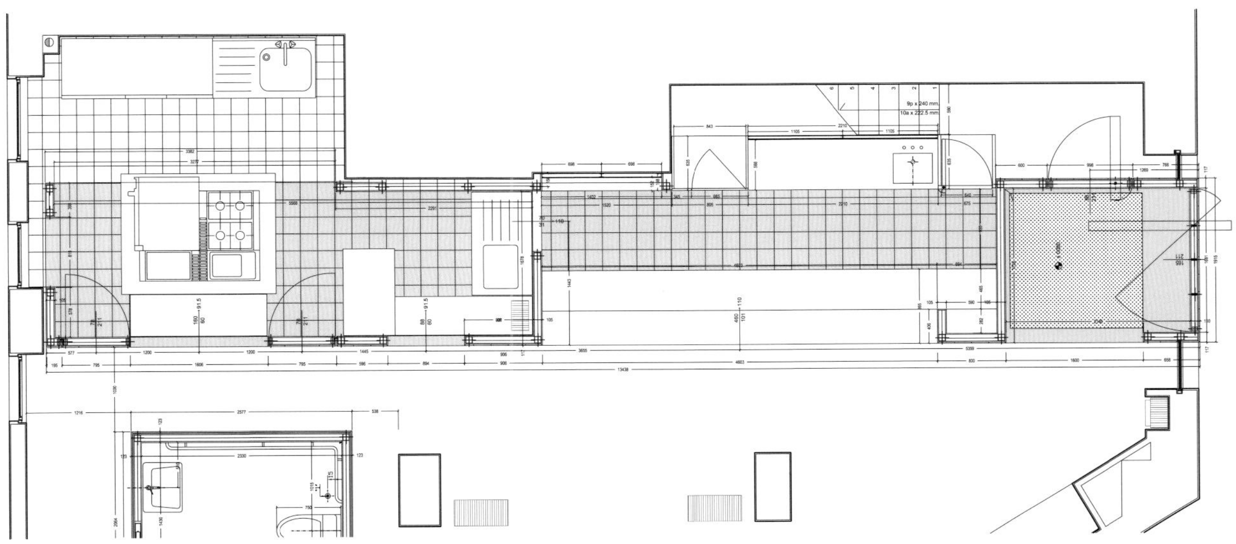

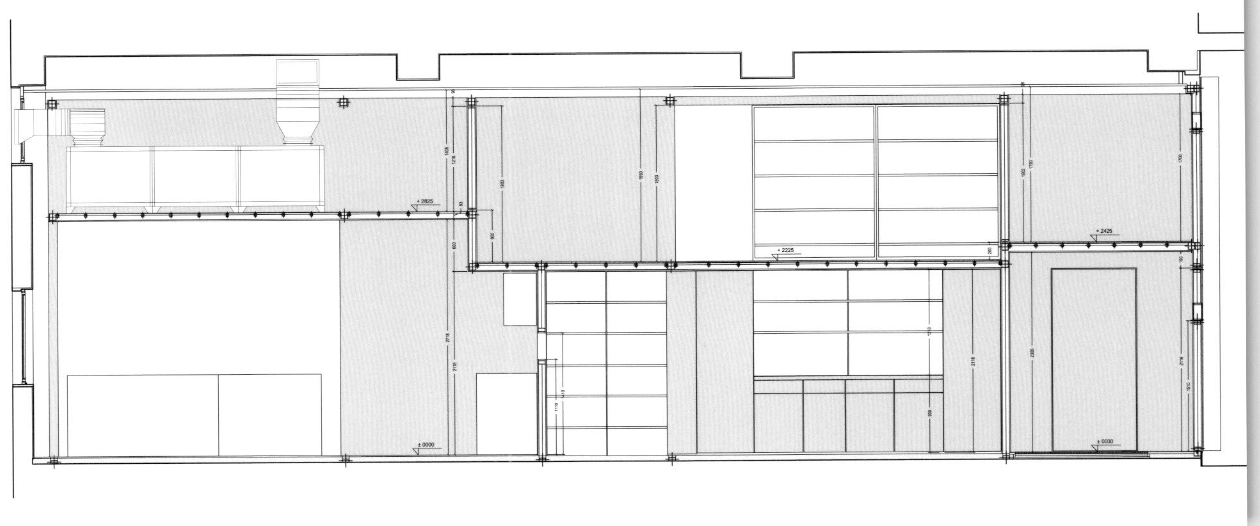

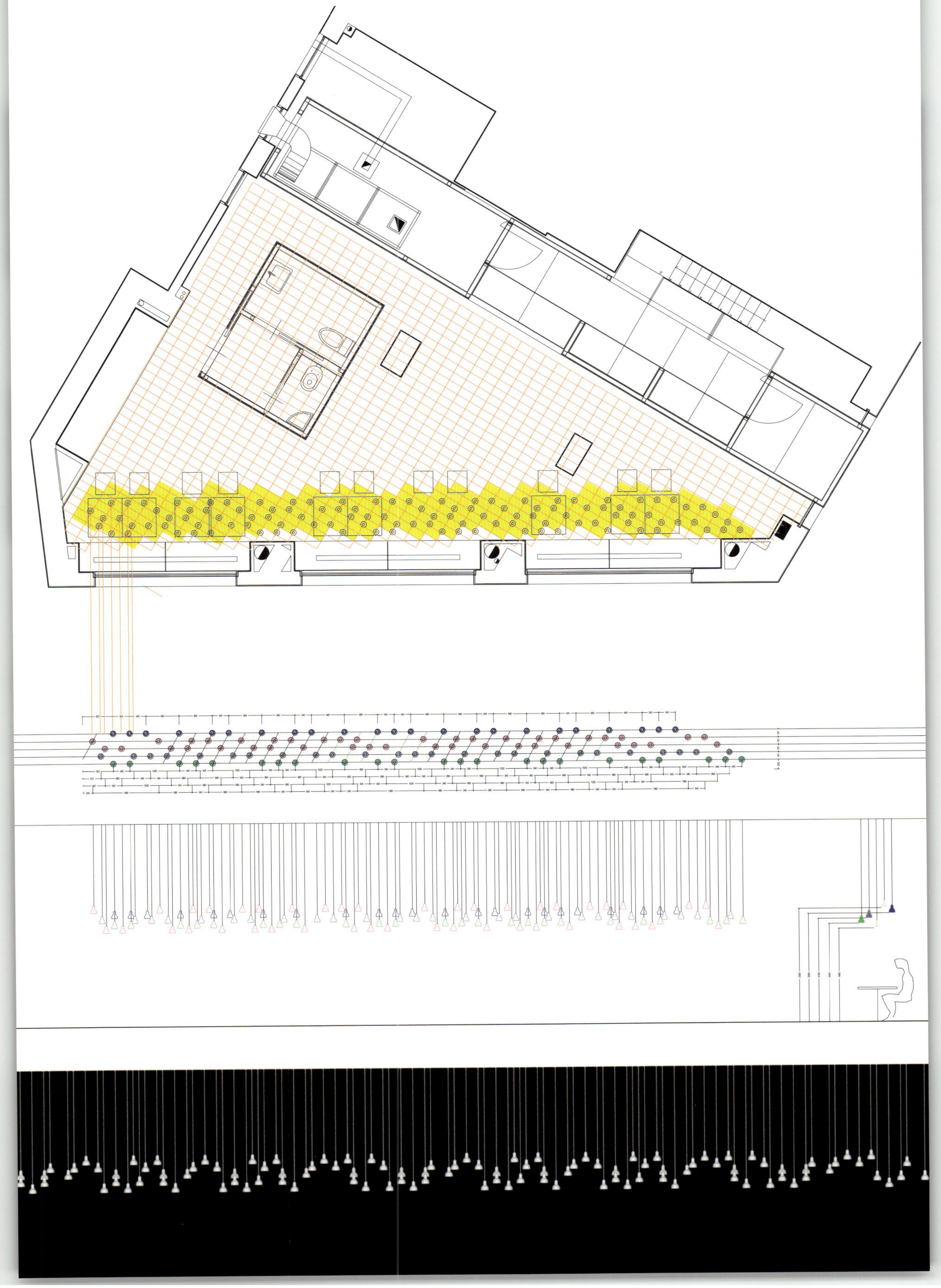

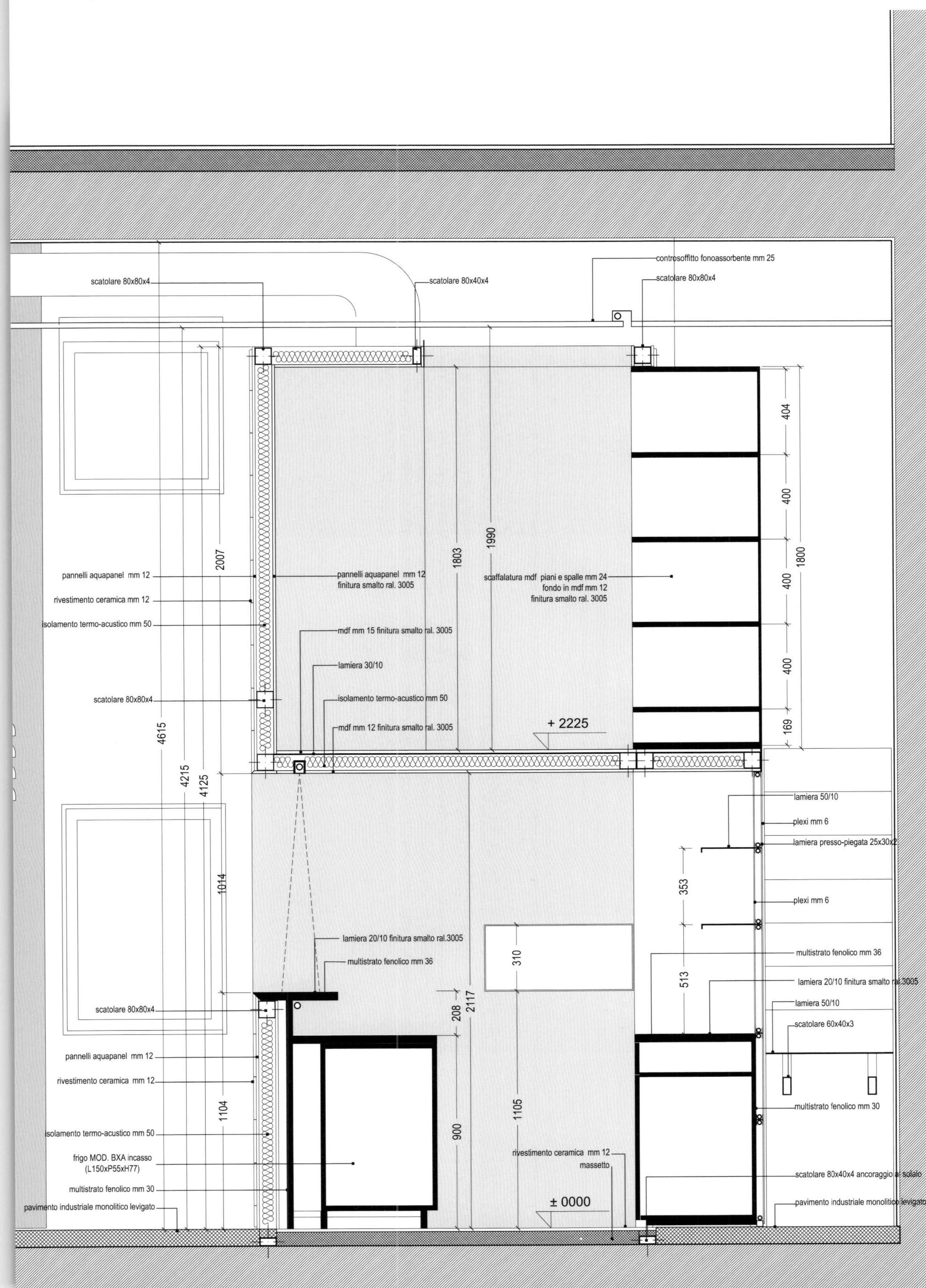

scatolare 80x80x4
scatolare 80x40x4
controsoffitto fonoassorbente mm 25
scatolare 80x80x4
404
400
400
400
169
1800
2007
1803
1990
pannelli aquapanel mm 12
rivestimento ceramica mm 12
isolamento termo-acustico mm 50
pannelli aquapanel mm 12
finitura smalto ral. 3005
scaffalatura mdf piani e spalle mm 24
fondo in mdf mm 12
finitura smalto ral. 3005
mdf mm 15 finitura smalto ral. 3005
lamiera 30/10
scatolare 80x80x4
isolamento termo-acustico mm 50
mdf mm 12 finitura smalto ral. 3005
+ 2225
4615
4215
4125
lamiera 50/10
plexi mm 6
lamiera presso-piegata 25x30x2
353
plexi mm 6
1014
lamiera 20/10 finitura smalto ral.3005
multistrato fenolico mm 36
310
multistrato fenolico mm 36
513
lamiera 20/10 finitura smalto ral.3005
lamiera 50/10
scatolare 80x80x4
208
2117
scatolare 60x40x3
pannelli aquapanel mm 12
rivestimento ceramica mm 12
1104
900
1105
multistrato fenolico mm 30
isolamento termo-acustico mm 50
frigo MOD. BXA incasso
(L150xP55xH77)
rivestimento ceramica mm 12
massetto
scatolare 80x40x4 ancoraggio al solaio
multistrato fenolico mm 30
± 0000
pavimento industriale monolitico levigato
pavimento industriale monolitico levigato

MGGC _ XIX _ PLC.2001 _ 08 > / f04AL

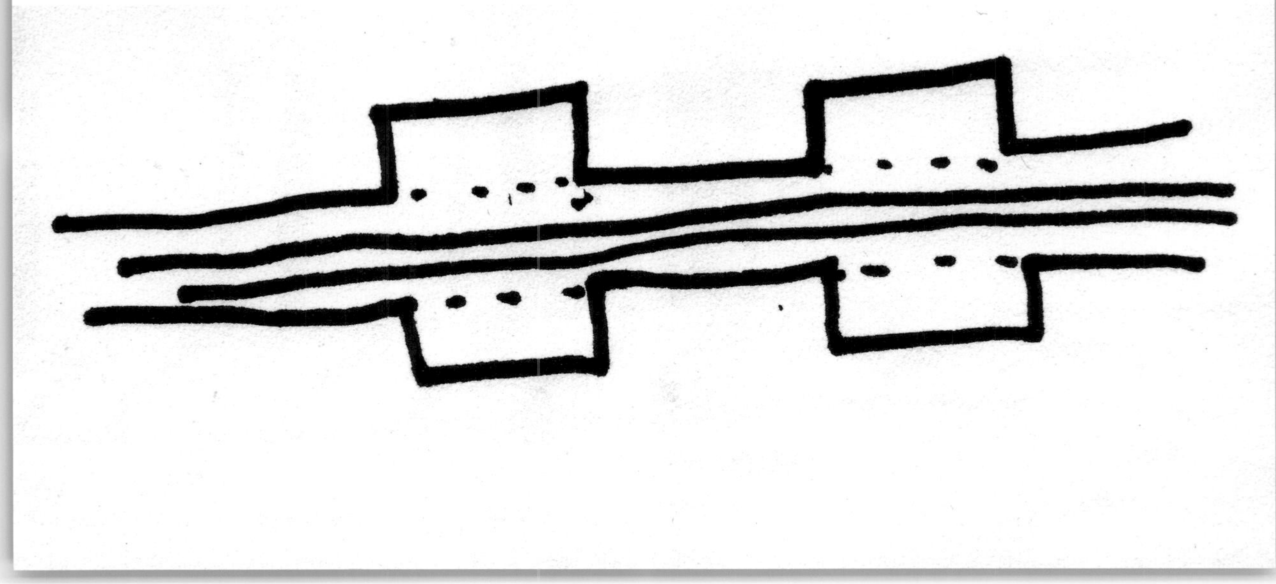

MGGC _ XX _ CCR.2000 _ 01 > /

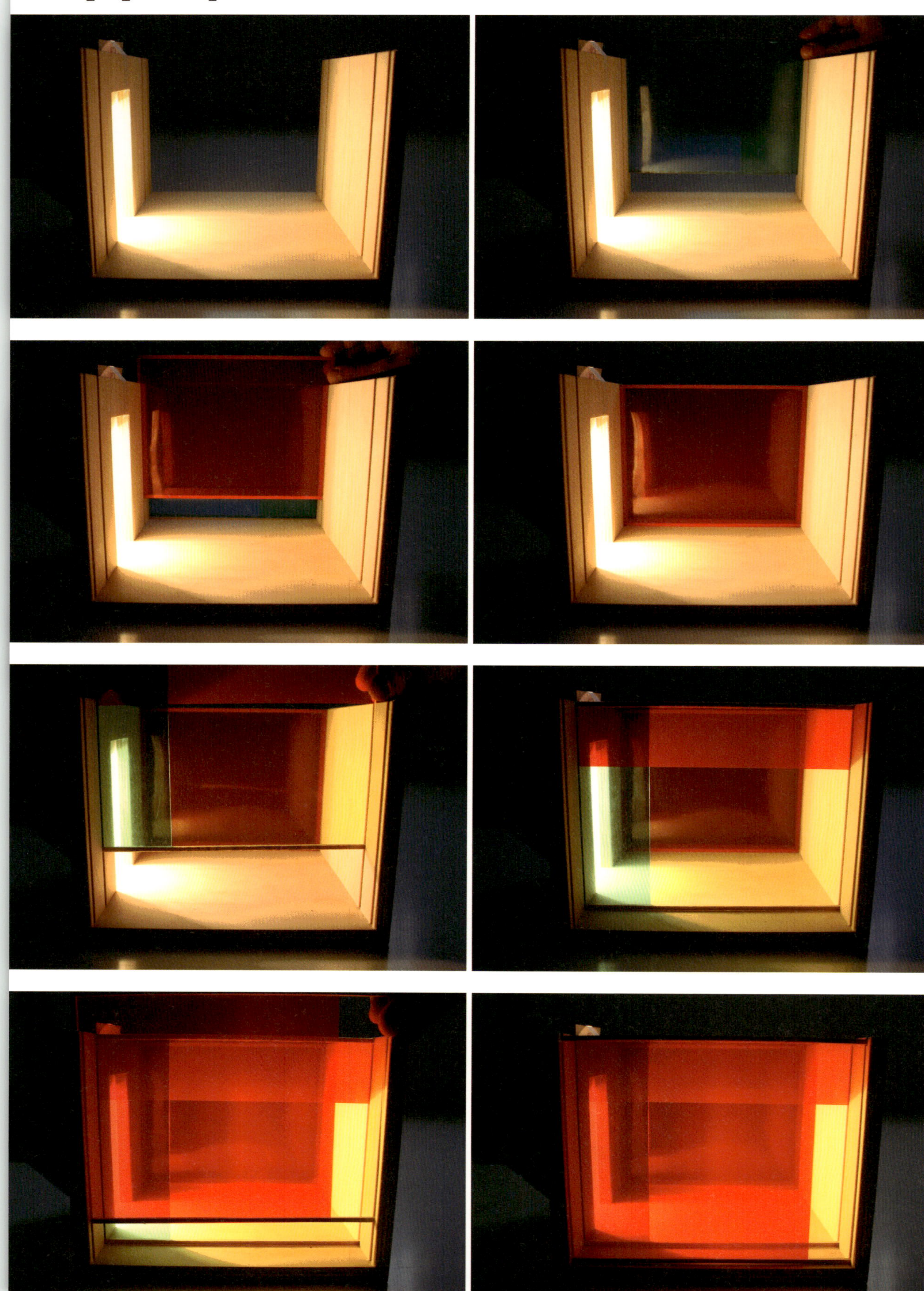

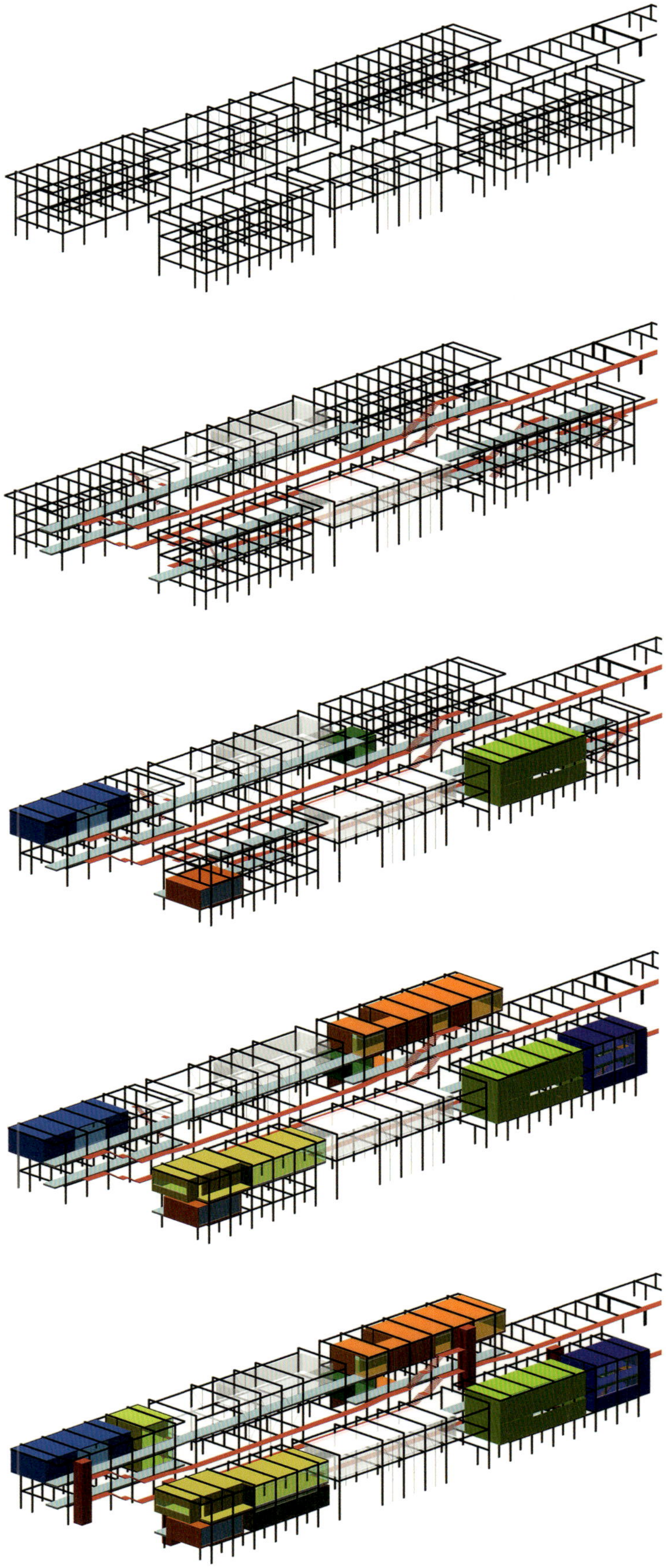

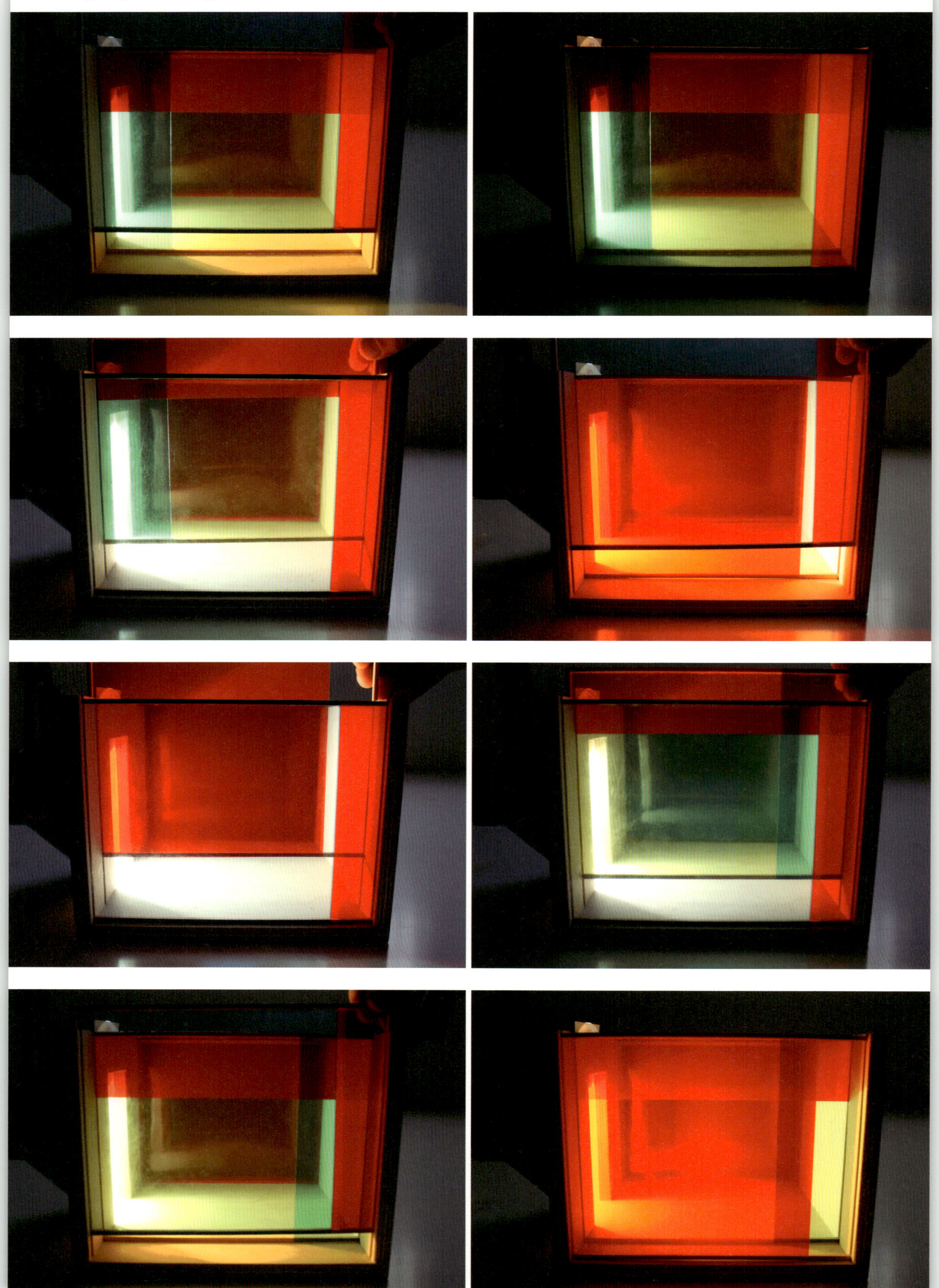

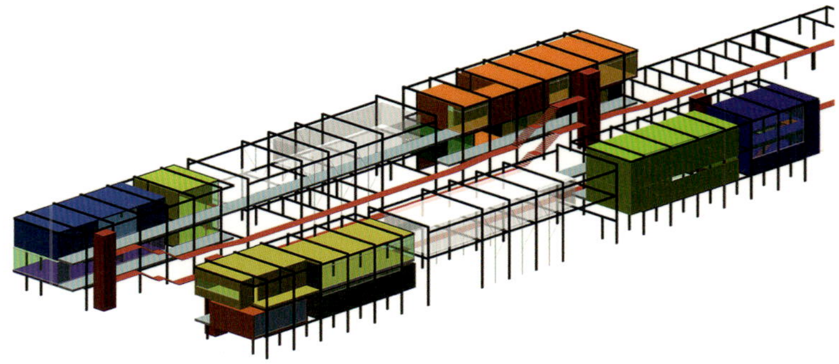

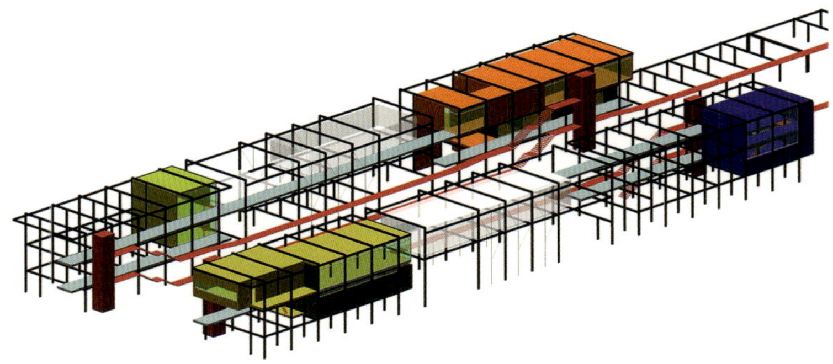

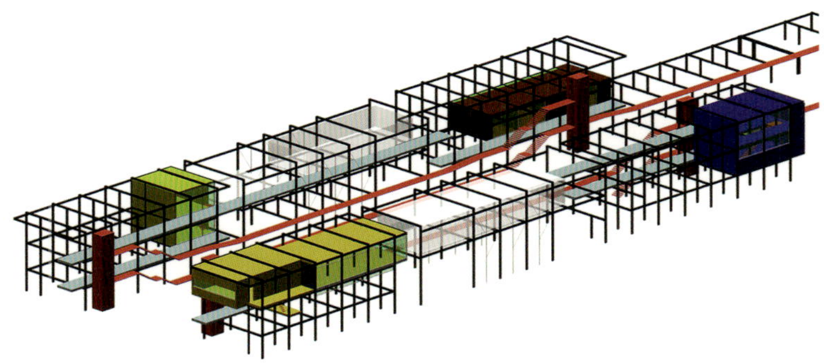

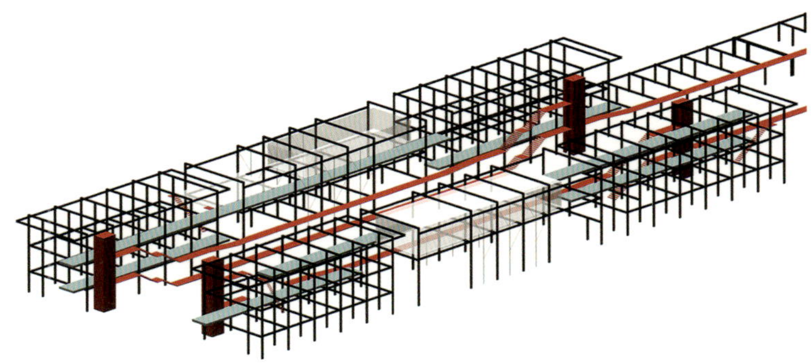

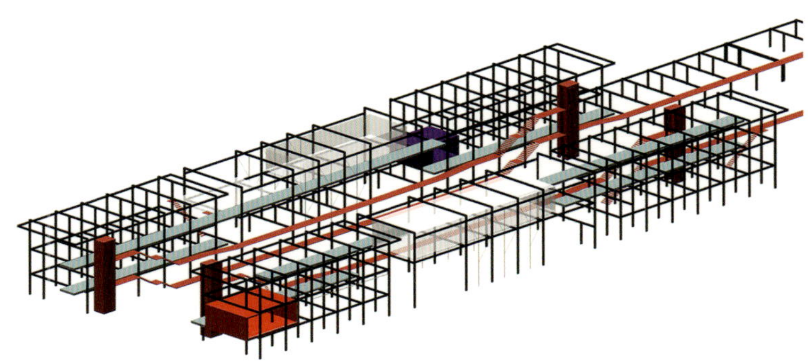

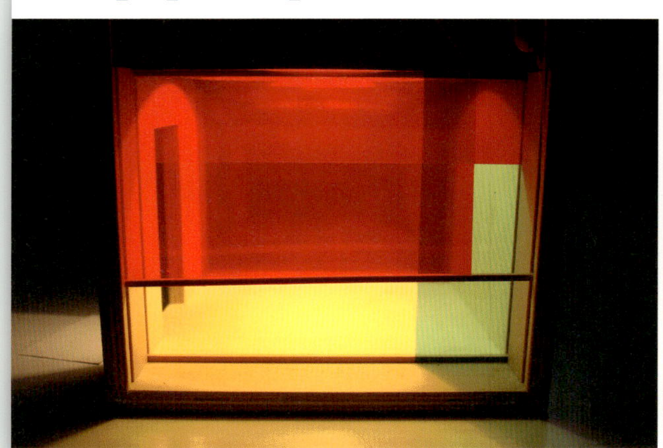
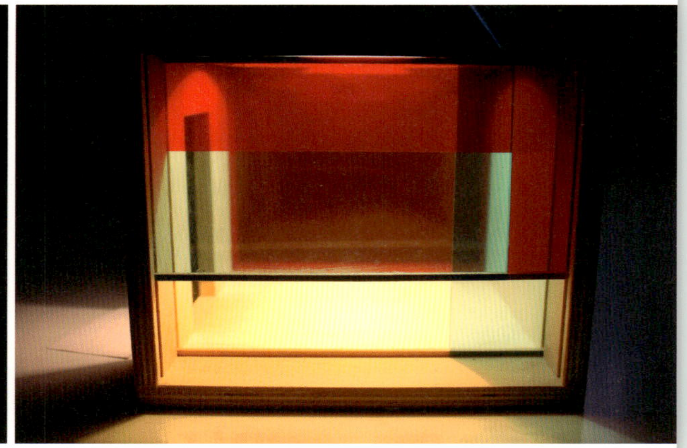

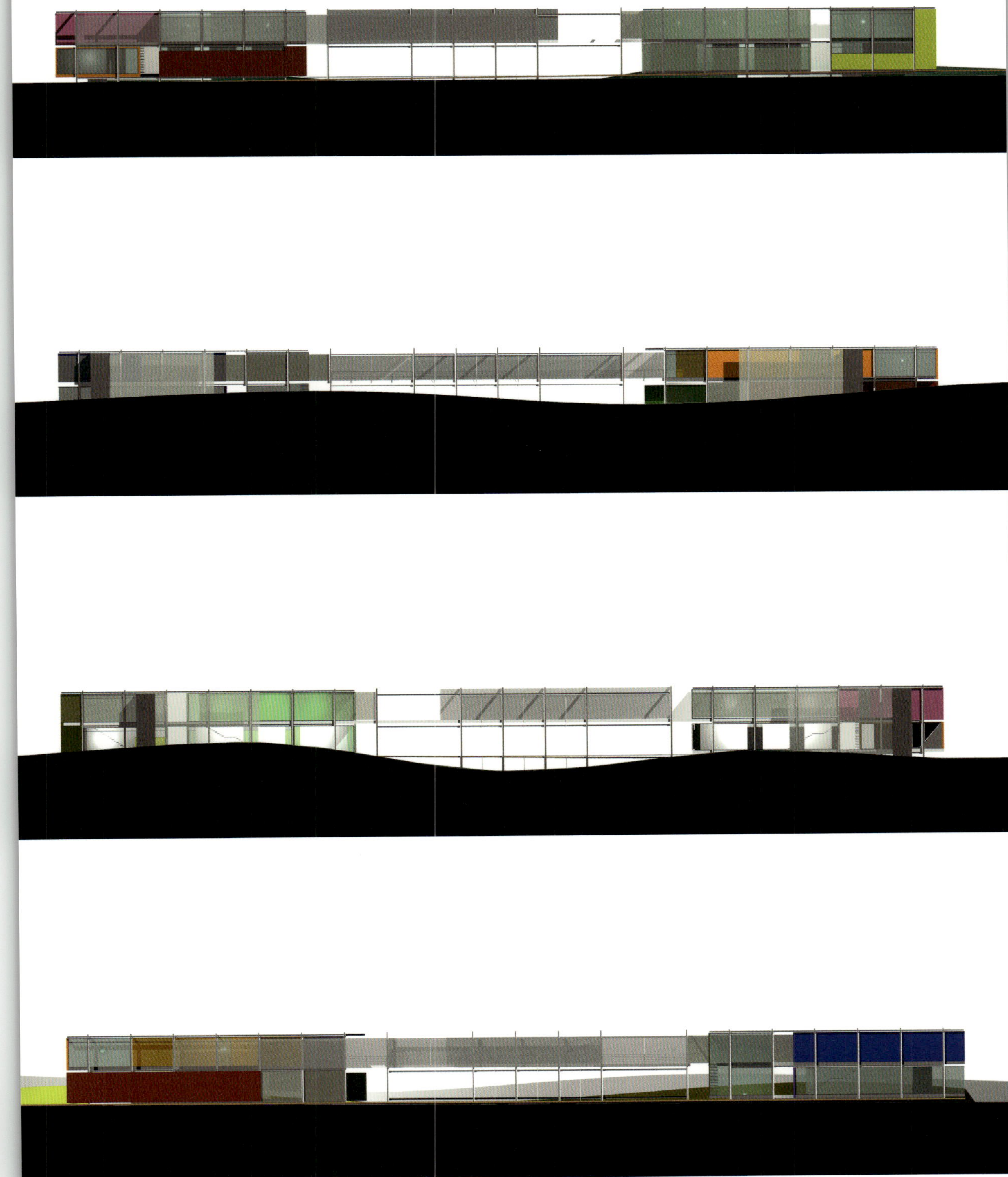

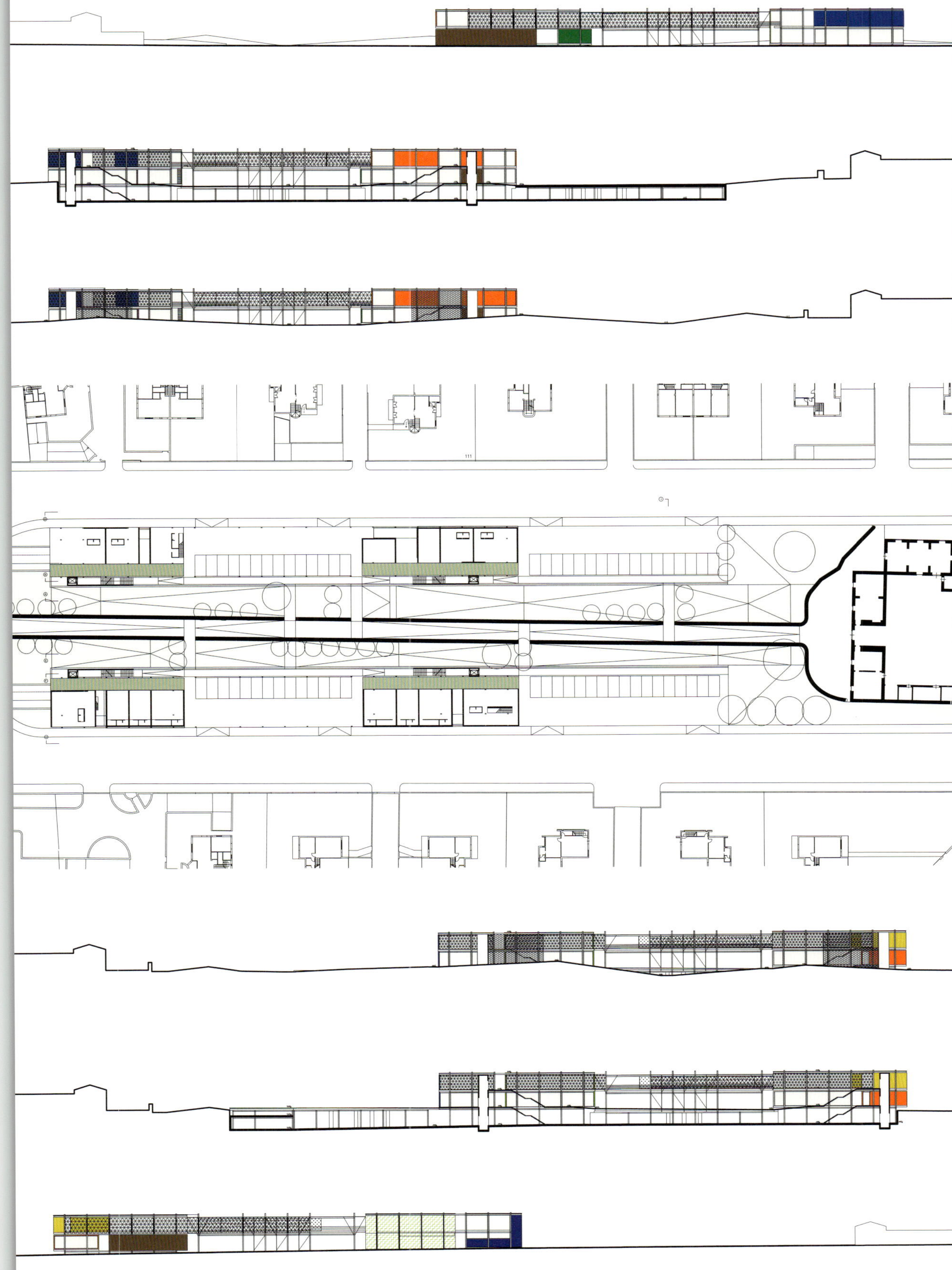

MGGC _ XX _ CCR.2000 _ 05 > /

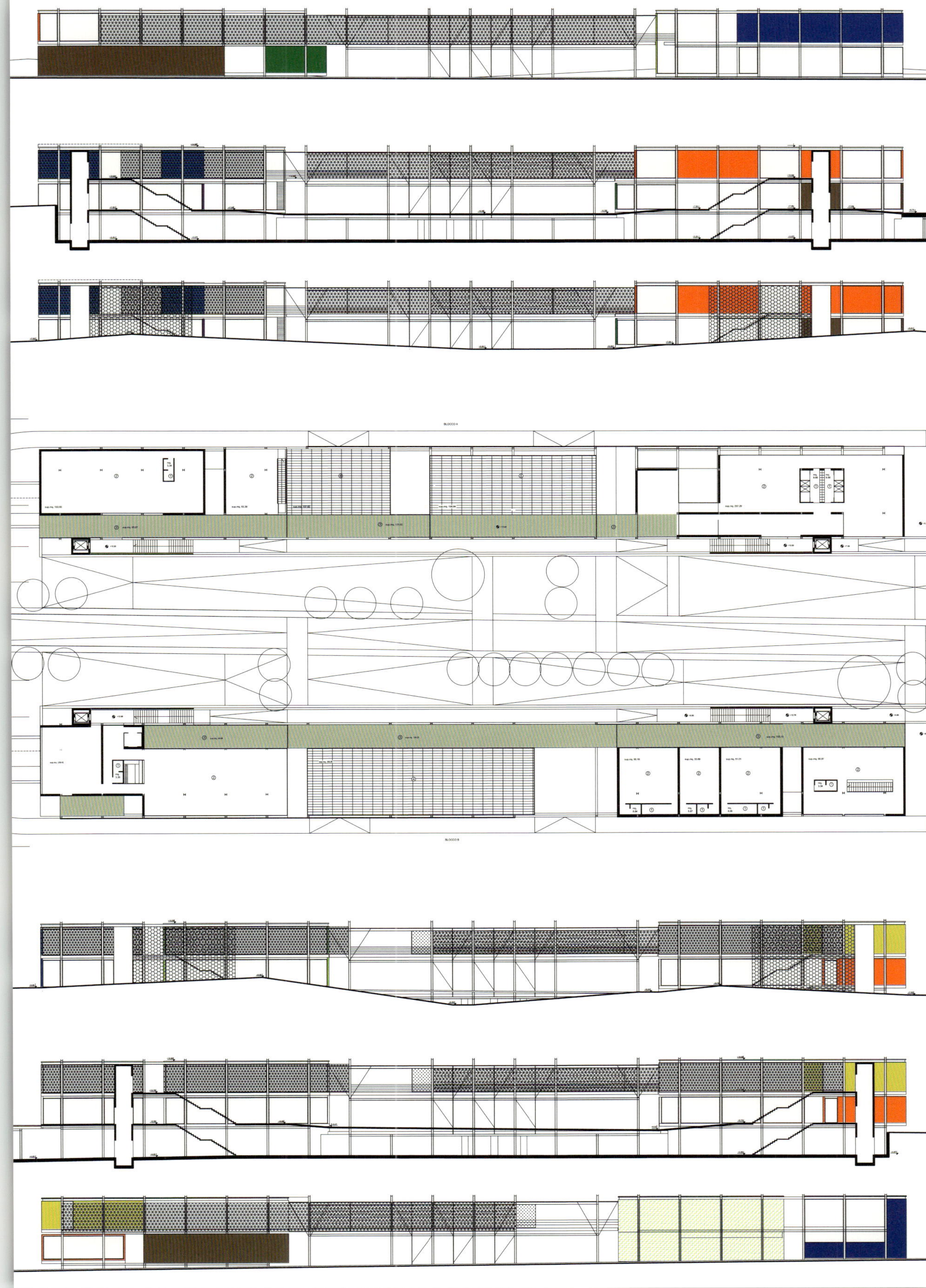

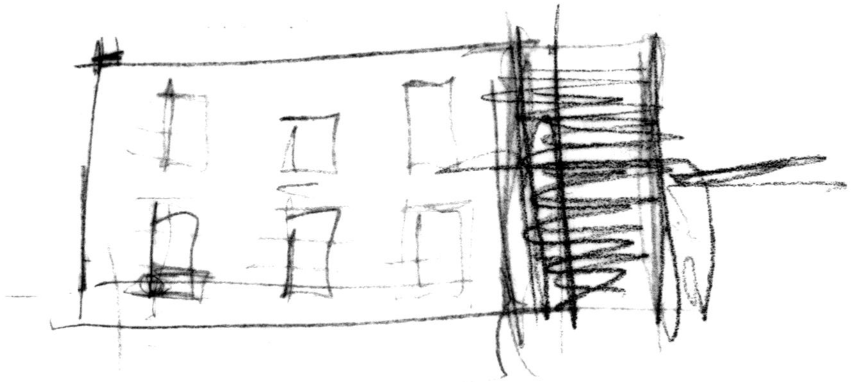

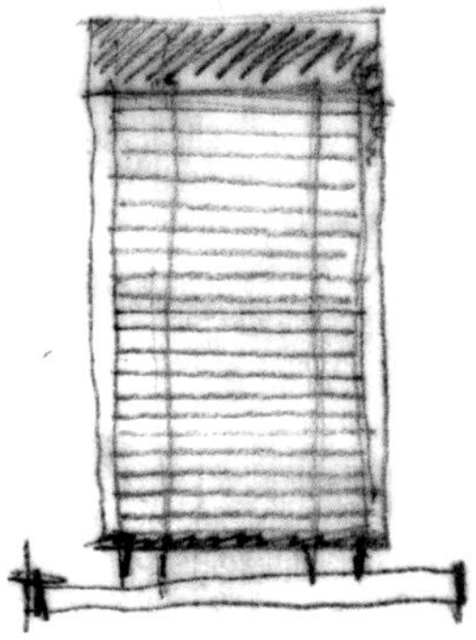

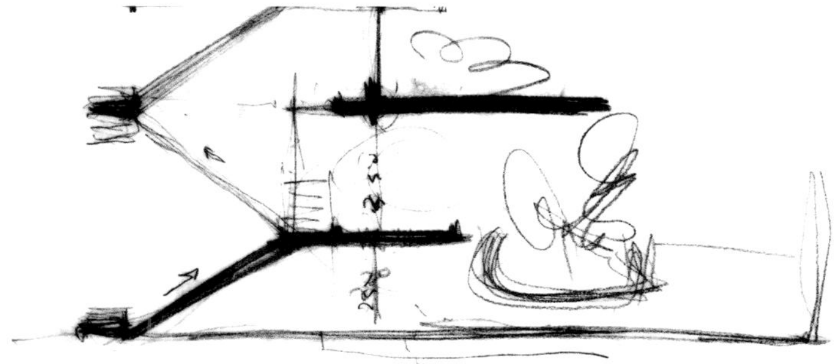

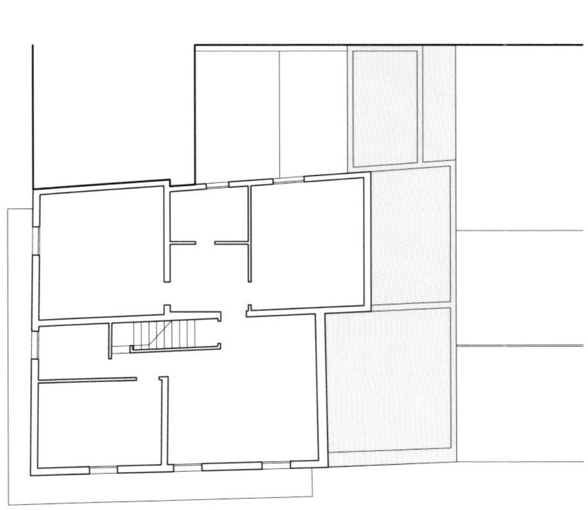

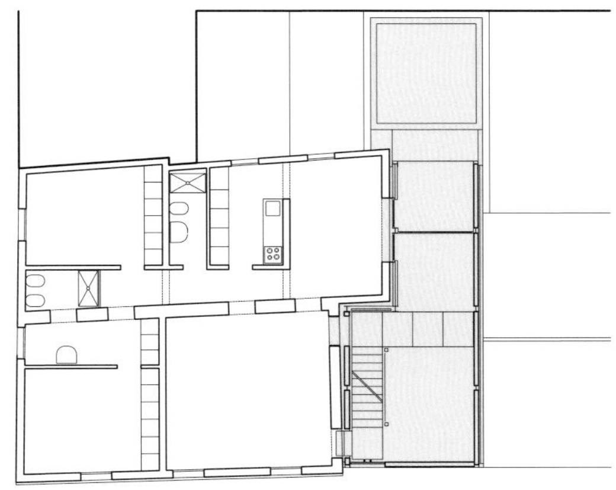

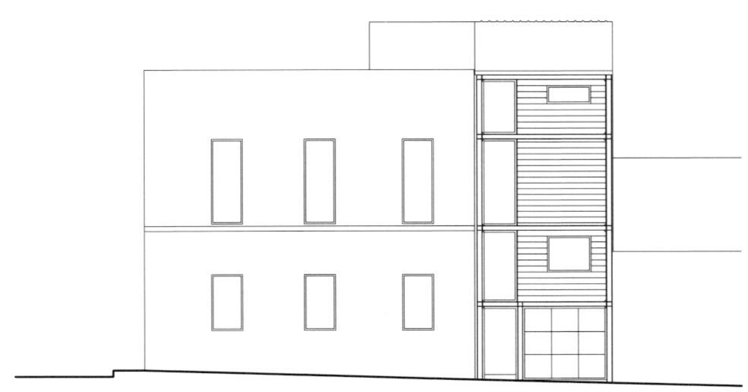

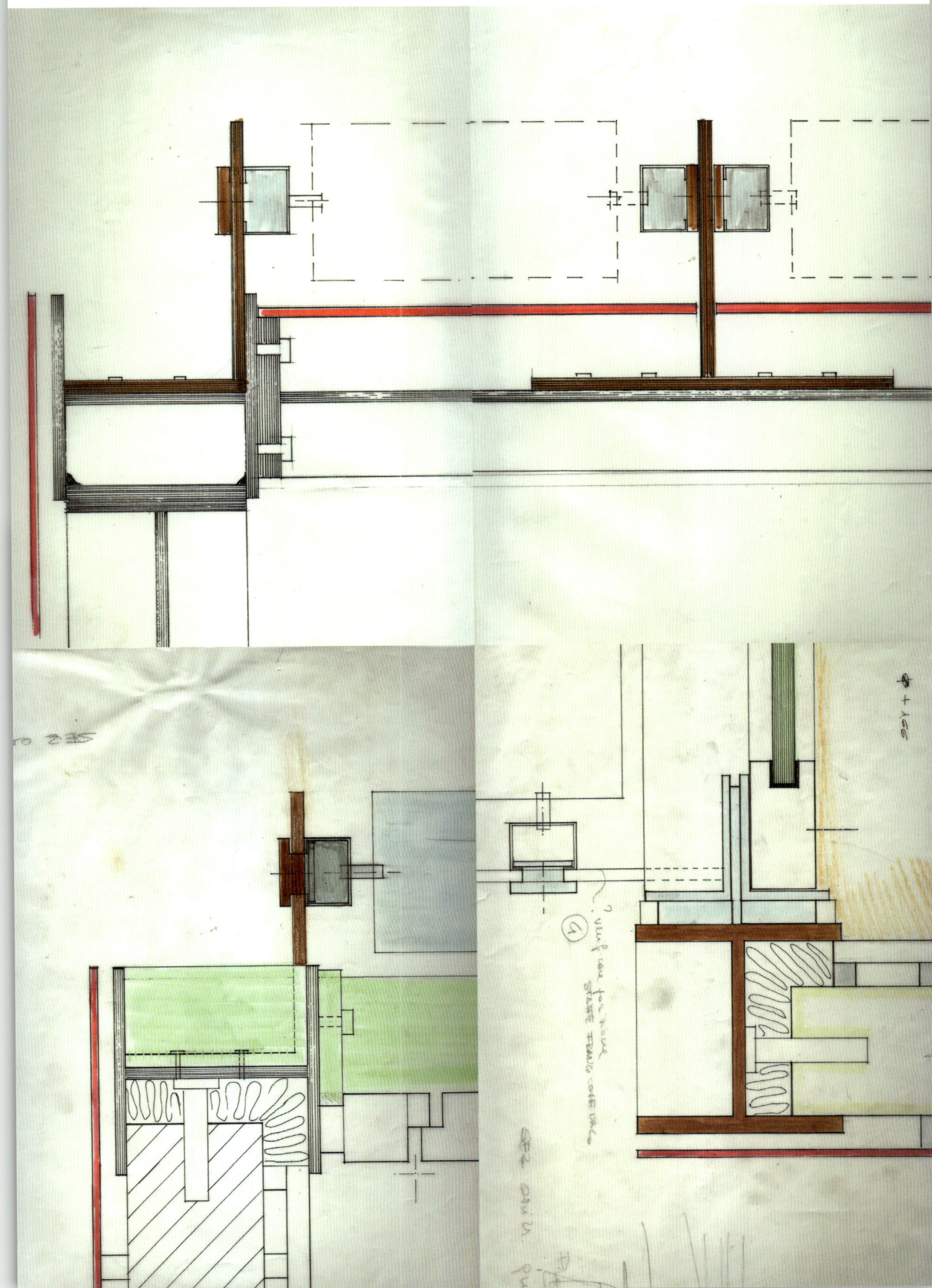

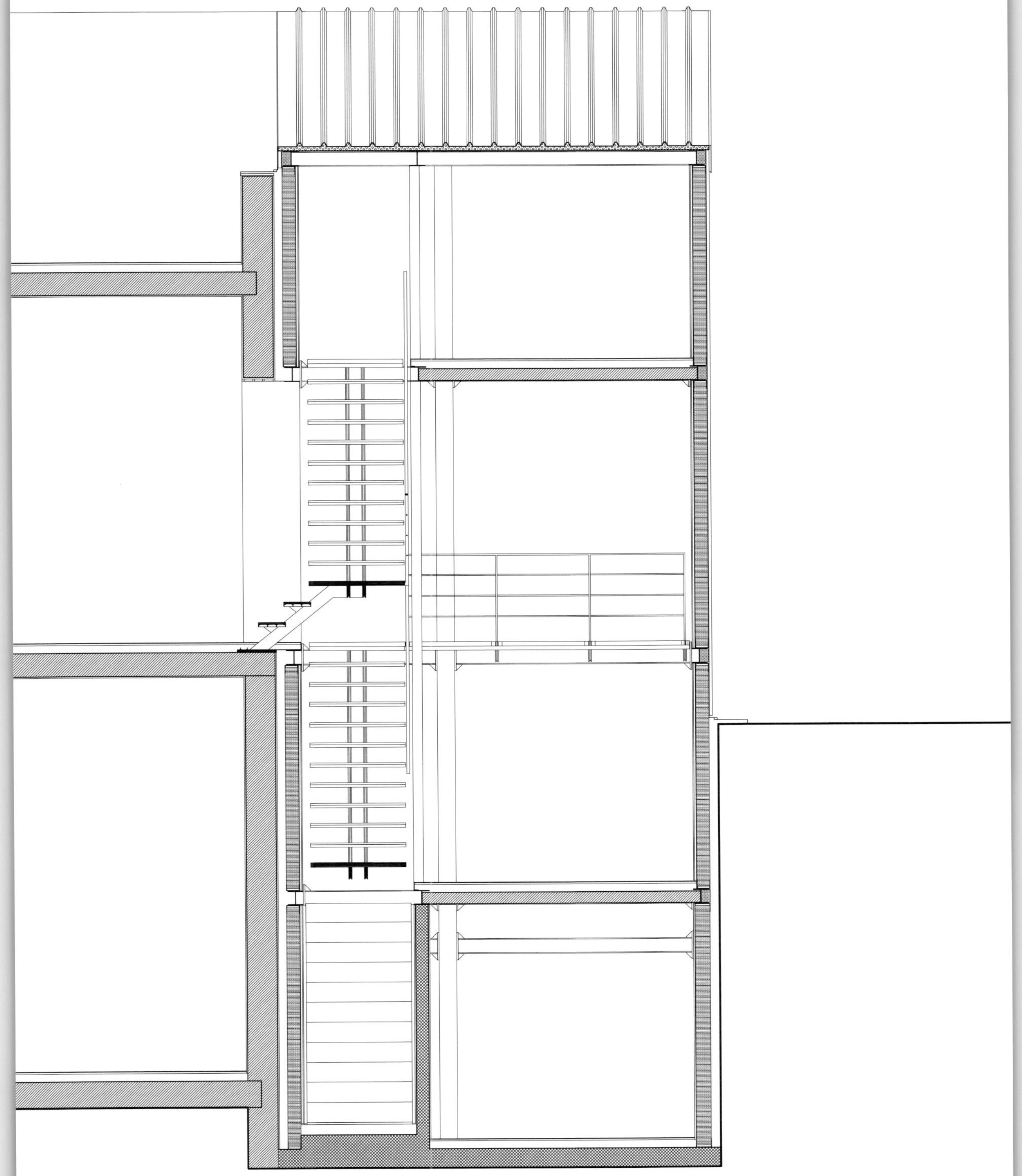

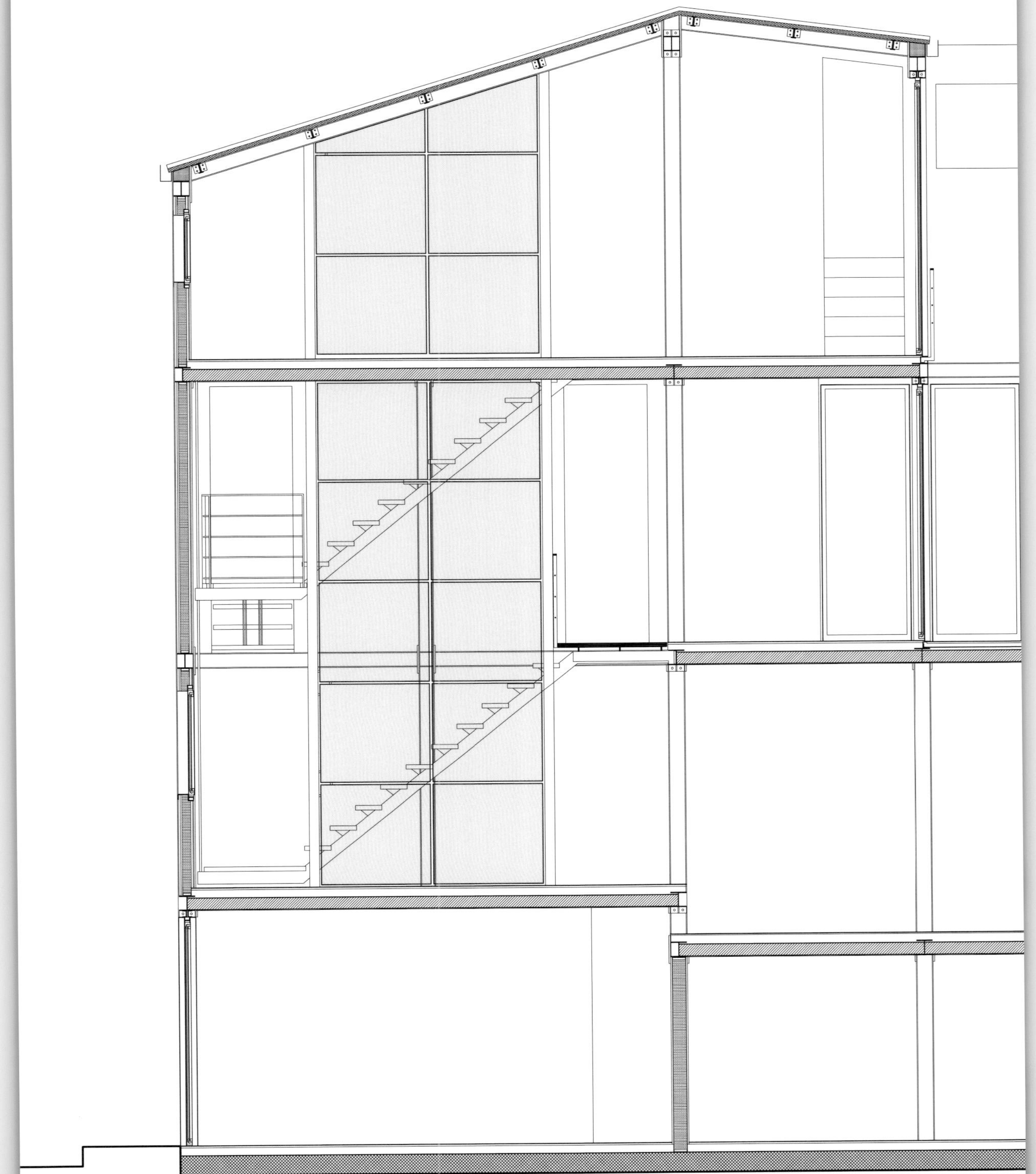

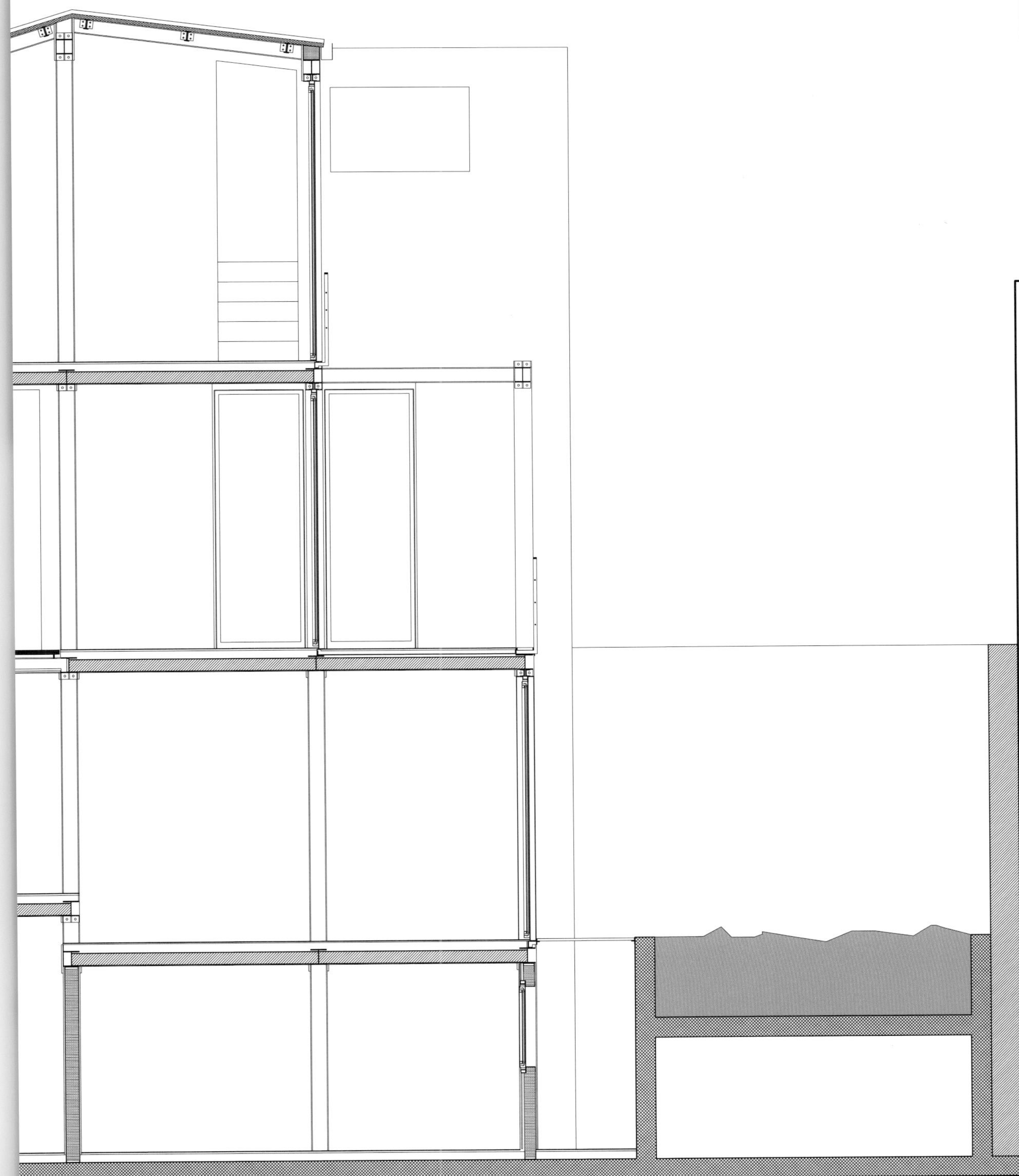

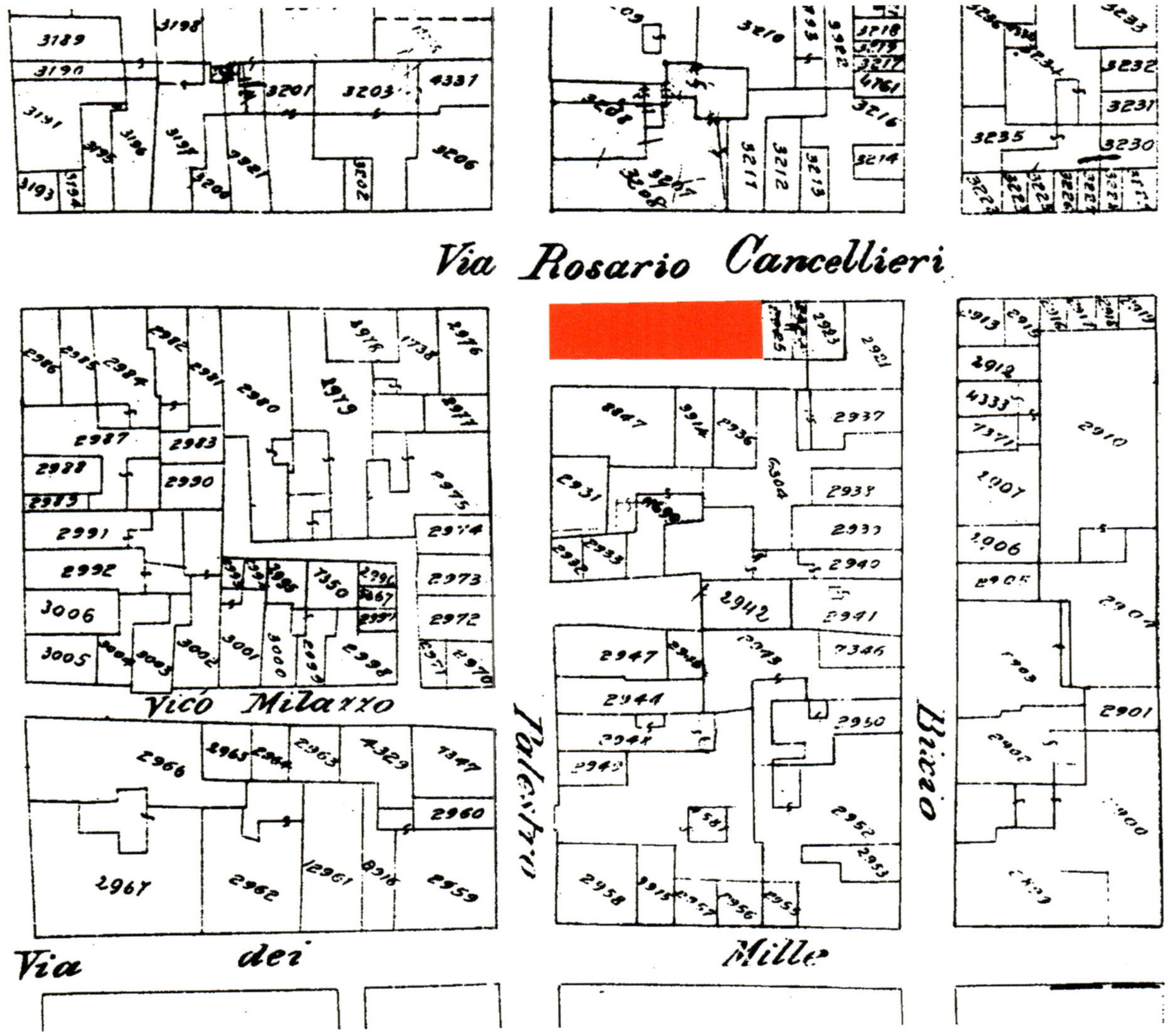
Via Rosario Cancellieri
Vicó Milazzo
Palestro
Bixio
Via dei Mille

MGGC _ XXII _ EMV.1991 _ 02 < /

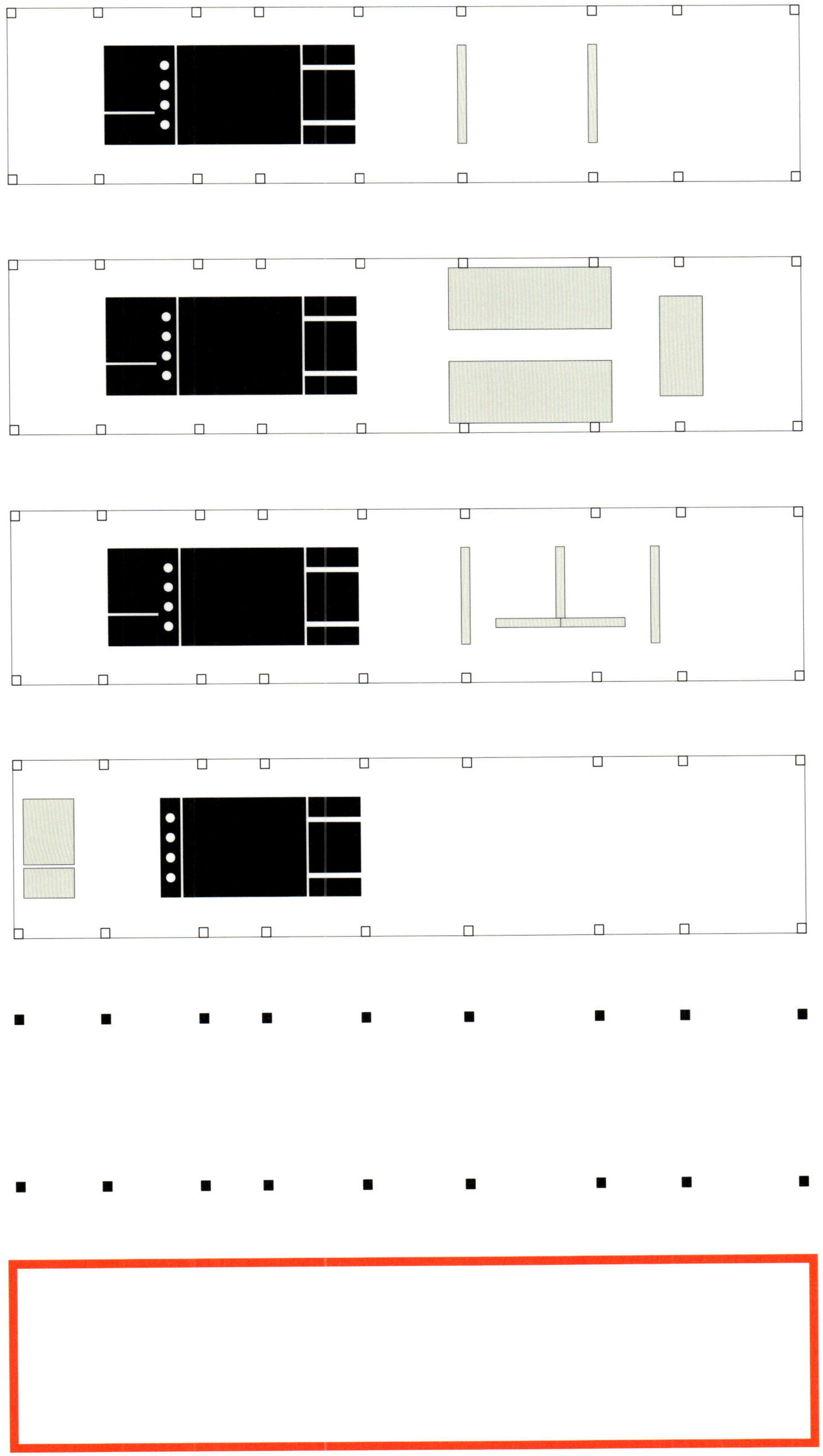

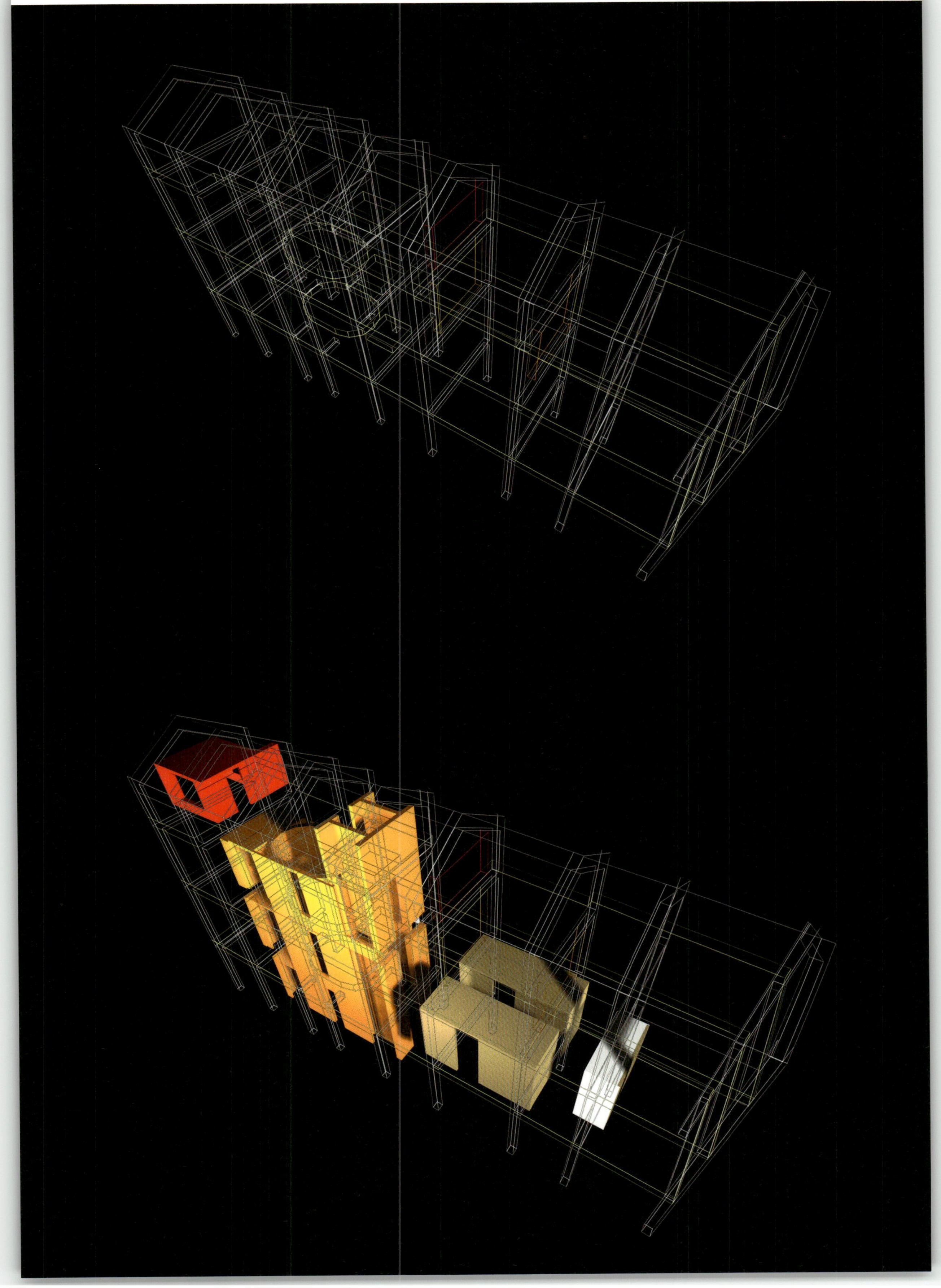

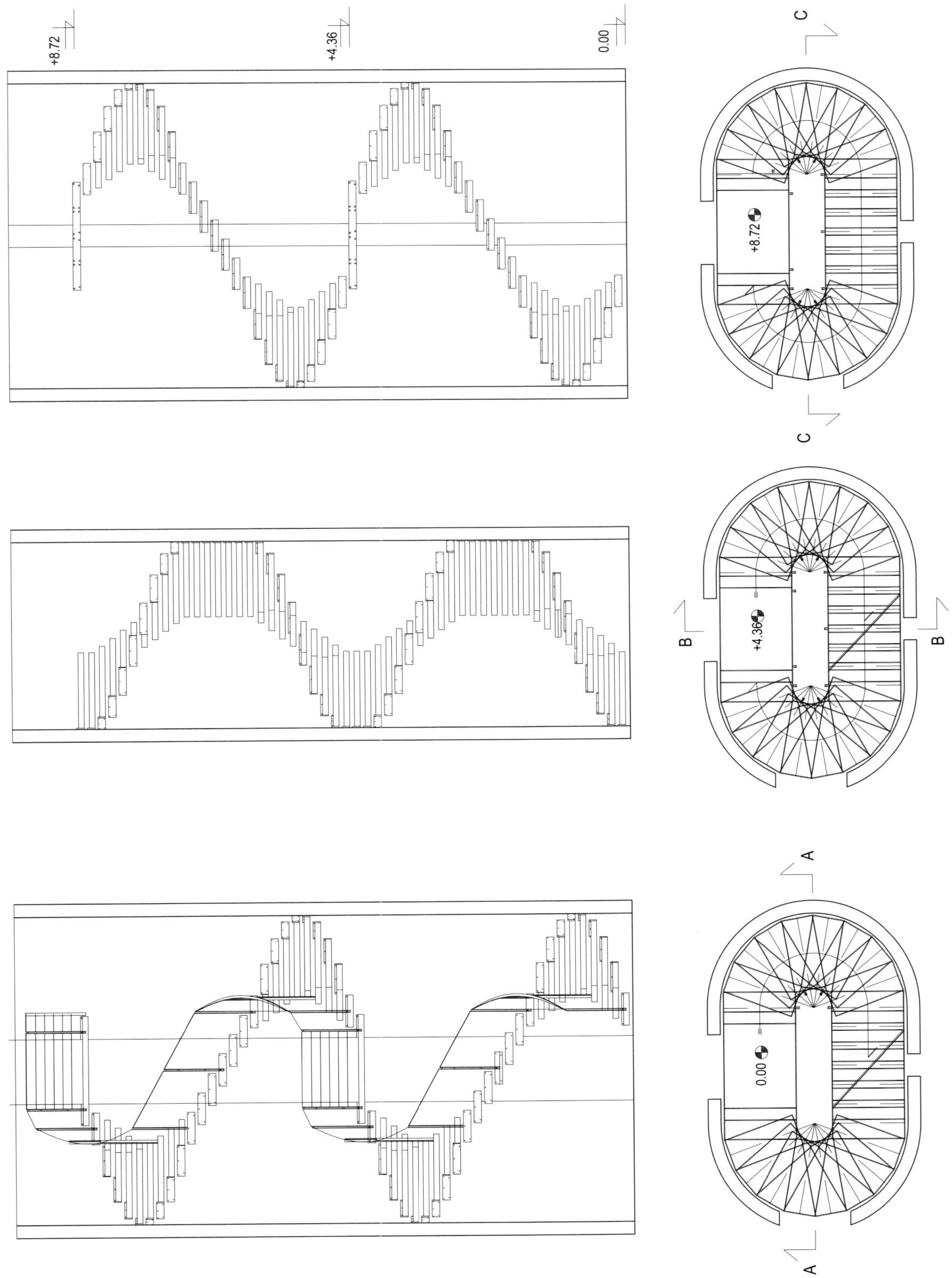
+8.72
+4.36
0.00
C
C
+8.72
B
B
+4.36
A
A
0.00

You give someone carte blanche when you trust them and want to offer them space and scope to develop their vision. Carte blanche is the protagonist in this oeuvre, forming the terrain on which exchanges unfurl between the creator of the work and users or observers of the built structures. The board on which to play out the moves is the most important aspect here, with the rules of the game playing a decisive role too, while the players have vanished. The focus is not on revisiting the author's role or reestablishing the centrality of the work. This quest is not guided by the spirit of Pygmalion (a sculptor who became so impassioned with his own creation that he wanted to tear it from the realm of the living), nor by the promise of beauty (a notion demolished by Nietzsche), nor by any possible Stendhal syndrome. It is life that is given carte blanche, not art and not the author of the work. The latter moves against the backdrop of a great fresco, a sweeping horizon: the game of life and its inexorable flow. The actors who appear on the stage are present for a limited time: the architect, the clients and their wishes, the workmen, the equipment, the terrain, the light. Everything changes or may change; this movement is given free rein, forming the subject matter, the meaning, and the purpose of this journey. The architect, as the originator of the work, is present, reiterating a twofold mission. Enlarging (*auctus*) and acting (*augeo*), she assumes a role of authorship and authority but will ultimately face anonymity. The architect enlarges what she finds and forms, adding potential, livability, space, light, relationships in the making. She acts by holding the reins of the entire process, melding aspirations and technical means into one single conglomerate. With a sure hand, she determines the shape a project assumes, inscribing her distinctive signature upon the choices made, the routes taken, and the mechanisms deployed. Yet marking this imprimatur is not the objective, just as the aim is not to elucidate the work or the dream of perpetual renown. With its infinite lists, classifications, and encyclopedias of the present and past, life is the great floating stage on which to place our fleeting presence. It is only on this stage that anonymity can be constructed, only if time is accepted as the page upon which to write can your own position become completely relative. The architect's signature style is, admittedly, present, enlarging the modes in which life can be manifested and the requisite technical steps to open Pandora's boxes. Architects are akin to dowsers, not creating the water but finding the spring and devising strategies to use it. The process runs in two different directions: heightening possibilities (of space, or desires …) and making precisely these heightened elements possible and tangible. As a result, two drifting currents exert a pull: one heads straight for the sea of marvels, while the other is tentative, offering a response that is anything but unequivocal, following in the footsteps of technical options; it eludes standardization and is always part of the very soul of the work. Both courses are revealed in reality: however, the natural and inorganic realm, fauna and machinery, art and industry produce *objets trouvés* or scenes for introjection. Within the same terrain, spaces bursting with vitality encounter instruments of control: only by dissecting a tiny insect can you grasp its complexity, yet without claiming to control its destiny, merely to understand and accompany this fate. Putting your signature upon a work, yet remaining anonymous, entails challenging life, embracing life. Technology perpetually strives to find out more; there is no resignation in exploring the feasible, for possible pathways lie concealed within that realm of possibility and what is important is finding a way to reveal them. Work proceeds with checks and inspections, adjusting the initial course because of the choices that must be made, not for the sake of stylistic flourishes. The architect's own history bubbles up again in the positions adopted, or rather, thanks to her experiences. Once again fragments of memory rise up to the surface, from the indubitably personal archive of life (in this case the architect's own life), and take on meaning, although there is no need to construct a narrative. Words and things return as changing objects, as minerals. The author explores on blank sheets of paper, seeking to identify how many solutions can be envisaged for life within a house (MFS.2005) or how to build a cage around a shopping center to turn it into a temporary machine for living (CCR.2000), considering the ways in which an urban district is defined when it aims to combine situations rather than rules (ALBA.2000.2004), or exploring what is concealed within an egg (UOVO.2011). Perhaps the egg is the work that sheds the most light on the problem of the absence of the author, and on the idea of a creative imprimatur in anonymity: the page is blank in order to offer possibilities, and does not bear a signature. In this case the egg assumes all the connotations its name evokes, although the material is deceptive: it is a chocolate egg. However, its form, its features simply aim to "confirm" what an egg is. The project pursues this route to its logical conclusion; an egg is in essence a shell that contains new life. Here, at the request of a confectioner, although the feat of enclosing parrots within the egg is clearly impossible, technology supplements nature to evoke life. The object releases an artificially generated song, triggered and modified by the observer as he moves closer,

Si dà carta bianca quando si ha fiducia nell'altro, quando gli si vuol offrire spazio e progettualità. La carta bianca è il protagonista di questo lavoro, è il territorio di scambio tra autore e abitante o osservatore. È qui più importante il tavolo da gioco, sono qui decisive le regole del gioco, mentre i giocatori sono comparse. Non si tratta di rivedere il ruolo dell'autore o di recuperare la centralità dell'opera. Né Pigmalione (scultore che s'infiamma per la propria creazione fino a desiderare che questa non appartenga più alla vita), né la promessa del bello (già demolita da Nietzsche) o possibili sindromi di Stendhal conducono questa ricerca. Si dà qui carta bianca alla vita, non all'arte e nemmeno all'autore. C'è un grande affresco, un grande orizzonte nel quale si muove l'autore: è il gioco della vita e il suo inesorabile fluire. Gli attori in scena sono presenze a tempo determinato: l'architetto, i committenti e i loro desideri, gli operai, le macchine, il territorio, le luci. Tutto cambia e può cambiare, a questo movimento è data piena licenza tanto da essere l'oggetto, il significato e il fine di questo percorso. Certo l'autore è presente e ribadisce la propria doppia missione. Aumenta (*auctus*) ed agisce (*augeo*), è autoriale ed autoritario ma il suo fine è l'anonimato. Aumenta, ciò che trova o ciò che plasma, di possibilità, di abitabilità, di spazio, di luce, di relazioni in nuce. Agisce controllando l'intero processo, condensa desideri e tecnica in un unico impasto. Determina sicuramente con il proprio segno delle scelte, delle vie, dei meccanismi. Non è però il proprio segno la meta e non lo è nemmeno la chiarificazione dell'opera o il sogno di una sua possibile eternità. La vita con i suoi infiniti elenchi, le sue catalogazioni, le sue enciclopedie di ciò che c'è e di ciò che è passato è il grande pavimento galleggiante su cui posare la propria temporanea presenza. Solo su questo palinsesto si può costruire l'anonimato, solo accettando il tempo come foglio su cui scrivere, la propria posizione può essere completamente relativa. Certo la firma dell'autore c'è, insiste sull'aumento delle possibilità della vita di palesarsi e sulle azioni tecniche necessarie a realizzare questi scoperchiamenti dei vasi di Pandora. L'architetto è come un rabdomante: non è possibile attribuirgli la creazione dell'acqua, ma il ritrovamento della fonte e le strategie del suo utilizzo. Due sono i moti, le direzioni: esaltare le possibilità (dello spazio, dei desideri...) e rendere possibili, concrete quelle stesse esaltazioni. Da qui si attuano due derive: una conduce sicura verso i mari della meraviglia; l'altra procede in modo tentativo, la risposta non è univoca, nei tracciati della tecnica, mai normabile, sempre facente parte dell'anima dell'opera. Entrambe le strade si palesano nella realtà: natura e inorganico, fauna e macchinari, arte e industria comunque producono *objets trouvés* o scene da introiettare. S'incontrano nella stessa terra spazi vitali e strumenti di controllo: solo vivisezionando un piccolo insetto se ne può comprendere la complessità, così facendo non si pretende di controllarne il destino ma di comprenderlo ed accompagnarlo. Firmare rimanendo anonimi è porre una sfida alla vita, accogliendola. La tecnica afferma una continua volontà di ricerca: nel fattibile non c'è rinuncia, nel fattibile si nascondono tracciati possibili, tutto sta a dimostrarli. Il lavoro procede per verifiche, devianze dettate da scelte necessarie, non da declinazioni calligrafiche. La storia dell'autore riemerge nelle sue posizioni o meglio grazie alle sue esperienze. Ma di nuovo dall'archivio della vita (in questo caso dell'autore), certamente personale, riemergono e trovano senso reperti della memoria, pur senza necessità di costruire una storia. Le parole e le cose ritornano come oggetti cangianti, come minerali. L'autore cerca sulla carta bianca quante soluzioni può contemplare la vita in una casa (MFS.2005), come ingabbiare e far diventare una macchina di alloggiamento temporaneo un centro commerciale (CCR.2000), come si determina un pezzo di città che vuole essere un accumulo di situazioni e non di regole (ALBA.2000.2004), cosa cela un uovo (UOVO.2011). Forse proprio l'uovo è l'opera che chiarisce meglio il problema dell'assenza dell'autore, della firma nell'anonimato: il foglio è bianco per dare possibilità, il foglio è senza firma. L'uovo in questo caso assume tutti i connotati dettati dal proprio nome, certo il materiale è bugiardo: si tratta di un uovo di cioccolato. Ma la sua forma, le sue sembianze cercano solo di «confermare» cosa è un uovo. E il progetto persegue fino in fondo questa via, un uovo è sostanzialmente un guscio che contiene nuova vita. Nell'esercizio, su invito di una pasticceria, non è chiaramente possibile imprigionare dei pappagalli, allora basta usare la tecnica in supplenza della natura, per rendere possibile la desiderata evocazione della vita. Un canto artificiale si sprigiona dall'oggetto, il canto si aziona e si modula in relazione alla vicinanza dell'osservatore: da piacevole canto può diventare assordante

perhaps turning from a pleasant tune to a deafening yell. Ultimately, nature is not standardized either, and does not just exist in a saccharine mode to offer us consolation; nature is ever-changing, fragile, and violent at one and the same time. Once again the page is blank and the creator of the work gives carte blanche to her creativity when dealing with life, adopting stratagems, twisting laws, overcoming boundaries (real or hypothetical). Technology is bent to serve the designer's own ends and functions as the device required to construct the artifice, rather than as the subject matter of the work. The sound is reactive, a "self-evident" yet surprising presence within the egg, testifying to transgression of the boundary between organic and inorganic. The egg that is created does not attempt to draw attention to itself; on the contrary, it appears entirely "normal" and this excessive normality spills over into the marvelous, into surprise and terror within objects, stemming from the desire to see the two faces of Janus. There is a parallel with the work of Ron Mueck, in which the scientific process of constructing molds and hollow bodies is mirrored in what is produced, namely sculptural versions of normal bodies on a disturbing scale. Some are blown up to gigantic dimensions, others reduced to miniature statues, but all seem to direct attention toward their presence or our presence. The term "real" contains within it various etymologies, derived principally from "re" (king) or "res" (thing). The "sumptuous" and the "truth of the substance" therefore coexist within reality, the "regal" alongside the "facts." Just like Jeff Wall's art, expressed in works such as *Milk* (1984), *Insomnia* (1994), or *Band and Crowd* (2011), the subject matter of this oeuvre is reality, but something makes this affirmation questionable; it is exactly like the moment a shift in air pressure or temperature makes you wonder what is about to happen, when a few flashes of lightning allow you to see your surroundings more clearly. That clarity, however, is at the same time also a form of modification, for these focused spotlights change colors and cast the environs into shadows. It is hard to attribute this egg to a creator–nothing about it could be attributed to a style, to an imprimatur. Perhaps we can identify the author of the work by recognizing the modus operandi: everything (the technology, the material, the form) comes together in an endeavor to accord space to the essential elements of life. However, the problem of the author actually retreats into the background when the work takes center stage: in its obvious ambiguity, the object calls for a reaction from the observer, its meaning as yet not assigned. Architecture may be fitted into the urban fabric or pared down to accommodate a greater sense of urbanity. Stripped of any catchy signature style, it is rendered as smooth as a stone washed by the sea, open to interpretation of its past and providing precarious information about when and how it was produced (SPR.2001). This recalls two canvases by Yue Minijun, *Founding Ceremony* and *The Death of Marat:* as the two main protagonists, Mao and Marat, have vanished, deleted from the original canvases, the background must reorganize itself, taking their disappearance as its point of departure. It appears paradoxical but the absence of Mao and Marat, the missing presence of the main protagonists, frees up the landscape. It is a two-pronged undertaking, deciding what to remove, and offering the presence of the landscape per se in the form of a void. The game of anonymity thus involves everyone–the main players are removed from the landscape: the author of the work, its subject matter, the viewer. Destiny appears as the actual director, with the play of destiny manifested as threads interwoven on a blank page.

POLYSEMOS

The multiplicity of meanings expressed by a single word (polysemy), a single sign, or a single thing awakens a sense of instability in anyone who reads the word, interprets the sign, or uses the object. Architecture and certainty have always overlapped in the need to provide shelter, a safe haven, yet the terms *unheimlich* and *heimlich* share the same root, as do *hospitalitas* and *hostilitas*. Architecture as a three-dimensional form of language has crystallized in ethics, propaganda, and affirmation of the author. In guileless functionalism, which aimed at complete clarity, the meaning of spaces was translated into unchanging stability, offering only one possible route. Viewed as a mathematical computation, architecture discarded any form of ambiguity or instability. Any hint of doubt or uncertainty was eradicated. That, however, does not reflect the nature of life, nor the essence of architecture when it was genuinely intended as a protective structure. Venice was built on marshland to make it inaccessible to enemies; it was not the easiest place to live in but was chosen as the safest refuge, the most uncertain terrain. The correspondence between the floor plan and the facade is an invention of modernity, created in the 20th century to produce clarity and bring the container into line with the content, but this was not the form assumed by, for example, Renaissance architecture. This was partly because of the way in which it was constructed, but it was not the sole reason. The stratification of meaning in architectural language was considered part of its riches until the rationality of a few was transformed into the logic of all and sundry. Stripping architecture of uncertainty means

grido. Finalmente anche la natura non è normata, edulcorata solo a dare consolazione, la natura è cangiante, fragile e violenta allo stesso tempo. Di nuovo la carta è bianca, l'autore si dà carta bianca quando deve occuparsi della vita, adotta anche stratagemmi, raggira leggi, supera confini (veri o ipotetici). La tecnologia è piegata dall'autore, non è l'oggetto dell'opera, ma lo strumento necessario per costruire l'artificio. Il suono è in reazione, è la «scontata» e *sorprendente* presenza dentro l'uovo che attesta il superamento del confine tra organico ed inorganico. Il risultato è un uovo che non cerca di farsi notare anzi è evidentemente «normale», il suo eccesso di normalità sconfina nella meraviglia, nella sorpresa e nel terrore, è nelle cose, tutto sta nel voler vedere questo Giano bifronte. Come nell'opera di Ron Mueck, in cui al processo scientifico di costruzione di calchi e corpi cavi corrispondono, quale risultato, normali corpi scultura dalla disturbante dimensione. Alcuni ingigantiti, altri ridotti a statuine, tutti sembrano chiedere una maggiore attenzione verso la propria presenza, o verso la nostra. «Reale» attiene in sé diverse derivazioni, principalmente: di o da «re» e da «res» (cosa). Nella realtà convivono quindi il «sontuoso» e la «verità della sostanza», il «regale» e i «fatti». La scena è carica di una normalità talmente ricercata che è impossibile non pensare alla sua assoluta finzione. L'oggetto di questo lavoro, come quello di Jeff Wall, in opere quali ad esempio *Milk* (1984), *Insomnia* (1994) o *Band and Crowd* (2011), è la realtà, ma c'è qualcosa che rende dubbiosa questa affermazione: è esattamente come quando cambia l'aria e ci si chiede se stia per succedere qualcosa, come quando alcuni lampi permettono di guardare con più chiarezza l'intorno, ma quella chiarezza è anche, allo stesso tempo, alterazione, sono spot puntati che alterano i colori e rendono ombroso l'intorno. Difficilmente potremmo attribuire quell'uovo all'autore, l'uovo non restituisce elementi associabili ad uno stile, ad una firma. Forse la stessa attribuzione potrebbe avvenire grazie al riconoscimento del modus operandi: tutto converge (dalla tecnica, alla materia, alla forma) a cercare di dar spazio alle cose della vita. Sostanzialmente però il problema dell'autore, quando l'opera è in scena, va in secondo piano: l'oggetto nella sua evidente ambiguità chiede una reazione da parte dell'osservatore, il suo significato è in attesa di rilevamenti. L'architettura può essere inserita o spogliata per accogliere un ulteriore senso di urbanità. Le è sottratta la calligrafia trovata per renderla come un sasso eroso dal mare, aperto all'interpretazione del suo passato, incerto nel dare notizie sulla sua data di origine e di fabbricazione (SPR.2001). Come nelle due tele di Yue Minijun *Founding Ceremony* e *The Death of Marat:* Mao e Marat, i due principali protagonisti sono scomparsi, cancellati dalle tele originali, lo sfondo è chiamato a riorganizzarsi a partire dalla loro sparizione. Sembra paradossale ma l'assenza di Mao e di Marat, dei principali protagonisti libera il paesaggio: il progetto è doppio, è sia decidere cosa cancellare, sia offrire la presenza del paesaggio stesso in forma di cavità. Il gioco dell'anonimato coinvolge così tutti: autore, oggetto, osservatore. Il destino si palesa quale vero regista, il suo gioco è e sarà intrecciare fili su un foglio bianco.

POLYSEMOS

La molteplicità di significati propri di un'unica parola (polisemia), di un solo segno, di una sola cosa provoca instabilità in chi legge la parola, interpreta il segno, usa la cosa. Architettura e certezza si sono spesso incontrate nel dover dare ospitalità, rifugio certo, ma i termini *unheimlich* e *heimlich,* così come *hospitalitas* e *hostilitas* condividono la stessa radice. L'architettura, in quanto forma tridimensionale di linguaggio, ha trovato nel territorio dell'etica, della propaganda, dell'affermazione dell'autore cristallizzazioni. Nell'ingenuo funzionalismo, che tutto doveva rendere chiaro, il significato degli spazi si è tradotto in fissità, fino a diventare unica via. La matematica dell'architettura ha messo in soffitta ogni forma di ambiguità, instabilità. Ogni forma di incertezza è stata cancellata dall'orizzonte. Ma così non è la vita e nemmeno lo era l'architettura quando davvero voleva proteggere. Venezia venne costruita in una palude per essere così inaccessibile ai nemici, non si trattava del luogo più facile da abitare ma si scelse il rifugio più certo, il terreno più instabile. La corrispondenza tra pianta e prospetto è un'invenzione del moderno, del Novecento per rendere chiaro e corrispondente al contenitore il contenuto. Ma così non era ad esempio l'architettura rinascimentale anche per questioni meramente dettate dalla fabbrica ma non solo. La stratificazione di senso della lingua architettonica è stata considerata ricchezza fino a quando la razionalità di pochi è diventata la logica di tutti. Depurare l'architettura dell'incertezza è ridurla ad una direzione dettata dall'autore o da una

reducing it to an orientation determined by the architect or by the client's brief. Admittedly, even the clearest architecture is diffracted through the viewer's gaze, yet that kind of clarity is very different from creating a built structure imbued at birth with multiple routes, a locus in which anyone may act out their own moves, tracing out their own ephemeral path. Polysemic and protean, the work yields different meanings and at the same time breathes like a living being, accepts its own demise, and, like Proteus, assumes the form that suits it best. Being possessed of multiple identities is an advantage in this context, just as it is for the chameleon. As is the case in landscapes dedicated to producing or extracting natural resources, there is not one single configuration: port machinery, oil wells, or tractors are bodies in motion, not on a whim, but of necessity, or, to be more precise, by definition. Without this movement it would be impossible to cultivate the land or extract the oil that industry needs. In the same way, buildings and spaces are given scope to take on (sometimes illusory) changing uses, dimensions, roles, or configurations thanks to project strategies that envisage "displacement" (breaking down barriers/incorporation/contraction/expansion/gradual saturation/removal/movable segments of certain volumes) and use the material to that end. As a result, a building can elude the principles of permanence ascribed to architecture, opting instead to be guided by a logic that is intrinsic to the natural world: as a result, it can be defined as protean. The architect accepts the gradual transformation of her work (by users, by another architect, by time, by wear and tear ...), viewing it as a living organism, imbued with its own life, which is destined to draw to an end. A protean space changes in the course of its use, responding to input from constantly shifting behaviors and circumstances. It is, once again, a space pulsing with vitality, a dispositive receptive to modification and offering scope for its users to participate, and which can therefore be defined as polysemic. At times the movements are illusory, the boundaries are ambiguous, the relationships reflective, for, once again, that is how reality is and the space is different only in as much as it is tempered by the rules and codifications of architecture. A house is a shell and simultaneously a terrace (FCN.2009). A port is a safe refuge, yet the encounter between land and water remains precarious, as does perception of the landing place, an uncertainty amplified by the ambiguity of reflections and light refracting off the water. Just as the design for a new district of the city is not settled or decided (stratification in time cannot be designed for it is unexpected, cannot be conceived or predicted), this uncertain status will inevitably be found in an existing city shot through with such stratification (PMR.2007). The polysemic linguistic code and the protean genetic code cannot be pushed aside and viewed merely as a matter of scale or dimension. Fortunately, the boundaries demarcating the house are ambiguous too; perhaps it is aware that it will exist only for a certain time. New living spaces may equip the found container differently, for there may be many possible destinies for this shell (PVC.2006). As the term "restoration" is polysemic, actually meaning "making whole again," and suggesting an impact on the structure but not necessarily on the meaning of a space, it does not imply reestablishing the original order and meaning. The emphasis instead is on making the most of the found space: making the most of emptiness, constructing a nest while awaiting other destinations. Ambiguity may be twofold, found in shells, structures, materials, or concern only one line, or may be manifested in the construction of a frontier, a limbo (SBR.2001). The ambiguity of the Italian term for "house" ("casa"–tent, carpet, fortress, and shadow) is mirrored in the implementation of mechanisms to heighten indeterminacy. The house may capture the city, seeking to take it captive as if catching larks, like a child playing with a mirror, like a prince transporting his own land into his dwelling. The house is indeed again a machine for living (GNS.2002), no longer with a view to clarifying its functions, but in order to mix these up, stacking them one upon another. The house may be a genuine dramatic device, a mise-en-scène of "*la vie*" and its "*mode d'emploi*." In this context the script is not an end in itself and does not direct events; the tools of drama are simply transposed into residential infrastructure and spatial dizziness. Functional uses are visible from various parts of the house, as in a war machine, which adds new angles of vision (RGV.2005). Lars von Trier demonstrated in *Dogville* and *Manderlay* that a darkened stage can provide a theater and that the set design may be composed of nothing more than white lines and a handful of objects, with props that set up short circuits between the actions of the actors on stage. Whereas Proteus references natural movements in his metamorphoses, polysemy insists on the uncertain nature of signs and the multiple significations that may also be found in the inorganic world. Along with nature, the city is the predominant backdrop to reality today. It is anything but clear, and does not take kindly to rules or functional predetermination. The city, the machines that build it, the tools used to transform, and means of transport are not just simple evocations but actual presences. Precarity is intrinsically implied in the

richiesta del committente. Certo anche l'architettura più limpida è in balia dell'osservatore ma altro è consegnarla al mondo già carica di molteplici direzioni, luogo in cui chiunque può trovare la propria temporanea via, agendo. Polisemica e proteiforme, l'opera restituisce differenti significati e al contempo respira come un organismo vivente, accetta la propria fine, assume, come Proteo, la forma che gli conviene. L'identità multipla è qui un vantaggio come per il camaleonte. Come nei paesaggi della produzione o dell'estrazione, non esiste un'unica configurazione: macchine portuali, pozzi petroliferi, trattori, sono corpi in movimento non per vezzo ma per necessità, o ancora meglio per definizione. Senza quel movimento non si potrebbe coltivare la terra, estrarre il petrolio necessario all'industria. Allo stesso modo strategie progettuali che prevedono lo «spostamento» (sconfinamento/inglobamento/contrazione/espansione/saturazione progressiva/rimozione/movimento effettivo di porzioni di volumi) e l'uso strumentale dei materiali permettono all'opera ed agli spazi di assumere usi, dimensioni, ruoli, configurazioni (a volta illusorie) mutevoli. L'opera sfugge, anche così, ai principi di persistenza attribuiti all'architettura, per perseguire logiche proprie del mondo naturale: è così definibile proteiforme. L'autore accetta la trasformazione progressiva del proprio lavoro (ad opera dell'occupante, di un altro architetto, del tempo, dell'uso...) perché considera la propria opera alla stregua di un organismo vivente, dotato di una vita propria destinata a spegnersi. Uno spazio proteiforme varia nell'uso per impulsi trasmessi da comportamenti e circostanze costantemente variabili, è, di nuovo, uno spazio vitale, è un dispositivo disponibile alla modifica e alla partecipazione degli occupanti: è così definibile polisemico. A volte i movimenti sono illusori, i confini ambigui, le relazioni specchiate perché di nuovo così è nella realtà e diversamente lo è solo nelle regole, nelle codifiche della normalizzazione dell'architettura. Una casa è un guscio e allo stesso tempo una terrazza (FCN.2009). Un porto è un luogo certo, ma resta incerto l'incontro tra terra ed acqua e incerta è resa la percezione dell'approdo, incertezza ampliata attraverso l'ambiguità del riflesso di acqua e specchi. Così come è incerto il disegno di un nuovo pezzo di città (la stratificazione nel tempo non è disegnabile perché inattesa, non è pensabile, non è prevedibile) e la sua incertezza non può che essere trovata in una città esistente e da questa travasata (PMR.2007). Il codice linguistico polisemico e il codice genetico proteiforme non sono relegabili ad un problema di scala, di dimensione. Anche il confine della casa è felicemente ambiguo, forse è solo consapevole del proprio persistere a tempo determinato. Nuovi corpi abitabili possono attrezzare diversamente il contenitore trovato, perché altri e possibili possono essere i destini di quel guscio (PVC.2006). Perché la parola restauro è polisemica, sostanzialmente significa rendere di nuovo saldo, quindi implica agire sulla struttura, ma non doverosamente sul significato dello spazio, non implica ristabilirne l'ordine e il senso originario. Si tratta piuttosto di approfittare dello spazio trovato. Approfittare del vuoto costruendo un nido in attesa di altre mete. L'ambiguità può essere duplicità, di gusci, di strutture, di materiali ma può anche interessare solo una linea o meglio mettersi in atto attraverso la costruzione di una frontiera, di un limbo (SBR.2001). All'ambiguità del termine casa (tenda, tappeto, fortezza e ombra) corrisponde la messa in opera di meccanismi di esaltazione dell'indeterminato. La casa può captare la città, cercare di catturarla come in una trappola per allodole, come farebbe un bambino che gioca con uno specchio, come farebbe un principe portando nella propria casa la propria terra. La casa è sì ancora una macchina da abitare (GNS.2002) non più per chiarire le funzioni ma per confonderle, accatastarle. La casa può essere una vera e propria macchina teatrale, una messa in scena *de la vie* e dei suoi *mode d'emploi*. Ma qui non è cercato o guidato il copione, gli strumenti del teatro sono solo tradotti in infrastruttura abitativa e in vertigine spaziale. Le funzioni sono osservabili dalle diverse parti della casa, come in una macchina da guerra, gli orizzonti sono così moltiplicati (RGV.2005). Già Lars von Trier in *Dogville* e *Manderlay* aveva dimostrato che il nero della scena può sopperire al teatro, che la scenografia può essere fatta di linee bianche e pochi oggetti, di un'attrezzatura che mette in cortocircuito le azioni degli attori in scena. Se Proteo con le sue trasformazioni parla di moti naturali, la polisemia insiste sull'incertezza dei segni, sulla molteplicità di significati che può assumere anche l'inorganico. Oltre la natura la grande scena che domina la realtà è la città. Tutt'altro che chiara, insofferente alle regole e ad ogni predeterminazione funzionale. La città, le macchine per costruirla, gli strumenti della trasformazione della materia

city; it is impossible to control, with its inhabitants and visitors from afar crisscrossing its terrain, and therefore the city is also ever-changing, multiformed. Once again a boundary may endure yet contain multiple different organizational structures. The city can only be handled if it is viewed through the prism of change. Architecture does not reject this urban turbulence; on the contrary, it makes this found mixture its own, albeit not as form or language per se, affirming its own presence as one voice in the choir, one light among many, not judging the found, but equipping it and fitting it out, juggling with dimensions, making changes to the truce established at the boundary between inside and outside (PLC.2001). Architecture serves to harbor and hold, never denying that it has just landed, right here, right now, embarking on a voyage that has already begun and participating in the city's destiny without abandoning its own dérive.

MIRABILIA Secret rooms, unimaginable built structures soaring to the skies, for dwarves or giants, multiple routes through a single space, refuting claims that there is only one pathway–these are just some of the wonders of architecture. The principle of wonder, intrinsic to Baroque art and architecture, restored the ecstasy and terror of the excessively vertiginous and the whirling "otherness" that permeated spaces. Today it is hard to consider this vertigo, which is perhaps comparable only to Wonderland, a childhood, fairy-tale dream that manages to cohabit with the undeniable resurgence of defeatist neorealist tendencies. Economics, rules, and tradition have imprisoned architecture in repetition by means of mendacious warnings, locking it into the uniformity of the normal, reducing it to a monotonous presence. Yet all of this constrains scope to explore. Any action or thought is pointless if the answer is already given, already written. In adopting this approach, however, the meaning of architecture is at stake, as it is bent to the demands of the building industry and turns away from its inherent cultural aspect, rooted in the term itself. Architecture, the visual arts, and language share a common journey, moving along the same pathway toward undefined ground: "I mean that it might be quite possible, theoretically, for [Mount Analogue] to exist in the middle of this table without our having the slightest inkling," says René Daumal. The realm of the imaginary was subject to vehement censorship from the 20th century on. Accused of being utopian or classist, it has been explored and progressively judged to be a useless and damaging form of meaning. Even Tony Garnier's *Cité industrielle,* which seems to be a logical definition of the manufacturing city, is the transposition into space of Émile Zola's novel *Travail:* the text is even superimposed upon the buildings. All that history has drawn from this experience is its logic, rules, and simplifications, but not the dense dialogue between two imaginaries, two languages that attempted to sketch out the future. Much time has passed since the wondrous progressive promises of modernity were first asserted, a modernity that Italian architecture found intolerable right from the outset, for it was more interested in its byways or heresies than in meekly transposing modernist propositions. Think of Giò Ponti's house with the leaf-shaped roof, the ceramic forest Carlo Mollino dreamt up for the Lutrario Ballroom, or the floating space of the Olivetti shop by Carlo Scarpa that forms a continuum with St. Mark's Square in Venice. Nowadays, when monolithic normality plays the lead role, the imperatives of the imaginary, of exemplary visions with no interest in the truth principle, as found in this architect's oeuvre, are still exceptions to the rule and to the regular course of events. Dizzying heights, precipices, things that return in altered form, ambiguous perceptions, multiplications, magnifications of odors and noise, rising fluctuations in temperature converge; as a result, the fantastic resounds in the real and the as-found real world as a constant witness to the imaginary. *Flatland* by Edwin Abbott Abbott, *The Road to Oxiana* by Robert Byron, *Gulliver's Travels* by Jonathan Swift, *Alice in Wonderland* by Lewis Carroll, and *Animal Farm* by George Orwell form part of a literary landscape that spills over into this work in the form of disorientation or alienation. The lake with eyes in *The Purple Cloud* by Matthew Phipps Shiel in 1901, the hollow-men described in *Mount Analogue* by René Daumal ("They eat only emptiness, such as the shape of corpses, they get drunk on empty words, on all the empty speech we utter."), the marvelous, mocking monkey in Wu Ch'êng-ên's *Journey to the West,* written in the 16th century, Genji's reflections on the transience of life and the ensuing awareness of living in a floating world in *Genji monogatari* by Murasaki Shikibu (11th century) are literary pathways that chip away at the border between presages of the unthinkable and what might happen. Architecture does not accept surrender, but wishes to transform itself into geography and illustrate narratives, dictating relationships between the elements, swallowing up landscapes (physically, not simply by framing or organizing them), presenting choices. Marina Abramovic and Ulay, naked and standing facing each other in a doorway in the performance *Imponderabilia,* demand, with their bodies, that visitors make a choice. To move from one room to the next, visitors must turn their back on either the man or the woman: viewers must

e quelli del viaggio non sono solo e semplici evocazioni ma presenze. La precarietà è connotato proprio della città, attraversata da cittadini e sconosciuti è incontrollabile e al tempo stesso quindi cangiante, multiforme. E ancora una delimitazione può persistere ma alloggiare al suo interno molteplici e differenti organizzazioni. La città può solo condurre se guardata all'accettazione del cambiamento. L'architettura non rifiuta queste turbolenze urbane, anzi fa propria la mescolanza trovata non in quanto forma o lingua, afferma la propria presenza come voce nel coro, come luce tra quelle esistenti, non giudica il trovato, lo attrezza confondendo le dimensioni, alterando il pacificato confine tra dentro e fuori (PLC.2001). L'architettura si adopera per ospitare, non nega il suo essere arrivata qui e ora, intraprende un viaggio già iniziato e partecipa al destino della città, senza rinunciare alla propria deriva. MIRABILIA Stanze segrete, altezze dei cieli costruiti impensabili: per nani o per giganti, percorsi molteplici in un unico spazio a negare l'esistenza di una sola via, queste sono solo alcune delle meraviglie dell'architettura. Il principio di meraviglia, proprio dell'arte e dell'architettura barocca, restituiva l'estasi e il terrore per la troppa vorticosa «alterazione» che attraversava gli spazi. Oggi quella stessa vertigine è difficilmente contemplabile, forse assimilabile solo al *Wonderland,* sogno infantile e fiabesco capace di convivere con innegabili ritorni di rinunciatari neorealismi. L'economia, le regole e la tradizione hanno imprigionato, con menzogneri moniti, l'architettura nella ripetizione, nell'uguaglianza del normale riducendola a monotona presenza. Eppure tutto questo toglie spazio alla ricerca. Se la risposta è già data, è già scritta, allora ogni moto, ogni pensiero è inutile. Così facendo però si gioca il senso dell'architettura, lo si piega a servizio dell'edilizia rinunciando al dato culturale proprio e insito nel termine stesso. Architettura, arti visive, linguaggio condividono lo stesso tracciato, la stessa via che porta verso terreni indeterminati: «voglio dire che, teoricamente, [il monte analogo] potrebbe benissimo esistere in mezzo a questo tavolo senza che ne avessimo la minima nozione» sostiene René Daumal. La terra dell'immaginario ha subito una violenta censura dal Novecento in poi, tacciata di utopia, di classismo è stata certamente esplorata e progressivamente giudicata quale accezione inutile e nociva. La stessa *Cité industrielle* di Tony Garnier, in apparenza logica definizione della città che produce, è la traduzione in spazio del romanzo *Le travail* di Émile Zola: il testo è sovrascritto anche sugli edifici. Di questa esperienza ad esempio la storia ha consegnato solo le logiche, le regole, le semplificazioni e non il serrato dialogo tra due immaginari, tra due lingue che tentavano di disegnare il futuro. Molto tempo è trascorso dall'affermarsi delle magnifiche sorti e progressive della modernità, una modernità a cui l'architettura italiana si è dimostrata fin da subito insofferente, più interessata a marcarne deviazioni, eresie che mansuete traduzioni, basti pensare alla casa con il tetto a foglia di Giò Ponti, al bosco di ceramica immaginato per la Sala da ballo Lutrario di Carlo Mollino o al negozio allagabile dell'Olivetti realizzato da Carlo Scarpa in continuità con Piazza San Marco a Venezia. E oggi, con la normalità unica protagonista, la necessità dell'immaginario, di visioni specchiate e quindi non interessate al principio di verità, come quella di questo autore, sono ancora eccezioni alla regola e al regolare corso delle cose. Vertigini, strapiombi, restituzioni alterate, equivoci di percezione, moltiplicazioni, esaltazione di odori e rumori, esasperazioni di dati termici convergono a riecheggiare il fantastico nel reale e il reale trovato come testimone costante dell'immaginario. *Flatlandia* di Edwin Abbott Abbott, *La via per Oxiana* di Robert Byron, *I viaggi di Gulliver* di Jonathan Swift, *Alice nel paese delle meraviglie* di Lewis Carroll, *La fattoria degli animali* di George Orwell sono parte di un paesaggio letterario riversato in questo lavoro in forme dello spaesamento. Il lago con occhi ne *La nube purpurea* di Matthew Phipps Shiel del 1901, gli uomini cavi narrati ne *Il monte analogo* di René Daumal («Non mangiano che il vuoto, mangiano la forma dei cadaveri, si inebriano di parole vuote, di tutte le parole vuote che noi pronunciamo»), lo scimmiotto prodigioso e beffardo dell'omonimo romanzo di Wu Ch'êng-ên scritto nel XVI secolo, le riflessioni di Genji sulla transitorietà della vita e quindi la coscienza di vivere in un mondo galleggiante in *Genji monogatari* di Murasaki Shikibu (XI sec.) sono tracciati letterari che picconano il confine tra ciò che è foriero dell'impensabile e ciò che può accadere. L'architettura non accetta la rinuncia, vuole farsi geografia e disegno di racconti, detta rapporti tra gli elementi, fagocita paesaggi (fisicamente non solo inquadrandoli), pone scelte. Marina Abramovic e Ulay, nudi e anteposti nello spazio di una porta

take a stance. Diller and Scofidio display life, or a surrogate of life, in *Facsimile:* a screen on a façade claims to reveal to the city what is presumed to be going on within the building (although the images are manipulated). *Impostor* is the title of Mike Nelson's work for the British pavilion at the 54th Venice Biennale. Visitors are transported to a fragment of an abandoned city and can move around the interior of a house, and also enter the courtyard and see parts of the exterior. Traces of life remain, but none of the inhabitants are there. There is a lot of dust, and the air is heavy. Who is the impostor of the title? The artist who reconstructs and exhibits a reality that becomes an artwork and in the process loses its own undertones of truthfulness? Or is the building the impostor, as it is actually empty, but, with every day that passes, appropriates the futility of the architecture constructed in its interior, turning this into a connotation in its own right? Or is the viewer the impostor, moving through abandoned spaces in the city without seeing them, while living within his or her own space in the certainty that it will never stand empty? In this body of work by MGGC, artifice, deceptive heightening, truthful alterations point to a gaze that is constantly in search of the marvelous, but only because the marvelous is present, present like the truth told by a mirror. The floor is not merely a surface but a text, a script; it is composed of elements positioned according to an organizational logic that avoids truncation of these individual elements, but the handwriting of the design is set free, asserting the autonomy of this locus, affirming its capacity to recreate an artificial internal landscape. The ground enters into competition with the sky, which is not given self-evident primacy; landscapes mushroom and succeed one another in a rich rivalry, vying to increase the experiences offered up, over and above the dimensions per se, over and above the self-evident functionality (LLV.2010). The stairway is also one of the most highly codified and standardized elements in architecture, simply serving the function of moving up or down within a structure. Yet it is precisely in commonplaces that an insidious alternative can take root: if the stair does not exist solely and essentially as such, then any commonplace can lose out to space. The staircase is a succession of planes, shifting in appearance depending on the viewpoint and the light striking these planes. Rather than defining one single route, people moving through the space shape a pathway, or thwart it by stopping, disavowing the trajectory. The form of the stair has been smashed to smithereens; perhaps vertigo lies in wait but the tedious dictatorship of the architectural element is vanquished (PVA.2005). By definition, an object, such as a lighthouse, has a series of inherent characteristics and fulfills a given function. Its dimensions are dictated by rules and by a previous project. By day, it looks like a simple structure, piling up three distinct volumes, yet as you move through the building, associations triggered by the port are revealed in a sense of rootlessness and alienation. In the final, upper volume, the floor is transparent, as are the walls, just as the line of the horizon blurs between the sea and sky. By night, this space, deliberately insubstantial and floating by day, is flooded with light and becomes the fixed coordinate as all boundaries vanish in the advancing darkness (PMR2.2008). Lava can be a palimpsest. Lava has an uncertain, temporary status; the fleeting phase in which it is liquid determines the logic of how it moves across and forms the landscape in a trajectory that encompasses a final transformation: the metamorphosis of wine-making. The underworld, usually rejected because it is terrifying, is brought to the surface again, summoned up precisely because it intrinsically possesses one of the countenances of the marvelous, while the architect must take up the challenge of creating a sense of discovery or surprise, the other face of the marvelous, (DPE.2008). The geography of a place is not always as-found but must sometimes be constructed. If the house sinks down, it may find itself immersed in an inorganic garden, constructed like a roadside, intentionally fossil, definitely derived from the imagination (GNR.2006). Then again, you may delve into the depths in the house, plunging into a hole to gain access to other spaces; only by descending can you discover this section. Once more the architecture is not clear–it does not seek to forge an alliance of fidelity or truth with those passing through it, but concentrates instead on offering options, alternatives, proposing choices, seeking to expand rather than constrain possibilities (RBT.2001). What was metaphorical for Aldo Rossi (the precipice in the room depicted in his *Scientific Autobiography*) becomes real here, existing as an entirely normal possibility of existence. Echoing John Soane's house, with its introverted private inventory, or Spencer Tunick's landscapes of bodies, displays of singularity multiplied to the point where they become a mass or a fragment of geography, the scenes created are simultaneously wonderful and concrete. Veracity is, however, not the main player in creating a new wonder. What is wondrous is not so much Moby Dick, who appears only three times in the eponymous novel, but rather Ahab's dogged persistence in pursuing the whale, devoting his life to a quest, to a journey on the high seas.

nella performance *Imponderabilia,* chiedono, con i loro corpi, una scelta al visitatore. Per passare da una stanza all'altra si devono dare le spalle all'uomo o alla donna: è necessario prendere una posizione. Diller e Scofidio con *Facsimile* mettono in mostra la vita, o un suo surrogato: uno schermo applicato su un edificio è preposto a disvelare (le immagini sono ritoccate) alla città quello che si presuppone potrebbe accadere all'interno. *Impostor* è l'opera di Mike Nelson allestita alla cinquantaquattresima Biennale d'Arte di Venezia nel padiglione inglese. La scena traspone il visitatore in un brano di città abbandonata, si possono percorrere gli interni di una casa, ma anche entrare nel cortile e vederne in parte gli esterni, ci sono tracce di passaggi di vita ma non è presente nessun abitante, c'è molta polvere, l'aria è pesante. Chi è l'impostore del titolo? L'artista che ricostruisce e mette in mostra una realtà che diventa opera e che quindi perde così i propri connotati di veridicità? Oppure l'opera stessa che effettivamente è vuota e si impossessa ogni giorno che passa dell'inutilità dell'architettura che è stata costruita al suo interno, facendone un proprio connotato? O ancora l'impostore è lo spettatore che attraversa spazi abbandonati della città senza vederli mentre vive i propri, sicuro che non saranno mai vuoti? Artifici, bugiarde esaltazioni, alterazioni veritiere denunciano in questo lavoro (in quello di MGGC) uno sguardo alla continua ricerca del mirabile ma solo perché il mirabile è, esiste così come la verità narrata da uno specchio. Il pavimento non è solo una superficie ma un testo, le regole guidano l'allocazione, questa sì logica degli elementi per evitarne il taglio, ma il disegno insegue la liberazione della scrittura per affermare l'autonomia di questo luogo, la sua capacità di restituire un paesaggio interno ed artificiale. Il suolo entra in competizione con il cielo a cui non è dato un primato scontato, i paesaggi si moltiplicano e si pongono in alternativa in una ricca competizione in cui in palio c'è la moltiplicazione dell'esperienza oltre la dimensione, oltre la scontata funzionalità (LLV.2010). Anche la scala è uno degli elementi più codificati, standard dell'architettura, votata solo a permettere di salire o scendere. Ma è proprio nei luoghi comuni che può fare il nido un'insidiosa alternativa: se la scala non è solo e doverosamente tale allora ogni luogo comune può decadere a favore dello spazio. La scala è una successione di piani, alterati dal punto di vista e dalla luce che li intercettano. La via non è una e sola ma sta a chi attraversa lo spazio definirla, sconfessarla anche fermandosi. La scala è esplosa, forse la vertigine è in agguato ma certamente la noia della dittatura dell'elemento è sconfitta (PVA.2005). Un oggetto, un faro ha nella sua definizione una serie di caratteristiche insite, un compito dato. Le sue dimensioni sono dettate dalle regole e da un progetto precedente, di giorno sembra un semplice accatastamento di tre volumi diversi, attraversandolo però la sua natura portuale si palesa nello spaesamento: nell'ultimo volume il pavimento è trasparente tanto quanto le pareti, così come mare e cielo si scambiano la linea dell'orizzonte. Di notte lo stesso spazio volutamente inconsistente, galleggiante di giorno s'infuoca di luce e diventa la coordinata certa di ogni perdita di confine dettata dal buio (PMR2.2008). La lava può essere un palinsesto. Materiale incerto e di passaggio, la cui condizione liquida è a tempo determinato, guida la logica con la quale attraversare la terra in un percorso in cui assistere ad un'ulteriore trasformazione: quella dettata dalla trasformazione del vino. Gli inferi, solitamente rigettati perché paurosi, vengono qui riesumati e chiamati in causa proprio per la loro insita capacità di possedere una delle facce della meraviglia, l'altra, quella attribuibile alla scoperta o alla sorpresa, sta all'architettura costruirla (DPE.2008). La geografia di un luogo non sempre è trovata, a volte va costruita. Se la casa sprofonda questa può trovarsi immersa in un giardino inorganico, costruito come il fianco di una strada, volutamente fossile, decisamente immaginato (GNR.2006). O ancora è nella casa che si può sprofondare in un buco per accedere ad altri spazi, se non si scende non è dato conoscerli. Di nuovo l'architettura non è chiara, non cerca patti di lealtà o di verità con chi l'attraversa, è più preoccupata di offrire possibilità, alternative, di porre scelte, di moltiplicare e non ridurre (RBT.2001). Quello che per Aldo Rossi era metaforico (lo strapiombo nella stanza presente nella sua *Autobiografia scientifica*) qui è reale, esiste nella sua assoluta normale possibilità di essere. Come nella casa di John Soane, privato inventario introverso, o nei paesaggi di corpi di Spencer Tunick, esposizioni di singolarità moltiplicate fino a diventare massa o brano di geografia, le scene sono contemporaneamente mirabili e concrete. Non è tanto però la veridicità a disegnare una nuova meraviglia. Mirabile non è tanto Moby Dick, che appare solo tre volte nel racconto, ma l'accanimento di Achab nell'inseguirla, nel legare la propria vita ad una ricerca, ad un viaggio in mare aperto.

Sicily is a country of white light, yellow fields, colorful ceramics, golden mosaics, and an endless tussle between the high sophistication found in the food and an inchoate society in which democracy looks in the mirror and sees another, very different society, a kind of parallel world that does not have much space or time for someone like Maria Giuseppina, with the result that her range of work remains small, lacking the public buildings–a school, a library–that one can well imagine flowing from her hand if only this parallel universe were not there. But Sicily has had several parallel universes more benign and loftier than the one that became so famous through *The Godfather* and which is still present in its murky and destructively anti-civic way. The largest such parallel universe is the inner earth whose fire erupts in regular cycles through the craters of Mount Etna, the 3,329-meter-high volcano near Catania, one of the most active volcanoes in the world and a UNESCO World Heritage Site since 2013. The presence of this hell, contained inside the habitat zone of our own thin, spherical shell, is felt across a large part of Sicily and occasionally disrupts this habitat. The phenomenal power of this gate to the fiery universe enclosed within is something that defies the imagination but has given rise to many mythical stories. Mount Etna was called Αἴτνη by the Greek colonists who established cities on the island, bringing with them the cultural sphere of the Greek city-states and leaving behind temples such as those in Segesta and Agrigento, and theaters like the one in Syracuse, all of a staggering beauty. Works by Aeschylus were performed and Sappho's poems recited in the theater in Syracuse. The historic city is another UNESCO World Heritage Site. Another great leap in time and we enter the Norman Cathedral of Monreale, with Christ seated on the spherical earth, and the universe also depicted as spheres, beautiful visual narratives running along the cathedral walls and a golden light reflected from the mosaics embodying the Neoplatonist's interpretation of a single deity. Taking another leap in time, and coming from Maria Giuseppina's home town of Vittoria, we rise through hills to the summit of the Hyblaean Mountains (Monti Iblei) on the way to the Baroque city of Noto, where a white light surrounds the strange spherical listening installations that Nato uses to monitor its southern edges, and descends on this most beautiful and complete of Baroque new towns created after the earthquake of 1693 completely destroyed the old town. Baroque Noto was laid out according to a strict grid, which was projected onto a hillside, resulting in complex layers and zones of space interlaced with streets that follow the hillside and those that ascend and descend it. The work of the architect Rosario Gagliardi and others created the undulating character of the space through the concave and convex facades of churches, as well as an articulation of the surfaces of religious and secular buildings, introducing a dynamic condition to the grid that makes it such a unique city and which has gained it the status of a UNESCO World Heritage Site. Now time is densified, bringing us to the moment when the two kingdoms of Sicily and Naples are absorbed into Garibaldi's unified Italy, the basis of the modern state of Italy. In his great novel *Il Gattopardo,* Giuseppe Tomasi di Lampedusa holds on to this moment and creates his own parallel universe of a 19th-century Sicily, one that becomes visible in Visconti's iconic 1963 movie starring Burt Lancaster and Claudia Cardinale. Central to Visconti's narrative of societal transformation and resistance to change are the landscape and the house bathed in white light and a heat that is so ubiquitous in a Sicilian summer. The same white light follows us into current time via a descent from Noto toward the sea and through a rough dirt road up a small hill until a metallic flower suddenly appears above, exfoliating from some kind of platform on which a nude female form appears briefly from a box and disappears again into one of the layers of space forming the backdrop of the platform and the main body of the house, since that is what is perched on a hillside on stilts, barely touching the earth. This nude figure, appearing like a sculpture in one of Mies van der Rohe's perspective drawings of his

La Sicilia è una terra di luce bianca, campi gialli, ceramiche dagli svariati colori, mosaici dorati, ma anche di eterno conflitto tra l'alto grado di sofisticazione che si riscontra nel cibo e una società primordiale che nello specchio della democrazia vede riflessa una società diversa, una sorta di universo parallelo che non concede molto spazio né tempo a persone del calibro di Maria Giuseppina Grasso Cannizzo. E che fa sì che le opere dell'architetto di Vittoria si contengano su scala ridotta e non comprendano edifici pubblici quali scuole o biblioteche, che è lecito supporre che possano scaturire dalla sua mano, ma solo se questo universo parallelo non esistesse. Eppure la Sicilia ha avuto numerosi universi paralleli, ben più nobili e benevoli di quello reso universalmente noto da *Il Padrino,* tuttora incombente nelle sue fosche e distruttive modalità ai danni della società civile. Il più esteso di tali universi paralleli lo si ritrova nelle viscere della terra, il cui fuoco si sprigiona a cicli regolari dai crateri dell'Etna, con i suoi 3329 m il vulcano più attivo al mondo nonché patrimonio mondiale dell'UNESCO dal 2013. La presenza di questo inferno racchiuso all'interno dell'area abitata nel sottile guscio della nostra sfera, è percepita in molte zone della Sicilia e talvolta ne sconvolge l'habitat. La prodigiosa potenza di questa porta di accesso all'universo di fuoco in esso contenuta costituisce un elemento di sfida all'immaginazione, ma ha dato anche vita a una serie di storie e di miti. Il monte Etna veniva chiamato Αίτνη (Aítna) dai coloni greci che fondarono le prime città in Sicilia trapiantandovi la cultura della *polis* greca e che lasciarono dietro di sé vestigia di sublime bellezza, come i templi di Segesta e Agrigento e il teatro di Siracusa (altra città patrimonio dell'UNESCO), dove si rappresentavano le tragedie di Eschilo e si proclamavano i versi di Saffo. Facendo un grande salto nel tempo ci ritroviamo ad entrare nella cattedrale normanna di Monreale, dove il Cristo è assiso sulla sfera terrestre e l'universo è dipinto come una serie di altre sfere, con sublimi narrazioni iconografiche distribuite sulle sue pareti e una luce dorata riflessa dai mosaici che incorporano l'interpretazione neoplatonica dell'unica divinità. Dalla parte opposta dell'isola, compiendo un altro salto nel tempo, procedendo da Vittoria, città natale di Maria Giuseppina, e risalendo i pendii fino alla sommità dei Monti Iblei in direzione della città barocca di Noto, la bianca luce dominante avvolge le singolari installazioni sferiche che la Nato utilizza per osservare i suoi confini meridionali, e discende quindi su questa bellissima città, il più completo esempio di nuova città barocca creata dopo che il terremoto del 1693 aveva raso al suolo la città preesistente. La città barocca di Noto fu progettata su una precisa struttura a reticolo, ma tale reticolo venne proiettato sul pendio di una collina creando un complesso susseguirsi di strati e di spazi che si intrecciano a strade che seguono i contorni della collina e altre che la risalgono e ne discendono. L'intervento dell'architetto Rosario Gagliardi e degli altri progettisti riuscì a rendere sia l'incedere ondulato dello spazio attraverso il susseguirsi di facciate concave e convesse delle chiese, sia l'articolazione delle superfici degli edifici religiosi e secolari, introducendo nella struttura a reticolo un elemento di dinamismo che rende unica la città e le è valso lo status di patrimonio mondiale dell'umanità. Ma il tempo ora accelera di nuovo e ci porta all'epoca in cui il Regno delle Due Sicilie viene inglobato nell'Italia riunificata da Garibaldi, la base del moderno stato italiano. Nel suo grande romanzo *Il Gattopardo,* Giuseppe Tomasi di Lampedusa si sofferma su questo momento storico creando il suo universo parallelo di una Sicilia del XIX secolo, che verrà poi reso visibile nel film di Visconti con Burt Lancaster e Claudia Cardinale. Un ruolo centrale nella narrativa viscontiana di trasformazione sociale e resistenza al cambiamento è giocato dal paesaggio e dalla casa immersa nella luce bianca e nel calore, quel calore così onnipresente in un'estate sicula. La stessa luce bianca ci accompagna ora mentre torniamo al tempo presente e ci ritroviamo a scendere da Noto verso il mare, lungo una strada polverosa e accidentata che si inerpica su una piccola collina fino ad aprire d'un tratto la vista su di un fiore metallico che si dischiude da una specie di piattaforma. Su di essa, una nuda sagoma femminile compare brevemente uscendo da un contenitore per poi scomparire in uno degli strati di spazio che formano il fondale della piattaforma e del corpo principale della casa, elementi questi sorretti da stampelle e come sospesi sul fianco della collina, quasi senza contatto con il terreno. La sagoma nuda, che appare come una scultura di uno dei disegni prospettici dell'interno domestico di Mies van der Rohe, fa scorrere lo sguardo dall'astrazione

domestic interiors, shifts the gaze from the abstraction of the metallic petals to the depths of space that form a grid of spatial layers ending often, but not always, in doors acting as windows. The flower is in fact a set of wooden panels framed by metal that fold into their flower-like shape when the space of the platform, which they enclose when the house is closed, is opened to the view of the sea far away. This exfoliation is one aspect of the ritual and functional opening of the house; the other is the box previously mentioned. It runs on wheels along two metal rails like the boxcar of a train, and closes the platform together with the metal and wooden panels. The box contains a bedroom and a bathroom, and, driven by two electro motors, rides off the platform along a walkway until it is stationed along its shorter end, thus forming an extension of the house, shifting the metaphor of exfoliation to that of a toy train set. These two mechanical movements are grounded by a strict geometry, an orthogonal grid, forming the main spatial structure of the house, which is basically a rectangular volume with an angular roof set on angled talons between the olive trees. Why these movements? Is it only a bizarre form of locking up a house used as a retreat and standing empty much of the time? Or is it a ritual that transforms the rural into the urban or cosmopolitan during occupation? While the house is closed it is not unlike some other farmhouses nearby, strictly geometric, tight and severe orthogonal compositions. Once open, however, this house, set precariously on the slope of an olive grove, transmogrifies into a very urban space–one that is highly geometric, but whose geometry is a study in how functional flexibility and performance art can combine into a kind of fluid and very transparent matrix, with the performance art supplying the rituals of opening and closing, and the functional flexibility providing the rituals of daily ordinariness. Having recently been taken by Hélène–who has photographed this house several times–to see *1980,* a theater piece by Pina Bausch, I can't resist the thought of this house as a microversion of that piece, its dark colors and occasionally fast chaos metamorphosed into blinding white shades and slow-motion changes. But the real fun starts with the detail. Cables that roll up like garden hoses provide continuous power and water. Like the electro motors, these come from catalogs or even hardware stores. But the bathroom posed a trickier challenge: not in use when closed, its waste pipes are cut below the box. When the box reaches its final position away from the platform, these pipes just happen to end up positioned above another pipe coming out of the ground. Primitive, yes, but greatly enjoyable as a piece of simple but smart technology. I could not stop smiling when I discovered this playful arrangement and tried to think how a Smart City project could have this simplicity before descending into the technological purgatory of current Smart City developments. Closing the house disengages the waste system physically; the body of the house becomes a switch through its mutability. Returning to Vittoria, I began to imagine the many empty or dilapidated spaces filled with moving boxes on rails, or variations on this theme. But first on to Scoglitti, once a small fishing village, now a seaside town hosting visitors from Vittoria and other inland cities. Some of those inland visitors had bought a house and wanted to open it up to provide more living space. The solution came when Maria Giuseppina designed a kind of "sleeping tower" at the end of the small urban garden–enabling the family to keep the front as living space and kitchen, and to turn the garden into a courtyard connecting public life with the more intimate life of sleeping, washing, going to the toilet, and making love. The tower does not create rooms: it is a vertical space with trays forming beds hanging above each other in a fairly acrobatic space, the beds strung along a staircase rising up into the tower like sleeping berths on a ship. This choreographed domesticity, combined with the openness and shared space feeling of a summer camp, creates a lightness that forms the spirit of the simple concrete shape with glass walls. It is almost impossible to capture in images since the feeling

dei petali metallici alle profondità dello spazio che danno vita a un reticolo di stratificazioni spaziali che terminano spesso, ma non sempre, in porte che fungono anche da finestre. Il fiore è in realtà una serie di pannelli in legno con un telaio metallico che acquisiscono una forma floreale quando lo spazio della piattaforma, che essi racchiudono quando la casa è chiusa, si schiude alla vista del mare in lontananza. Questo movimento è uno degli aspetti del rituale e dell'apertura funzionale della casa. L'altro aspetto è il contenitore menzionato in precedenza, che scorre su ruote lungo due binari metallici come il vagone merci di un treno, e chiude la piattaforma insieme ai pannelli di legno. Il contenitore ospita al suo interno una camera da letto e una stanza da bagno e si disloca, azionato da due motori elettrici, staccandosi dalla piattaforma lungo una guida fino a posizionarsi sul suo lato più corto, creando in tal modo un'estensione della casa e spostando la metafora del fiore a quella di un trenino elettrico. I due movimenti meccanici si basano su una precisa geometria, una griglia ortogonale che costituisce la principale struttura spaziale della casa: un parallelepipedo con un tetto rettangolare immerso tra le piante di ulivo e sostenuto da supporti angolari. Ma perché questi movimenti? È solo un modo bizzarro per chiudere una casa utilizzata solo come *buen retiro* e lasciata vuota per il resto del tempo? O è un rituale che trasforma l'elemento rurale in elemento urbano e cosmopolita quando viene occupato? Quando è chiusa, non è molto dissimile dalle tante case di campagna presenti nei dintorni, strutture rigorosamente geometriche, ermetiche e severamente ortogonali. Ma questa casa posta precariamente su un pendio in un campo di ulivi, una volta aperta si trasforma come per incanto in uno vero e proprio spazio urbano: rigidamente geometrico, ma la cui geometria rappresenta una ricerca di come la flessibilità funzionale e l'arte performativa si possano fondere in una sorta di matrice fluida e di alta trasparenza, dove l'arte fornisce il rituale dell'apertura e della chiusura e la flessibilità funzionale offre il rituale dell'ordinaria quotidianità. Dopo essere stato con Hélène Binet, che ha fotografato più volte l'edificio, a vedere la pièce teatrale *1980* di Pina Bausch, non posso fare a meno di pensare a questa casa come una possibile versione in miniatura di quella pièce, le cui tonalità scure e il caos all'occasione frenetico si convertono per metamorfosi nelle ombre di un bianco accecante e nei cambiamenti al rallentatore. Ma il bello arriva con il dettaglio: cavi che si arrotolano come i tubi di irrigazione per giardino garantiscono una continua fornitura di energia elettrica e di acqua e provengono, come i motori elettrici, da un catalogo o addirittura da un negozio di ferramenta. Ma è il bagno ad aver posto una sfida più insidiosa: quando non è in uso e la casa è chiusa, le sue tubazioni di scarico appaiono come recise al di sotto del contenitore. E quando quest'ultimo raggiunge la sua posizione finale lontano dalla piattaforma, i tubi risultano collocati esattamente in corrispondenza di altri tubi che spuntano dal terreno. Un sistema primitivo, certo, eppur geniale nella sua semplice ma intelligente tecnologia. Non potei fare a meno di sorridere quando scoprii questa ingegnosa soluzione, e provai a pensare a come il progetto di una Smart City potesse presentare una siffatta semplicità prima di sprofondare nel purgatorio tecnologico degli attuali sviluppi nel settore delle Smart City. La chiusura della casa disinnesca fisicamente il sistema di scarico, e il corpo dell'edificio si converte in commutatore attraverso la sua mutabilità. Pensando alla città di Vittoria, cominciai ad immaginare cosa succederebbe se i molti spazi vuoti o in rovina venissero colmati con contenitori mobili su rotaia, o con variazioni su questo tema. Ma prima proseguiamo il viaggio verso quello che un tempo era stato un villaggio di pescatori, ora località balneare degli abitanti di Vittoria e di altri paesi dell'entroterra: Scoglitti. Alcuni di loro avevano acquistato un'abitazione e volevano ampliarla per guadagnare maggior spazio abitativo. La soluzione proposta da Maria Giuseppina prevedeva una specie di zona notte «a torre» alla fine del piccolo giardino urbano. La torre permette alla famiglia di conservare l'utilizzo a soggiorno e a cucina della parte frontale, e di trasformare il giardino in un cortile di connessione tra la vita pubblica e la vita più intima in cui si dorme, si lava, si va in bagno e si fa l'amore. La torre non crea ulteriori stanze, ma è uno spazio verticale con ripiani per letti sospesi l'uno sull'altro in uno spazio quasi acrobatico, con i singoli letti distribuiti lungo la scala quali cabine di una nave. Questa domesticità coreografica, unita alla sensazione di *campus estivo* data dall'apertura e dalla condivisione degli

of space is of such elastic quality. Back to Vittoria, where Maria Giuseppina lives with her cats and a fabulous art collection. Located in a side street not far from Vittoria's central square, which is formed by an empty bloc in the grid, and flanked by a more restrained Baroque church by the same Gagliardi, her house itself accommodates several universes. On the ground floor, the universe of the eye–presented as a small shrine to her father's professional life as an ophthalmologist–is filled with his optical instruments, which are in themselves statements to the art of vision; the eye as a globular vessel through which the world passes to be reconstructed in the brain. Moving on from there and ascending, past the ceramic heads created by local artisans–a local tradition of turning flowerpots into characters from a public play, the Noble Woman, the Chief, the Moor–to the upper floors, where Maria Giuseppina lives and has her office and which have been turned into gallery spaces in which extraordinary works of contemporary art hang, sit, crouch: Tillmans's half-naked seated couple, Roni Horn's suspended piece, some incredibly delicate leaves of paper with text in a box on a table, some chairs that look like early airplanes, cousins of Tatlin's glider, and many paintings, drawings, and other graphic works amid sculptures. She has a very precise curatorial taste, and her house and office form one more, very contemporary and rarified parallel universe of partly well-known artists, set in the middle of a fairly dusty Baroque town in the south of Sicily, built on the edge of a gorge on a hot ridge dressed with yellow fields and singular carob trees rising slowly out of the plains next to the sea, where fruits are pushed to grow hard and fast in endless plastic tents with filigree structures of wood and metal, for early release into the supermarkets of continental Europe. Vittoria is laid out on the basis of a strictly orthogonal grid consisting of narrow streets–with a square or part thereof left out here and there to become a public space–steps negotiating occasional height differences, and churches bulging in or out in a similar but less spectacular way when compared with those in Noto or, closer to Vittoria, in Ragusa, which is grander and more curvilinear. Incidentally, Ragusa, together with the smaller cities of Modica and Scicli, also form a UNESCO World Heritage Site. Vittoria's grid is tight, and is filled with empty, unused spaces, palaces, and other often beautiful structures in disrepair, collapsed roofs in a city not fit for the comforts of a modern and more solipsistic society powered by fossil fuel. Some of these holes have been refurbished on the inside by Maria Giuseppina with the new metal trims visible on the street facades. Inside, floor tiles produced by a small manufacturer recall a long tradition of simple patterns in red and black, until they become scrambled on the staircase, where Maria Giuseppina suddenly sings visually. Like Pirandello's play in search of its actors, Vittoria is a city full of expectation, a city that could act as an incubator for a whole new generation of toys, tools, and prototypes, projected by Italy's new generation into such cities to combine the magic of their tightly interwoven fabric and public spaces with the modern challenge of the Smart City, which is all about geometries and systems, and technologies connected through the ubiquitous–even in Sicily–big data.

A final but radical parallel universe will be a Sicily dotted with such toys, acrobatic towers, and flower houses, forming nests in the landscape and ending up in the numerous empty lots that the older towns offer–all leading to a more resource-efficient society, a Sicily that will set international standards and form a cusp with the North African spaces of the Maghreb. Italy flipped over: the north representing established finance, the industrial economic base, the civic centers, the Renaissance, calm Lombardy, and even yoghurt and apples from the slopes of the Alps; the south of the country, with all its unresolved darker and uncivic sides, its active volcanoes and yet incredibly high density of UNESCO World Heritage Sites, becoming the wild space of imagination, with Maria Giuseppina's work providing a tiny microcosmic glimpse of what Sicily may yet become.

spazi, crea una leggerezza che forgia lo spirito delle semplici forme in cemento con le pareti in vetro. È alquanto impossibile catturare tutto ciò in immagini considerando l'elasticità della sensazione spaziale data dagli svariati livelli sospesi. Ma torniamo ora a Vittoria, dove Maria Giuseppina vive in compagnia dei suoi gatti e di una straordinaria collezione d'arte. Ubicata in una via secondaria non lontana dalla piazza centrale, un isolato vuoto nella struttura a reticolo, e accanto a una chiesa in un barocco più discreto dello stesso Gagliardi, la sua casa ospita svariati universi al suo interno. Al pianterreno l'universo dell'occhio, presentato da una piccola teca dedicata al padre oftalmologo e contenente gli strumenti ottici del suo lavoro, essa stessa omaggio all'arte della visione, l'Occhio quale vascello sferico attraverso cui transita il mondo intero per essere ricomposto nel Cervello. Passando quindi accanto alle teste in ceramica di artigiani locali, la tradizione di trasformare un vaso per fiori nei personaggi di una commedia pubblica, la Nobildonna, il Capo, il Moro, nei quali cresce rigogliosa la natura, ci dirigiamo ai piani superiori dove Maria Giuseppina vive e lavora. Anche questi spazi sono stati trasformati in una galleria dove campeggiano appese, sedute o accovacciate straordinarie opere d'arte contemporanea: la coppia seduta e seminuda di Tillmans, una pièce sospesa di Roni Horn, alcune delicatissime foglie di carta con testo scritto in una scatola posta su di un tavolo, alcune sedie che sembrano prototipi di aeroplani, cugini dell'aliante di Tatlin, e numerosi dipinti, disegni e altre opere grafiche in mezzo a varie sculture. Maria possiede lo spiccato gusto del curatore d'arte, e la sua casa e il suo ufficio rappresentano un ulteriore universo parallelo di artisti in parte noti, sublime e contemporaneo, ubicato al centro di una città barocca alquanto polverosa nel sud della Sicilia, distesa lungo un rovente crinale sull'orlo di un dirupo, rivestito a sua volta di campi gialli e di singolari carrubi che crescono nelle pianure a ridosso del mare, dove i frutti vengono fatti crescere bene e in fretta sotto distese infinite di teli di plastica dalle strutture filigranate in legno e metallo, le primizie destinate ai supermercati dell'Europa continentale. Vittoria si estende su una griglia rigidamente ortogonale di strade strette, con un'area quadrata qui e là o una parte di essa lasciata libera per esser convertita in spazio pubblico, e di gradini che offrono all'occasione differenti altezze, chiese con sinuosità concave o convesse come quelle di Noto, anche se meno spettacolari, o di Ragusa, più grandiosa e curvilinea. Anche Ragusa, tra l'altro, insieme ai centri minori di Modica e Scicli, è parte del patrimonio mondiale dell'UNESCO. La griglia di Vittoria è compatta e disseminata di spazi vuoti e inutilizzati, palazzi e altri edifici spesso splendidi ma fatiscenti, tanti tetti implosi in una città non di certo fatta per gli agi di una società moderna egocentrica e alimentata dai carburanti fossili. Alcuni di questi vuoti sono stati rimessi a nuovo dall'interno da Maria Giuseppina e con i profili in metallo visibili sulle facciate che danno sulla strada. Le piastrelle dei pavimenti interni di produzione locale si rifanno alla lunga tradizione di motivi semplici in rosso e nero, mentre per le piastrelle delle scale Maria Giuseppina improvvisamente si sfoga cantando visibilmente. Vittoria è una città piena di attese, come una pièce di Pirandello in cerca dei suoi attori. Una città che potrebbe fungere da incubatrice per un'intera generazione di dispositivi, congegni e prototipi ideati dalla nuova generazione di creativi italiani ed inseriti nelle loro città per dar vita ad una sinergia tra il fascino del tessuto finemente intrecciato di spazi pubblici e la sfida moderna della Smart City. Una sfida che si articola in geometrie, sistemi e tecnologie strettamente connesse attraverso l'onnipresente – anche in Sicilia – patrimonio dei Big Data. Un ultimo ma radicale universo parallelo potrà essere dato da una Sicilia disseminata di tali congegni, torri acrobatiche e case floreali, tanti nidi sparsi nel paesaggio e nei numerosi lotti vuoti di cui son pieni gli antichi centri urbani, a beneficio di una società che faccia un uso più efficiente delle proprie risorse, di una Sicilia in grado di porre modelli internazionali e formare una cuspide con la regione nordafricana del Maghreb. Un'Italia vista al contrario: il Nord con la sua finanza consolidata, base dell'economia industriale, le città con il loro senso civico, il Rinascimento, la placida Lombardia e persino yogurt e mele dalle pendici delle Alpi. E il Sud con tutti i suoi lati oscuri ed irrisolti, i vulcani attivi e un'incredibile concentrazione di siti patrimonio mondiale dell'UNESCO che si trasforma in spazio fertile per l'immaginazione, con l'opera di Maria Giuseppina Grasso Cannizzo che ci offre un fine sguardo microcosmico di ciò che la Sicilia può ancora divenire.

Talk of a solitary, ahistorical temperament, of Sicily with its complex and timeless intelligence misses the mark: I would say that MGGC has entered the 21st century more rapidly than many others, accepting this transition as something entirely self-evident. While the heroes of late 20th-century architecture–Castro-style populist leaders by day and inaccessible Hollywood stars by night–took their time crossing to the new shore, Maria Giuseppina abandoned the "short century" ahead of time, for she realized long before many others that architecture is now an individual, patient sport, determined by steadfast, solitary action. In an interview on Arte Povera, Germano Celant explains: "What we have seen over the last few years is extreme personalization of the creative quest: in other words, any form of group work has vanished, and the work and the individual artist have become relatively overexposed. Whereas up until the 1980s people talked about 'trends' […] nowadays the specific impact of work done by a group of artists, viewed as a kind of ensemble, has disappeared. Only the isolated and solitary stand out." MGGC has presented herself to the world right from the outset as someone who does not run with the pack, perhaps as a result of her familiarity with the art world, perhaps because of her wary nature, or perhaps due to her patient pursuit of the few possible "points of application" for architecture in her homeland; she has devoted scant attention to carving out a niche in the depressing "architectural debate," but is much more inclined to search out, time after time, the shifting central point that balances place, technology, and art.

With the disappearance of the "high priests" from the architectural universe, a further important implication emerges, or at least a much more interesting flipside. When there is no longer a team (or trends) to lead, the "grandmaster" of the day is no longer forced to keep on repeating the same symbolic gestures and has no need to distill a distinct, recognizable, unchanging jargon. Rather than concentrate on the crisis of authorship, that typical 20th-century avant-garde anxiety, now exacerbated by technology's might and our constrained control of it, we should perhaps turn our attention instead to the shrinking demand for an instantly recognizable style as an essential component of architectural success. The key hallmarks today are instead the inherent clarity and paradigmatic thrust of the "project," understood as an expressive, communicative undertaking akin to art-world practice. If we consider the architectural gurus who straddle the 20th and 21st centuries, it is no coincidence that the most "contemporary" figures are those least constrained by repeating an emblematic cipher, such as Koolhaas, Herzog & de Meuron, Diller Scofidio + Renfro, or even our own Renzo Piano. It is also no coincidence that a solitary architect with a small studio no longer needs to make amends for being isolated with an obsessively slavish adherence to "styles," as was the case for figures such as Murcutt, Fehn, Riva, or Zumthor. The really new aspect of this zeitgeist is that being small and eclectic is no longer tantamount to invisibility, especially if the widely varying solutions an architect devises are balanced by the obvious coherence of their mode of questioning.

Why did it take us so long to realize the importance of Maria Giuseppina's work? It is because, in turning away from these tedious style-based responses, we dismissively opted to concentrate exclusively on urban planning issues, focusing on the disintegration of the 20th-century city and on the emergence of a new kind of environment, neither rural nor urban, neither industrial nor residential, neither natural nor artificial, but all of these at once, as in a Ghirri photo. We set out on a voyage of discovery, in search of the individual city, or the city of individualism, which, springing up suddenly as it did, before our very eyes, had triggered a crisis in everything we knew about architecture and about the city. It was only then that we realized that someone had already understood this space of individualism and had quietly begun to devise architectonic antibodies, composed of meticulously careful attention to the details of construction, with spaces demarcated by nothing more than a floor, rooms in motion, buildings that grow up within other buildings, or three-storey towers as striking as if they boasted twenty floors. In a nutshell: we discovered Grasso Cannizzo.

Altro che carattere appartato e astorico, Sicilia di ingegni ostici e senza tempo: la mia impressione è che MGGC sia arrivata al XXI secolo prima e con molta più naturalezza degli altri. Mentre gli eroi architettonici della fine del XX secolo rimanevano a lungo in mezzo al guado, leader di masse con passo fermo al mattino e irraggiungibili star hollywoodiane alla sera, Maria Giuseppina ha abbandonato il *secolo breve* con molto anticipo, comprendendo prima degli altri come l'architettura sia ormai un gioco individuale e paziente, fatto di gesti risoluti e isolati. «Quanto è successo negli ultimi anni – afferma Germano Celant in un'intervista sull'Arte Povera – è un'estrema personalizzazione della ricerca, vale a dire la scomparsa di ogni lavoro di gruppo e la relativa sovraesposizione dell'oggetto e dell'artista singolo. Se fino agli anni ottanta si parlava di ‹tendenze› [...] oggi la potenza specifica di un insieme di contributi è scomparsa. Emergono solo gli isolati e i solitari.» Sarà per la sua consuetudine con l'arte, per il suo carattere diffidente, per la pazienza che mette nel trovare i pochi «punti applicazione» possibili per l'architettura nella sua terra, MGGC si è presentata fin da subito al mondo come un animale senza branco, molto poco attenta a posizionarsi nel deprimente «dibattito architettonico», molto più incline a cercare di volta in volta il centro assoluto e variabile tra luogo, tecnica e arte. La scomparsa dei «chierici» dall'universo architettonico ha poi un'altra implicazione importante, o almeno una seconda faccia della medaglia ancor più interessante della prima. In assenza di compagini (o tendenze) da guidare non c'è più bisogno per il «maestro» di turno di produrre gesti simbolici ricorrenti, né quindi di distillare un *jargon* diverso, riconoscibile e sempre uguale. Insomma più che la crisi dell'*autorialità,* che è un tormento tipico da avanguardia novecentesca, esasperato oggi dal potere della tecnologia e dalla debolezza del controllo, dovremmo forse occuparci del tramonto del bisogno di *riconoscibilità* immediata come ingrediente essenziale del successo di una firma architettonica. Vale piuttosto la chiarezza interna e l'esemplarità del «progetto», qui inteso come programma espressivo e comunicativo tanto quanto nell'arte. Non è un caso che i più «contemporanei» tra i guru architettonici arrivati dal Novecento ci sembrino oggi quelli meno legati alla ripetizione di una cifra, come Koolhaas, Herzog & De Meuron, Diller Scofidio + Renfro, o perfino il nostro Piano. Non è un caso che l'autore appartato, col suo studio di piccole dimensioni, non abbia più bisogno di farsi perdonare il suo isolamento attraverso la coerenza ossessiva dello «stile», com'era per figure alla Murcutt, Fehn, Riva o per il primo Zumthor. La novità, lo *Zeitgeist,* è che si può essere piccoli ed eclettici senza rimanere invisibili, soprattutto se la variabilità delle risposte è compensata dalla evidente coerenza nel modo di porre le domande. Perché ci abbiamo messo tanto ad accorgerci dell'importanza del lavoro di Maria Giuseppina? Perché a quella noiosa risposta basata sullo stile contrapponevamo un'attenzione sdegnosa ed esclusiva alle questioni urbane, al disfacimento della città novecentesca, all'affiorare di un nuovo tipo di territorio, né rurale né urbano, né industriale né residenziale, né naturale né artificiale, ma tutte queste cose insieme, come una foto di Ghirri. In sostanza andavamo alla scoperta della *città individuale,* o della città dell'individualismo, che ci era cresciuta all'improvviso sotto gli occhi e che metteva in crisi tutto quello che sapevamo dell'architettura e della città. Solo allora ci siamo accorti che c'era chi quello spazio dell'individualismo lo aveva già compreso, e in silenzio aveva cominciato a elaborare anticorpi architettonici, fatti di cura maniacale nella costruzione, di spazi disegnati solo da un pavimento, di stanze che si muovono, edifici che crescono dentro altri edifici, di torri alte tre piani che sembrano potenti come se ne avessero venti. In poche parole abbiamo scoperto la Grasso Cannizzo.

Every project is a narrative. Told each time in a different language, as a function of the circumstances. Of the site. Of the questions raised. Of the specific imperatives. Architecture literally unearths the responses it seeks. It finds these answers within the terrain, in the walls of existing buildings, in courtyards, in the lay of the land. Slowly, responses take shape, based on an appraisal of the client's wishes, the constraints of building regulations and economics, the challenges of construction and the materials selected. When this journey comes to an end, the architecture revealed recounts the circumstances that have formed it. The process never takes the opposite course: it is never driven by an initial idea of form, subsequently modified to accommodate functions, materials, and users. It is always the other way round. Even in a spot apparently free of any constraints but the broad sweep of the seas and the sky, at the head of a pier, the small control tower building appropriated its verticality gradually, adding, one upon another, three distinct box-shaped volumes, held together by a metal trellis evocative of an old crane found at the edge of the wharf.
Or think of Ragusa, where the existing house was stripped right down to the bones; the mansard roof, balconies, and terraces were removed–although a short sinuous stretch of wall along which the stairs had wound was retained–to afford scope for a radical transformation of the distribution of space within, the relationships between the interior and exterior and the building's entire architectonic face. As a result, the house underwent a thoroughgoing metamorphosis, while still preserving hints of its origins and the initial materials.

Perhaps at this juncture we might also recall the closed box composed of panels of marine plywood, set on reinforced concrete supports anchored in the steep slopes of the rough Sicilian landscape. Running along simple tracks, it opens up to reveal a small house perched on a hillside that looks out to the sea. The point of departure, as we have seen, may be an existing building. It may be a particular feature of the site. But these new built interventions are shaped above all by the traces inscribed upon the terrain. That holds true of the design for a winery near Noto, with routes around the structures burying down into the black volcanic stone, and then turning to look out over the valley, carving out a course between the lava's crystalline structure and the hillside topography. It was again the case when redefining the boundary of a seafront promenade, rediscovering the scattered traces of the imprint–the "poché"–left on the terrain by an urban structure eaten away at the edges by the passage of time. Put in a nutshell, the discipline that makes it possible to implement these project strategies is modest yet fully aware: modest because it is willing to listen to the myriad good reasons informing each project, yet proudly conscious that it will succeed, with patience, in deciphering what is signified within each project and, with even greater patience, in recovering its meaning (or sense).

Ogni progetto è una storia. E una lingua diversa, che dipende dalle circostanze. Dal luogo. Dalle domande. Dalla necessità. L'architettura letteralmente si scava le risposte ai suoi interrogativi. Le trova dentro la terra, nei muri delle case preesistenti, nei cortili, nelle configurazioni del suolo. E le risposte, lentamente, prendono forma, dopo aver considerato le richieste dei committenti, i vincoli normativi ed economici, le difficoltà della costruzione, la scelta dei materiali. Alla fine di questo percorso, si svela un'architettura che racconta la vicenda che le ha dato forma. Non accade mai il procedimento contrario, quello che prende le mosse da un'idea di forma, per poi piegarla ad ospitare funzioni, materiali, abitanti. È sempre l'opposto. Anche laddove la collocazione sulla testata del molo frangiflutti sembrava escludere qualsiasi vincolo, se non quello delle superfici del mare e del cielo, il piccolo edificio della torre di controllo si conquistava lentamente la sua verticalità, aggiungendo una sull'altra tre scatole diverse, tenute insieme da un traliccio metallico che potrebbe far pensare a una vecchia gru recuperata sul bordo della banchina.

Oppure a Ragusa, dove la casa esistente veniva letteralmente scarnificata fino alle ossa, privata del tetto mansardato, di balconi e terrazze – ma non di una breve parete sinuosa lungo la quale si era inerpicata la scala –, fino a mutare radicalmente la propria distribuzione interna, i rapporti tra interno ed esterno, la stessa fisionomia architettonica. Fino a subire una vera e propria metamorfosi, che conservava ancora la traccia e la materia della sua origine.

Potremmo a questo punto ricordare quella scatola chiusa da tavole di compensato marino, appoggiata su cavalletti di cemento armato ancorati al pendio scosceso dell'aspra campagna siciliana, che si apre scorrendo su semplici binari, fino a svelare una piccola casa affacciata sulla valle verso il mare. Il punto di partenza può essere, come abbiamo visto, un edificio preesistente. Oppure una particolare condizione del luogo. Ma sono soprattutto i segni tracciati sulla terra a guidare i nuovi interventi edificati. Così succede per l'azienda vinicola nelle vicinanze di Noto, i cui percorsi scavano le nere rocce vulcaniche, per affacciarsi sul paesaggio della valle, facendosi strada tra le strutture cristalline del magma e l'orografia della collina. E così ancora nel ridelineare il confine di un lungomare, riscoprendo i tracciati frastagliati della impronta lasciata sul suolo – del «poché» – da una struttura urbana rosicchiata dallo scorrere del tempo. Vorremmo dire che la disciplina che ha consentito la messa in opera di queste strategie progettuali è una disciplina umile ma consapevole: umile perché disposta ad ascoltare le mille ragioni diverse di ogni progetto, ma orgogliosamente consapevole di sapere, con pazienza, decifrarne i significati e, con pazienza ancora maggiore, ricostruirne il senso.

I met Maria Giuseppina Grasso Cannizzo for the first time in 2006 in Apulia at the ceremony of the Ecola Awards sponsored by the Sto AG manufacturing company. Giuseppina's conversion of a single-family home in Ragusa, Italy, and the revitalization of the former Adambräu for the architecture center aut. architektur und tirol in Innsbruck, Austria, were being honored with a prize. At lunch and dinner, I usually shared a table with Giuseppina, Erich Wucherer, Helmut Dietrich, Hans-Jörg Ruch, and Peter Breil. At first, the seating arrangement was pure coincidence, but for some reason it remained that way for three days. Five of us had met before and we liked each other–Giuseppina was the only one among us who did not know anyone. But her charismatic personality and her small-scale, award-winning work made an immediate impression on us. It was actually at the award ceremony in Apulia that Erich Wucherer and I had the idea of organizing an exhibition with Giuseppina at the Innsbruck architecture center. Again and again I searched for her contact information on the Internet–in vain. One day I happened to open one of those emails from *Europaconcorsi* or *ArchDaily.* It contained a project by Giuseppina that had been photographed by Hélène Binet, and it was through her that I finally managed to get in touch with Giuseppina. I asked her if she would be interested in an exhibition. She was, and in 2012 we had a first meeting with Arno Ritter, the center's director, at the opening of the Architecture Biennale in Venice. There and then we embarked on the happy and at times laborious path that led to the realization of the exhibition and the book.

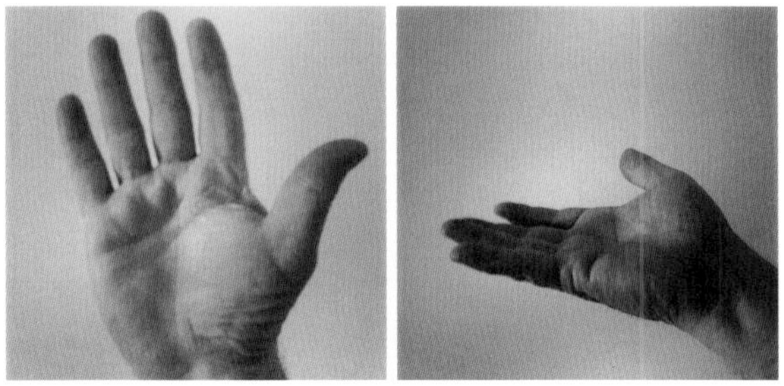

I cannot explain why I always think of a hand gesture when I look at Giuseppina's designs. Not Le Corbusier's raised hand that looks far into the distance, but a flat, "offering" hand that is giving and receiving something, and on which something could take place. I remember how Giuseppina holds her cigarette, in a hand that is not upright but almost flat-angled. One feels that in her work the "whole" human being, the whole body participates actively in its creation. Her projects are not pure "brainchildren," although precise thought is clearly indispensable to their realization. This hand gesture becomes most evident in her freestanding new buildings, the vacation home near Noto, or the harbor control tower in Ragusa. It may seem paradoxical at first, but Giuseppina's work reminds me of certain aspects of Mark Rothko's paintings, in the way the process of painting, of overpainting shines through despite their homogenous appearance–like views of hills with patches of deciduous forest in early spring, when finally, after the long winter, buds begin to show and burst, the ground is visible through the cover, and all of life, even that which has been deep in the ground for thousands of years, becomes imaginable once again. This is how you feel the process of creation in Giuseppina's buildings, from first conception to completion–you see time. Is there a more beautiful form of "transparency"? One is also reminded of the process-oriented approach of Hermann Czech, who considers every construction a reconstruction, since every change of design is in fact a reconstruction. Of course, Giuseppina's practice is rooted not in a "Viennese" way of thinking but in the bright light of Sicily. That must make a difference! The layers remain clear yet often also mysterious, and reveal themselves only gradually according to their own raison d'être–encouraging one to search for this reason for existence, and allowing it to be found. What was there before, was there anything there before? Is it closed, is it open? Is it light or does it conceal a heavy core? Was it there at the beginning or did it change? What changed? At the very least, this practice stores a form of slowness and time rarely encountered these days. Depth emerges in all imaginable dimensions.

Ho conosciuto Maria Giuseppina Grasso Cannizzo nel 2006, in Puglia, in occasione della consegna del Premio Ecola Award del Gruppo Sto, in cui venivano contemporaneamente premiate la sua ristrutturazione di una casa unifamiliare a Ragusa e la riconversione dell'ex fabbrica di birra Adambräus, destinata ad accogliere gli spazi espositivi di aut. Architektur und tirol. Nella pausa di mezzogiorno e verso sera eravamo soliti ritrovarci intorno ad un tavolo a cui sedevano, oltre a me e a Maria Giuseppina, anche Erich Wucherer, Helmut Dietrich, Hansjörg Ruch e Peter Breil. Erano incontri spontanei che curiosamente si mantennero costantemente durante i tre giorni dell'evento. Tra di noi era nata una reciproca simpatia e alcuni di noi già si conoscevano un poco, eccetto Giuseppina, che nessuno ancora conosceva. Ma l'energia che emanava dalla sua persona e le dimensioni ridotte dell'opera che era stata premiata ci avevano subito colpito. E fu proprio in quell'occasione che Erich Wucherer ed io pensammo alla possibilità di organizzare una mostra con Giuseppina negli spazi di «aut». Mi misi allora a cercare il suo contatto in internet, senza però riuscire a trovare alcunché. Finché un giorno aprii quasi per caso una di quelle mail di *Europaconcorsi* o *ArchDaily*. Era stato pubblicato un progetto di Maria Giuseppina Grasso Cannizzo, con fotografie di Hélène Binet, e fu grazie a quest'ultima che riuscii a mettermi in contatto con lei e a proporle di organizzare la mostra. Dopo che Giuseppina ebbe mostrato un sincero interesse seguì nel 2012 un primo incontro con Arno Ritter, direttore di «aut», in occasione dell'inaugurazione della Biennale di Architettura di Venezia. Di qui prese avvio, non senza difficoltà, una serie di fortunati incontri che avrebbero portato alla realizzazione della mostra e del libro.

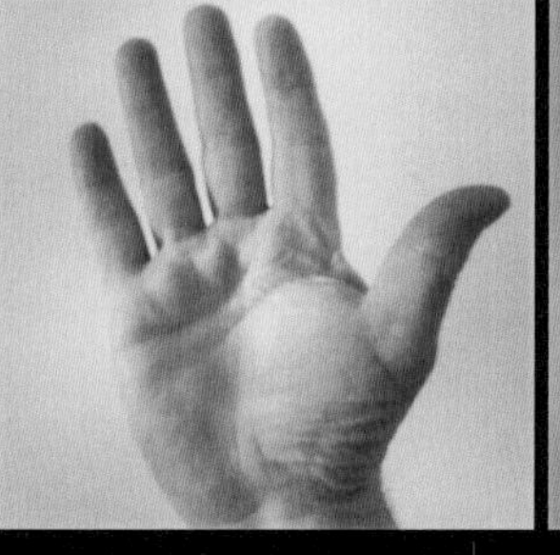

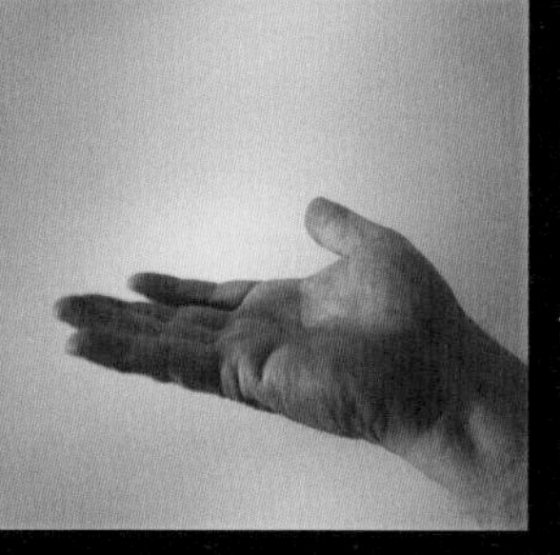

Non so bene per quale motivo, ma quando osservo i lavori di Giuseppina penso spontaneamente al gesto di una mano. Non la mano alzata o nell'atto di scrutare l'orizzonte di Le Corbusier, ma una mano distesa in atteggiamento di «offerta», sulla quale può potenzialmente succedere qualcosa, una mano che sta porgendo, che sta ricevendo qualcosa. Penso anche al modo in cui Giuseppina stringe tra le dita la propria sigaretta, non in una mano protesa verso l'alto, ma distesa in avanti. Osservando i suoi lavori si percepisce che è la totalità della persona, la totalità del corpo a prendere parte al processo creativo. I suoi progetti non sono meri «prodotti della mente», sebbene appaia chiaramente come la loro realizzazione prenda le mosse da un pensiero ben preciso. E questa gestualità della mano risulta particolarmente evidente nei suoi progetti per nuovi edifici, come la casa per vacanze nei pressi di Noto e la torre di controllo del porto turistico di Marina di Ragusa. Sebbene possa in prima analisi risultare paradossale, le opere di Giuseppina mi riportano alla mente certi aspetti propri dei quadri di Marc Rothko, nei quali, pur nella loro apparente uniformità, riesce a trasparire il processo della pittura e della sovrappittura. Come quando si osserva una collina rivestita da un rado manto boschivo di latifoglie, ai primi albori di primavera, quando spuntano le prime gemme che si apprestano poi a dischiudersi, ed è possibile osservare ogni singolo strato fino alla nuda terra ed immaginare persino come si presenterà la vita in questa e nelle successive fasi che si susseguiranno. Analogamente, negli edifici di Grasso Cannizzo si percepisce il processo della loro genesi dalle fasi iniziali della loro ideazione al loro completamento: si vede in loro il fluire del tempo. Che del resto è la forma più bella di «trasparenza».

Questo tipo di approccio per singoli processi ricorda in parte quello di Hermann Czech, il quale afferma che ogni edificio è frutto di una ristrutturazione, dato che ogni modifica di progetto assume il carattere di una ristrutturazione. L'approccio di Giuseppina, tuttavia, non scaturisce affatto da un pensiero di stampo «viennese», ma è forgiato alla chiarissima luce siciliana. Il che produce un effetto del tutto diverso. Ciascuna stratificazione appare chiara e tuttavia enigmatica, e si rivela gradualmente nella propria ragion d'essere di cui stimola la ricerca, permettendone nel contempo l'individuazione. Cosa esisteva già? Esisteva già qualcosa? È chiuso o è aperto? È leggero o nasconde un pesante nucleo? Era così fin dall'inizio o si è modificato in seguito? Cosa è stato modificato? Comunque sia, un simile metodo di lavoro permette di accumulare lentezza e tempo in una modalità in cui sono ormai difficili da ritrovare. Una profondità che si proietta in ogni possibile dimensione.

The author rejects the notion of the book as a codified structure, opting instead for an autonomous form that redefines the role of the structure, giving it sole responsibility for containing the narrative (loose-leaf format). The author uses the book-as-container as a found space in which to reposition and rearrange its narrative tools: the space of the book offers room to drawings, processes, texts, the author's own images and those created by others. Just as multiple narrative voices in orally transmitted traditions weave through time to produce hybrids, coloring and modifying the tales told, the simultaneous presence of several narrators within the space of the book-as-container produces unexpected twists in the plot, interpretations, and cross-fertilizations–with shifting configurations emerging from the sequences of images and texts.

The author draws on the full range of available information, texts, interpretations, and images to structure the potential narrative action (the plot). Within the frame established by the points when other narrative voices enter or leave the stage, anything becomes possible. The author does not seek to signpost a particular itinerary, aiming instead to reveal the unceasing flux and flow of narrative devices within the plot. As readers use the book, it is assembled and disassembled ad infinitum, spawning myriad perspectives, cross-references, and associations, always refusing to solidify into a single definitive form.

L'autore rifiuta la struttura codificata del libro, prevede uno statuto autonomo che ridefinisce il ruolo della struttura affidando ad essa l'esclusivo compito di contenere la narrazione (fogli sparsi). L'autore usa il libro-contenitore come uno spazio trovato per riporre in sequenza gli strumenti della narrazione: disegni, processi, testi, immagini propri e di altri autori trovano posto nello spazio del libro. Come nella trasmissione orale, la molteplicità delle voci narranti, attraversando il corso del tempo, ibrida, contamina, modifica il racconto, così nello spazio del libro-contenitore, la presenza simultanea di altre voci narranti dà origine ad azioni, interferenze, interpretazioni impreviste producendo configurazioni mutevoli nelle sequenze di immagini e di scrittura. L'autore utilizza ogni informazione, testo, interpretazione, immagine di cui dispone, per strutturare un possibile canovaccio in cui, stabiliti i tempi di entrata ed uscita in scena di altre voci narranti, tutto diventa possibile.

L'autore non si preoccupa di indicare un itinerario, ma di mostrare il movimento incessante degli strumenti della narrazione all'interno della trama. Il libro in uso si compone e si scompone all'infinito, moltiplica sguardi, rimandi, associazioni, non raggiunge mai un assetto definitivo.